STILUS – MODUS – USUS

UTRECHT STUDIES IN MEDIEVAL LITERACY

44

STILUS – MODUS – USUS

REGELN DER KONFLIKT- UND VERHANDLUNGSFÜHRUNG AM PAPSTHOF DES MITTELALTERS – RULES OF NEGOTIATION AND CONFLICT RESOLUTION AT THE PAPAL COURT IN THE MIDDLE AGES

Edited by

Jessika Nowak and Georg Strack

BREPOLS

British Library Cataloguing in Publication Data

A catalogue record for this book is available from the British Library

D/2019/0095/110

ISBN 978-2-503-58507-9

e-ISBN 978-2-503-58508-6

DOI: 10.1484/M.USML-EB.5.117648

ISSN 2034-9416

e-ISSN 2294-8317

Printed in the EU on acid-free paper

Inhalt

Abkürzungen

JL	P. JAFFÉ und W. WATTENBACH, *Regesta Pontificum Romanorum*, 2. Auflage, ed. S. LOEWENFELD, F. KALTENBRUNNER und P. EWALD, 2 vols. (Leipzig, 1885-1888)
MGH	*Monumenta Germaniae Historica*
SS rer. Germ.	*Scriptores rerum Merovingicarum*, 7 vols. (Hannover, 1884-1920)
SS	*Scriptores*, 1- (Hannover, 1827-)
LdM	*Lexikon des Mittelalters*, ed. R.-H. BAUTIER *et al.*, 9 vols. (München *et al.*, 1980-1998)
PL	*Patrologiae cursus completus ... Series Latina*, ed. J.P. MIGNE, 221 vols. (Paris, 1841-1864), und *Supplementum*, ed. A. HAMMAN (Paris, 1958-1974)
POTTHAST	*Regesta pontificum Romanorum inde ab a. post Christum natum MCXCVIII ad a. MCCCIV*, ed. A. POTTHAST, 2 vols. (Berlin, 1874-1875)
RIS	*Rerum italicarum scriptores: Raccolta degli storici italiani dal cinquecento al millecinquecento*, ed. G. CARDUCCI, V. FIORINI *et al.*, 1- (Città di Castello *et al.*, 1900-)

Stilus – modus – usus: Regeln der Konflikt- und Verhandlungsführung am Papsthof des Mittelalters

JESSIKA NOWAK und GEORG STRACK

Kaum ein Tag vergeht, an dem nicht von einem neuen Faux-Pas berichtet wird, der Herzogin Meghan am königlichen Hof unterlaufen ist. Ob es nun die falsche Beinhaltung, eine zu intime Geste oder ein unpassendes Kleidungsstück ist, das Unmut erregt, weil es gegen etablierte, ungeschriebene Regeln verstößt – die Liste der Fallstricke, die bei Hofe lauern, ist zweifellos lang. Nur auf den ersten Blick geht es dabei um belanglose Fragen von Stil und Etikette. Tatsächlich zeigt sich an diesen Details, wie sich ein Neuling in einen bestehenden Sozialzusammenhang einfügt und als Akteur mit eigenem Handlungsspielraum akzeptiert wird. Was heutzutage eher ein Thema der Regenbogenpresse sein mag, war im Mittelalter, als an den Höfen rechtliche und politische Entscheidungen von großer Tragweite gefällt wurden, von eminenter Bedeutung. Zeichenhafte Handlungen hatten einen besonderen Stellenwert, insbesondere am päpstlichen Hof, an dem Angehörige kirchlicher Eliten aus

Stilus – modus – usus: Regeln der Konflikt- und Verhandlungsführung am Papsthof des Mittelalters – Rules of Negotiation and Conflict Resolution at the Papal Court in the Middle Ages, ed. Jessika Nowak and Georg Strack, *Utrecht Studies in Medieval Literacy*, 44 (Turnhout: Brepols, 2019), pp. 1-18.

BREPOLS PUBLISHERS DOI 10.1484/M.USML-EB.5.117700

Vorschriften, kirchenrechtliche Verfahren – also kurz gesagt schriftlich festgelegte Normen – an der Kurie eine sehr viel größere Rolle.[8] Gleichwohl galten auch hier gewisse "Spielregeln", die Felten mit dem Begriff *stilus curiae* fassen möchte.[9] Es erscheint lohnend, diesen Definitionsansatz etwas genauer zu betrachten, schließlich könnte damit ein zeitgenössischer Terminus in Bezug zu Althoffs Konzept gesetzt werden. Allerdings bleibt zu bedenken, dass sich in anderen Disziplinen, nämlich in den Historischen Hilfswissenschaften und in der Rechtsgeschichte, nicht nur gewisse Assoziationen, sondern recht konkrete Vorstellungen und fest etablierte Definitionen mit dem Begriff *stilus curiae* verbinden.

Wirft man einen Blick in einschlägige Handbücher aus dem Bereich der *Historischen Hilfswissenschaften*, so wird der Begriff hier auf die "Formulierungsvorschriften der päpstlichen Kanzlei" bezogen, "die sowohl bei Bittschriften an den Papst (Suppliken) als auch bei den Papsturkunden selbst einzuhalten sind".[10] Dies betrifft Aufbau und Schrift der Dokumente, den Gebrauch der korrekten Titel, Gruß- und Rechtsformeln sowie des Cursus, also des rhythmischen Satzschlusses, der sich im Hochmittelalter wieder neu etablierte. Der letzte Aspekt wurde in der Forschung viel diskutiert, gerade im Hinblick auf die Rolle, die der päpstliche Kanzler Johannes von Gaeta dabei spielte, der später als Gelasius II. selbst die Cathedra Petri besteigen sollte.[11] Auch die Frage, ob Albertus de Morra, der ebenfalls die Kanzlei leitete und kurzzeitig als Papst Gregor VIII. amtierte, selbst eine *Forma dictandi* verfasste, ist umstritten.[12]

Kommunikation in konfliktgeladenen Beziehungsnetzen", in: *"Das kommt mir spanisch vor": Eigenes und Fremdes in den deutsch-spanischen Beziehungen des späten Mittelalters*, ed. K. HERBERS und N. JASPERT (Münster, 2004: *Geschichte und Kultur der Iberischen Welt* 1), pp. 411-474, hier p. 416.

[8] *Ibid.*, pp. 417-420.

[9] *Ibid.*, p. 416. Etwas versteckt findet sich *ibid.*, p. 442, n. 134, der Verweis auf die relevanten Quellen, nämlich die Berichte der Gesandten des Königs von Aragón. Vgl. dazu ausführlich n. 7 im Beitrag von S. ROEBERT in diesem Band.

[10] T. FRENZ, "Kurialstil", in: *Historisches Wörterbuch der Rhetorik* 4 (1998), cols. 1536-1541, hier col. 1536. Vgl. ID., *Papsturkunden des Mittelalters und der Neuzeit* (Stuttgart, 2000²), pp. 44-49; C. LEFEBVRE, "Style et pratique de la curie romaine", in: *Dictionnaire de Droit Canonique*, ed. R. NAZ und A. VILLIEN, 7 vols. (Paris, 1935-1965), 7, cols. 1092-1094.

[11] Vgl. T. JANSON, *Prose Rhythm in Medieval Latin from the 9th to the 13th Century* (Stockholm, 1975: *Studia latina Stockholmiensia* 20), pp. 60-63, der sich skeptisch zur Bedeutung des späteren Papstes in diesem Zusammenhang äußert.

[12] N. VALOIS, "Étude sur le rythme des bulles pontificales", *Bibliothèque de l'École des Chartes* 42 (1881), pp. 161-198. Vgl. kritisch zu dieser Zuschreibung JANSON, *Prose Rhythm*, pp. 92-98; A. DALZELL, "The *Forma Dictandi* attributed to Albert of Morra and related texts", *Mediaeval Studies* 39 (1977), pp. 440-465.

Jedenfalls setzten sich derartige Vorschriften im 12. Jahrhundert durch und waren auch bei der Abfassung von Bittschriften zu beachten, wollte man deren Erfolg nicht gefährden.[13] Verstöße gegen den *stilus curiae* in ausgefertigten Urkunden begründeten sogar "ohne weiteres den Fälschungsverdacht".[14]

In der Rechtsgeschichte wird der Terminus *stilus curiae* teilweise mit ähnlicher Semantik verwendet, nämlich für die spezifische "schriftliche Ausdrucksweise der Gerichte".[15] Diese kann sich etwa im Hinblick auf den "Stil" von Urteilsformulierungen in verschiedenen, historisch gewachsenen Rechtsräumen merklich unterscheiden.[16] Daneben gibt es mindestens zwei weitere Bedeutungsebenen. So bezieht sich der *stilus curiae* erstens auf Traditionen der Judikatur, also auf die "einheitliche Entscheidungslinie eines Gerichts zu einem bestimmten rechtlichen Thema";[17] zweitens steht der Begriff als Synonym für den "Gerichtsgebrauch", worunter die "gewohnheitsmäßig entwickelten Regeln zur praktischen Handhabung der geltenden Prozessordnung" zu verstehen sind.[18] In diesem Sinne lässt sich etwa der Traktat *Stilus curie parlamenti* des Advokaten Guillaume du Breuil interpretieren – eine Schrift über die Prozesspraxis am obersten Gericht Frankreichs aus der Zeit um 1330, die der Herausgeber als "recueil méthodique des règles de la procédure judiciaire du Parlement de Paris" bezeichnete.[19] Eine vergleichbare Begriffsverwendung findet

[13] FRENZ, *Papsturkunden*, p. 34.

[14] FRENZ, "Kurialstil", col. 1536.

[15] F. RANIERI, "Gerichtsgebrauch", in: *Handwörterbuch zur deutschen Rechtsgeschichte* 2 (2012²), pp. 155-157, hier p. 155; ID., "Stilus Curiae", *ibid.* 4 (1990), pp. 1991-1993. Vgl. LEFEBVRE, "Style et pratique", col. 1092; W. NÖRR, *Romanisch-kanonisches Prozessrecht: Erkenntnisverfahren erster Instanz* in civilibus (Berlin, 2012).

[16] F. RANIERI, "*Stilus Curiae*: Zum historischen Hintergrund der Relationstechnik", *Journal for History of Law* 4 (1985), pp. 75-88.

[17] S. WUNDERLICH, *Das Protokollbuch von Mathias Alber: Zur Praxis des Reichskammergerichts im frühen 16. Jahrhundert*, 2 vols. (Köln, Weimar und Wien, 2011), 1, pp. 137-138. Vgl. NÖRR, *Romanisch-kanonisches Prozessrecht*, p. 124, der in diesem Zusammenhang den Begriff "ständige Rechtssprechung" verwendet. Siehe auch W. SELLERT, *Prozeßgrundsätze und Stilus Curiae am Reichshofsrat im Vergleich mit den gesetzlichen Grundlagen des reichskammergerichtlichen Verfahrens* (Aalen, 1973: *Untersuchungen zur deutschen Staats- und Rechtsgeschichte* N. F. 18).

[18] RANIERI, "Gerichtsgebrauch", pp. 155-156. Vgl. LEFEBVRE, "Style et pratique", cols. 1092-1093. NÖRR, *Romanisch-kanonisches Prozessrecht*, p. 3, p. 124, spricht hier von den "Besonderheiten des Verfahrens" beziehungsweise dem "angewandten Verfahren".

[19] Das Zitat findet sich in der "Introduction" zu Guillaume du Breuil, *Stilus curie parlamenti*, ed. F. AUBERT (Paris, 1909: *Collection de textes pour servir à l'étude et à l'enseignement de l'histoire* 42), pp. I-LXXX, hier p. VI. Vgl. P. PASCHEL, "Guillaume du Breuil et son *Stilus curie parlamenti*", *Droits: Revue française de théorie, de philosophie et de culture juridiques* 49 (2009), pp. 159-189; S. PERALBA, "La réception de la procédure romano-canonique d'après le

sich in Prozessakten aus Marseille, wo der Gerichtsgebrauch allerdings nicht schriftlich festgelegt war.[20] Als sich ein Kläger im Jahr 1386 beschwerte, bei einer Zwangsversteigerung finanziellen Schaden erlitten zu haben, weil diese nicht "*de more et stillo curie*" abgelaufen sei, musste der übliche Brauch des städtischen Gerichts durch Zeugenbefragungen festgestellt werden.[21] Ende des 14. Jahrhunderts verfasste dann Dietrich von Niem einen (ersten?) *stilus* in diesem Sinne über die Abläufe an der *Rota Romana*.[22]

In gewisser Hinsicht scheint F.J. Feltens Definition des *stilus curiae* auf die zuletzt vorgestellte Deutung der Rechtsgeschichte aufzubauen, setzt er doch den Terminus mit dem "üblichen Brauch" an der päpstlichen Kurie gleich, der "insbesondere für die zeremoniellen Akte", aber auch in anderen Kontexten beachtet werden sollte.[23] Als Beispiel für die Begriffsverwendung in diesem Sinne verwies Felten auf den "Antrittsbesuch(s) der Gesandtschaft unmittelbar nach der Ankunft". Dabei war es üblich, vom Papst freundlich empfangen zu werden, ohne dass dies allerdings etwas über die Haltung der Kurie zu den jeweiligen Anliegen ausgesagt hätte. Da derartige Gewohnheiten nirgends schriftlich fixiert waren, wurde der freundliche Empfang von weniger gut informierten Kurienbesuchern einerseits als positives Vorzeichen gedeutet; andererseits sahen sie "Verzögerungen, [...] die zum normalen Gang kurialer Verhandlungen gehörten", oft als schlechtes Omen und führten sie "vorschnell auf [eine] böswillige Meinungsänderung des Papstes" zurück. Die Regeln der Konflikt- und Verhandlungsführung am Papsthof des Mittelalters erschlossen sich also schon den Zeitgenossen nicht ohne weiteres. Diese nach F.J. Felten im Hinblick auf einen spezifischen *stilus curiae* deuten zu wollen, mag angesichts der oben erwähnten Festlegungen des Begriffs in den Historischen Hilfswissenschaften und in der Rechtsgeschichte das Risiko bergen, die terminologische Unschärfe weiter zu steigern; dennoch könnte es lohnend sein, der Beobachtung, dass ein "kurialer Stil" in unterschiedlichen Kontexten erwähnt und in

Stilus curie parlamenti de l'avocat Guillaume Dubreuil, vers 1331", in: *Proceedings of the Eleventh International Congress of Medieval Canon Law [Catania, 30 July - 6 August 2000]*, ed. M. BELLOMO (Vatikanstadt, 2006: *Monumenta iuris canonici* C 12), pp. 625-648.

[20] D.L. SMAIL, "Aspects of procedural documentation in Marseille (14th-15th centuries)", in: *Als die Welt in die Akten kam: Prozeßschriftgut im europäischen Mittelalter*, ed. S. LEPSIUS und T. WETZSTEIN (Frankfurt am Main, 2008), pp. 139-169.

[21] *Ibid.*, pp. 147-148. Vgl. NÖRR, *Romanisch-kanonisches Prozessrecht*, p. 179.

[22] *Der Liber Cancellariae Apostolicae vom Jahre 1380 und der Stilus palatii abbreviatus Dietrichs von Nieheim*, ed. G. ERLER (Leipzig, 1888), pp. 215-234. Vgl. dazu den Beitrag von C. MÄRTL, "*Modus expediendi litteras apostolicas*", in diesem Band.

[23] Dieses Zitat und die folgenden bei FELTEN, "Verhandlungen", pp. 416-417, p. 420, p. 464.

mehreren historischen Disziplinen diskutiert wird, in größerem Rahmen nachzugehen.[24] Möglicherweise verweist der Terminus ja tatsächlich auf ähnliche Sachverhalte, die für das Gerichts- und Kanzleiwesen am Papsthof ebenso prägend waren wie für die kuriale Konflikt- und Verhandlungsführung ganz allgemein.

Die Beiträge des vorliegenden ersten Bandes befassen sich, wie bereits anklang, mit dieser Frage vor allem unter dem Aspekt der Quellen und ihrer Überlieferung. Die frühesten Beispiele behandeln dabei Auseinandersetzungen um den Status von Bistümern auf der Iberischen Halbinsel, wo es im Zuge der Reconquista besonderen Regelungsbedarf gab. Seit dem späten 11. Jahrhundert kam es hier zu Konflikten zwischen dem Erzbischof von Toledo und einigen Bischöfen, die seinen Primat nicht akzeptierten und sich um Exemtion bemühten. Dieser Thematik widmet sich der Beitrag von Klaus Herbers, der auf die Bedeutung von Fälschungen wie der *Divisio Wambae* hinweist – ein Konzilsbeschluss, der die Einteilung der Kirchenprovinzen regelte, angeblich aus dem 7. Jahrhundert stammte, tatsächlich aber erst im 12. Jahrhundert im Zuge der erwähnten Streitigkeiten produziert wurde. Zudem spielten dafür Urkunden, Legaten, Kardinäle sowie die Erreichbarkeit der Kurie, die sich wiederholt längere Zeit in Frankreich aufhielt, eine gewisse Rolle. Im Streit des Bistums Oviedo um die Unabhängigkeit von Toledo zeigt die Verwendung gewisser Formulierungen – etwa des Begriffs "*testamentum*", der sich auf königliche Schenkungen bezieht – den Einfluss, den Vertreter der Streitparteien an der Kurie auf die Abfassung päpstlicher Urkunden nahmen. Wichtige Rechtssammlungen, die im Umfeld des Erzbischofs von Toledo entstanden, sollten dazu dienen, seinen Primatsanspruch in den Verhandlungen zu stützen. Die Auseinandersetzungen dauerten im 13. Jahrhundert fort, waren zunächst aber wenig aussichtsreich – wohl auch wegen der hohen Zahlungen, welche die Kurie damals von den Gegnern Toledos erhielt. Die Konflikte blieben letztlich ungelöst, obwohl Erzbischof Roderich auf dem Vierten Laterankonzil seine Position in einer bewegenden Rede verteidigte und seine Prokuratoren später die päpstlichen Register auf der Suche nach Belegen für die Vorrangstellung Toledos durchforsteten.

Die Quellen aus Kastilien-León (Epistolographie, Hagiographie, Chronistik) nimmt Daniel Berger in den Blick. Er betont zunächst, dass vor allem

[24] Vgl. F. PELSTER, "Die zweite Rede Markwarts von Randeck für die Aussöhnung des Papstes mit Ludwig dem Bayern", *Historisches Jahrbuch* 60 (1940), pp. 88-114, hier p. 99, der auch für Ansprachen einen spezifischen "kurialen Stil" postuliert.

die Einbeziehung von Legaten, die sich dem kurialen Verhandlungswesen im weiteren Sinne zurechnen lassen, in lokale Konflikte gut dokumentiert ist. Eine wichtige Rolle spielten dabei Geschenke und die Einschaltung von Vermittlern, die etwa die Beilegung von Streitigkeiten zwischen dem Abt von Sahagún und den Bewohnern der Stadt ermöglichten, während die spontane Klageerhebung vor dem Legaten erfolglos blieb. Dann rückt das Verhältnis von Compostela zum Papsttum in den Vordergrund, das lange Zeit wegen des Rangs, den der bedeutende Wallfahrtsort für sich beanspruchte, angespannt war. Erst unter Bischof Diego Gelmírez besserten sich die Beziehungen, und 1120 wurde Compostela endlich zum Erzbistum erhoben. Nach dem Zeugnis der *Historia Compostellana* waren für diesen Erfolg nicht nur Geldzahlungen in erheblicher Größenordnung verantwortlich, für die sich der damalige Kanzler Haimerich persönlich bedankte, sondern auch Diegos Kontakte, die Wahl des richtigen Zeitpunkts und das demütige Auftreten des Bischofs, der es nie an immateriellen Ehrbezeugungen gegenüber der römischen Kurie fehlen ließ.

Vergleichbare erzählende Quellen sind in Süditalien überliefert. Da die Klosterchronik von Montecassino und das Chronicon Falcos von Benevent Nachrichten von mehreren vergleichbaren Streitfällen überliefern, kann Markus Krumm Praktiken der Prozessführung vor dem päpstlichen Gericht im frühen 12. Jahrhundert systematisch analysieren. Auf die Klageerhebung folgte demnach die Ladung der Angeklagten. Der Prozess oder eine einzelne Sitzung begannen mit Reden und Gegenreden, die persönlich oder von einem *advocatus* vorgetragen wurden. Die eigentliche Beweisführung baute auf Eide, Zeugenaussagen und Urkunden auf, die vorgelegt, verlesen und geprüft wurden. Schließlich wurde das Urteil durch den Papst selbst – beziehungsweise in seinem Beisein – verkündet oder durch einen Kardinal, der als delegierter Richter auftrat. Danach wurden Urkunden und *libelli* über den Prozessverlauf ausgefertigt. Stand der Ablauf auch grundsätzlich fest, so war es für die Streitparteien doch möglich, das Verfahren zu beeinflussen, etwa durch Geschenke, Geldzahlungen oder den Einsatz von Fürsprechern. Ladungen konnten ignoriert, Urkunden lange Zeit nicht vorgelegt und so Verfahren verschleppt werden, was vor allem dann im Sinne von Streitparteien war, wenn sie ein negatives Urteil befürchteten.

Eine andere Erklärung für die lange Dauer kurialer Prozesse liefert wenig später der Bericht des Abtes Hariulf von St. Peter in Oudenburg, mit dem sich Claudia Zey befasst. Er fand Eingang in das *Chronicon monasterii Aldenburgensis maius* und beschreibt einen Prozess, den Hariulf bei Papst Innozenz II. führte. Streitgegenstand war der Status seines Klosters, das der Abt von Saint-

Médard in Soissons als abhängige Zelle oder Priorat ansah. Für die Verhandlungen scheinen Geldgeschenke keine große Rolle gespielt zu haben. Der oben erwähnte Kanzler Haimerich, der die großzügigen Zahlungen aus Compostela gerne entgegennahm,[25] riet (vielleicht angesichts der vergleichbar bescheidenen Mittel des Abtes?) Hariulf von Geschenken ab, schon um die Kurie vor übler Nachrede zu schützen. Das Verfahren begann, wie üblich, mit mündlichen Vorträgen, dann kamen schriftliche Dokumente ins Spiel, die letztlich Hariulfs Position stützten. Darunter befand sich auch ein vermutlich von ihm selbst gefälschtes Testament, was zeigt, dass der Abt nicht so naiv agierte, wie die ältere Forschung annahm. Papst und Kardinäle verfolgten ihrerseits mit der gründlichen, aber langwierigen Überprüfung der Dokumente ein übergeordnetes Ziel: Nach Hariulfs Darstellung war es ein zentraler Aspekt des *usus curiae*, das Verfahren in die Länge zu ziehen, um die Streitparteien mit den kurialen Abläufen vertraut zu machen und so die Bereitschaft zu erhöhen, das gefällte Urteil auch anzuerkennen. Diese Absicht mag erklären, weshalb Innozenz II. den Abt aus Oudenburg als Tischgefährten an seine Tafel lud. Der symbolisch bedeutsame Gunsterweis dürfte Hariulf den langen Kurienaufenthalt auch in praktischer Hinsicht erleichtert haben.

Über sechzig Jahre später entstand der Bericht des Thomas of Marlborough, der bei Papst Innozenz III. gegen den Bischof von Worcester prozessierte. Harald Müller befasst sich mit dieser Quelle, die einen Prozess um den exemten Status der Abtei von Evesham, der Thomas angehörte, zum Gegenstand hat und ebenfalls als Bestandteil einer Klosterchronik überliefert ist. In diesem Fall spielten Geldzahlungen und Geschenke allerdings eine entscheidende Rolle. Thomas erwähnt sie mehrfach im Verlauf des Prozesses, bis hin zum Ende, als ihm die Mittel ausgingen und er deshalb auf die Ausfertigung wichtiger Urkunden verzichten musste. Das Wildbret, das Innozenz III. ihm zukommen ließ, könnte also – ähnlich wie Hariulfs Einladung an die päpstliche Tafel – durchaus ein Beitrag zur Grundversorgung gewesen sein, auch wenn das Geschenk zugleich eine wohlwollende Geste des Papstes darstellte. Darüber hinaus schildert Thomas wichtige Aspekte kurialer Konfliktführung, die sowohl Techniken der Urkundenprüfung betreffen als auch Fragen der mehrsprachigen, bisweilen scherzhaften Kommunikation. Zudem berichtet er von der Gewinnung von Unterstützern und von religiösen Praktiken, die höhere Mächte gnädig stimmen sollten. Nicht zuletzt für Fragen der Terminologie ist die Chronik äußerst ergiebig. Thomas erwähnt neben dem angemessenen höfischen Verhal-

[25] Vgl. den Beitrag von D. BERGER in diesem Band.

ten ("*mos*")[26] noch die Vertrautheit mit gewissen Interna ("*secreta*") sowie einen spezifischen "*modus*", der sich auf ein Erfahrungswissen um die geltenden, allerdings nicht schriftlich festgelegten Regeln bezog, die für erfolgreiche Verhandlungen am Papsthof zu beachten waren.[27]

Dabei nahm die Bedeutung kirchenrechtlicher Vorschriften für Konflikte, die an der Kurie verhandelt wurden, während des Pontifikats Innozenz' III. weiter zu. Der Papst äußerte sich in grundsätzlicher Weise zu Fragen der Authentizität von Urkunden, die im kurialen Prozesswesen – wie nicht zuletzt die oben erwähnten Beiträge zeigen – eine entscheidende Rolle spielten. Entsprechende Aussagen finden sich zunächst in der *Compilatio tertia* und wurden dann ins spätmittelalterliche Kirchenrecht übernommen, vor allem in den *Liber extra* (Corpus Iuris Canonici X 5.20.5). Sie gehen im Wesentlichen auf Einzelfallentscheidungen Innozenz' III. zurück, die Maria Pia Alberzoni erstmals in ihren historischen Kontext einordnet. Die Schreiben behandelten ursprünglich Probleme im Erzbistum Mailand, wo gerade zu Beginn des Pontifikats das Fälschungswesen florierte. So versuchte beispielsweise ein Kleriker, sich mit Hilfe einer gefälschten Urkunde ein Kanonikat am Mailänder Domstift zu erschleichen. Der Betrug flog auf, was Innozenz III. zum Anlass nahm, sich zur Erkennbarkeit von Falsifikaten zu äußern. Er ging in diesem Zusammenhang ausführlich auf die Art der Siegelbefestigung ein, erwähnte aber auch den *modus dictaminis* als Echtheitskriterium, also den typischen Sprachstil von Papsturkunden. Ein weiteres Schreiben betrifft Streitigkeiten zwischen dem Mailänder Erzbischof und der Abtei Scozola um Rechte in Sesto Calende (beim Lago Maggiore), wobei hier ein Privileg, das die Ansprüche der Abtei stützen sollte, wieder anhand äußerer Merkmale (Siegel, Schrift) als Fälschung entlarvt wurde. Besonders verwickelt und langwierig war der Konflikt zwischen dem Klerus von Casale Sant'Evasio (heute Casale Monferrato) und den Bewohnern und Klerikern von Paciliano, die versuchten, ihre Unabhängigkeit von Casale durchzusetzen. Innozenz III. bestätigte zunächst ein älteres auf Ausgleich bedachtes Urteil, das allerdings der Klerus von Casale nicht akzeptieren wollte. Im Verlauf weiterer Verhandlungen legten die Vertreter Pacilianos dann ein Privileg Coelestins III. vor, das Innozenz III. persönlich prüfte und schließlich als Fälschung erkannte. Dabei sprach der Papst wieder äußere Merkmale (Siegel, Schrift) an, ging aber auch auf Aufbau und Sprache des Dokuments ein,

[26] Vgl. zu diesem Begriff den Beitrag von M. KRUMM in diesem Band. *Mos* bezeichnet in den hier diskutierten Quellen zeremonielle und liturgische Praktiken.

[27] Vgl. zu diesem Begriff als Titel von Schriften, die genau dieses Thema behandeln, den Beitrag von C. MÄRTL, "*Modus expediendi litteras apostolicas*", in diesem Band.

was nun als "*stilus dictandi*" bezeichnet wird. Als der Konflikt erneut aufflammte, führte der Vertreter Casales zudem irrige Aussagen über Örtlichkeiten und zeitliche Abläufe in der päpstlichen Kanzlei als Anhaltspunkt dafür an, dass die Gegenpartei gefälschte Dokumente benutzte. Auch solche Aspekte konnten also zum Argument in kurialen Verhandlungen werden. Ansonsten wurden in diesen Prüfungsverfahren die inneren und äußeren Merkmale der Urkunden diskutiert, wobei Innozenz III. die Begriffe "*stilus*" und "*modus* (*dictandi*)" interessanterweise synonym verwendete.

Im frühen 13. Jahrhundert setzte in England die Überlieferung weiterer relevanter Quellen ein, nämlich der bischöflichen Register, deren Angaben sich bisweilen durch die Aktenüberlieferung ergänzen lassen. Was hier über den *stilus curiae* im Sinne der korrekten Abfassung von Bittschriften und über das dafür zuständige Personal, also die Prokuratoren der englischen Bischöfe, zu erfahren ist, zeigt der Beitrag von Thomas W. Smith. Suppliken folgten demnach den Vorgaben spezifischer Formelbücher, die unter anderem darauf hinwiesen, dass Bittschriften knapp und präzise formuliert werden sollten.[28] Wenn englische Bischöfe von dieser stilistischen Vorgabe abwichen, war klar, dass die Schreiben nicht nur formal, sondern tatsächlich an den Papst (persönlich) gerichtet waren. Dies war freilich besonderen Anlässen vorbehalten, etwa dem Versuch des Bischofs von York, das Urteil eines Legaten anzufechten, oder der Rechtfertigung für das Ausbleiben von Zehntzahlungen in erheblicher Höhe, die der Erzbischof von Canterbury zu verantworten hatte. Dabei war der Zuständigkeitsbereich der Prokuratoren sehr genau festgelegt, bis hin zu den spezifischen Urkunden, deren Ausfertigung sie betreiben oder – in den Fällen, in denen sie eigenen Interessen zuwiderliefen – verhindern sollten. Nach Ausweis der Register waren ausreichende finanzielle Mittel dafür entscheidend, die in Geschenke oder Pensionszahlungen für Kardinäle investiert wurden. Die Abwicklung der Zahlungen lief bisweilen über italienische Banken, was mit gewissen Kosten verbunden, aber vergleichsweise sicher war. Bei der Übergabe großer Geldsummen an Boten kam es hingegen vor, dass diese sich damit absetzten, was die Durchsetzung englischer Interessen an der Kurie gefährden konnte.

Barbara Bombi verfolgt die Beziehungen zwischen England und der Kurie im anschließenden Zeitraum bis etwa 1360. Ihre Quellengrundlage sind Suppliken, Prozess- und Empfehlungsschreiben, die in speziellen Registern der königlichen Kanzlei kopial überliefert sind, den *Roman Rolls*. Diese Aufzeich-

[28] Vgl. den Beitrag von H. MÜLLER, in dem darauf hingewiesen wird, dass es dem *modus curiae* entsprach, sich auch bei Reden vor dem Papst möglichst kurz zu fassen.

nungen lassen erkennen, dass der Cursus, also ein wesentlicher Aspekt des *stilus curiae* im engeren Sinne, in den Bittschriften seit dem 13. Jahrhundert konsequent beachtet wurde. Da die Schreiben an den Papst Eingang in Richard von Burys *Liber epistolaris* fanden, der zur Schulung des Personals der königlichen Kanzlei verwendet wurde, übernahm man hier den *cursus Romanae curiae* auch bei der Abfassung anderer Schriftstücke in den ersten Jahrzehnten des 14. Jahrhunderts. Einzelne Briefe des Königs wurden zudem nicht nach dem Jahresbeginn am 25. März datiert, wie es dem in England vorherrschenden Annunciationsstil entsprach, sondern nach dem Weihnachtstag, also dem 25. Dezember, wie es am Papsthof üblich war. Für derartige Prozesse der Diffusion und die Übernahme weiterer Rechtsformeln dürfte es eine Rolle gespielt haben, dass der für die internationale Korrespondenz zuständige *notarius regis* meist im römisch-kanonischen Recht geschult und der Kurie als apostolischer Notar verbunden war.

Eine weitere wichtige Quellengruppe dieser Zeit sind die Berichte der Gesandten des Königs von Aragón, die Heinrich Finke im frühen 20. Jahrhundert in Auswahl edierte. Sebastian Roebert widmet sich diesen Schreiben und zeigt exemplarisch, dass Finkes Teiledition doch sehr viel fragmentarischer ist, als zumeist angenommen wird. Die Texte enthalten zahlreiche Auslassungen, die unabhängig vom Umfang stets nur durch drei Punkte gekennzeichnet sind, wodurch beispielsweise über den Kurienaufenthalt König Jakobs II. von Aragón wesentliche Informationen bislang unbekannt blieben. Bestimmte Arten von Schreiben, etwa solche, die für den Geleitschutz und die Akkreditierung für mehrere Empfänger gleichzeitig ausgestellt wurden, nahm Finke überhaupt nur in Ausnahmefällen auf. Folglich bleibt unser Wissen um die beteiligten Personen, ihre Kontakte und Verbindungen bruchstückhaft, sofern nicht die vollständigen Berichte im Kronarchiv zu Barcelona selbst konsultiert werden. Aus dem Studium der Archivalien können sich zudem wichtige Einsichten über den Terminus *stilus curiae* ergeben, den F.J. Felten, wie oben ausgeführt, den *Acta Aragnonensia* entnimmt und im Sinne allgemein üblicher Gebräuche an der Kurie deutet. Weitere Belege zeigen die ganze semantische Breite des Begriffs im Schriftgut der Krone Aragón: Er kann sich – ganz im Sinne der Historischen Hilfswissenschaften – auf die Ausfertigung von Urkunden beziehen; häufiger wird der Terminus aber für juristische Verfahren verwendet, dabei gelegentlich mit verwandten Begriffen wie "*usus*" und "*consuetudo*" gleichgesetzt und bezeichnet dann, wie in der Rechtsgeschichte üblich, den Prozessgebrauch. Dass sich die Deutungen damit nicht erschöpfen, zeigen weitere Belege, die auf

Abläufe in der Finanzverwaltung rekurrieren, die in Aragón ebenfalls dem *stilus curiae* folgen sollten.

Im letzten Beitrag zum 14. Jahrhundert wendet sich Andreas Kistner dann Quellen zu, die an der Kurie selbst entstanden, nämlich den Testamenten von Kardinälen. Da eigentlich der Papst Anspruch auf deren Erbe erhob, benötigten die Kardinäle zunächst eine Erlaubnis, um über ihren Nachlass verfügen zu können, eine sogenannte *licentia testandi*. Es scheint, dass das Kirchenoberhaupt diese nach strategischen Gesichtspunkten gewährte, sie also erweiterte, einschränkte oder – im Falle größerer Konflikte – auch widerrief. Die Testamente selbst folgten gewissen Formularvorgaben und entsprachen den Regelungen des römisch-kanonischen Rechts. Demnach musste beispielsweise ein Kardinal jede Kirche, an der er Pfründen besessen hatte, in seinem Testament bedenken. Zu den etablierten Gewohnheiten gehörte es hingegen, dem Papst und anderen Kardinälen Ringe zu hinterlassen. Art und Umfang der Vermächtnisse verweisen ebenso auf die Einbindung in gewisse Netzwerke wie die Wahl des Begräbnisortes oder die Auswahl bestimmter Exekutoren.

Im ausgehenden Mittelalter nimmt die Zahl der Quellen, die sich mit der Konflikt- und Verhandlungsführung am Papsthof befassen, weiter zu. Dementsprechend zahlreicher werden auch kritische Stimmen, zu denen der Traktat *De squaloribus curiae Romanae* des Matthäus von Krakau zählt. Kerstin Hitzbleck analysiert diese Reformschrift und macht deutlich, dass hier grundsätzliche Fragen zur Disposition stehen. Anders als einige der oben erwähnten Chronisten äußert sich Matthäus nämlich nicht nur skeptisch zu gewissen Aspekten – etwa der langen Dauer – kurialer Verfahren, sondern nimmt auch ihre religiöse Problematik in den Blick.[29] Im Zentrum steht das päpstliche Provisionswesen, an dem Matthäus kein gutes Haar lässt, schon weil sich die kirchenrechtlichen Vorgaben dafür ständig änderten und somit der Willkür Tür und Tor geöffnet seien. Die Vergabe von Expektanzen, also von Anwartschaften auf freiwerdende Benefizien, gefährde zudem das Seelenheil der Empfänger, da diese nun auf den Tod des Pfründeninhabers hoffen müssten. Wer Zahlungen im Zusammenhang mit dem Erwerb von Pfründen leiste – und sei es nur für die günstige Datierung einer Bittschrift –, der begehe Simonie, die als besonders schwere Sünde gilt. Der gesamte Papsthof erscheint damit als sündhaft, denn

[29] In den Berichten der Klosterchroniken spielt die religiöse Ebene des Romaufenthaltes eine eher untergeordnete Rolle. Nach Thomas of Marlborough hält Innozenz III. noch am Nachmittag des Heiligen Abends eine Gerichtsverhandlung ab, “die noch keine Schatten der liturgischen Vorbereitung des unmittelbar bevorstehenden Hochfestes erkennen lässt”, wie H. MÜLLER betont.

Pius II. selbst soll erklärt haben, in gewissen Angelegenheiten seine *plenitudo potestatis* nicht so einfach durchsetzen zu können.[30] Als großes Problem erscheint die lange Dauer der Verfahren, die aber – ähnlich wie im Bericht Hariulfs aus dem 12. Jahrhundert – als "*usanza de corte*" galt[31] und auch an anderen Höfen als typischer "*modus curiae*" firmiert.[32] Sie wurde von den Akteuren akzeptiert, vielleicht auch, weil sie im eigenen Interesse lag, wenn sich eine Niederlage abzeichnete. Der verwandte Begriff des "*stillo de corte*" findet sich unter anderem in einem Brief, mit dem der Mailänder Gesandte Ottone del Carretto gegenüber seinem Herrn, Francesco Sforza, Berardo Eroli, den Bischof von Spoleto, als "*homo de grande rectitudine ymo austerita, doctissimo in utroque iure et experto del stillo de corte*" charakterisierte.[33] Hier könnte es um kanzleispezifisches Wissen gehen, das die anderen Eigenschaften und Kenntnisse des Bischofs ergänzte. Weitere Belege für die Begriffsverwendung im Sinne der Historischen Hilfswissenschaften und der Rechtsgeschichte finden sich in Hendersons Beitrag. Allerdings ist in den Gesandtschaftsberichten auch die Rede davon, dass die Abfolge von Ansprachen durch den "*stil[l]o de corte*" geregelt wurde, was einmal mehr zeigt, wie wenig festgelegt der Terminus für die Zeitgenossen war.

Schließlich ist der Begriff noch als Titel von gedruckter kurialer Ratgeberliteratur belegt, einer reich überlieferten, aber bislang erst ansatzweise erschlossenen Quellengruppe, der sich Claudia Märtl in ihrem zweiten Beitrag widmet. Bei dem zwischen ca. 1470 und 1500 mehrfach neu aufgelegten *Stilus Romanae Curiae* handelt es sich demnach um eine Schrift im Sinne der Rechtsgeschichte, also über den Gerichtsgebrauch an der *Rota Romana*. Dieser *Stilus* scheint eng verwandt mit dem ersten Teil einer größeren und weiter verbreite-

[30] Dabei könnte es sich freilich um eine Ausflucht des Papstes gehandelt haben, der damals nicht im Sinne Mailands entscheiden wollte. Ähnlich dürfte die Erklärung von Paschalis II. einzuordnen sein, für einen Rechtsstreit nicht zuständig zu sein, was im Beitrag von M. KRUMM erwähnt wird.

[31] Vgl. den Beitrag von C. ZEY in diesem Band.

[32] So heißt es etwa in einem Schreiben, das Enea Silvio Piccolomini am 13. September 1453 vom Hof Friedrichs III. aus Graz an den päpstlichen Sekretär Pietro da Noceto sandte: "*Res est dilata per aliquot dies ut est modus curiae nostrae, quae nihil absolvit sine mora*" (J. CHMEL, "Habsburgische Excurse: IV.", *Sitzungsberichte der Philosophisch-Historischen Klasse der kaiserlichen Akademie der Wissenschaften* 9.2 (1853), pp. 254-305, hier p. 270).

[33] Ottone del Carretto fährt in dem Schreiben vom 11. November 1458 fort: "*Con questo la Sta de N. S. se consiglia molto cosi in le cose di stato come in quelle de corte et quasi niente se fa senza luy*" (L. v. PASTOR, *Geschichte der Päpste seit dem Ausgang des Mittelalters*, 2, *Geschichte der Päpste im Zeitalter der Renaissance von der Thronbesteigung Pius' II. bis zum Tode Sixtus' IV.* (Freiburg i. Br., 1955[13]), pp. 24-25, n. 2).

ten Sammlung, dem *Formularium procuratorum*, das auch Urkundenformulare enthielt und im späten 15. und frühen 16. Jahrhundert wiederholt im Druck erschien. Das *Formularium* verlor allerdings nach 1493 etwas an Popularität, als eine neue Handreichung mit dem Titel *Practica* publiziert wurde. Sie wird dem päpstlichen Abbreviator Hieronymus Paulus zugeschrieben und enthielt noch detailliertere Informationen über das päpstliche Kanzlei- und Gerichtswesen sowie zahlreiche praxisnahe Fall- und Textbeispiele. Am bedeutendsten war langfristig eine "Anleitung (zum Erwerb einer kurialen Urkunde)", die zwar ebenfalls unter dem Titel *Practica* ediert, von den Zeitgenossen aber – ähnlich wie andere sehr viel kürzere Schriften – als *Modus* (*expediendi litteras apostolicas*) bezeichnet wurde. Sie dürfte im Kern auf die Zeit um 1400 zurückgehen, wurde aber in den letzten zwei Jahrzehnten des 15. Jahrhunderts um weitere Materialien erweitert, die nun insofern sehr aufschlussreich sind, als sie sich alle auf die Pfründenangelegenheiten eines Netzwerks süddeutscher Kleriker beziehen. Als (wichtigsten) Verfasser der "Anleitung" lässt sich auf dieser Quellengrundlage der Prokurator Sigismund Grim identifizieren, der mit dieser Schrift wohl auf den Informationsbedarf von Landsleuten reagierte, die sich ebenfalls für kuriale Tätigkeiten interessierten. Dabei machte Grim durchaus deutlich, dass er über gefragtes Insiderwissen verfügte, etwa zum komplexen Rechtsbereich der Expektanzen. Er gab zudem praktische Hinweise dafür, was – neben den juristisch korrekten Formeln – noch alles bei der Einreichung von Bittschriften zu beachten sei. So riet er beispielsweise dazu, den Skriptoren und Abbreviatoren angemessene Geldgeschenke zukommen zu lassen, damit diese ihre Arbeit nicht verzögerten und dadurch den Pfründenerwerb gefährdeten. Auch mahnte er, den (italienischen) Kanzleimitarbeitern deutsche Eigen- und Ortsnamen immer genau zu buchstabieren. Für den Fall, dass sich dennoch Fehler in den Text einschlichen, sollten Petenten nicht auf der – eigentlich vorgeschriebenen – kostenlosen Korrektur bestehen, da dies nur zu sinnlosen Streitigkeiten führe. Generell rät der Verfasser der "Anleitung", wie Claudia Märtl betont, "zu einer defensiven Strategie" bei Verhandlungen mit Kurialen, um den Erfolg von Pfründengeschäften nicht aufs Spiel zu setzen.

Damit findet im Hinblick auf die Terminologie die eingangs geäußerte Vermutung Bestätigung, dass der Begriff *stilus curiae* im Hoch- und Spätmittelalter wenig trennscharf verwendet wurde. Er konnte sich, wie sich in den einzelnen Studien gezeigt hat, auf das Urkundenwesen ebenso beziehen wie auf den Gerichtsgebrauch an der *Rota Romana*. Gesandte benutzten ihn zudem, wenn es um die Reihenfolge von Besuchen oder um den Ablauf von Redeakten im Konsistorium ging, wofür es ebenfalls übliche, nicht schriftlich fixierte Gebräuche gab. Allerdings stoßen wir in den Quellen auch auf andere Termini, etwa den "*usus*", den Hariulf von Oudenburg erwähnt, oder den "*modus*", auf den Thomas of Marlborough verweist. Eine besonders populäre "Anleitung" des ausgehenden Mittelalters zum Urkundenerwerb wurde ebenfalls mit *Modus* betitelt. Dies erscheint durchaus naheliegend, denn sie enthielt nicht nur normative Angaben über Urkundenformeln und Prozessgebrauch, sondern informierte allgemein über die Art und Weise, wie man sich in Verhandlungssituationen verhalten sollte. Damit ergäbe sich aus der Zusammenschau der Beiträge grundsätzlich die Möglichkeit, "Spielregeln" im weiteren Sinne mit dem Begriff *modus* zu bezeichnen, der in der Diskussion bislang keine Rolle spielte. Der Terminus *stilus* könnte dann eher den Gebräuchen in Kanzlei- und Gerichtswesen vorbehalten bleiben, wobei hierfür weniger die widersprüchliche Begrifflichkeit der Quellen, sondern etablierte Forschungstraditionen ausschlaggebend wären. Um hier mehr Sicherheit zu gewinnen, wäre es freilich notwendig, die fraglichen Begriffe und die Sachverhalte, auf die sie sich beziehen, in einem noch größeren geographischen und chronologischen Rahmen zu analysieren. Auch wären dabei noch andere Quellengattungen, etwa Rechnungen, Kardinalsbriefe und an der Kurie gehaltene Reden, in die Analyse einzubeziehen. Die vorliegende Publikation strebt indes keine erschöpfende Behandlung des Themas an, für die noch sehr viel mehr Forschende über einen längeren Zeitraum hätten zusammenarbeiten müssen. Sie dürfte allerdings dazu beitragen, erste Schneisen ins Dickicht der Quellen zu schlagen und so die vielfältigen Regularien besser zu verstehen, welche die Konflikt- und Verhandlungssituationen am Papsthof des Hoch- und Spätmittelalters strukturierten.

Kirchliche Konflikte auf der Iberischen Halbinsel im 12./13. Jahrhundert*

KLAUS HERBERS

Auf dem Vierten Laterankonzil 1215 erhob sich der Erzbischof Roderich von Toledo, "*yspaniarum primas*", und "*de licencia Innocencii sedis romane pontificis proposuit verbum Dei incipiens et finiens in latino sermone*".[1] Auch ich möchte meinen Beitrag – wenn auch ohne päpstliche Lizenz – mit dem lateinischen Zitat beginnen und damit einen zentralen Kon-

* Der nachfolgende Text orientiert sich an der Münchner Vortragsfassung vom 11. April 2015, die mit den entsprechenden Belegen versehen wurde. Mein Dank für wichtige Hinweise geht an Dr. Daniel Berger (Göttingen) und für Hilfe bei der Erstellung an Lisa Felendler (Erlangen).

[1] F. FITA, "Santiago de Galicia: Nuevas impugnaciones y nueva Defensa V", *Razón y Fe* 1.2 (1902), pp. 178-195, hier p. 183. Vgl. dazu auch die Netzversion der Handschrift http://bdh-rd.bne.es/viewer.vm?id=0000050959&page=1 [31.03.2018]; P. HENRIET, "Political struggle and the legitimation of Toledan primacy: The Pars Lateranii Concilii", in: *Building Legitimacy: Political Discourses and Forms of Legitimacy in Medieval Societies,* ed. M.I. ALFONSO ANTÓN *et al.* (Leiden, 2004), pp. 291-318, bes. p. 294 und unten n. 47.

Stilus – modus – usus: Regeln der Konflikt- und Verhandlungsführung am Papsthof des Mittelalters – Rules of Negotiation and Conflict Resolution at the Papal Court in the Middle Ages, ed. Jessika NOWAK and Georg STRACK, *Utrecht Studies in Medieval Literacy*, 44 (Turnhout: Brepols, 2019), pp. 19-38.

BREPOLS PUBLISHERS DOI 10.1484/M.USML-EB.5.117701

flikt der Iberischen Halbinsel evozieren, der 1215 auf die römische Bühne gelangte.

Die allgemeine Titelformulierung meines Beitrags birgt ein Risiko: Man könnte zur Behandlung die gesamte Kirchengeschichte des 12. und beginnenden 13. Jahrhunderts heranziehen und liefe gleichzeitig Gefahr, nur an der Oberfläche gekratzt zu haben. Vor allem die Reorganisation des kirchlichen Lebens im Zuge der Reconquista nach der sogenannten papstgeschichtlichen Wende[2] eröffnet ein Feld unbegrenzter Möglichkeiten. Wie kann ich mich diesem Bereich nähern in der Hoffnung, auch noch etwas zum *stilus curiae* beizutragen? Ich werde mich auf drei Aspekte konzentrieren:

Zum einen geht es mir darum, die Konfliktfelder wenigstens abzustecken, zum zweiten möchte ich mit einigen neuen Forschungen vertraut machen und schließlich ein oder zwei Themenfelder beispielhaft diskutieren. Jedoch sind Fragen zu den Verhandlungsformen der Konflikte an der Kurie – auch aufgrund der Quellenlage – nur vereinzelt zu beantworten.

1. Kirchenprovinzen und exemte Bistümer

Die Mehrzahl der Konflikte auf der Iberischen Halbinsel erwuchs aus der Neuorganisation kirchlichen Lebens nach der Reconquista.

Schaut man vergleichend auf eine Karte[3] mit den kirchlichen Einteilungen seit der Spätantike bis zum Ende des Westgotenreichs 711 und am Ende des 12. Jahrhunderts, so werden einige Probleme und Ansätze für Konflikte schnell deutlich. Eingezeichnet sind fünf Kirchenprovinzen, die zunächst im Osten und in der Mitte in zwei Nord-Süd-Kirchenprovinzen organisiert waren – in der Tarraconensis und der Carthaginensis mit den Metropolen Tarragona und Toledo – sowie drei Metropolen, die im Westen von Nord nach Süd die Gallaecia (das heißt den heute galicischen und nordportugiesischen Raum) mit der Metropole Braga, in der Mitte die Lusitania (in dieser Zeit meint das den leonesisch-

[2] Vgl. hierzu R. SCHIEFFER, "*Motu proprio*: Über die papstgeschichtliche Wende im 11. Jahrhundert", *Historisches Jahrbuch* 122 (2002), pp. 27-41; weiter vertiefend J. LAUDAGE, "Die papstgeschichtliche Wende", in: *Päpstliche Herrschaft im Mittelalter: Funktionsweisen – Strategien – Darstellungsformen*, ed. S. WEINFURTER (Ostfildern, 2012: *Mittelalter-Forschungen* 38), pp. 51-68.

[3] Vgl. z. B. die Karte bei K. HERBERS, *Geschichte Spaniens im Mittelalter: Vom Westgotenreich bis zum Ende des 15. Jahrhunderts* (Stuttgart, 2006), p. 47.

extremensischen und später mittelportugiesischen Raum) mit der Metropole Mérida sowie zuletzt die Baetica mit der Metropole Sevilla darstellen.

Nach 711 blieb zunächst keine der Metropolen unter christlicher Herrschaft, das Schicksal der Kirchenstrukturen unter muslimischer Herrschaft erscheint in vielen Aspekten dunkel, Toledo scheint jedoch als Zentrum des westgotischen Reichs und Ort der Konzilien im 7. Jahrhundert besonders wichtig gewesen zu sein. Im kleinen, christlich gebliebenen Bereich gewinnt nach 711 zunächst das asturische Oviedo an Bedeutung, im Osten übernimmt Narbonne für einige katalanische Bistümer die Metropolitanrechte von Tarragona, Braga steht relativ bald schon im 9. Jahrhundert wieder unter christlicher Herrschaft, Sevilla, Mérida und Toledo sind als Metropolen im muslimischen Herrschaftsbereich kaum erkennbar.

Die sogenannte Reconquista[4] folgte eher militärisch-politischen Zielen, berücksichtigte Kirchenstrukturen nur bedingt. Bis auf die Baetica waren jedoch ab dem Ende des 11. Jahrhunderts große Teile aller alten Kirchenprovinzen zurückerobert.[5] Sieht man nun darauf, wie sich die Karte der kirchlichen Organisation am Ende des 13. Jahrhunderts präsentierte, so gewinnt die Tarraconensis ein wenig, Toledo verliert gegenüber der alten Carthaginensis im Norden und Süden, und im Westen wird die räumliche Teilung alter Art zwischen Braga und Mérida völlig aufgelöst, indem Compostela seit 1120/1124 an die Stelle von Mérida trat, die alte Duero-Grenze aber nicht aufrechterhalten blieb und vor allem Metropolitansitz und Suffragane die Bragaer Provinz gleichsam umklammerten.

Dies war auch das Ergebnis von Kämpfen und Auseinandersetzungen, und das Papsttum war vielfach in die Streitigkeiten einbezogen. Viele Aspekte sind

[4] Zur Problematik des Begriffs vgl. O. Engels, "Die Reconquista", in: *Reconquista und Landesherrschaft: Studien zur Rechts- und Verfassungsgeschichte Spaniens im Mittelalter*, ed. O. Engels (Paderborn *et al.*, 1989: *Rechts- und Staatswissenschaftliche Veröffentlichungen der Görres-Gesellschaft*, N. F. 53), pp. 279-300 und vor allem N. Jaspert, "'Reconquista': Interdependenzen und Tragfähigkeit eines wertekategorialen Deutungsmusters", in: *Christlicher Norden – Muslimischer Süden: Ansprüche und Wirklichkeiten von Christen, Juden und Muslimen im Hoch- und Spätmittelalter*, ed. M. M. Tischler und A. Fidora (Münster, 2011: *Erudiri Sapientia: Studien zum Mittelalter und seiner Rezeptionsgeschichte* 7), pp. 442-465.

[5] Vgl. die Karte bei Herbers, *Geschichte Spaniens*, p. 207.

inzwischen von der Forschung aufgearbeitet worden[6] und sollten hier nur kurz erwähnt werden.

Das Ringen um Rangerhöhung und Zugehörigkeiten betraf fast alle Bistümer. Besonders hart wurde aber um zwei Dinge gestritten: Das Pilgerzentrum Compostela versuchte die Unabhängigkeit von Braga bzw. den Metropolitansitz von Braga zu erlangen. Der Weg hierzu war steinig, mühsam und verschlungen. Dies reichte von direkter Konkurrenz, Raub der Fructuosus-Reliquien bis hin zu Bittgesuchen an die Päpste, insbesondere bei Calixt II., bis 1120 bzw. 1124 das begehrte Privileg ausgestellt wurde und Compostela in die Rechte von Mérida eintrat, was zu den schon vorgestellten ungewöhnlichen Grenzen der Kirchenprovinzen Braga und Compostela führte. Da verschiedene Forscher dieses Beispiel mehrfach untersucht haben,[7] und auch Daniel Berger in diesem Band darauf eingeht,[8] werde ich dies nicht erneut thematisieren. Hervorgehoben sei aber, dass die Verhandlungen mit dem Papst vor allem im

[6] Vgl. die Beiträge in den Sammelbänden: *Erinnerung – Niederschrift – Nutzung: Das Papsttum und die Schriftlichkeit im mittelalterlichen Westeuropa,* ed. K. HERBERS und I. FLEISCH (Berlin und Boston, 2011: *Abhandlungen der Akademie der Wissenschaften zu Göttingen*, N. F. 11: *Studien zu Papstgeschichte und Papsturkunden*); *Das begrenzte Papsttum: Spielräume päpstlichen Handelns: Legaten – delegierte Richter – Grenzen*, ed. K. HERBERS, F. LÓPEZ ALSINA und F. ENGEL (Berlin und Boston, 2013: *Abhandlungen der Akademie der Wissenschaften zu Göttingen*, N. F. 25: *Studien zu Papstgeschichte und Papsturkunden*).

[7] Vgl. K. JORDAN, "Zur päpstlichen Finanzgeschichte im 11. und 12. Jahrhundert", *Quellen und Forschungen aus italienischen Archiven und Bibliotheken* 25 (1933-1934), pp. 61-104, bes. pp. 83-88; P. FEIGE, "Die Anfänge des portugiesischen Königtums und seiner Landeskirche", in: *Gesammelte Aufsätze zur Kulturgeschichte Spaniens* (Münster, 1978: *Spanische Forschungen der Görresgesellschaft* 1.29), pp. 85-436, hier pp. 152-162; L. VONES, *Die "Historia Compostellana" und die Kirchenpolitik des nordwestspanischen Raumes 1070-1130* (Köln und Wien, 1980: *Kölner Historische Abhandlungen* 29), pp. 366-370 und öfter; R.A. FLETCHER, *Saint James's Catapult: The Life and Times of Diego Gelmírez of Santiago de Compostela* (Oxford, 1984), pp. 192-223; K. HERBERS, "Politik und Heiligenverehrung auf der Iberischen Halbinsel: Die Entwicklung des 'politischen Jakobus'", in: *Politik und Heiligenverehrung im Hochmittelalter*, ed. J. PETERSOHN (Sigmaringen, 1994: *Vorträge und Forschungen* 43), pp. 177-275, bes. pp. 211-212; *El papado, la iglesia leonesa y la basílica de Santiago a finales del siglo XI.: El traslado de la sede episcopal de Iria a Compostela en 1095*, ed. F. LÓPEZ ALSINA (Santiago de Compostela, 1999); K. HERBERS, "Das Papsttum und die Iberische Halbinsel im 12. Jahrhundert", in: *Das Papsttum in der Welt des 12. Jahrhunderts*, ed. E.-D. HEHL, I.H. RINGEL und H. SEIBERT (Stuttgart, 2002: *Mittelalterforschungen* 6), pp. 25-60 [ND in: *Pilger, Päpste, Heilige. Ausgewählte Aufsätze zur europäischen Geschichte des Mittelalters*, ed. G. BLENNEMANN, W. DEIMANN, M. MASER und C. ZWANZIG (Tübingen, 2011), pp. 237-278], bes. pp. 32-36 [ND pp. 246-250].

[8] Vgl. D. BERGER, "Die *Historia Compostellana* und andere narrative Quellen aus dem Hochmittelalter: Auf der Suche nach dem *stilus curiae* aus kastilisch-leonesischer Sicht", in diesem Band.

burgundischen Raum stattfanden und dass die Kurie gleichsam außerhalb Roms über ein Gesuch verhandelte, dessen Erfolg durch Geldgeschenke – auch an die Umgebung des Papstes – gefördert wurde.

Nicht weniger heftig umstritten war die Restaurierung Tarragonas 1089, weil hier die zwischenzeitlich aktivierte Kirchenprovinz Narbonne betroffen war. Seit den Untersuchungen Kehrs[9] haben hierzu vor allen Dingen Alfons Becker,[10] aber auch Lawrence McCrank,[11] Ursula Vones-Liebenstein[12] und andere gearbeitet. Hier war aber auch wiederum der französische Raum, weniger Rom als Verhandlungsort wichtig, um entscheidende Weichen zu stellen.

Schließlich konnte es auch um Zugehörigkeit oder Unabhängigkeit gehen. Es fällt auf, dass gerade auf der Iberischen Halbinsel besonders viele Diözesen exemt waren. Im Unternehmen der *Iberia Pontificia* haben wir mit der Publikation dieser Regesten begonnen.[13] Seit Otto Vehse[14] fehlt aber eine neuere übergreifende Abhandlung zu diesen Phänomenen der Bistumsexemtion. Vehse sah die Bistumsexemtion als einen "gern beschrittenen Ausweg" bei gegenläufigen Interessen.[15] Und in der Tat stellt sich ja das Problem, dass viele neue Bischofssitze nach 711 wie Oviedo oder León begründet wurden, die nie einer Metro-

[9] P.F. KEHR, *Das Papsttum und der katalanische Prinzipat bis zur Vereinigung mit Aragón* (Berlin, 1926: *Abhandlungen der Preußischen Akademie der Wissenschaften: Philosophisch-Historische Klasse* 1926.1) [ND in: ID., *Ausgewählte Schriften*, ed. R. HIESTAND, 2 vols. (Göttingen, 2005: *Abhandlungen der Akademie der Wissenschaften in Göttingen: Philologisch-Historische Klasse*, 3. Folge, 250), 2, pp. 853-942], hier pp. 46-52 [ND pp. 897-903].

[10] A. BECKER, *Papst Urban II. (1088-1099)*, 3 vols. (Stuttgart, 1964, ND Hannover, 2012: MGH *Schriften* 19), zu Tarragona bes. 3: *Ideen, Institutionen und Praxis eines päpstlichen regimen universale,* pp. 581-591.

[11] L. MCCRANC, "La restauración canónica e intento de Reconquista de la sede Tarraconense 1076-1108", *Cuadernos de Historia Española* 56-57 (1977-1979), pp. 145-245.

[12] U. VONES-LIEBENSTEIN, "Zentrum und Peripherie? Das universale Papsttum und die Kirchenprovinz Narbonne im Hochmittelalter: 1050-1215", in: *Römisches Zentrum und kirchliche Peripherie: das universale Papsttum als Bezugspunkt der Kirchen von den Reformpäpsten bis zu Innozenz III.*, ed. J. JOHRENDT und H. MÜLLER (Berlin und Boston, 2008: *Neue Abhandlungen der Akademie der Wissenschaften zu Göttingen: Philologisch-Historische Klasse*, 2: *Studien zu Papstgeschichte und Papsturkunden*), pp. 209-248; U. VONES-LIEBENSTEIN, "Narbona metropolis: Grenzen zwischen kirchlichen Interessen und weltlicher Herrschaftsbildung", in: *Das begrenzte Papsttum*, ed. HERBERS *et al.*, pp. 147-167.

[13] Vgl. die Bände 1 und 2 der *Iberia Pontificia*: D. BERGER, *Iberia Pontificia*, 1, *Dioeceses exemptae: Dioecesis Burgensis* (Göttingen, 2012); S. DOMÍNGUEZ SÁNCHEZ und D. BERGER, *Iberia Pontificia*, 2, *Dioeceses exemptae: Dioecesis Legionensis* (Göttingen, 2013). Der Band zur exemten Diözese Oviedo ist in Vorbereitung.

[14] O. VEHSE, "Bistumsexemtionen bis zum Ausgang des 12. Jahrhunderts", *Zeitschrift der Savigny-Stiftung für Rechtsgeschichte: Kanonistische Abteilung* 26 (1937), pp. 86-160.

[15] *Ibid.*, p. 130.

gotischen Königs Wamba erfolgt. Allerdings ist diese Quelle zu Anfang des 12. Jahrhunderts wohl verfälscht worden, um aktuelle Ansprüche zu legitimieren. Deshalb verrät das Dokument mehr über die Situation an der Wende vom 11. zum 12. Jahrhundert als über die westgotischen Grundlagen.[23]

Auf dem Konzil von Husillos war im März und April 1088, unter dem Einfluss des Kardinallegaten Richard, Abt von St-Victor in Marseille,[24] eine grobe Richtung festgelegt worden. Auf der Versammlung standen auch die Absetzung des Bischofs Diego Pelaez von Santiago[25] sowie die Diözesangrenzen, die zwischen Toledo und Burgos umstritten waren, zur Diskussion.[26] Der Papst bestätigte die Beschlüsse von Husillos jedoch nicht explizit.

Eine Möglichkeit, um den alten oder gar neu errichteten Strukturen zu entkommen, bestand in der Möglichkeit der Exemtion. Dieser Weg wurde im Norden der Iberischen Halbinsel häufiger beschritten, zwischenzeitlich in Compostela (1095) und Porto (1115), längerfristig in Burgos (1096), Oviedo (1105) und in León (1104).

Zunächst einige Bemerkungen zu Burgos: Vorläufer des Bistums Burgos war Oca. 1068 wurde Oca mit Sitz in Burgos wiedererrichtet. Dies approbierte Gregor VII. 1074 auf der römischen Fastensynode.[27] Die Grenzen, wie sie auf dem Konzil von Husillos besprochen worden waren (vor allem zwischen Bur-

[23] *La división de Wamba*, ed. L. VÁZQUEZ DE PARGA (Madrid, 1943).

[24] Zu Kardinal Richard vgl. die Literatur bei I. FLEISCH, "Rom und die Iberische Halbinsel: das Personal der päpstlichen Legationen und Gesandtschaften im 12. Jahrhundert", in: *Römisches Zentrum und kirchliche Peripherie*, ed. JOHRENDT *et al.*, pp. 135-189, hier p. 143 mit n. 23; vgl. weiterhin L. VONES, "Legation und Konzilien: Der päpstliche Legat Richard von Marseille und die konziliare Tätigkeit auf der Iberischen Halbinsel", in: *Das begrenzte Papsttum*, ed. HERBERS *et al.*, pp. 213-236, bes. pp. 231-232.

[25] Vgl. u. a. VONES, "Legation und Konzilien", p. 231; ID., "Diego Xelmírez et les courants de la politique ecclésiastique de son temps", in: *O século de Xelmírez*, ed. F. LÓPEZ ALSINA, H. MONTEAGUDO, R. VILLARES und R. YZQUIERDO PERRÍN (Santiago de Compostela, 2013), pp. 95-115, bes. pp. 99-100; *Iberia Pontificia*, 1, pp. 26-27, No. *14; *Iberia Pontificia*, 2, pp. 9-10, No. *4.

[26] Vgl. A. GAMBRA GUTIÉRREZ, *Alfonso VI. Cancillería, curia e imperio*, 2, *Colección diplomática* (León, 1997: *Fuentes y estudios de historia leonesa* 62-63), pp. 256-258, vgl. weiterhin *Iberia Pontificia*,1, pp. 26-27, No. *14. Zu Kardinal Richard vgl. oben n. 24.

[27] *Iberia Pontificia*, 1, p. 23, No. 6; vgl. *ibid.*, p. 10.

gos und Osma), bestätigte sodann Papst Urban II. am 14. März 1095[28] in Piacenza und verfügte dann am 15. Juli 1096 in St-Gilles die Exemtion.[29]

Aus dem entscheidenden Dokument von Juli 1096 sind abgesehen von formalen Auffälligkeiten und einer interpolierten Fassung,[30] die dem *Iberia Pontificia*-Band zu Burgos aus der Feder von Daniel Berger entnommen werden können, folgende inhaltliche Punkte hervorzuheben:

- Berichtet wird über die Synode von Nîmes, die im Juli 1096 stattgefunden habe. Die *Narratio* spricht von einer Klage, die der Erzbischof Bernhard von Toledo in der päpstlichen *audientia* gegen den Bischof Gómez von Burgos erhoben habe, weil dieser ungehorsam gewesen sei. Es ging um die Rechte an verschiedenen Orten. Burgos sei in der Diözese Osma gegründet worden, Osma habe aber stets zur Provinz Toledo gehört. Dagegen habe Gómez den Standpunkt vertreten, dass Osma und Burgos getrennt seien (indirekt war hier sogar die Tarraconensis betroffen, denn Burgos sei dem alten, der Tarragonenser Kirchenprovinz zugehörigen Sitz Auca/Oca nachgefolgt).
- Alfons VI. toleriere nicht, dass Burgos der Tarraconensis unterstehe, weil sich das Bistum in seinem Reich befinde ("*de causa quod infra regni sui terminos Burgus sit*"), die Tarraconensis hingegen im Herrschaftsbereich der Grafen von Barcelona. Damit wird das Argument der Übereinstimmung von politischen und kirchlichen Grenzen ins Feld geführt.
- Die Entscheidung auf dem Konzil von Nîmes sei mit den Kardinälen ("*fratres*") getroffen worden ("*His ergo de causis nostre et fratrum qui nobiscum aderant discretioni visum est*").
- Burgos wird allein dem Heiligen Stuhl unterstellt, die Weihe habe der Papst vorzunehmen. Dies gelte, solange der Metropolit nicht mit authentischen Schriften nachweisen könne, dass Burgos zu seiner Provinz gehöre.

[28] JL 5549; *Iberia Pontificia*, 1, p. 28, No. 17 mit der aktuellen Literatur; *Documentación de la Catedral de Burgos*, 1, *(804-1183)*, ed. J.M. Garrido Garrido (Burgos, 1983: *Fuentes medievales Castellano-leonesas* 13), p. 113, No. 56 (Photo des Originals in den Sammlungen der Pius-Stiftung, Göttingen, ID PU 3952).

[29] JL 5653; *Iberia Pontificia*, 1, pp. 30-32, No. 20 mit der aktuellen Literatur; *Documentación de la Catedral de Burgos*, ed. Garrido Garrido, p. 120, No. 61 (vgl. die späteren Bestätigungen JL 5801, 6209 und 6245) (Photo des Originals in den Sammlungen der Pius-Stiftung, Göttingen, ID PU 416).

[30] *Iberia Pontificia*, 1, pp. 32-33, No. 20a.

- Bischof Gómez hatte sich zudem über denjenigen beklagt, der an der Stelle des Papstes aus der Abtei St-Victor die Macht ausübe. Wurde hier auf den Legaten Richard angespielt? Angefügt wird die Diskussion um einige Orte.
- Schließlich folgt eine Diskussion über die Toledo entgangenen Gebiete und die Position des Erzbischofs Bernhard.

Zieht man eine Zwischenbilanz, dann scheinen vor allem die Probleme der Übereinstimmung von politischen und kirchlichen Grenzen eine Rolle bei der Exemtion gespielt zu haben; die Bedeutung und Interessen des Legaten Richard, der die Situation kannte, wird zudem hervorgehoben; die Kurie selbst entschied aber in Südfrankreich. Konzilsbeschlüsse, Kardinäle und Urkunden spielten die zentrale Rolle.

Schauen wir auf Oviedo. In einem an den Erzbischof von Toledo gerichteten Generalprivileg hatte Urban II. am 4. Mai 1099 dem Toledaner unter anderem die Diözesen Oviedo, León und Palencia zugestanden.[31] Oviedo war mit dieser Regelung nicht einverstanden, nach dem eigenen Selbstverständnis war Oviedo Ursprungsort der Reconquista, die Keimzelle des späteren leonesischen Reiches. Lange Zeit hatte man sich als Erbe Toledos gesehen.[32] Deshalb konnte man sich nicht vorstellen, Suffragan von Toledo zu werden. Im Jahr 1105 erfolgte die Exemtion, die Paschalis II. am 30. September 1105 gewährte.[33] Auch

[31] JL 5801; *Iberia Pontificia*, 2, p. 12, No. 11; D. BERGER, *Iberia pontificia*, 3, *Provincia Toletana: Dioecesis Palentina* (Göttingen, 2015), p. 19, No. 5; *Documentos pontificios referentes a la Diócesis de León (siglos XI-XIII)*, ed. S. DOMÍNGUEZ SÁNCHEZ (León, 2003), p. 62, No. 4 (Photo des Originals in den Sammlungen der Pius-Stiftung, Göttingen, ID PU 451); vgl. HOLNDONNER, *Kommunikation*, pp. 175-176.

[32] Vgl. zum asturischen Sendungsbewusstsein und zum Neogoticismus allgemein HERBERS, *Geschichte Spaniens*, pp. 106-111.

[33] JL 6039; MIGNE, *PL* 163 (Paris, 1854), cols. 168-169; neuere Edition S. GARCÍA LARRAGUETA, *Colección de documentos de la catedral de Oviedo* (Oviedo, 1962), pp. 329-330, No. 122 (Photo in den Sammlungen der Pius-Stiftung, Göttingen, ID PU 515, frag.); vgl. zur Sache D. MANSILLA, "La supuesta metrópoli de Oviedo", *Hispania Sacra* 8 (1955), pp. 264-274; ENGELS, "Papsttum, Reconquista", p. 280 [D p. 379]; C. SERVATIUS, *Paschalis II. (1099-1118): Studien zu seiner Person und seiner Politik* (Stuttgart, 1979: *Päpste und Papsttum* 14), p. 125. Die Edition bei LARRAGUETA folgt dem *Liber testamentorum* (hierzu M.J. SANZ FUENTES, "Documentos pontificios en el *Liber Testamentorum Ecclesie Ovetensis*", in: *Erinnerung – Niederschrift – Nutzung*, ed. HERBERS *et al.*, pp. 219-232) und nicht dem nur fragmentarisch überlieferten Original (Photo des Originals in den Sammlungen der Pius-Stiftung, Göttingen, ID PU 515); vgl. weiterhin T. DESWARTE, "¿Una nueva metrópoli en Oviedo? Dos falsas bulas del Obispo Pelayo (1098/1101-1130)", in: *La imagen del Obispo hispano en la Edad media* (Pamplona, 2004), pp. 153-166 (vorläufige No. des künftigen *Iberia Pontificia*-Bandes bei S. DOMÍNGUEZ, *Episcopatus*, No. 31).

hier sind einige Aspekte des Urkundentextes hervorzuheben. Zunächst sind es die aufgenommenen Bitten und Hinweise des Bischofs Pelagius (Pelayo) zum alten Recht ("*libertatis ius antiquorum iam temporum diuturnitate possessum*..."), Oviedo sei nie einer Metropole unterstellt gewesen. Der Papst akzeptierte diese Argumentation und gewährte die Exemtion, bestätigte zugleich die Besitzungen und Schenkungen entsprechend der königlichen Verfügungen ("*quicquid iuste hactenus sepefate Ouetensi ecclesie testamentis regalibus oblatum est*"). Dass aber für frühere Urkunden und Verleihungen der Ausdruck Testament (*testamentum*) verwendet wird, verweist auf den Empfängereinfluss in diesem Teil. Die Möglichkeiten einer solchen Beeinflussung werden weiterhin dadurch wahrscheinlicher, dass die Rechte bzw. Ansprüche von Toledo nicht explizit genannt werden. War der Papst nicht auf dem Laufenden? Dies mag das Vokabular zumindest nahelegen.

Die Exemtion Oviedos genügte dem ambitionierten Pelagius nicht, er wollte aus Oviedo eine Metropole machen. Warum sollte er also nicht die großen Zeiten Oviedos im 9. Jahrhundert evozieren? Unter dem Einfluss des Pelagius (1101-1129) erfolgte ein groß angelegtes Fälschungswerk. Die in einem Sammelwerk zusammengefassten Texte erwähnten unter anderem eine Legation nach Rom, die im 9. Jahrhundert stattgefunden haben soll, sowie ein Konzil in Oviedo mit päpstlicher Bestätigung sowie einige Papstbriefe eines Papstes Johannes (VIII.?), die dieser Oviedo gewährt haben soll.[34]

Diese Briefe[35] betreffen die herausragende Stellung Oviedos. Was aber in dieser Sammlung, dem *Liber testamentorum*, wie das *corpus pelagianum* heißt, erstaunt, ist die Tatsache, dass der Fälscher sogar eine päpstliche Rota einfügt

[34] Vgl. außer den Angaben in der vorigen Anmerkung die Literatur bei HOLNDONNER, *Kommunikation*, p. 179, n. 40.

[35] JE 3035 und 3036; J.F. BÖHMER, V. UNGER *et al.*, *Regesta Imperii*, 1, *Die Regesten des Kaiserreiches unter den Karolingern* 7 No. *51-918 (926/962)*, 4, *Papstregesten 800-911*, Teil 3: *872-882* (Köln, Wien und Weimar, 2013), †90 sowie No. †97 mit der jüngsten Diskussion. Vgl. außer der Literatur in n. 33 zum *Liber testamentorum* J. FERNÁNDEZ CONDE, "Los obispos ovetenses y la consolidación del feudalismo en la Asturias medieval", in: *El papado, la iglesia leonesa y la basílica de Santiago*, ed. LÓPEZ ALSINA, pp. 129-156, bes. pp. 148-156 mit neuerer, auch kodikologischer Literatur zum *Liber testamentorum* (p. 156). BÖHMER-UNGER, No. †97 (JE 3036) hat möglicherweise einen echten Kern bezüglich des Weihebefehles für die Compostellaner Kirche und wurde deshalb von C. SÁNCHEZ ALBORNOZ von Johannes VIII. auf Johannes IX. umdatiert. Vgl. zur Problematik die Vorbemerkungen in der Edition von H. ZIMMERMANN, *Papsturkunden 896-1046* (Wien, 1984), pp. 13-15, No. †6. Die Sachlage erfordert meines Erachtens eine erneute Untersuchung, gerade hier könnten echte und "falsche" Traditionen um Johannes VIII. und Johannes IX. zu neuen Texten in unterschiedlicher Überlieferungsform verschmolzen worden sein.

mit der Devise: "*Verbo Domini celi firmati sunt*".[36] Dies ist für das 9. Jahrhundert anachronistisch, die Devise entspricht der Rota,[37] die Paschalis II. verwendete, vielleicht hat man sogar das Exemtionsprivileg dieses Papstes[38] benutzt. Pelagius konnte seine Aktion nicht erfolgreich abschließen, anders als Santiago de Compostela wurde Oviedo kein Erzbischofssitz. Vielleicht musste man zur Erhebung zur Metropole mehr in die Waagschale werfen als in Oviedo möglich war.

Ähnlich wie in Oviedo liegen die Dinge in der exemten Diözese León. Das am 15. April 1104 ausgestellte Privileg[39] ist ebenfalls als Original erhalten. Schon die Arenga macht deutlich, dass Rom *mater* und *caput* sei, wo schwerwiegendere Angelegenheiten verhandelt werden müssten. Der Papst antwortete dann auf die Bitten des Bischofs Peter von León, der geltend gemacht hatte, dass León schon von alters her Freiheit besessen habe: "... *ut libertatis ius antiquorum iam temporum diuturnitate possessum e*[*i*]*dem Legionensis ecclesiae conseruemus*". Und weiter: "*nulli umquam legitur subiacuisse metropoli*".

Der Papst bestätigte dies entsprechend und verfügte die Weihe des Bischofs durch den Papst, so dass León wie ein Suffragan des römischen Sitzes erscheint. Genauer heißt es:

[36] Eine Abbildung des *Liber testamentorum* mit dem Brief eines Papstes Johannes und der Paschalis II. nachempfundenen Rota (vgl. n. 35) findet sich in SANZ FUENTES, "Documentos pontificios", p. 223, fig. 3.

[37] Zum Aufkommen der Rota zu Zeiten Leos IX. vgl. J. DAHLHAUS, "Aufkommen und Bedeutung der Rota in den Urkunden des Papstes Leo IX.", *Archivum Historiae Pontificiae* 27 (1989), pp. 7-84 und vertiefend ID., "Aufkommen und Bedeutung der Rota in der Papsturkunde", in: *Graphische Symbole in mittelalterlichen Urkunden*, ed. P. RÜCK (Sigmaringen, 1996: *Historische Hilfswissenschaften* 3), pp. 407-423; I. FEES, "Rota und Siegel der Päpste in der zweiten Hälfte des 11. Jahrhunderts", in: *Zwischen Rom und Santiago: Festschrift Klaus Herbers*, ed. C. ALRAUM, A. HOLNDONNER, H.-C. LEHNER, C. SCHERER, T. SCHLAUWITZ und V. UNGER (Bochum, 2016), pp. 285-298. Zur Übernahme und Weiterführung in spanischen Urkunden vgl. L. PARDO RODRÍGUEZ, "La Rueda hispana: Validación y simbología", in: *Papsturkunde und europäisches Urkundenwesen: Studien zu ihrer formalen und rechtlichen Kohärenz vom 11. bis 15. Jahrhundert*, ed. P. HERDE und H. JAKOBS (Köln, Weimar und Wien, 1999: *Archiv für Diplomatik: Beiheft* 7), pp. 241-258.

[38] Vgl. oben n. 33.

[39] *Iberia Pontificia*, 2, p. 13, No. 13; *Colección documental del archivo de la catedral de León*, 4, ed. J.M. RUÍZ ASENCIO (León, 1990), pp. 643-644, No. 1317 und *Documentos León*, ed. DOMÍNGUEZ SÁNCHEZ, pp. 64-65, No. 5 (Photo des Originals in den Sammlungen der Pius-Stiftung, Göttingen, ID PU 501).

> *tui quoque deinceps successores nulli preter Romanum metropolitano subiecti sint et omnes qui tibi in eadem sede successerint per manum Romani pontificis tamquam spetiales Romane sedi suffraganei consecrentur.*

Die Bemerkung, dass León damit gleichsam Suffragan Roms sei, findet sich auch in der Urkunde zu Oviedo. Es folgen dann noch die Bestätigung des Besitzes und die entsprechenden Strafandrohungen.

Ziehen wir eine kurze Zwischenbilanz. Rangerhöhungen und Exemtionen sowie die jeweils begleitenden Konfliktbeilegungen im päpstlichen Umfeld scheinen an der Wende zum 12. Jahrhundert vor allem in Frankreich – teilweise mit konziliarer Unterstützung – verhandelt worden zu sein. Fälle werden in die *audientia* des Papstes getragen, der mit den *fratres*, den Kardinälen, entscheidet. Besonders Urban II. und Calixt II. waren an solchen Beschlüssen in Frankreich maßgeblich beteiligt.

Entscheidungen von Legaten waren keinesfalls endgültig. Die Kritik an Richard von Marseille wird deutlich, und in jüngster Zeit hat Ludwig Vones gerade mit diesem Beispiel darauf verwiesen, wie sehr Legaten auch Eigen- und nicht nur päpstliche Interessen verfolgen konnten.[40] Dies bleibt in allgemeiner Hinsicht wichtig, um die in der neueren Forschung dominierende Tendenz, in den Legaten die Exekutoren und Fortsetzer päpstlicher Politik zu sehen, wie dies auch für die Iberische Halbinsel beispielsweise durch die Forschungen von Ingo Fleisch zum Kardinallegaten Iacinthus und anderen deutlich wird,[41] zumindest in Einzelfällen in Frage zu stellen.

Die Exemtionen der drei genannten Bistümer zeigen aber auch, wie sehr politische Traditionen und neue Grenzziehungen eine Rolle spielten. Dies gilt für die ehemaligen Königsstädte León und Oviedo, aber auch bei den Grenzen der verschiedenen iberischen Reiche im Falle von Burgos. Kirchliche Konflikte waren eben nie ausschließlich kirchliche Konflikte, sondern lagen in einem politischen Umfeld.

[40] VONES, "Legation und Konzilien".

[41] FLEISCH, "Rom und die Iberische Halbinsel", pp. 1-16; ID., "Rechtsstreit und Schriftkultur – Zum Vordringen des römisch-kanonischen Prozessrechts auf der Iberischen Halbinsel", in: *Erinnerung – Niederschrift – Nutzung*, ed. HERBERS *et al.*, pp. 93-118. Allgemein zu den päpstlichen Legaten C. ZEY, "Die Augen des Papstes: Zu Eigenschaften und Vollmachten päpstlicher Legaten", in: *Römisches Zentrum und kirchliche Peripherie,* ed. JOHRENDT *et al.*, pp. 77-108.

2. *Toledos Primat und das Vierte Laterankonzil 1215*

Nach den Exemtionen, die sich meist gegen Toledaner Provinzrechte aber auch gegen den Primat richteten, komme ich auf den Toledaner Primatsstreit zurück. Toledo hatte nach 1088 nicht nur im Hinblick auf Burgos, León und Oviedo Schwierigkeiten, seine Ansprüche durchzusetzen, sondern auch deshalb, weil die allgemeine päpstliche Legation für den Toledaner durch Sonderprivilegien für die Provinzen von Compostela und Braga zeitweise weitgehend "ausgehebelt" wurde. Nimmt man nämlich diese beiden Provinzen aus dem Legationsbereich des Toledaners, dann verblieb nur ein relativ geringer Einflussbereich für den Toledaner Erzbischof.

Der Kampf um den Toledaner Primat währte lange, die Einzelheiten – auch zu den gefälschten und begleitenden Privilegien lassen sich inzwischen an der gedruckten Dissertation von Andreas Holndonner nachverfolgen.[42] Einige Ergebnisse aus dieser Arbeit zu einem Höhepunkt des sogenannten Primatsstreits in den Jahren 1143 bis 1179 seien hier zusammengefasst.[43] Ausgangspunkt und Anlass für neue Streitigkeiten waren die Entstehung des Königreiches Portugal und die dortige Situation im Jahr 1143. Insofern war der Primatsanspruch auch mit der Stellung Kastiliens im Reigen der iberischen Reiche verbunden. Zu diesem Streit gehörten auch Fragen um die Diözese Zamora, um Compostela sowie um Tarragona. Die päpstliche Haltung lässt in dieser Auseinandersetzung durchaus schon so etwas wie eine "Spanienpolitik" erkennen. Dies kann Andreas Holndonner an drei Beispielen erläutern: erstens an der päpstlichen Zurückhaltung in Bezug auf das Königtum Portugal 1143, zweitens an den Auseinandersetzungen 1147 im Rahmen des zweiten Kreuzzuges und drittens an der Rolle des päpstlichen Legaten Iacinthus 1154/1155 bei seiner Spanienlegation, die der Verfasser mit neuen bisher unbekannten bzw. noch nicht ausgeschöpften Urkunden weiter konturiert.[44] Die Strategien der Toledaner in diesem Primatsstreit scheinen aber erstmals das kanonische Recht in größerem Maße bemüht zu haben. Die Sammlung *Appendix Seguntina* wird in diesem Zusammenhang als wichtiger Baustein der Toledaner Politik genannt. Insofern zeigen die Toledaner Prozessunterlagen, die gegen Tarragona eingesetzt wurden auch,

[42] HOLNDONNER, *Kommunikation*.

[43] Zum Folgenden *ibid.*, pp. 339-398.

[44] Zu Iacinthus und seiner Legation vgl. FLEISCH, "Rom und die Iberische Halbinsel im 12. Jahrhundert", bes. pp. 155-161, pp. 175-178, pp. 185-189; D.J. SMITH, "The Iberian legations of cardinal Hyacinth Bobone", in: *Pope Celestine III (1191-1198): Diplomat and Pastor*, ed. J. DORAN und D.J. SMITH (Farnham, 2008: *Church, Faith and Culture in the Medieval West*), pp. 81-111; nun dazu HOLNDONNER, *Kommunikation*, pp. 362-365.

inwieweit man inzwischen in Toledo die Waffen des kanonischen Rechtes beherrschte und einsetzte. Die Primatsurkunden von 1169 können als ein direktes Ergebnis der von Andreas Holndonner auf die Jahre 1166 bis 1169 datierten *Exceptio* angesehen werden. Der Primat scheiterte schließlich 1179 und führte dann nicht nur zu neuen politischen Optionen, sondern hat im Ergebnis auch zu einer enormen "Verdichtung der Kommunikation" im Rahmen dieser Auseinandersetzungen beigetragen.

Erst im 13. Jahrhundert wurde die Frage des Toledaner Primats von dem streitbaren Erzbischof Roderich (Rodrigo Jiménez de Rada)[45] erneut aufgegriffen. Roderichs ersten Vorstoß bei Innozenz III. wies dieser aber zurück, weil die Sarazenengefahr drohend und eine wichtigere Frage sei. Vielleicht haben aber auch – so jedenfalls die Untersuchungen von Ingo Fleisch – Prokuratoren aus Portugal zur Verschiebung beigetragen, denn Braga war von den Ansprüchen Toledos betroffen. Der 1212 verstorbene erzbischöfliche Elekt von Braga wies jedenfalls den Prokuratoren in seinem Testament 1000 Goldstücke an.[46] Erst nach der Schlacht von Las Navas de Tolosa 1212[47] kam es dann 1215 auf dem IV. Lateranense zur Konfrontation.

Die Überlieferung der *pars concilii Lateranii* ist nicht ganz unproblematisch, kann hier aber nicht im Zentrum stehen.[48] Der Toledaner Erzbischof Roderich begann auf dem Konzil mit einer flammenden Rede; einige der an-

[45] Zu ihm J. Gorosterratzu, *Don Rodrigo Jiménez de Rada. Gran estadista, escritor y prelado* (Pamplona, 1925), pp. 160-184; M. Maser, *Die Historia Arabum des Rodrigo Jiménez de Rada: Arabische Traditionen und die Identität der Hispania im 13. Jahrhundert* (Münster, Berlin und New York, 2006: *Geschichte und Kultur der Iberischen Welt* 3), bes. pp. 12-19; Henriet, "Political struggle", pp. 291-318; Fleisch, "Rechtsstreit und Schriftkultur", pp. 107-108.

[46] Fleisch, "Rechtsstreit und Schriftkultur", pp. 107-108.

[47] Zur Schlacht vgl. F. García Fitz, *Las Navas de Tolos* (Barcelona, 2005-2008); K. Herbers, "Die Schlacht von Las Navas de Tolosa am 16. Juli 1212", *Damals* 39.9 (2007), pp. 34-39.

[48] Zur Überlieferung und zu den Drucken dieser *pars concilii Lateranii* (Mittelstück des Toledaner Primatsbuches von 1253) vgl. Feige, "Anfänge des portugiesischen Königtums", pp. 347-348, n. 14 (mit weiterer Literatur); die bei *Sacrorum conciliorum nova et amplissima collectio*, ed. G.D. Mansi, ND der Ausgabe Paris, 1903 (Graz, 1961), 22, cols. 1071-1075 abgedruckte Fassung entstammt einer veränderten Abschrift von 1590; Paralleldruck beider Fassungen bei Fita, "Santiago de Galicia", pp. 182-195. Zur Sache Feige, "Anfänge des portugiesischen Königtums", pp. 347-351; M. Horn, "Der Streit um die Primatswürde der Erzbischöfe von Toledo: Ein Beitrag zur Geschichte der älteren Papstregister", *Archivum Historiae Pontificiae* 29 (1991), pp. 259-280, hier pp. 263 sq.; allgemein auch R. Foreville, *Lateran I-IV* (Mainz, 1970: *Geschichte der ökumenischen Konzilien* 6), pp. 312-315; Henriet, "Political struggle". Die folgenden Zitate entstammen der Edition von Fita.

schließenden Wortduelle sind überliefert. Dabei wurden die verschiedensten Argumente in die Debatte eingebracht.

Es beginnt mit einer Datierung, die anwesenden kirchlichen Würdenträger werden teilweise namentlich, teilweise in ihrer Anzahl aufgeführt. Dann heißt es, Roderich, der "*archiepiscopus Toletanus et yspaniarum primas de licencia Innocencii sedis romane pontificis proposuit verbum Dei incipiens et finiens in latino sermone*". Es folgen Bemerkungen dazu, dass er sich so den Teilnehmern aus den verschiedensten Ländern verständlich gemacht habe.

Folio 22r der Toledaner Handschrift endet hier und zeigt den Erzbischof (wohl in der Mitte), oben umrahmt von den Patriarchen aus Konstantinopel und Jerusalem sowie den weiteren bezeichneten Personen, darunter folgen zunächst der Compostellaner und Tarragonenser, ganz unten der Erzbischof von Braga und der *archiepiscopus* von Narbonne.[49] Zwei unten hockende Gestalten sind nicht identifiziert, während oben der Papst dargestellt sein könnte; vielleicht zur Zeichnung der Kopfbedeckung steht sogar "*Innocencii sedis romane*" auf Rasur, was im 19. Jahrhundert auf zweifelhafte Weise chemisch wieder "sichtbar" gemacht wurde. Es folgt eine Aufzeichnung der Privilegien, die Roderich erhielt, immer mit "*obtinuit*" eingeleitet. Das betraf zum Beispiel die Primatsrechte über ein rückerobertes Sevilla oder das Recht in allen wiedereroberten Kirchen Spaniens Kleriker, Kanoniker und andere Prälaten zu weihen.

Dann folgen Streitfragen. Roderich habe von Innozenz die Audientia erbeten ("*impetrata audiencia*") und im Konsistorium vor ihm und den Kardinälen sowie mehreren Erzbischöfen und Bischöfen, Äbten, Kanonikern und anderen Klerikern die "*querimoniam* [...] *de Bracharensi et Conpostellano et Tarraconensi et Narbonensi Archiepiscopis*", die ihm nicht als Primas gehorchen wollten, vorgetragen. Sodann habe er Privilegien gezeigt ("*ostendit*") von Honorius, Gelasius, Lucius, Hadrian und Innozenz III.[50] Außerdem habe er die Sententia des Kardinallegaten Iacinthus gezeigt und vorgelesen. Dem habe der Bragenser Erzbischof widersprochen, der unter anderem die Sentenz des Iacinthus nicht zu kennen vorgab.

Damit setzt Folio 23r ein, und oben sitzen nun als Kontrahenten der Toledaner und der Bragenser Erzbischof. Darauf erbat der Toledaner wiederum Gehör ("*Toletanus impetrata a domino papa audiencia*") und antwortete mit einer Geschichte zum Gegenpapst Mauritius mit dem Beinamen "Burdinus",

[49] Eine Abbildung des f. 22r der Toledaner Handschrift (Cod. Toledanus, Vit. 15) findet sich bei HENRIET, "Political struggle", p. 299.

[50] FITA, "Santiago de Galicia", p. 186; vgl. zu den frühen Primatsprivilegien auch HOLNDONNER, *Kommunikation*, pp. 346-398.

1118 bis 1121, der als Gegenpapst Gregor VIII.[51] unrühmlich in Rom abgesetzt worden war.[52] Roderich erzählt die Geschichte davon, wie Bernhard von Toledo aus dem Limousin Mauritius mitgenommen und diesen gefördert habe, bis er schließlich Erzbischof von Braga geworden sei. Dann aber habe dieser sogar nach dem Toledaner Stuhl getrachtet und habe den alten Bernhard von Toledo durch Paschalis II. entfernen lassen wollen. Schon damals seien diese Bitten als "*frivolas*" und "*inanes*" von Paschalis zurückgewiesen worden.[53] Im Streit von Kaiser und Papst habe sich dann Mauritius vom Kaiser als Papst etablieren lassen. Die Papstnamen zur Auseinandersetzung gehen etwas durcheinander, zum Beispiel wenn davon die Rede ist, dass Alexander II. mit Kaiser Otto schließlich Frieden geschlossen habe. Mauritius sei exkommuniziert und in Kalabrien eingesperrt worden. Dies sei aber nicht nur eine authentische Geschichte, so der Toledaner, sondern dies sei auch im Bild festgehalten![54] Wenn jemand an diesem Skandal zweifele, so der Toledaner, so schaue er doch auf die Wände des Laterans, um dies selbst zu sehen.

> *Si quis astancium dubitat erigat oculos ad presentes loci parietes, et ad occulum videbit huiusmodi istoriam picturatam. Erigentes autem occulos ut indicit omnia decernentes domini Toletani subtilitatem et periciem collaudantes murmurare ceperunt inspicientes erubescentem faciem Archiepiscopi Bracharensis*.[55]

[51] Zum Gegenpapsttum des Mauritius als Gregor VIII. vgl. C. ERDMANN, "Mauritius Burdinus", *Quellen und Forschungen aus italienischen Archiven und Bibliotheken* 19 (1927), pp. 205-261; P. DAVID, *Études historiques sur la Galice et le Portugal du VIe au XIIe siècle* (Coimbra, 1947), pp. 441-501; SERVATIUS, *Paschalis II.*, pp. 128-131; besonders zur Absetzung und den Riten K. SCHREINER, "Gregor VIII., nackt auf einem Esel: Entehrende Entblößung und schandbares Reiten im Spiegel einer Miniatur der 'Sächsischen Weltchronik'", in: *Ecclesia et regnum: Beiträge zur Geschichte von Kirche, Recht und Staat im Mittelalter: Festschrift für Franz-Josef Schmale zu seinem 65. Geburtstag,* ed. D. BERG und H.-W. GOETZ (Bochum, 1989), pp. 151-202.

[52] Er wurde von seinen Gegnern auf einem Esel gedemütigt durch die Straßen Roms getrieben, vgl. SCHREINER, "Gregor VIII., nackt auf einem Esel". Zum Spottnamen *Burdinus* vgl. ERDMANN, "Mauritius Burdinus", pp. 235-238.

[53] FITA, "Santiago de Galicia", p. 188.

[54] Zu den Auseinandersetzungen zwischen Kaiser und Papst, die etwas verworren dargestellt werden, vgl. die Edition von FITA, "Santiago de Galicia", p. 188.

[55] *Ibid.*, p. 190. Zu dieser Abbildung vgl. auch die Erläuterungen von G.B. LADNER, *I ritratti dei papi nell'antichità e nel medioevo*, 1, *Dalle origini fino alla fine della lotta per le investiture* (Vatikanstadt, 1941: *Monumenti di antichità cristiana* 2.4), pp. 199-200 (hier nach der italienischen Ausgabe zitiert, vgl. die deutsche Ausgabe: G.B. LADNER, *Die Papstbildnisse des Altertums und des Mittelalters*, 1, *Bis zum Ende des Investiturstreits* (Vatikanstadt, 1941: *Monumenti di antichità cristiana* 2.4); Nachträge: ID., *Die Papstbildnisse des Altertums und des Mittelalters*, 3: *Addenda et Corrigenda, Anhänge und Exkurse ... Register* (Vatikanstadt, 1984: *Monumenti di antichità cristiana* 2.4.3), pp. 255-256. Zu den künstlerischen Darstellungen vgl.

Damit hatte Roderich glänzend den Ort des Geschehens einbezogen! Im Toledaner Manuskript wird aber Mauritius in einem Käfig gefangen abgebildet.[56]

Dies war glänzend inszeniert, und abschließend heißt es nur, man habe danach auf das Gesicht des erröteten Erzbischofs von Braga geschaut.

Ähnliches folgt dann zur Auseinandersetzung mit Compostela, "*obtenta a domino papa licencia*";[57] Folio 23v zeigt oben wiederum die beiden Erzbischöfe. Diese Streitigkeiten gingen weniger eindeutig zugunsten des Toledaners aus.[58] Ganz kurz bleiben die Bemerkungen zu Tarragona und Narbonne, deren Erzbischöfe angeblich nicht anwesend waren.

Mehreres aus dieser Handschrift könnte zu Diskussionen anregen: Erwähnt werden das Konsistorium, die Kardinäle, aber auch die Protagonisten der verschiedenen Parteien. Außerdem fand die Diskussion während des Vierten Laterankonzils[59] statt; kuriale Verhandlungen, Konzilsberatungen und Rechtsfragen kamen offensichtlich zusammen. Der Papst scheint alles zu dirigieren, aber die Toledaner Überlieferung lässt nichts von päpstlichen Entscheiden durch Innozenz III. verlauten. Der Toledaner erwähnt in seinen Reden nur die Vielzahl früherer Entscheidungen durch Päpste und Legaten, zu denen auch ein Rechtstitel Innozenz III. zählt.[60] Die Vertreter Toledos und Bragas sammelten zudem in der Folge weitere Materialien, um ihre jeweiligen Rechtspositionen zu untermauern. Diese Textsammlungen sind größtenteils erhalten und zeigen, wie Michael Horn verdeutlicht hat,[61] dass beide Parteien in Rom die päpstlichen Registerüberlieferungen zumindest der Pontifikate zwischen Urban II. und Alexander III. benutzt haben, um ihre Prozessmaterialien zusammen-

bes. pp. 145-154; B. SCHILLING, *Guido von Vienne: Papst Calixt II.* (Hannover, 1998: *MGH Schriften* 45), pp. 590-591, mit weiterer Literatur zu den Nachzeichnungen dort in n. 5. Allgemein zur Sache U. NILGEN, "Bilder im Widerstreit zwischen *Regnum* und *Sacerdotium*", in: *Streit um Bilder: von Byzanz bis Duchamp*, ed. K. MÖSENEDER (Berlin, 1997), pp. 28-47

[56] Die Abbildung von Mauritius in einem Käfig (Cod. Toledanus, Vit. 15, f. 23r) ist einzusehen bei HENRIET, "Political struggle", p. 299, p. 308.

[57] FITA, "Santiago de Galicia", p. 191.

[58] Vgl. hierzu HENRIET, "Political struggle", der im Wesentlichen hier zwei verschiedene Legitimationsstrategien erblickt: die Berufung auf die Reliquien sowie die Legitimation durch die Tradition der *urbs regia* (bes. pp. 312-313).

[59] Zahlreiche neue Publikationen zum Vierten Laterankonzil sind nach den Jubiläumsveranstaltungen 2015 erfolgt, vgl. u. a. M. FERRARI, K. HERBERS und C. WITTHÖFT, *Europa 1215: Politik, Kultur und Literatur zur Zeit des IV. Laterankonzils* (Köln, 2016: *Archiv für Kulturgeschichte: Beihefte* 79) sowie K. HERBERS, "Primat des Papstes: Das Vierte Laterankonzil 1215: Zu seiner Bedeutung in Geschichte und Gegenwart", *Zur Debatte* 45 (2016), pp. 9-11.

[60] FITA, "Santiago de Galicia", pp. 186-187.

[61] HORN, "Streit um die Primatswürde", bes. pp. 267-276.

zustellen.[62] Mit der Sammlung einschlägiger Rechtstitel, mit einem anschließenden, geordneten Verfahren in Rom werden Tendenzen deutlich, die offensichtlich im Laufe des 12. Jahrhunderts auch in den iberischen Reichen für Kontrahenten zunehmend üblich wurden, ja auch zu einem kritischen Vergleich des vorhandenen Materials führten.[63] Dem entsprachen auf der anderen, auf der päpstlichen Seite zunehmend abwägende Papstbriefe, weil die inzwischen stärker verfestigten Positionen nun sorgfältiger austariert werden mussten.

3. Bilanz und Problemfelder

Nur einige Punkte seien bilanzierend hervorgehoben:

1) Neue kirchliche Strukturen nach der Reconquista banden das Papsttum zunehmend in die iberischen Konflikte des 12. Jahrhunderts ein. Dabei waren politische Gegebenheiten in großem Maße zu berücksichtigen.
2) Zur Neuordnung der Verhältnisse wurde auf der Iberischen Halbinsel besonders häufig das Mittel der Exemtion genutzt; dies stärkte den päpstlichen Einfluss, neutralisierte aber auch konkurrierende Forderungen.
3) Die Einbeziehung päpstlicher Legaten in die Konfliktlösung war teilweise zwiespältig, wie das Beispiel des Richard von Marseille andeutet.
4) Gerade Fragen der Position von Compostela, Burgos oder Tarragona wurden Ende des 11., Anfang des 12. Jahrhunderts in Südfrankreich erörtert. Die hier der Iberischen Halbinsel nahe gelegene Kurie war für päpstliche Entscheidungen offensichtlich auch räumlich vorteilhaft. Dabei schwanken die Verfahren offensichtlich zwischen konziliaren und kurialen Entscheidungen. *Audientia*, Rat der Kardinäle ("*fratres*"), Vorlage von Urkunden bestimmten den *stilus*.

[62] Dazu gehören auch im weiteren Sinne die später in Toledo angelegten sogenannten "Primatsbücher". Vgl. außerdem zu den Versuchen, die päpstlichen Register des 12. Jahrhunderts zu rekonstruieren, vor allem die in n. 48 genannte Literatur sowie diverse Abhandlungen von U.-R. BLUMENTHAL, "Bemerkungen zum Register Papst Paschalis' II.", *Quellen und Forschungen aus italienischen Archiven und Bibliotheken* 66 (1986), pp. 1-19; EAD., "Cardinal Albinus of Albano and the *Digesta Pauperis scolaris Albini*: Ms. Ottob. Lat. 3057", *Archivum Historiae Pontificiae* 20 (1982), pp. 7-49; EAD., "Papal registers in the twelfth century", in: *Proceedings of the Seventh International Congress of Medieval Canon Law*, ed. P. LINEHAN (Vatikanstadt, 1988: *Monumenta Iuris Canonici* C. *Subsidia* 8), pp. 135-151.

[63] HORN, "Streit um die Primatswürde", p. 275.

5) Das Beispiel des Primatsstreites von 1215 erschließt, wie sehr sich die Verfahrensweisen ein Jahrhundert später zunehmend rechtlicher Formen – wie der Vorlage von Urkunden oder der Einsichtnahme in die Registerbände – bedienten, wenngleich performative, rhetorische Elemente auch deutlich hervortraten. Dazu tritt ebenso wie in den Auseinandersetzungen zu Beginn des 12. Jahrhunderts eine gemischte Verfahrensweise von konziliarer und kurialer Entscheidungsfindung.

Die *Historia Compostellana* und andere narrative Quellen aus dem Hochmittelalter: Auf der Suche nach dem *stilus curiae* aus kastilisch-leonesischer Sicht*

DANIEL BERGER

Fragt man nach erzählenden Quellen, die in Kastilien-León entstanden sind und über Formen der Konflikt- und Verhandlungsführung am Papsthof Auskunft geben könnten, so kommt einem als erstes ein historiographisches Werk aus dem äußersten Westen der Christenheit in den Sinn. In den 1120er Jahren schrieb im galicischen Santiago de Compostela der aus Frankreich stammende Magister Giraldus, Domkanoniker an der Compostellaner Kathedrale und enger Vertrauter Erzbischof Diego Gelmírez', unter anderem über mehrere beschwerliche und gefahrvolle Reisen an die Kurie, wo seine Kirche kurz zuvor nach mehreren Anläufen und unter großen materiellen Anstrengungen in den Rang eines Erzbistums erhoben worden war. Im Verlauf

* Ich danke den Mitgliedern des Netzwerkes sowie F. Engel (Göttingen) für wertvolle Hinweise und anregende Diskussionen.

Stilus – modus – usus: Regeln der Konflikt- und Verhandlungsführung am Papsthof des Mittelalters – Rules of Negotiation and Conflict Resolution at the Papal Court in the Middle Ages, ed. Jessika NOWAK and Georg STRACK, *Utrecht Studies in Medieval Literacy*, 44 (Turnhout: Brepols, 2019), pp. 39-66.

BREPOLS PUBLISHERS DOI 10.1484/M.USML-EB.5.117702

dieser kurialen Erfolgsgeschichte, die bereits bestens erforscht ist,[1] wurde Giraldus mehrmals zum Papst entsandt. Zwar gelangte er nicht bei jeder dieser Missionen über die Pyrenäen bis nach Südfrankreich und Burgund, wo sich die päpstliche Kurie in den Jahren 1118 bis 1124 vorwiegend aufhielt. Mindestens einmal, im Sommer 1119, ist er aber mit Calixt II. auch persönlich zusammengetroffen.[2] Giraldus, den Ludwig Vones als "mit den Gepflogenheiten des kurialen Geschäftsganges bestens vertraut" beschreibt, kannte die Verhältnisse am Papsthof also aus eigener Anschauung.[3] Weitere Informationen über kuriale Vorgänge dürfte er aus erster Hand erhalten haben, zum Beispiel vom Bischof Hugo von Porto, einem wohl ebenfalls aus Frankreich stammenden, früheren Compostellaner Archidiakon und Domkanoniker, der erstmals im Jahr 1100 in Compostellaner Angelegenheiten zum Papst entsandt worden war und der auch nach seiner Wahl zum Bischof von Porto im Jahr 1112 einer der wichtigsten Gesandten der Jakobuskirche an der Kurie bleiben sollte.[4]

Bei seiner Darstellung, die Giraldus in bischöflichem Auftrag zeitnah, vielleicht sogar parallel zu den Ereignissen in den Jahren 1121 bis 1124 nieder-

[1] Vgl. vor allem A.G. BIGGS, *Diego Gelmirez: First Archbishop of Compostela* (Washington D.C., 1949); L. VONES, *Die 'Historia Compostellana' und die Kirchenpolitik des nordwestspanischen Raumes 1070-1130: Ein Beitrag zur Geschichte der Beziehungen zwischen Spanien und dem Papsttum zu Beginn des 12. Jahrhunderts* (Köln und Wien, 1980: *Kölner Historische Abhandlungen* 29); R.A. FLETCHER, *Saint James's Catapult: The Life and Times of Diego Gelmírez of Santiago de Compostela* (Oxford, 1984); K. HERBERS, "Politik und Heiligenverehrung auf der Iberischen Halbinsel: Die Entwicklung des 'politischen Jakobus'", in: *Politik und Heiligenverehrung im Hochmittelalter*, ed. J. PETERSOHN (Sigmaringen, 1994: *Vorträge und Forschungen* 42), pp. 177-275; B. SCHILLING, *Guido von Vienne – Papst Calixt II.* (Hannover, 1998: *MGH Schriften* 45), pp. 445-464; K. HERBERS, "Il papato e Santiago – Santiago e il papato", in: *Santiago e l'Italia [Atti del Convegno Internazionale di Studi. Perugia, 23-26 Maggio 2002]*, ed. P. CAUCCI VON SAUCKEN (Perugia, 2005), pp. 259-269.

[2] Vgl. VONES, *'Historia Compostellana'*, pp. 360-361; F. LÓPEZ ALSINA, *La ciudad de Santiago de Compostela en la Alta Edad Media* (Santiago de Compostela, 2013[2]), p. 72.

[3] VONES, *'Historia Compostellana'*, pp. 39-40. Zu Giraldus und dessen Herkunft (vermutlich aus Beauvais) vgl. *ibid.*, pp. 55-58; *Historia Compostellana*, ed. E. FALQUE REY (Turnhout, 1988: *Corpus Christianorum Continuatio Mediaevalis* 70), pp. XV-XVI; LÓPEZ ALSINA, *Ciudad*, pp. 69-72.

[4] Zu Hugo, der vermutlich unter Bischof Dalmatius (1094-1096), einem Cluniazenser, an die Compostellaner Kathedrale gekommen war, vgl. VONES, *'Historia Compostellana'*, pp. 50-54; *Historia Compostellana*, ed. FALQUE REY, pp. XIV-XV; LÓPEZ ALSINA, *Ciudad*, pp. 63-64. Hugo war es auch, der im Februar 1120 Compostela in den entscheidenden Verhandlungen mit Calixt II. vertrat, die zur Ausstellung des ersten, vorläufigen Metropolitanprivilegs für Compostela führten. Aufgrund seiner guten Verbindungen zum Papsttum und zu den Cluniazensern, deren damaliger Abt Pontius an der Kurie ein wichtiger Förderer der Compostellaner Kirche war, hat ihm L. Vones den "Hauptanteil an der Erhebung der Jakobuskirche zur Metropole" zugeschrieben, vgl. VONES, *'Historia Compostellana'*, pp. 51-52.

schrieb,[5] knüpfte er an einen älteren, rund zehn Jahre zuvor verfassten bischöflichen Tatenbericht an, den der Compostellaner Thesaurar und spätere Bischof von Mondoñedo, Munio Alfonso, ebenfalls auf Veranlassung von Diego Gelmírez zusammengestellt hat.[6] Auch Munio Alfonso ist mehr als einmal als Compostellaner Gesandter an der Kurie gewesen und auch er darf als ausgewiesener Kenner des Papsthofes gelten.[7] Die von Munio Alfonso begonnene und durch Giraldus erweiterte Darstellung ist schließlich in einer weiteren Redaktionsstufe, vermutlich erst nach dem Tod des Diego Gelmírez (†1140), inhaltlich bis zum Jahr 1139 fortgeführt worden.[8] Seit der von Enrique Flórez im Jahr 1765 besorgten Erstausgabe ist das so entstandene Gesamtwerk unter dem Namen *Historia Compostellana* bekannt.[9]

Da der Aufstieg und die Rangerhöhung der Compostellaner Kirche auf der Förderung durch das Papsttum beruhten, werden in der *Historia Compostellana* die Beziehungen zur päpstlichen Kurie ausführlich beschrieben. Wichtige Wegmarken wie die Bestätigung der Exemtion (1102), die Verleihung des Palliums (1105), die Erlaubnis, nach römischem Vorbild sieben Kardinalpriester an der Jakobuskirche zu installieren (1108), die vorläufige Translation der Metropolitanrechte Méridas nach Compostela (1120), die Bestellung des Compostellaner Erzbischofs zum päpstlichen Legaten für die Kirchenprovinzen Mérida, Compostela und Braga (1120) und vor allem die dauerhafte Erhebung Compostelas zur Metropole (1124) werden darin im Wortlaut wiedergegeben. Überhaupt zeichnet sich das Gesamtwerk, das man typologisch als ‘Chartularchro-

[5] Vgl. LÓPEZ ALSINA, *Ciudad*, pp. 76-78; VONES, *‘Historia Compostellana’*, p. 462.

[6] Die Entstehungszeit der von Munio Alfonso geschriebenen bzw. kompilierten *Gesta* hat LÓPEZ ALSINA, *Ciudad*, pp. 52-53, überzeugend auf die Jahre 1109 bis 1110 eingegrenzt. Zu Zielsetzung und Konzeption von Munio Alfonsos Darstellung siehe auch ID., “Los Tumbos de Santiago de Compostela y las relaciones con el Pontificado”, in: *Erinnerung – Niederschrift – Nutzung: Das Papsttum und die Schriftlichkeit im mittelalterlichen Westeuropa*, ed. K. HERBERS *et al.* (Berlin und Boston, 2011: *Abhandlungen der Akademie der Wissenschaften zu Göttingen*, N. F. 11), pp. 137-170, hier pp. 139-144.

[7] Vgl. LÓPEZ ALSINA, *Ciudad*, p. 54, n. 60; ID., “Tumbos”, p. 140.

[8] Vgl. LÓPEZ ALSINA, *Ciudad*, pp. 82-98, dem zufolge der letzte Teil, angefangen von Buch II, c. 63, bis zum Ende von Buch III, vom Kathedralkanoniker Pedro Marcio in den Jahren 1145 bis 1149 geschrieben worden sein soll. Die frühere Forschung sah hier zum Teil noch Giraldus selbst oder den Magister Rainerius von Pistoia am Werk, vgl. VONES, *‘Historia Compostellana’*, pp. 64-65 mit Verweis auf Studien von Biggs, López Ferreiro und Fernández Almuzara; ferner *Historia Compostellana*, ed. FALQUE REY, p. XVIII-XXI.

[9] E. FLÓREZ, *España Sagrada: Theatro geographico-historico de la iglesia de España*, 20, *Historia Compostelana* (Madrid, 1765). Vgl. *Historia Compostellana*, ed. FALQUE REY, p. IX, der die heute maßgebliche Edition zu verdanken ist. Für *Historia Compostellana* wird im Folgenden in den Fußnoten die Sigle *HC* gebraucht.

dieser Zeit (Compostela 1095, Burgos 1096, León 1104, Oviedo 1105). Zudem löste die Restauration ehemaliger westgotischer Bischofssitze Streitigkeiten mit bereits bestehenden Bistümern um den Verlauf von Diözesangrenzen aus. Auch diese Auseinandersetzungen wurden seit dem ausgehenden 11. Jahrhundert vermehrt vor den apostolischen Stuhl getragen.[28]

Insgesamt lässt sich so feststellen, dass die leonesisch-kastilische Kirche ihren papstfernen Charakter in relativ kurzer Zeit, binnen eines Vierteljahrhunderts, verlor und eine wesentliche Triebkraft hierfür in der konfliktreichen Neuformierung der spanischen Kirchenorganisation nach 1085 lag. Anders ausgedrückt: nicht wenige spanische Prälaten sollten relativ bald Gelegenheit bekommen, die an der Kurie geltenden Spielregeln kennenzulernen.

II.

Grundsätzlich erschiene es daher nicht verwunderlich, wenn Begebenheiten am Papsthof außer in Compostela auch andernorts in erzählenden Quellen Niederschlag gefunden hätten. Die in Frage kommenden Textsorten möchte ich in drei Gruppen unterteilen (Epistolographie, Hagiographie, Chronistik). Außer Acht lasse ich satirische Texte, die sich mit der römischen Kurie auseinandersetzen. Hier gibt es aus spanischer Sicht mit dem sogenannten *Tractatus Garsiae*, in dem die Verhältnisse an der Kurie Urbans II. aufs Korn genommen werden, ein frühes und besonders aufschlussreiches Beispiel, das eine gesonderte Betrachtung verdient.

1. Epistolographie

Zum ersten Punkt, Epistolographie, ist weitgehend Fehlanzeige zu vermelden. Aus dem 12. Jahrhundert sind mir keinerlei Briefsammlungen kastilisch-leonesischer Provenienz und nur relativ wenige Einzelbriefe bekannt, die sich mit kurialen Angelegenheiten beschäftigen. Eine Ausnahme bildet wiederum die *Historia Compostellana*, in der viele Briefe, darunter etliche Kardinals-

[28] Vgl. z. B. den langwierigen Streit zwischen den Bistümern Burgos und Osma: *Iberia Pontificia*, 1, p. 28, No. 17; p. 30, No. 20; p. 34, No. 26; p. 39, No. 36-37; p. 41, No. 40; pp. 43-45, No. 44-47, 49 sowie p. 56, No. 76. Zu den Bistumsexemtionen vgl. den Beitrag von K. HERBERS in diesem Band.

schreiben, erhalten sind.[29] Weitere Einzelbriefe, darunter auch solche päpstlicher Legaten,[30] sind zwar auch an anderen Orten überliefert, jedoch in recht überschaubarer Zahl. Im Vergleich zu den aus dem 12. Jahrhundert in Frankreich, Deutschland oder England tradierten Briefcorpora nimmt sich die hochmittelalterliche Briefüberlieferung der Iberischen Halbinsel insgesamt sehr bescheiden aus und ist für unsere Fragestellung wenig ergiebig.

2. Hagiographie

Etwas besser sieht es bei der hagiographischen Literatur aus. Nicht zuletzt die sich im 11. Jahrhundert ausbreitende kirchliche Reformbewegung war von einer Reihe von Persönlichkeiten getragen, die in ihren Kirchen und Klöstern bald als Heilige verehrt wurden. Beispiele aus dem kastilischen Kernland sind San Íñigo (†1068), Abt des Klosters San Salvador de Oña, Santo Domingo (†1073), Abt des Klosters Silos, oder der aus Frankreich stammende San Lesmes bzw. Adelmus (†1097), Prior und Gründer des Klosters San Juan de Burgos. Einige der iberischen Heiligen wie etwa San Íñigo wurden im Laufe des 12. Jahrhunderts durch das Papsttum förmlich kanonisiert.[31] Mit der lokalen Verehrung entstanden im Hochmittelalter zahlreiche Heiligenviten und Wundergeschichten, zu denen vor einigen Jahren Francisco Javier Fernández Conde eine nützliche Zusammenstellung unter räumlicher Beschränkung auf das heutige Spanien verfasst hat.[32] Den 42 von Fernández Conde berücksichtigten Werken aus der Zeit vom 11. bis 13. Jahrhundert sind noch die aus Portugal überlieferten hagiographischen Schriften hinzuzufügen, von denen hier nur die Viten des Hl. Rosendo, Abt von Celanova und Bischof von Mondoñedo († ca. 977), des Hl. Gerald († 1108), Erzbischof von Braga, sowie des

[29] Vgl. dazu unten p. 64.

[30] Unter den päpstlichen Legaten treten in dieser Hinsicht vor allem Guido, Kardinaldiakon von SS. Cosma e Damiano, und Iacinthus, Kardinaldiakon von S. Maria in Cosmedin, hervor, vgl. dazu die Dokumentation ihres Schriftverkehrs bei S. Weiss, *Die Urkunden der päpstlichen Legaten von Leo IX. bis Coelestin III. (1049-1198)* (Köln, Weimar und Wien, 1995: *Forschungen zur Kaiser- und Papstgeschichte des Mittelalters: Beihefte zu J.F. Böhmer, Regesta Imperii* 13), pp. 118-120, pp. 173-190.

[31] Vgl. *Iberia Pontificia*, 1, p. 138, No. *27 (zur Kanonisation San Íñigos); D. Berger, *Iberia Pontificia*, 3, *Provincia Toletana: Dioecesis Palentina* (Göttingen, 2015), p. 52, No. 85 (zur Kanonisation San Rosendos).

[32] Vgl. F.J. Fernández Conde, *La religiosidad medieval en España: Plena Edad Media (ss. XI-XII)* (Gijón, 2005), pp. 481-578; ein Verzeichnis der einzelnen Schriften mit Angabe der entsprechenden Editionen *ibid.*, pp. 578-581.

Hl. Tello (†1136), Archidiakon von Coimbra und Gründer des Regularkanonikerstifts Santa Cruz de Coimbra, und des Hl. Theotonius (†1162), Prior von Santa Cruz de Coimbra, erwähnt seien.[33]

Mehrere der iberischen Heiligengestalten des 12. Jahrhunderts hatten zeitlebens Kontakt zur päpstlichen Kurie. So ist von Gerald und Tello bekannt, dass sie sich intensiv um Unterstützung beim Papsttum bemühten: Gerald, um für Braga die Metropolitanstellung zu erreichen und die Rechte seiner Kirche gegen den Toledaner Erzbischof zu verteidigen;[34] Tello, um für das neu gegründete Stift Santa Cruz de Coimbra päpstlichen Schutz und eine vom Conimbrigenser Bischof weitgehend unabhängige Rechtsstellung zu erlangen. Tello beispielsweise brach 1135 mit einem Begleiter Richtung Rom auf, erreichte die Kurie in Pisa und kehrte mit einem feierlichen Privileg und zwei *litterae* Innocenz' II. zurück. Die *Vita Tellonis*, die ähnlich wie die *Historia Compostellana* die impetrierten Papsturkunden wörtlich inseriert,[35] berichtet über diese Reise recht ausführlich, allerdings erfährt man über den Aufenthalt an der Kurie nur wenig, mehr dagegen über die gefahrvolle Rückreise, auf der die Gefährten Räubern in die Hände fielen und in dem Regularkanonikerstift Saint-Ruf Station machten, dem Santa Cruz affiliiert war. Nach Tellos Tod begaben sich Kanoniker von Santa Cruz erneut zu Innocenz' II., aber auch von diesem Romaufenthalt des Jahres 1139 gibt die Vita wenig mehr wieder als die damals erwirkten Papsturkunden. Ihr Autor entschuldigt sich sogar dafür, dass er nicht ausführlicher darstelle "*que et quanta pro nostra ecclesia et earum que sub beati Petri sunt tutela erga abbates, episcopos et archiepiscopos egerit uir apostolicus* [*i. e.* Innocenz II.]".[36] Verständlicherweise legt die Vita ihr Augenmerk auf das Ergebnis der Kurienaufenthalte, weniger auf deren Verlauf. Ähnlich dürfte es sich bei anderen Heiligenviten verhalten, sofern das Papsttum darin eine Rolle spielt. Den Vitenschreibern ging es in erster Linie um die Darstellung des

[33] Die genannten portugiesischen Heiligenviten sind ediert in *Portugaliae monumenta historica a saeculo octavo post Christum usque ad quintumdecimum ... Scriptores*, 1 (Olisipone, 1861), pp. 32-48 (*Vita Rosendi*), pp. 53-59 (*Vita Geraldi*), pp. 62-78 (*Vita Tellonis*), pp. 69-88 (*Vita Theotonii*). Eine neuere Edition der Viten der Hll. Tello und Theotonius in: *Hagiografia de Santa Cruz de Coimbra: Vida de D. Telo, Vida de D. Teotónio, Vida de Martinho de Soure: Edição crítica de textos latinos, tradução, estudo introductório e notas de comentário*, ed. A.A. NASCIMENTO (Lissabon, 1998), pp. 54-137.

[34] Zur Rolle des Papsttums bei der Restauration der Bragaer Metropole vgl. HOLNDONNER, *Kommunikation*, pp. 196-201.

[35] Vgl. dazu VONES, *'Historia Compostellana'*, p. 36, n. 33.

[36] *Vita Tellonis*, c. 13 (ed. NASCIMENTO, p. 80; *Portugaliae monumenta historica: Scriptores*, 1, p. 68).

heiligmäßigen Lebens und der Verdienste ihrer Protagonisten. Eine Beschreibung der Verhältnisse am Papsthof lag nur am Rande ihres Interesses.

Der Quellenwert der hagiographischen Schriften scheint so für die leitende Fragestellung des Beitrags insgesamt eher gering zu sein. Außer Acht lassen sollte man diese Texte freilich nicht – vor allem, wenn man den Begriff der päpstlichen Kurie ausweitet und päpstliche Legationen miteinbezieht. So kann man aus der *Vita Tellonis* nicht nur erfahren, dass die Kanoniker von Santa Cruz de Coimbra mehrmals an die Kurie reisten, sondern auch dass sie enge Beziehungen zu Kardinaldiakon Guido von SS. Cosma e Damiano pflegten, der als päpstlicher Legat die Iberische Halbinsel in den Jahren 1134, 1136 und 1143 bereiste und gewissermaßen als kurialer Spanienexperte seiner Zeit gelten kann.[37] Eine der Begegnungen mit Kardinal Guido, dessen "*ardor laboriosus*" um Santa Cruz die *Vita Tellonis* ausdrücklich rühmt und der auch ins Totengedenkbuch dieses Stifts Aufnahme gefunden hat,[38] wird besonders ausführlich geschildert.

Im Jahr 1143 wurde der päpstliche Legat in Coimbra mit einem schon länger schwelenden Streit zwischen der Kathedrale und den Regularkanonikern von Santa Cruz konfrontiert. Obwohl nach Maßgabe des Königs über diesen Konflikt während Guidos Aufenthalt der Mantel des Schweigens gebreitet werden sollte, erhoben mehrere Domkanoniker vor dem Legaten gegen die Regularkanoniker Anklage, so dass dieser sich gezwungen sah, die Sache an Ort und Stelle zu verhandeln. Laut der *Vita Tellonis* konnten letztere die gegen sie vorgebrachten Vorwürfe – es ging um nicht geleistete Abgaben, Weihen, die nicht vom Ortsbischof vorgenommen worden waren, und widerrechtliche Bestattungen – mit Verweis auf den exemten Status ihrer Kirche und die "*libertas Romana*" widerlegen, so dass der Kardinallegat insgesamt zu ihren Gunsten entschied.[39] Allerdings empfahl er ihnen, in Rom um ein weiteres Privileg nachzusuchen, was auch beherzigt wurde.[40]

[37] Vgl. dazu vor allem FLEISCH, "Rom und die Iberische Halbinsel", pp. 148-149.

[38] Vgl. *Vita Tellonis*, c. 4 (ed. NASCIMENTO, p. 66; *Portugaliae monumenta historica: Scriptores*, 1, p. 66). Zum Eintrag Guidos ins Totenbuch von Santa Cruz de Coimbra vgl. FLEISCH, "Rom und die Iberische Halbinsel", p. 149, n. 46.

[39] *Vita Tellonis*, c. 14 (ed. NASCIMENTO, pp. 80-86; *Portugaliae monumenta historica: Scriptores*, 1, p. 68).

[40] Im Anschluss an diese Episode wird in der Vita das im Folgejahr ausgestellte feierliche Privileg Lucius' II. (JL 8585) inseriert, gefolgt von späteren Privilegien Eugens III. (JL 9294) und Hadrians IV. (JL 10301). Vgl. *Vita Tellonis*, c. 15-17 (ed. NASCIMENTO, pp. 86-98; *Portugaliae monumenta historica: Scriptores*, 1, pp. 68-70).

iberische Geschichte, wobei er das kastilische Königtum und die alte, das Westgotenreich überdauernde Hauptstadt Toledo ins Zentrum der Darstellung rückte.[49] Dem Papsttum sprach er hingegen keine besondere Rolle zu und schrieb auch die zu seiner Zeit erkämpften Siege gegen die Almohaden, die tatsächlich durch die päpstliche Kreuzzugspolitik vorbereitet und nicht unwesentlich unterstützt worden waren, allein dem Königtum als Verdienst zu.[50]

Für die kastilisch-leonesische Chronistik im Hochmittelalter gilt somit ähnlich wie für die hagiographische Literatur, dass Berichte über kuriale Begebenheiten nur in Einzelfällen zu erwarten sind. Wie der Ausnahmefall der *Historia Compostellana* lehrt, dürfte man dabei am ehesten in solchen Chroniken fündig werden, die keine herrscherzentrierte Perspektive einnehmen, sondern als Geschichte einer Kirche oder eines Klosters verfasst wurden. Ein hierfür in der Papsttumsforschung bislang relativ unbeachtetes Beispiel stellt die ältere der beiden *Crónicas anónimas de Sahagún* dar, eine zur Zeit Königin Urracas (1109-1126) verfasste Geschichte des Klosters Sahagún.[51] Auf dieses Werk sei zunächst ein kurzer Blick geworfen.

Verfasser der *Primera Crónica*, in der Ereignisse bis zum Jahr 1117 geschildert werden, war ein Sahagúner Mönch, der möglicherweise um das Jahr 1079, als das Kloster auf Betreiben Alfons' VI. nach cluniazensischem Vorbild reformiert wurde, mit dem Reformabt und späteren Erzbischof von Toledo, Bernhard von Sauvetat, aus Frankreich nach Sahagún gekommen war.[52] Die Chronik ist zwar nur in einer kastilischen Übersetzung bzw. Überarbeitung des 17. Jahrhunderts überliefert, seit der kritischen Untersuchung durch Julio Puyol y Alonso wird aber nicht daran gezweifelt, dass dieser und zwei älteren (mittlerweile offenbar verschollenen) volkssprachlichen Versionen des

[49] Vgl. MASER, *Historia Arabum*, p. 118.

[50] Vgl. K. HERBERS, "Das Göttinger Papsturkundenwerk, Legaten, Delegaten und die Kreuzzugsforschung", in: *Legati, delegati e l'impresa d'Oltremare (secoli XII-XIII) – Papal Legates, Delegates and the Crusades (12th-13th Century) [Atti del Convegno internazionale di studi. Milano, Universitá Cattolica del Sacro Cuore, 9-11 marzo 2011]*, ed. M.P. ALBERZONI *et al.* (Turnhout, 2014: *Ecclesia militans* 3), pp. 15-30, hier p. 29.

[51] Den Hinweis auf die *Crónicas anónimas de Sahagún* verdanke ich F. López Alsina. Neueste Edition: *Crónicas anónimas de Sahagún*, ed. A. UBIETO ARTETA (Saragossa, 1987: *Textos medievales* 75); ältere Edition: *Las Crónicas anónimas de Sahagún: Nueva edición conforme a un ms. del siglo XVI precidida de un estudio crítico*, ed. J. PUYOL Y ALONSO (Madrid, 1920). Zum Kloster Sahagún, der im Hochmittelalter wohl bedeutendsten Benediktinerabtei im Königreich León, vgl. einführend SEGL, *Königtum und Klosterreform*, pp. 93-102.

[52] Zur Autorschaft vgl. *Crónicas anónimas de Sahagún*, ed. PUYOL Y ALONSO, pp. 8-9.

16. Jahrhunderts ein lateinischer Originaltext aus dem 12. Jahrhundert zugrunde gelegen hat.[53]

Besonderen Raum nehmen in der *Primera Crónica* die langwierigen und gewalttätigen Konflikte zwischen dem Kloster und den Sahagúner *burgueses* ein, die im Zusammenhang mit den kriegerischen Auseinandersetzungen zwischen Königin Urraca und deren Gemahl, König Alfons I. von Aragón, standen.[54] Als nach einer missglückten Rebellion gegen das Kloster viele Bewohner Sahagúns auf Anordnung der Königin die Stadt verlassen mussten, wandten sich die Heimatlosen im Winter 1116/1117 an den nach Spanien gesandten päpstlichen Legaten Boso, Kardinalpriester von S. Anastasia.[55] Die Chronik berichtet in diesem Zusammenhang ausführlich über das von Boso im Februar 1117 in Burgos abgehaltene Konzil, auf dem unter anderem auch dieser Streit verhandelt wurde und an dessen Ende die geglückte Rekonziliation der *burgueses* mit dem Abt von Sahagún stand.[56]

Bemerkenswert an dieser Geschichte ist, dass laut dem Sahagúner Chronisten die Verbannten den päpstlichen Legaten bereits kurz nach dessen Ankunft in Kastilien, also wohl schon Ende des Jahres 1116, in Burgos geradezu bestürmten und sich ihm zu Füßen werfend Klage gegen den Sahagúner Abt erhoben.[57] Der Kardinal sei damals allerdings nicht darauf eingegangen, sondern habe ihnen mitgeteilt, dass er zunächst zum Apostelgrab nach Compostela ziehen werde, sodann eine Unterredung mit der Königin beabsichtige und erst danach ein allgemeines Konzil abhalten wolle, auf dem er über die Gründe der Vertreibung näher informiert werden wolle.[58] Daraufhin hätten die *burgueses* den Legaten mit ihren Klagen noch ein Stück des Weges bis nach Palencia und

[53] Vgl. *ibid.*, pp. 8-9; *Crónicas anónimas de Sahagún*, ed. UBIETO ARTETA, pp. 5-6; HOLNDONNER, *Kommunikation*, pp. 188-189, n. 66.

[54] Vgl. J.A. LEMA PUEYO, *Alfonso I el Batallador, rey de Aragón y Pamplona (1104-1134)* (Gijón, 2008), pp. 292-297.

[55] Zu Boso und seiner Spanienlegation vgl. FLEISCH, "Rom und die Iberische Halbinsel", p. 144 mit der dort angegebenen Literatur, vor allem WEISS, *Die Urkunden der päpstlichen Legaten*, pp. 70-73, und zuletzt HOLNDONNER, *Kommunikation*, pp. 230-231.

[56] Vgl. *Primera Crónica de Sahagún*, § 76-78, ed. UBIETO ARTETA, pp. 121-129. Zum Konzil von Burgos vgl. *Iberia Pontificia*, 1, p. 49, No. *60 sowie *Iberia Pontificia*, 3, p. 27, No. *20 mit der weiteren Literatur.

[57] Vgl. *Primera Crónica de Sahagún*, § 76, ed. UBIETO ARTETA, p. 122: "*Ya él entrado en la çiudad de Burgos, los joglares omeçidas, rufianes e truhanes e todos los que fueran echados de la villa de Sant Fagum, ansí como una grey, se echaron a sus pies, querellándose de abbad*".

[58] Vgl. *ibid.*, p. 123: "*e al último façer e tener sínodo e ayuntamiento por reparar el estado de España, en el qual ayuntamiento a mí será neçesario conoçer e entender la causa porque fuestes echados fuera de Sant Fagum*".

León begleitet, ohne dass dieser seine Haltung geändert habe.[59] Boso war also mit einer bestimmten Agenda nach Kastilien und León gekommen und offenbar nicht gewillt, diese durch unversehens an ihn herangetragene Streitfälle zu ändern. Vor allem scheint der Kardinal bei der Konfliktlösung Wert auf ein ordentliches Verfahren gelegt zu haben, bei dem alle Parteien gehört wurden. Zu diesem kam es dann in der zweiten Februarhälfte des Jahres 1117 auf dem erwähnten Konzil in Burgos, wo Graf Beltrán, ein Verwandter des aragonesischen Königs, als Vertreter der Sahagúner Laien auftrat.

Graf Beltrán soll es auch gewesen sein, der seinen Schützlingen im Vorfeld des Konzils ein grundlegend anderes Auftreten empfahl. Er riet dazu, keineswegs, wie bisher, Klage gegen den Abt zu führen, sondern vielmehr vor dem Konzil die eigene Schuld einzugestehen und den Abt in großer Demutshaltung um Verzeihung zu bitten.[60] Außerdem wurde ein Treffen des Grafen mit Erzbischof Bernhard von Toledo, dem vormaligen Abt von Sahagún, anberaumt, um ihn als Mittler in dieser Sache zu gewinnen. Anschließend kam es zu einer Unterredung mit dem Abt von Sahagún, bei der Graf Beltrán um Erbarmen und Verzeihung für die *burgueses* bat. Auf die Frage des Abtes, wie dies angesichts des schweren Verrats und Eidbruchs geschehen könne, verabredeten die Parteien unter Vermittlung wiederum des Toledaner Erzbischofs die Form der Unterwerfung und die dabei vorzutragenden Demutsgesten.[61] Als dann am vierten Tag des Konzils der Fall öffentlich zur Sprache kam, waren die wesentlichen Entscheidungen bereits vorweggenommen. Auf die Frage Kardinal Bosos, warum die *burgueses* ihre bisherigen Klagen gegen den Abt nicht erneuerten, bekannten sich diese vor dem Konzil in allen Punkten schuldig und erflehten die Hilfe des päpstlichen Legaten. Daraufhin beschloss das Konzil unter maßgeblicher Mitwirkung des Toledaner Erzbischofs, dass der Abt den Verbannten verzeihen möge, sofern diese ihm in bestimmter – das heißt der bereits im Vorfeld verabredeten – Form Genugtuung leisteten. Der eigentliche Akt der Unterwerfung war dann für die Zeit nach dem Konzil vorgesehen; es wurde aber eine Kommission bestehend aus Graf Beltrán und den Bischöfen von Porto und Burgos bestimmt, die als Exekutoren über deren Ausführung wachen sollten.[62]

Am Ende erreichten die Einwohner von Sahagún ihr Ziel und durften in ihre Häuser zurückkehren, wobei nach Darstellung der Klosterchronik der

[59] Vgl. *ibid*., p. 123: "*E ansí él pasando por Palencia e por León, todos aquellos cortidores e jente de bil condición se quexavan del abbad*".

[60] Vgl. *ibid*., § 77, pp. 123-124.

[61] Vgl. *ibid*., pp. 125-126.

[62] Vgl. *ibid*., § 78, pp. 128-129.

eigentliche Erfolg in der Wiederherstellung von Frieden und Eintracht mit dem Abt lag.[63] Gelöst wurde der Konflikt nicht durch offensives Anklagen, sondern durch ein öffentliches Schuldeingeständnis, das es der Gegenpartei ermöglichte, Verzeihung zu gewähren, wodurch wiederum die Möglichkeit eröffnet wurde, zum *status quo ante* zurückzukehren. Ein solcher auf Konsens und nicht auf Verurteilung zielender Verhandlungsverlauf ist für die Beilegung von Konflikten im Mittelalter bekanntlich keineswegs untypisch, so dass darin wohl kein besonderer *stilus curiae* zu erkennen ist.[64] Bemerkenswert scheint mir aber zu sein, dass die Lösung des Konflikts vor allem deswegen gelang, weil der entscheidenden Sitzung des Legatenkonzils mehrere vorbereitende Treffen, sowohl der Parteien untereinander als auch mit einem Mittler, vorangegangen waren. Die eigentlichen Verhandlungen wurden so vorgelagert und der Konzilsversammlung derart vorgearbeitet, dass diese in großer Einmütigkeit ihren Beschluss fassen konnte. Die anfängliche Strategie der Verbannten, den päpstlichen Legaten mit ihren Klagen unvorbereitet und einseitig zu bedrängen, hatte ähnlich wie im zuvor angesprochenen Fall des Domkapitels von Coimbra zu keinem Erfolg geführt.

III.

Aus dem bisher Gesagten mag deutlich geworden sein, dass erzählende Quellen aus Kastilien-León, die etwas über die Konflikt- und Verhandlungsführung an der Kurie verraten, trotz der seit dem ausgehenden 11. Jahrhundert relativ regen Beziehungen zum Papsttum eher selten sind. Wenn einmal Verhandlungen mit Bezug zum Papsttum dargestellt wurden, dann handelte es sich häufig um Begebenheiten im Zusammenhang mit einer päpstlichen Legation, nicht um einen Aufenthalt am fernen Papsthof. Der lokale bzw. regionale Rahmen wurde von kastilisch-leonesischen Geschichtsschreibern nur selten verlassen. Vor diesem Hintergrund ist der Quellenwert der eingangs vorgestellten *Historia Compostellana* besonders hoch zu veranschlagen. Denn in ihr werden

[63] Vgl. *ibid.*, p. 129.

[64] Vgl. R. Murauer, *Die geistliche Gerichtsbarkeit im Salzburger Eigenbistum Gurk* (Wien und München, 2009: *Veröffentlichungen des Instituts für Österreichische Geschichtsforschung* 52), pp. 64-99; D. Berger, "Delegierte Gerichtsbarkeit im Bistum Burgos im 12. Jahrhundert: Zu Verbreitung und Akzeptanz einer neuen Form von Rechtsprechung", in: *Das begrenzte Papsttum: Spielräume päpstlichen Handelns: Legaten – delegierte Richter – Grenzen*, ed. K. Herbers, F. López Alsina *et al.* (Berlin und Boston, 2013: *Abhandlungen der Akademie der Wissenschaften zu Göttingen*, N. F. 25), pp. 251-288, hier pp. 280-282.

nicht nur die Ergebnisse der Kurienaufenthalte, die erwirkten Papsturkunden, präsentiert, sondern zum Teil auch die näheren Umstände, die zum Erwerb derselben führten, beschrieben.

Hinsichtlich des Quellenwertes ist freilich zu berücksichtigen, dass die Darstellungen in der *Historia Compostellana* tendenziös und von bestimmten Intentionen geleitet sind. Die Verfasser haben, wie vor allem Ludwig Vones nachgewiesen hat, bestimmte Urkunden bewusst unterdrückt, andere gekürzt oder im Wortlaut abgeändert sowie die Ereignisse insgesamt ganz auf das zu vermittelnde Geschichtsbild zulaufen lassen.[65] Gleichwohl gewährt uns die *Historia Compostellana* im Hinblick auf die Kommunikation mit der Kurie wertvolle und für ihre Zeit einzigartige Einblicke, indem sie bespielsweise die einzelnen Gesandten aus dem Kreis des Compostellaner Domkapitels benennt oder diejenigen Mitglieder der Kurie, welche die Compostellaner Anliegen besonders förderten.[66] Es werden so gewissermaßen die Kommunikationskanäle unterhalb der Ebene von Papst und Bischof offengelegt. Eine umfassende Analyse des gesamten Werkes würde den Rahmen des Beitrags und die Möglichkeiten des Verfassers freilich übersteigen, so dass ich mich im Folgenden darauf beschränken möchte, einige mir wesentlich erscheinende Punkte anzusprechen.

Entscheidend für den glücklichen, wenn auch von Rückschlägen begleiteten Aufstieg, den die Compostellaner Kirche in den Jahren bis 1124 nahm, war, dass im Jahr 1119 mit Erzbischof Guido von Vienne ein Angehöriger des burgundischen Grafenhauses den Papstthron bestieg, dem Bischof Diego Gelmírez nach Ausweis der *Historia Compostellana* schon seit längerem freundschaftlich verbunden war.[67] Eine Verbindung zu Calixt II. bestand auch über dessen in der Jakobuskirche bestatteten Bruder Raimund, den mit der Infantin Urraca verheirateten Schwiegersohn König Alfons' VI., der bis zu seinem Tod im Jahr 1107 als Graf in Galicien amtierte und dem Gelmírez einst als Notar und Kanzler

[65] Vgl. zusammenfassend VONES, *'Historia Compostellana'*, pp. 521-524.

[66] Auf den besonderen Quellenwert der *HC* für die Beziehungen zur Kurie hat zuletzt noch einmal LÓPEZ ALSINA, "Tumbos", p. 138, hingewiesen. So werden allein im ältesten Textbestand, den *Gesta* des Munio Alfonso, für die Zeit von 1100 bis 1110 neun Compostellaner Gesandtschaften erwähnt, vgl. *ibid.*, p. 140.

[67] Vgl. *HC*, II, 9 (ed. FALQUE REY, p. 237), wo ein gemeinsamer Romaufenthalt erwähnt wird, der wohl ins Frühjahr 1100 zu datieren ist, vgl. VONES, *'Historia Compostellana'*, pp. 128-130 und SCHILLING, *Guido von Vienne*, p. 355, n. 4. Zu den persönlichen Beziehungen von Diego Gelmírez zu Calixt II. und dessen Familie vgl. HERBERS, "Politik und Heiligenverehrung", pp. 217-218 und zuletzt ausführlich HOLNDONNER, *Kommunikation*, pp. 209-212.

gedient hatte.[68] Als Bischof wirkte Gelmírez dann als Erzieher von Raimunds Sohn Alfons (*1105), dem zukünftigen König Alfons VII. und mithin Neffen Calixts II., wobei er maßgeblichen Anteil daran hatte, dass dieser im Jahr 1111 in Compostela zum (Mit)könig erhoben wurde.[69]

Mit persönlicher Bekanntschaft allein dürfte Diegos kuriale Erfolgsgeschichte jedoch nicht zu erklären sein, zumal die Beziehungen zur Kurie auch schon unter Calixts Vorgängern Gelasius II. und Paschalis II. als gut bezeichnet werden können. Offenbar wussten Diego und seine Gesandten sich am Papsthof auch angemessen und klug zu verhalten, so dass man sich durchaus fragen kann, ob an ihrem Verhalten ein wie auch immer gearteter *stilus curiae* abzulesen ist. Beate Schilling hat angemerkt, dass die *Historia Compostellana* selbst im Wesentlichen zwei Gründe für Diegos außergewöhnlichen Erfolg nennt: Demut und Geschenke – wobei Demut als Gehorsam gegenüber dem römischen Bischof und der päpstlichen Kurie präzisiert werden kann.[70]

Gerade die Grundregel der Demut war für die Compostellaner Kirche aus historischer Sicht keine Selbstverständlichkeit, da die Jakobuskirche aufgrund ihrer eigenen apostolischen Tradition Ansprüche formuliert hatte, die noch ein halbes Jahrhundert zuvor zu einem heftigen Zusammenstoß mit dem Reformpapsttum geführt hatten. So hatte Papst Leo IX. auf dem Reimser Konzil des Jahres 1049 den Compostellaner Bischof Cresconius (II.) exkommuniziert, "*quia contra fas sibi vindicaret culmen apostolici nominis*".[71] Die *Historia Compostellana* verschweigt diese schmähliche Episode,[72] weist aber an zwei zentralen Stellen auf das ehemals gespannte Verhältnis zwischen den beiden Apostelkirchen hin: Als einst ein päpstlicher Legat nach Galicien gekommen sei – gemeint ist wohl Hugo Candidus auf dessen erster Legationsreise 1065 bis

[68] Vgl. VONES, *'Historia Compostellana'*, pp. 115-116.

[69] Vgl. FLETCHER, *Saint James's Catapult*, pp. 134-135 und zuletzt ausführlich E. PORTELA SILVA, "Diego Gelmírez y el trono de Hispania: La coronación real del año 1111", in: *O século de Xelmírez*, ed. LÓPEZ ALSINA *et al.*, pp. 45-74.

[70] Vgl. SCHILLING, *Guido von Vienne*, p. 447 mit Verweis auf die Passagen *HC*, II, 3,3 und II, 19 (ed. FALQUE REY, p. 224, p. 259), wo wiederholt von *humilitas* und *obsequium* gegenüber Papst und Kardinälen die Rede ist.

[71] *Anselmi Remensis historia dedicationis ecclesiae sancti Remigii*, c. 14, ed. J. HOURLIER, in: *La Champagne bénédictine: Contribution à l'année Saint Benoît (480-1980)* (Reims, 1981: *Travaux de l'Académie Nationale de Reims* 160), pp. 179-297, hier p. 250. Vgl. dazu *J.F. Böhmer*, *Regesta Imperii*, 3, *Salisches Haus 1024-1125*, 5. Abteilung: *Papstregesten 1024-1058*, 2. Lieferung: *1046-1058*, ed. K.A. FRECH (Wien, Köln und Weimar, 2011), No. 627 (10) mit weiteren Literatur (freundlicher Hinweis von J. Johrendt, Wuppertal).

[72] Vgl. den entsprechenden Abschnitt zum Pontifikat des Cresconius in *HC*, I, 2,10 (ed. FALQUE REY, p. 14).

1068 – und Boten nach Compostela entsandte, um eine dem Kardinal der römischen Kirche gebührende Aufnahme vorzubereiten, da habe der Compostellaner Bischof – wahrscheinlich eben jener Cresconius (1048-1066) – seinen Klerus angewiesen, dem Kardinal ebenso viel Ehre zuteilwerden zu lassen, wie man ihnen umgekehrt in Rom erweise bzw. erwiesen habe.[73] Dies unbedachte und von Hochmut zeugende Wort ("*dictum nullo sale conditum, immo magno supercilii pondere suffarcinatum*")[74] sei der Compostellaner Kirche an der römischen Kurie in der Folgezeit noch lange nachgetragen worden und habe deren Anliegen häufig im Weg gestanden.

Diese Geschichte, die der erste Verfasser der *Historia Compostellana*, der Thesaurar Munio Alfonso, dem Abt Hugo von Cluny in einer an Diego Gelmírez gerichteten Ansprache in den Mund legt und die auch der zweite Autor, der Magister Giraldus, im Einleitungskapitel seiner Darstellung mit leichten Abweichungen wiederholt, diente offenbar dazu, die Bedeutung der Hinwendung Compostelas zum Papsttum zur Zeit des Diego Gelmírez hervorzuheben.[75] Anschluss an das Papsttum hatte schon Diegos Vorgänger, der bereits nach zwei Jahren im Amt verstorbene Cluniazenser Dalmatius (1094-1095), gefunden, der von Urban II. die direkte Unterstellung des Bistums unter den apostolischen Stuhl und die Verlegung des Bistumssitzes von Iria nach Compostela erreichen konnte.[76] Auf Dauer vollzogen wurde die Hinwendung zur römischen Kirche aber tatsächlich erst unter Gelmírez, den die *Historia Compostellana* in dieser Hinsicht ausdrücklich von den "*rudes et imperitos anteriores ecclesie beati Iacobi* [...] *prelatos*" absetzt.[77] Fernando López Alsina hat betont, dass das Verhältnis zum Papsttum besonders den älteren, um 1109 verfassten Bericht des Munio Alfonso wie ein Leitmotiv durchziehe und in zwei Teile gliedere:

[73] Vgl. *HC*, I, 16,6 und *ibid*., II, 1 (ed. FALQUE REY, p. 39, pp. 220-221). Dazu VONES, *'Historia Compostellana'*, pp. 93-95.

[74] *HC*, II, 1 (ed. FALQUE REY, p. 220).

[75] Vgl. außerdem auch *HC*, II, 3,3 mit einer angeblichen Rede Paschalis' II.: "*Hactenus Compostellana ecclesia superba et arrogans nobis extitit, hactenus Romanam ecclesiam non ut dominam, sed quasi sibi comparem respexit et inuita famulata est ei*" (ed. FALQUE REY, p. 224).

[76] Vgl. dazu ausführlich VONES, *'Historia Compostellana'*, pp. 80-99 und F. LÓPEZ ALSINA, "Urbano II y el traslado de la sede episcopal de Iria a Compostela", in: *El papado, la iglesia leonesa y la basílica de Santiago a finales del siglo XI*, ed. F. LÓPEZ ALSINA (Santiago de Compostela, 1999), p. 107-127.

[77] Zitat nach *HC*, II, 1 (ed. FALQUE REY, p. 220). Vgl. außerdem *ibid*., II, 3,2 (ed. FALQUE REY, pp. 223-224), wo Diegos Vorgängerbischöfe, mit Ausnahme seines nur "*articulum temporis*" amtierenden Vorgängers Dalmatius, als "*in armis et in militia uersa*[*ntes*]" und an der Rangerhöhung der Compostellaner Kirche desinteressiert charakterisiert werden.

eine düstere Vorgeschichte und die glückliche Gegenwart.[78] Die 30 von Munio Alfonso inserierten Papsturkunden, denen keine einzige Königsurkunde gegenübersteht, führen dem Leser die neue Papstnähe überdeutlich vor Augen, ganz besonders aber der wörtlich wiedergegebene Treueid, den Diego Gelmírez während seines ersten Kurienaufenthaltes als regulärer Bischof von Compostela im Jahr 1105 Papst Paschalis II. leistete.[79]

Ganz so eindeutig, wie es die *Historia Compostellana* darstellt, scheinen die Beziehungen Diegos zum Papsttum allerdings nicht immer gewesen zu sein. Dank Ludwig Vones wissen wir, dass gerade der Beginn von Diegos Pontifikat, der in die letzten Jahre Urbans II. fiel, von starken Spannungen mit der Kurie begleitet war. Grund hierfür war die rechtlich unklare Nachfolgesituation nach dem frühen Tod des Bischof Dalmatius im Frühjahr 1096, der das Bistum in eine schwere Krise stürzte.[80] Anders als es die *Historia Compostellana* darstellt, scheint der von der leonesischen Königsfamilie unterstützte Diego nicht erst im Sommer 1100, sondern schon vor März 1098 zum Bischof gewählt und spätestens Anfang 1099 ohne Mitwirkung des Papstes, das heißt unter Missachtung der noch von Dalmatius erwirkten Exemtion, geweiht worden zu sein. Dies führte zu einer "starken Verstimmung zwischen dem kastilisch-leonesischen Königshof und der Kurie", die erst nach Urbans Tod bereinigt werden konnte.[81] Inwieweit Diego dabei ein aktive Rolle spielte bzw. eine Entwicklung durchmachte, ist schwierig zu beurteilen, doch scheint er schon vor der endgültigen Klärung nach Rom gereist zu sein und die persönliche Bindung an das Papsttum gesucht zu haben.[82]

[78] LÓPEZ ALSINA, "Tumbos", pp. 142-143.

[79] Vgl. LÓPEZ ALSINA, *Ciudad*, p. 68; ID., "Tumbos", p. 140. Zu Diegos Treueversprechen vgl. *HC*, I, 17,3 (ed. FALQUE REY, p. 43), in dem er sich übrigens ausdrücklich dazu verpflichtete, päpstliche Legaten stets ehrenvoll zu empfangen.

[80] Vgl. hierzu und zum Folgenden VONES, *'Historia Compostellana'*, pp. 100-148, bes. pp. 118-128. Vones' Darstellung ist von K. HERBERS, "Santiago de Compostela zur Zeit von Bischof und Erzbischof Diego Gelmírez (1098/1099-1140)", *Zeitschrift für Kirchengeschichte* 98 (1987), pp. 89-102, hier pp. 92-95, gegen FLETCHER, *St James's Catapult*, verteidigt worden.

[81] VONES, *'Historia Compostellana'*, p. 119. Das Problem wurde dadurch gelöst, dass Paschalis II., der mit den iberischen Verhältnissen aufgrund seiner früheren Legatentätigkeit gut vertraut war und offenbar einen Kompromiss mit Alfons VI. anstrebte, den Compostellaner Bischofssitz weiterhin als vakant betrachtete, eine Bischofs(neu)wahl anordnete und den Elekten zur Weihe nach Rom befahl. Gelmírez wurde daraufhin im Sommer 1100 ein zweites Mal zum Bischof gewählt. Vgl. *ibid.*, pp. 124-133.

[82] Zu Diegos erster Romreise, auf der er von Paschalis II. laut *HC*, I, 8 (ed. FALQUE REY, p. 23) persönlich zum Subdiakon geweiht worden sein soll, vgl. VONES, *'Historia Compostellana'*, pp. 128-130.

Vor dem Hintergrund des auf neue Grundlagen zu stellenden Verhältnisses zur römischen Kirche sind vielleicht auch die wertvollen Geschenke und die vielen Gelder zu sehen, die der Compostellaner Bischof an die Kurie transferieren ließ. In den *Gesta* des Munio Alfonso spielen diese zwar nur eine untergeordnete Rolle, dafür eine umso größere in den Fortsetzungen des Giraldus und des Pedro Marcio, wobei besonders das bis 1123 reichende *Registrum* des Giraldus die aufwendigen und keineswegs immer an ihr Ziel gelangenden Transporte mit geradezu buchhalterischer Genauigkeit verzeichnet. Die verschiedenen Geschenklieferungen, insgesamt ein knappes Dutzend, hat am vollständigsten Karl Jordan zusammengestellt; für die Zeit bis 1124 haben sie zudem Klaus Herbers und vor kurzem auch Thomas Wetzstein ausführlich behandelt.[83]

Man ist leicht versucht, die von den Gesandtschaften an die Kurie mitgebrachten Geldsummen als "Bestechungsgelder" zu deklarieren.[84] Allerdings sollte uns stutzig machen, dass Giraldus, der als Bote ganz persönlichen Anteil daran gehabt hat, hierüber derart freimütig und offenbar ohne jedes Unrechtsbewusstsein berichtet; ja angesichts der damit verbundenen Gefahren scheint sogar ein gewisser Stolz bei ihm durch.[85] Nicht ganz unwichtig ist vielleicht, dass die erste Geldlieferung, über die uns Giraldus unterrichtet, eine Reaktion auf ein Hilfeersuchen Gelasius' II. war.[86] Nach Erhalt eines päpstlichen Schrei-

[83] Vgl. K. JORDAN, "Zur päpstlichen Finanzgeschichte im 11. und 12. Jahrhundert", *Quellen und Forschungen aus italienischen Archiven und Bibliotheken* 25 (1933-1934), pp. 61-104, hier pp. 82-88; K. HERBERS, "Das Papsttum und die Iberische Halbinsel im 12. Jahrhundert", in: *Das Papsttum in der Welt des 12. Jahrhunderts*, ed. E.-D. HEHL *et al.* (Stuttgart, 2002: *Mittelalter-Forschungen* 6), pp. 25-60, hier pp. 32-35; T. WETZSTEIN, "*Noverca omnium ecclesiarum*: Der römische Universalepiskopat des Hochmittelalters im Spiegel der päpstlichen Finanzgeschichte", in: *Rom und die Regionen: Studien zur Homogenisierung der lateinischen Kirche im Hochmittelalter*, ed. J. JOHRENDT *et al.* (Berlin und Boston, 2012: *Abhandlungen der Akademie der Wissenschaften zu Göttingen*, N. F. 19), pp. 13-62, hier pp. 47-54. Eine weitere, aber weniger ausführliche Zusammenstellung findet sich bei FLETCHER, *St James's Catapult*, p. 205.

[84] So z. B. SCHILLING, *Guido von Vienne*, p. 445 und vor allem G. SÄBEKOW, *Die päpstlichen Legationen nach Spanien und Portugal bis zum Ausgang des XII. Jahrhunderts* (Berlin, 1931), pp. 74-75, der von einer "Bestechungsaffäre größten Stils" sprach; ähnlich auch FLETCHER, *St James's Catapult*, p. 204.

[85] Gefahrvoll war der Weg an die Kurie vor allem deshalb, weil dazu auf dem Landweg aragonesisches Gebiet durchquert werden musste und der König von Aragón, Alfons I. (1104-1134), Diego Gelmírez feindlich gesinnt war. Compostellaner Gesandte liefen so beständig Gefahr, festgesetzt und ausgeraubt zu werden, und konnten nur als Pilger verkleidet oder auf geheimen Wegen über die Pyrenäen gelangen.

[86] *HC*, II, 3,5 (ed. FALQUE REY, pp. 225-226); JL 6645. Vgl. dazu JORDAN, "Finanzgeschichte", p. 83 und jetzt vor allem WETZSTEIN, "*Noverca omnium ecclesiarum*", p. 48.

bens vom Juni 1118, in dem Gelasius den Compostellaner Bischof bat "*ut Romane Ecclesie multis aggrauate multisque distractionibus fatigate memoriam habea*[*t*] *et tam eius quam nostris opportunitatibus debita caritate subuenia*[*t*]", versuchten der Domprior und ein Compostellaner Kardinalpriester mit 120 Goldunzen als Pilger getarnt an die Kurie zu gelangen, wurden allerdings unterwegs von Aragonesen aufgegriffen und aller Wertsachen beraubt.[87] Dies war freilich nicht die erste Legation zu Gelasius II. gewesen. Schon zu Beginn des Jahres 1118, gleich nachdem der langjährige und mit Compostellaner Anliegen bestens vertraute päpstliche Kanzler Johannes von Gaeta zum Papst erhoben worden war, hatte Diego Gelmírez Boten an die Kurie geschickt, um dort die Anstrengungen zur Compostellaner Rangerhöhung zu forcieren.[88] Von Geschenken, die dieser ersten Gesandtschaft mit auf den Weg gegeben wurden, weiß die *Historia Compostellana* jedoch nichts zu berichten. Die päpstliche Bitte um Unterstützung erscheint daher – jedenfalls aus Sicht der *Historia Compostellana* – geradezu als Auslöser für die in den Folgejahren zunehmenden Geldtransfers. Mit ihnen bewies Gelmírez, dass er weder Kosten noch Gefahren scheute, um dem bedrängten Papsttum zur Hilfe zu kommen.[89] Die im Text häufig als "*benedictiones*" bezeichneten Geschenke wären dann weniger als plumpe Bestechungsgelder anzusehen, sondern eher als tätige Hilfe und Ausweis der besonderen Papsttreue der Jakobuskirche gegenüber der römischen Mutter.[90]

[87] Vgl. *HC*, II, 4,2 (ed. FALQUE REY, p. 228).

[88] Vgl. *ibid.*, II, 3,4 (ed. FALQUE REY, pp. 224-225).

[89] Dass die Geldlieferungen in einem engen Zusammenhang mit der Bedrängnis von Gelasius II. durch Kaiser Heinrich V. und den kaiserlichen Gegenpapst Gregor (VIII.) gesehen wurden, zeigt sich auch daran, dass die *HC* die Ursachen für die Flucht des Papstes nach Frankreich in einem eigenen Kapitel behandelt, vgl. *ibid.*, II, 5: "*Quare Pape* (sic!) *Gelasius Roma aufugit*" (ed. FALQUE REY, pp. 228-229). Die bei den Gesandtschaften an die Kurie in Kauf genommenen Gefahren und die dabei ausgestandenen Ängste thematisiert Giraldus *ibid.*, II, 19 deutlich: "*Quidue memorem tot et tam asperos labores atque timores canonicorum suorum, quos ipse frequentius ad Romanam mittebat curiam, ut hoc* [die Rangerhöhung Compostelas] *nancisci ualeret, quorum quidem non modicam partem ego quoque Girardus expertus sum?*" (ed. FALQUE REY, p. 259).

[90] Vgl. *HC*, II, 6,2 (ed. FALQUE REY, p. 230): "[…] *et cum hac benedictione iter ad dominum Papam aggredimur*"; *ibid.*, II, 16,1 (ed. FALQUE REY, p. 252): "*Ad complementum autem benedictionis* CC *et* LX *marchas argenti addi oportebat*". Besonders deutlich zeigt sich der Aspekt der *benedictio* als Hilfeleistung in bedrängter Lage in *ibid.*, III, 25,1 (ed. FALQUE REY, p. 461): "*Quo facto, dominus Innocentius malignantium furori resistere non ualens uniuersa fere comitante curia Genuam nauigio uenit, ibique primum Conpostellani archiepiscopi nuntii benedictionem spontaneam, scilicet* XL *marcas puri argenti defferentes, ei cum gaudio occurrerunt*".

knappe und vertrauliche Mitteilungen, wie ein Brieflein Haimerichs aus dem Jahr 1126, in dem sich dieser für ein übersandtes Geschenk bedankte und Diego Gelmírez seines Wohlwollens versicherte: "*Pro honore et seruitio uestro laborauimus et usque ad terminum, quem postulastis, iuxta posse, quod nobis Deus dederit, laborare nullatenus desistemus*".[100] Höchst interessant ist ein wohl auf das Jahr 1113 zu datierender Brief des Johannes von Gaeta, mit dem Haimerichs Vorgänger im Kanzleramt den Compostellaner Bischof benachrichtigte, dass er das ihm anvertraute "*negotium*" aus bestimmten Gründen nicht habe ausführlich mit dem Papst besprechen können.[101] Zwar habe er getan, was möglich gewesen sei, unter den aktuellen Umständen erscheine es ihm aber ratsamer, das Ansinnen erst einmal nicht weiter zu verfolgen. Abschließend betonte der Kardinal, dass er immer bereit gewesen sei, die Compostellaner Angelegenheiten zu fördern ("*nostis negotiis vestris paratum semper fuisse*").[102]

Kardinalsschreiben wie dieses lassen sich bei vorsichtiger Betrachtung zwar auch als höfliche oder wohlwollende Absage lesen; für die Frage nach der Verhandlungsführung bleibt aber zunächst festzuhalten, dass der Compostellaner Bischof an der Kurie aktiv nach papstnahen Fürsprechern suchte, um über diese den päpstlichen Willensbildungsprozess zu beeinflussen. Über die Korrespondenz mit den Kardinälen gelangte er zudem frühzeitig an Informationen über kuriale Entwicklungen wie geplante Legationsreisen und Konzilien, den Tod des Papstes oder auch allgemeine Stimmungsbilder.[103] Dass bei den Beziehungen zu den Kardinälen wiederum Geschenke eine wichtige Rolle spielten, zeigt die überlieferte Korrespondenz zur Genüge. Jedoch waren es nicht allein Diegos *liberalitas*, sondern auch in einem allgemeineren Sinne die gegenüber den Kardinälen an den Tag gelegte *caritas* und *reverentia*, derer der Compostellaner Bischof an der Kurie gerühmt wurde.[104] Auf einer performativen Ebene dürfte sich die Romtreue von Gelmírez in ehrerbietigem und gehorsamem

[100] *HC*, II, 83,4 (ed. FALQUE REY, p. 392). Vgl. dagegen die (angebliche?) Verweigerung der Annahme von Geschenken des Abts Hariulf im Beitrag von C. ZEY bei Anm. 51.

[101] *Ibid.*, I, 101,4 (ed. FALQUE REY, pp. 171-172). Zur Datierung vgl. VONES, *'Historia Compostellana'*, pp. 341-342.

[102] Vgl. *HC*, I, 101,4 (ed. FALQUE REY, p. 172).

[103] Vgl. den äußerst regen Briefwechsel mit Kardinal Boso in den Jahren 1120 bis 1121 (*ibid.*, II, 32; 34,3; 41; 42,5; 45 (ed. FALQUE REY, p. 277, pp. 279-280, p. 286, p. 291, p. 297). Dazu FLEISCH, "Rom und die Iberische Halbinsel", p. 144, n. 26. Ferner die Briefe der Kardinäle Deusdedit, Guido und Haimerich: Auflistung der Briefe mit Stellenangabe in der *HC* bei LÓPEZ ALSINA, *Ciudad*, p. 305, pp. 310-311, tab. 16, tab. 19.

[104] Vgl. einen Brief Kardinal Bosos aus dem Jahr 1120 (*HC*, II, 34,3 [ed. FALQUE REY, pp. 279-280]): "*De liberalitate uestra, caritate et reuerentia a uobis beato Petro et nobis* [*i. e.* Kardinal Boso] *exhibita per nuntium nostrum fidelia preconia domino Pape mandauimus*".

Verhalten gegenüber Papst *und* Kardinälen ausgezeichnet haben. Dass gerade dies zum Erfolg an der Kurie beitrug, betont die *Historia Compostellana* ausdrücklich.[105] Die Bemerkung Johannes von Gaetas, der in dem oben erwähnten Schreiben Diego Gelmírez dankte, weil dieser durch spätere Boten etwas erfüllt habe, was von früheren Gesandten in nicht ausreichendem bzw. geringerem Maße geleistet worden sei,[106] ist so vielleicht nicht nur in einem rein materiellen, sondern auch in einem performativen Sinne zu deuten.

Alles in allem darf man wohl davon sprechen, dass der Compostellaner Bischof und seine Gesandten den *stilus curiae* der Zeit beherrschten bzw. in ihrem Auftreten den Erwartungen der römischen Kurie entsprachen, ja dass Diego Gelmírez als einer der ersten überhaupt die Bedeutung des Papsthofes in kirchenpolitischen Fragen erfasste. Dazu mag auch gehört haben – wie es in der *Vita Tellonis* und in der *Primera Crónica anónima de Sahagún* mit Blick auf päpstliche Legaten ebenfalls anklang –, gegenüber der römischen Kirche nicht fordernd aufzutreten und den Papst und die Kardinäle nicht unnötig unter (Entscheidungs-)Druck zu setzen. Stattdessen war es klug, sich an der Kurie geknüpfter Netzwerke zu bedienen, um bereits im Vorfeld die Erfolgschancen des eigenen Anliegens auszuloten, und nur bei aussichtsreicher Gelegenheit an den Papst heranzutreten.[107]

Diese und andere Lektionen scheint man in Compostela vergleichsweise früh gelernt zu haben, spätestens im Zuge von Diegos Reise an die Kurie Paschalis' II. im Herbst 1105, von der er das Pallium mitbrachte. Die *Historia Compostellana* flicht im Vorfeld dieser Reise die geradezu paränetische Rede Hugos von Cluny ein, in welcher der Abt dem auf den Weg nach Rom in Cluny Station machenden Diego Ratschläge für seinen Aufenthalt an der Kurie mitgab. Der angesichts der problematischen Vergangenheit um den Erfolg der Reise besorgte Abt soll Diego damals geraten haben, die römische Kirche unbedingt als Mutter anzuerkennen und Bitten nicht persönlich, sondern durch be-

[105] Vgl. *HC*, II, 3,3 (ed. FALQUE REY, p. 224): "[...] *quot quibusque modis per nuntios suos* [*i. e. episcopi Compostellani*] *postea Romanam curiam uisitauerit, quantaque humilitate quantumque obsequium domino Pape atque Romane Ecclesie cardinalibus impenderit, exitus rei patefecit*".

[106] *Ibid.*, I, 101,4 (ed. FALQUE REY, p. 171): "*Benignitati uestre gratias agimus, quia, quod ab aliis nuntiis uestris minus factum fuerat, per alios adimplestis*".

[107] Vgl. die vom päpstlichen Kanzler Johannes von Gaeta an Diego übermittelte Nachricht, dass es zum gegenwärtigen Zeitpunkt (wohl 1113) nicht opportun sei, die Rangerhöhung Compostelas an der Kurie weiter zu betreiben: "*Pro tempore tamen egi, quod potui. Sed hoc tempore in discesione tanta nec ipsi* [*i. e. papae*] *nec uobis* (sic!) *uidetur idoneum huiusmodi mutationem deliberare*" (*ibid.*, I, 101,4 [ed. FALQUE REY, p. 171]).

gleitende Kleriker vorbringen zu lassen.[108] Keinen Erfolg an der Kurie habe nämlich Diegos Vorgänger Dalmatius gehabt, dem Urban II. das Pallium verweigert habe, obwohl Dalmatius wie Urban Cluniazenser gewesen sei und den Papst auf dem Konzil von Clermont inständig ("*summis precibus*") um das Pallium gebeten habe.[109]

Anders als seine Vorgänger oder auch sein großer Konkurrent Erzbischof Bernhard von Toledo (†1125), der sich dem Papsttum zunehmend entfremdete, obwohl er als Cluniazenser und dank der von Urban II. verliehenen Primatswürde in einer bevorzugten Ausgangsposition gewesen war,[110] hatte Diego offenbar verstanden, dass demütiges Auftreten und Großzügigkeit gegenüber der Kurie auf wunderbare Weise den Rang und die Bedeutung der eigenen Kirche zu erhöhen vermochten.[111] Dass die sich in solchem Verhalten manifestierende Anerkennung der päpstlichen Vollgewalt, die mit Blick auf spätere Zeiten als Grundregel eines jeden *stilus curiae* verstanden werden kann, im frühen 12. Jahrhundert noch keine Selbstverständlichkeit war, auch dies lässt sich der *Historia Compostellana* entnehmen.

[108] "*Tu autem umbraculo patrocinii beati Iacobi suffultus matrem tuam Sanctam Romanam Ecclesiam, sicut iam incepisti uisitare, ne renuas et, ne forte dominus Papa petitioni tue condescendere refugiat, non per te sed per clericos tuos supradictam dignitatem impetrare pertempta*" (*ibid.*, I, 16,5-6 [ed. FALQUE REY, p. 39]).

[109] Vgl. *ibid.*, I, 16,6 (ed. FALQUE REY, p. 39).

[110] Vgl. HOLNDONNER, *Kommunikation*, pp. 214-215.

[111] Dass das letzte Jahrzehnt von Gelmírez' Episkopat, die 1130er Jahre, offenbar auch im Hinblick auf die Beziehungen zur Kurie unter einem weniger günstigen Stern stand(en), steht auf einem anderen Blatt und soll hier nicht weiter erörtert werden.

Streiten vor (und mit) dem Papst: Beobachtungen zur kurialen Gerichtspraxis anhand der Klosterchronik von Montecassino und des *Chronicon* Falcos von Benevent

MARKUS KRUMM

Im Zentrum der folgenden Überlegungen stehen Schilderungen kurialer Gerichtsverfahren in zwei süditalienischen Geschichtswerken des frühen 12. Jahrhunderts: der um 1100 von Leo Marsicanus begonnenen und von zwei Fortsetzern bis 1140 weitergeführten Klosterchronik von Montecassino[1] sowie dem *Chronicon* Falcos von Benevent, einer Geschichte der päpstlichen Stadt Benevent und ihrer Stadtherrn im Zeitraum von 1102 bis 1140.[2] Für die

[1] *Die Chronik von Montecassino*, ed. H. HOFFMANN (Hannover, 1980: *MGH SS* 34).

[2] Falco von Benevent, *Chronicon Beneventanum*, ed. E. D'ANGELO (Florenz, 1998: *Per Verba: Testi mediolatini con traduzione* 9). Ursprünglich umfasste der annalistisch aufgebaute Text wohl die Jahre 1100 bis 1143, erhalten sind jedoch nur die Einträge von 1102 bis 1140. Die fehlenden Teile am Beginn und Ende des Textes lassen sich teilweise rekonstruieren, vgl. K.A. KEHR, "Ergänzungen zu Falco von Benevent", *Neues Archiv* 27 (1902), pp. 445-472.

Stilus – modus – usus: Regeln der Konflikt- und Verhandlungsführung am Papsthof des Mittelalters – Rules of Negotiation and Conflict Resolution at the Papal Court in the Middle Ages, ed. Jessika NOWAK and Georg STRACK, *Utrecht Studies in Medieval Literacy*, 44 (Turnhout: Brepols, 2019), pp. 67-95.

BREPOLS PUBLISHERS DOI 10.1484/M.USML-EB.5.117703

Frage nach der Praxis der Konflikt- und Verhandlungsführung an der Kurie sind diese Texte eine wahre Fundgrube, da in ihnen eine ganze Reihe verschiedener, vor dem päpstlichen Gericht verhandelter Prozesse geschildert wird. Gestritten wurde dabei meist um Besitz oder die rechtliche Stellung von Kirchen und Klöstern. Doch auch wegen eines Geldraubs wurde vor dem päpstlichen Gericht geklagt, wegen der demonstrativen Schändung eines im Mönchsgewand der Cassineser Verstorbenen in den Straßen Capuas, wegen der Verstrickung eines Beneventaner Erzbischofs in bürgerkriegsähnliche Auseinandersetzungen in seiner Stadt oder angeblich simonistischer Praktiken bei der Wahl seines Nachfolgers. Im Hinblick auf die kuriale Gerichtspraxis in der Zeit des Reformpapsttums enthält keines der anderen historiographischen Erzeugnisse aus dem Mezzogiorno vergleichbar viel Material.[3]

Durch die Thematisierung ganz unterschiedlicher Verfahren unterscheiden sich die Cassineser und die Beneventaner Chronik von anderen in diesem Band untersuchten historiographischen Texten, die jeweils um einen einzigen, vom Verfasser selbst geführten Prozess vor dem päpstlichen Gericht zentriert sind.[4] Angesichts dieser Materialfülle bleiben die Ausführungen zu den jeweiligen Ursachen und Hintergründen der Konflikte – die ohnehin meist sehr gut aufgearbeitet sind[5] – bewusst auf das Notwendigste beschränkt. Ziel ist die Erschließung des von Falco von Benevent und den Cassineser Autoren verschriftlichten Wissens um die Spielregeln,[6] nach denen die Beteiligten, also Kläger, Beklagte

[3] Einen Überblick zur süditalienischen Geschichtsschreibung bietet E. D'Angelo, *Storiografi e cronologi latini del Mezzogiorno normanno-svevo* (Neapel, 2003: *Nuovo Medioevo* 69). Aufschlussreiche Einblicke in die Verhandlungspraxis an der päpstlichen Kurie bietet noch die Chronik von Tres Tabernae. Da der Text jedoch vom Umfang deutlich kürzer ist als die hier behandelten Geschichtswerke und in seiner Authentizität nicht unumstritten, wurde hier darauf verzichtet, ihn in die Analyse mit einzubeziehen, vgl. E. Caspar, "Die Chronik von Tres Tabernae in Calabrien", *Quellen und Forschungen aus italienischen Archiven und Bibliotheken* 10 (1907), pp. 1-56; B. Schilling, *Guido von Vienne – Papst Calixt II.* (Hannover, 1998: *MGH Schriften* 45), pp. 491-499.

[4] Vgl. die Beiträge von H. Müller und C. Zey in diesem Band.

[5] Neben der Erfassung der einzelnen Prozesse in vols. 8 und 9 der *Italia Pontificia* ist vor allem zu verweisen auf H. Bloch, *Monte Cassino in the Middle Ages*, 3 vols. (Rom, 1986); H. Hoffmann, "Petrus Diaconus, die Herren von Tusculum und der Sturz Oderisius' II. von Montecassino", *Deutsches Archiv* 27 (1971), pp. 1-109; G.A. Loud, *The Latin Church in Norman Italy* (Cambridge, 2007). Zu einzelnen Fällen vgl. unten die einleitenden Überblicke zu den Abschnitten 2. und 3.

[6] Zu Konzeptualisierung und Kontroversen um den von Gerd Althoff geprägten Begriff der "Spielregeln" vgl. H. Kamp, "Die Macht der Spielregeln in der mittelalterlichen Politik: Eine Einleitung", in: *Spielregeln der Mächtigen: Mittelalterliche Politik zwischen Gewohnheit und Konvention*, ed. C. Garnier und H. Kamp (Darmstadt, 2010), pp. 1-18; H. Keller, "Gruppenbindun-

sowie der Papst und sein Umfeld, bei den einzelnen Verfahren handelten. Faktoren wie die Unterscheidung verschiedener Prozessschritte und kommunikativer Situationen werden dabei ebenso berücksichtigt wie die Rolle von Vermittlern und Fürsprechern, der Einsatz von Beweismitteln und Geschenken oder die Funktion von Emotionen und anderen zeichenhaften Handlungen.

Ich beginne mit Ausführungen zur Perspektive Falcos und der Cassineser Autoren auf die päpstliche Kurie sowie zur Funktion ihrer Geschichtsschreibung. Die daran anschließende Textanalyse ist aufgrund der jeweils unterschiedlichen Verfahrensdynamik nach zwei Konflikt-Konstellationen geordnet: Zunächst behandle ich Prozesse, in denen das päpstliche Gericht im Konflikt zwischen zwei Parteien entscheiden musste. Anschließend gehe ich auf den Sonderfall ein, dass ein Papst selbst als Kläger auftrat. Ein die wesentlichen Ergebnisse zusammenfassendes Fazit beschließt den Beitrag.

1. Die Quellen

Nimmt man die Perspektive ihrer Autoren auf die päpstliche Kurie als Maßstab, dann entstanden die Chronik von Montecassino und das *Chronicon* Falcos von Benevent zweifellos unter besonderen Bedingungen. Während andere Autoren wie Hariulf von Oudenburg oder Thomas von Marlborough als Fremde an die Kurie kamen und ihre Erfahrungen wohl auch verschriftlichten, um ihr soziales Umfeld über die Gepflogenheiten an der Kurie zu informieren, handelt es sich bei den Cassineser Autoren, also Leo Marsicanus, Guido und Petrus Diaconus,[7] sowie dem Beneventaner Falco zu einem gewissen Grad um Insider. Im frühen 12. Jahrhundert war das Papsttum eng mit Montecassino und Benevent verflochten. Zwischen 1048 und 1124 entstammten allein drei Päpste und mindestens zehn Kardinäle dem Cassineser Konvent.[8] Benevent wiederum

gen, Spielregeln, Rituale", *ibid.*, pp. 19-32; G. ALTHOFF, "Mittelalterliche Verfassungsgeschichte und Spielregeln der Politik: Ein Nachwort", in: ID., *Spielregeln der Politik im Mittelalter: Kommunikation in Frieden und Fehde* (Darmstadt, 2014^2), pp. 361-403.

[7] Zu den Verfassern der Klosterchronik vgl. H. HOFFMANN, "Studien zur Chronik von Montecassino", *Deutsches Archiv* 29 (1973), pp. 59-162, hier pp. 113-152.

[8] H. DORMEIER, *Montecassino und die Laien im 11. und 12. Jahrhundert* (Stuttgart, 1979: *MGH Schriften* 27), p. 21 (mit Nennung der älteren Literatur); G.A. LOUD, "The papacy and the rulers of Southern Italy, 1058-1198", in: *The Society of Norman Italy*, ed. G.A. LOUD und A. METCALFE (Leiden, Boston und Köln, 2002: *The Medieval Mediterranean: Peoples, Economies and Cultures, 400-1500* 38), pp. 151-184, hier pp. 163-164; ID., *Latin Church*, pp. 218-222; speziell zu den Verbindungen unter Abt Desiderius/Papst Viktor III. vgl.

Chronik, dass sowohl Leo Marsicanus als auch Petrus Diaconus ihr Kloster nachweislich in Rechtsstreitigkeiten vor bzw. mit dem Papst persönlich vertraten.[16] Dieses Engagement hängt eng mit dem "Sitz im Leben" der Chronik zusammen. Wie für Klosterchroniken üblich, ist sie eine Mischung aus Abtgesten und Besitzgeschichte.[17] Sie enthält Informationen, wann der Abtei ein Kloster, eine Kirche, eine Burg oder andere Besitzungen übertragen wurden. Im Falle umstrittener Rechtsansprüche, die zur Klage vor dem päpstlichen Gericht gelangten, sind in der Chronik einzelne Prozessschritte dokumentiert. Da sich die von Montecassino geführten Gerichtsverfahren teils über Jahrzehnte hinzogen und auch nach einem vermeintlichen Abschluss erneut verhandelt werden konnten, diente die Chronik als Erinnerungsstütze und Argumentationsreservoir für mögliche künftige Auseinandersetzungen.[18]

Diese Funktion konnte die Chronik auch deshalb so gut erfüllen, weil sie selbst auf älteren prozessrelevanten Texten basierte: einerseits auf Urkunden, die man in Montecassino zu Beginn der dreißiger Jahre des 12. Jahrhunderts in einem Chartular systematisch zu sammeln und somit leichter zugänglich zu machen begann, dem sogenannten *Registrum Petri Diaconi*,[19] andererseits auf separaten Memoranden oder Protokollen zu einzelnen Verfahren. An Urkunden

jener Zeit durch Unteritalien reiste", vgl. HOFFMANN, "Studien", p. 137. Zu Leos Ernennung und Tätigkeit als Kardinal vgl. R. HÜLS, *Kardinäle, Klerus und Kirchen Roms. 1049-1130* (Tübingen, 1977: *Bibliothek des DHI in Rom* 48), pp. 105-106.

[16] Zu Leo als Anwalt Montecassinos vgl. die von ihm selbst verfasste *Breviatio de monasterio S. Sophiae in Benevento* [zukünftig *Breviatio*]; diese ist ediert in: *Chronicon Sanctae Sophiae*, pp. 106-113. Zu Petrus Diaconus vgl. H. KELLER, "Die Herrscherurkunden: Botschaften des Privilegierungsaktes – Botschaften des Privilegientextes", in: *Comunicare e significare nell'Alto Medioevo [15-20 aprile 2004]* (Spoleto, 2005: *Settimane di studio della Fondazione Centro italiano di studi sull'alto medioevo* 52), pp. 231-279, hier pp. 246-275.

[17] H.-W. GOETZ, *Geschichtsschreibung und Geschichtsbewußtsein im hohen Mittelalter* (Berlin, 2008²: *Orbis mediaevalis* 1), pp. 121-122.

[18] So bereits HOFFMANN, "Studien", p. 138.

[19] *Registrum Petri Diaconi (Montecassino, Archivio dell'Abbazia, Reg. 3)*, ed. J.-M. MARTIN, P. CHASTANG, E. CUOZZO, L. FELLER, G. OROFINO, A. THOMAS und M. VILLANI (Rom, 2015: *Fonti per la storia dell'Italia medievale: Antiquitates* 45). Zu den süditalienischen Chartularen vgl. G.A. LOUD, "Monastic chronicles in the twelfth-century Abruzzi", *Anglo-Norman Studies* 27 (2004), pp. 101-131; M. SPÄTH, *Verflechtung von Erinnerung: Bildproduktion und Geschichtsschreibung im Kloster San Clemente a Casauria während des 12. Jahrhunderts* (Berlin, 2007: *Orbis mediaevalis: Vorstellungswelten des Mittelalters* 8). Zur pragmatischen Funktion von Chartularen vgl. B. RESL, "Vom Nutzen des Abschreibens: Überlegungen zu mittelalterlichen Chartularen", in: *Vom Nutzen des Schreibens: Soziales Gedächtnis, Herrschaft und Besitz im Mittelalter*, ed. W. POHL und P. HEROLD (Wien, 2002: *Forschungen zur Geschichte des Mittelalters* 6: *Denkschriften: Österreichische Akademie der Wissenschaften. Philosophisch-Historische Klasse* 306), pp. 205-222.

wurden häufig Judikate als Vorlage verwendet, also schriftlich fixierte "Urteilsverkündungen mit meist knappen, manchmal ausführlicheren Aufzeichnungen über Streitfälle, Prozessverfahren und deren Entscheidung durch Schlichtung, Einigung der Parteien oder richterliches Urteil".[20] Zu einer vollständigen Kopie eines solchen Urkundentextes in die Chronik kam es zwar nie, wohl aber zur wortwörtlichen Übernahme längerer Passagen und, wo nötig, auch zur Anpassung an die eigene Rechtsperspektive.[21] Als eigenständige Prozessschrift ist vor allem die wohl 1101[22] von Leo Marsicanus verfasste *Breviatio de monasterio S. Sophiae in Benevento* zu nennen, eine kurze Schrift über den von Leo persönlich vor dem päpstlichen Gericht geführten Prozess um die Rechte Montecassinos an dem Beneventaner Kloster S. Sofia.[23] Die *Breviatio*, vom Autor selbst als *memoratorium* charakterisiert, diente dazu, "die historische Entwicklung des Rechtsverhältnisses Montecassino-S. Sofia schriftlich festzuhalten, damit bei gegebener Gelegenheit doch noch ein Sieg im Prozess in Reichweite rücken würde".[24] Da sich Leo in der *Breviatio* wiederholt ausführ-

[20] A. BECKER, "Päpstliche Gerichtsurkunden und Prozeßverfahren zur Zeit Urbans II. (1088-1099)", in: *Zwischen Saar und Mosel: Festschrift für Hans-Walter Herrmann*, ed. W. HAUBRICHS, W. LAUFER und R. SCHNEIDER (Saarbrücken, 1995: *Veröffentlichungen der Kommission für Saarländische Landesgeschichte und Volksforschung* 24), pp. 39-48, hier p. 40.

[21] Die Integration eines Urkundentextes in die Chronik lässt sich besonders gut nachvollziehen im Fall von JL 6340/*Italia Pontificia*, 8, pp. 161-162, No. 174, ed. in: *Registrum Petri Diaconi*, pp. 205-208, No. 45; *Chronik von Montecassino*, IV,48, p. 515, l. 4-22.

[22] So die Angabe in der kritischen Edition der *Breviatio*, p. 106. Der Editor J.-M. MARTIN argumentiert auf Grundlage der abschließenden Aussage, die den Tod Urbans II. im Jahr 1099 und die Vertreibung Ansos aus Benevent im Jahr 1101 vorwegnimmt. Demgegenüber hält es HOFFMANN, "Studien", pp. 137-138, für "gut möglich", dass diese Ankündigung eine spätere Hinzufügung darstellt, und datiert die *Breviatio* auf 1098. Die Frage lässt sich zwar nicht eindeutig entscheiden, doch spricht m. E. für 1101 als Datierung, dass die Vertreibung Ansos für Leo eine plausible *causa scribendi* dargestellt haben kann, da Urbans II. Tod und Ansos Vertreibung den von Leo vor dem päpstlichen Gericht zugunsten Montecassinos erstrittenen und in der *Breviatio* festgehaltenen juristischen Sieg zunichtemachten.

[23] Noch enger als bei Leos *Breviatio* ist der Zusammenhang von Prozessdokumentation und Chroniktext bei der von Petrus Diaconus verfassten *Altercatio pro cenobio Casinensi*; diese ist ediert in: E. CASPAR, *Petrus Diaconus und die Monte Cassineser Fälschungen* (Berlin, 1909), pp. 248-280. Von den sicher auf Petrus zurückgehenden Kapiteln der Chronik von Montecassino (IV,96-130) beruhen fast die Hälfte (IV,107-115) auf der *Altercatio*. Dennoch wird sie im Folgenden nicht berücksichtigt, da sie einen Streit vor dem kaiserlichen, nicht dem päpstlichen Gericht zum Gegenstand hat, vgl. dazu W. TRESELER, "Lothar III. und die Privilegien des Klosters Montecassino. Symbolische Kommunikation während des Konflikts zwischen Kaiser und Papst im Jahr 1137", *Frühmittelalterliche Studien* 35 (2001), pp. 313-328; KELLER, "Herrscherurkunden", pp. 246-275.

[24] HOFFMANN, "Studien", p. 138.

licher über den Prozess um S. Sofia äußert als in seiner später begonnenen Chronik, wird sie im Folgenden mitberücksichtigt.

Ein vergleichbares Verhältnis von Urkunden- und Chroniktext liegt auch für einzelne Passagen des *Chronicon* Falcos von Benevent nahe, insbesondere für die Schilderung des Streits zwischen den beiden Beneventaner Frauenklöstern S. Pietro *intra muros* und S. Maria di Porta Somma, die vom Aufbau und Vokabular deutliche Parallelen zu zeitgenössischen Judikaten aufweist.[25] Mangels fehlender Parallelüberlieferung – aus beiden Klöstern sind für diese Zeit keine Urkunden aus der päpstlichen Kanzlei erhalten[26] – lässt sich diese Annahme jedoch nicht eindeutig belegen. Das Gleiche gilt für die Verwendung separater Berichte über einzelne Prozesse. Dass Falco auf solche zurückgriff, ist insbesondere für seinen ausführlichen Bericht über das Gerichtsverfahren wahrscheinlich, bei dem sich Erzbischof Landulf II. von Benevent im Oktober 1114 einer Anklage durch Papst Paschalis II. auf dem Konzil von Ceprano stellte.[27] Doch wie schon bei den Urkunden kommt man hier mangels Überlieferung über die Modellbildung nicht hinaus. So oder so ist bei den Cassineser Autoren ebenso wie bei Falco sowohl eine persönliche Nähe zur Kurie als auch eine inhaltliche und formale Nähe ihrer Geschichtsschreibung zur damaligen pragmatischen Prozessschriftlichkeit deutlich erkennbar.

2. *Der Papst als Richter*

Die meisten Prozesse vor dem päpstlichen Gericht, über die Falco von Benevent und die Cassineser Autoren berichten, haben Konflikte zwischen Klöstern zum Gegenstand. Die ausführlichsten Schilderungen betreffen – bei Falco – das gerade erwähnte Gerichtsverfahren zwischen den beiden Beneven-

[25] Falco von Benevent, *Chronicon*, 1121.7.1-7.16; zu Judikaten vgl. Becker, "*Gerichtsurkunden*", pp. 40-45.

[26] *Italia Pontificia*, 9, p. 101, pp. 103-104.

[27] Falco von Benevent, *Chronicon*, 1114.5.1-5.45. Eine eingehende Untersuchung dieses Prozesses erfolgte bislang nicht, vgl. die knappen Bemerkungen von A. Pagano, *Studi di letteratura latina medievale* (Nicotera, 1931), p. 212; Vehse, "Benevent", pp. 123-124; Gervasio, "Falcone", p. 39; G. Gresser, *Die Synoden und Konzilien in der Zeit des Reformpapsttums in Deutschland und Italien von Leo IX. bis Calixt II.: 1049-1123* (München *et al.*, 2006: *Konziliengeschichte* A 21), pp. 411-412; Loud, *Latin Church*, p. 217; H. Taviani-Carozzi, "Culture et pratique juridiques du *iudex civitatis* en Italie du Sud lombarde et normande (XIe-XIIe siècles)", in: *Les élites lettrées au Moyen Âge: Modèles et circulation des savoirs en Méditerranée occidentale (XIIe-XVe siècles)*, ed. P. Gilli (Montpellier, 2008), pp. 29-58, hier pp. 56-57.

taner Frauenklöstern S. Pietro *intra muros* und S. Maria di Porta Somma[28] sowie – in der Klosterchronik – juristische Auseinandersetzungen Montecassinos mit den Klöstern S. Sofia in Benevent,[29] Terramaggiore[30] und S. Maria in Capua.[31] Hinzu kommen Konflikte der Cassinesen mit dem Bischof von Aversa,[32] verschiedenen Erzbischöfen von Capua[33] und eine Klage mehrerer Bischöfe und Erzbischöfe gegen die Benediktsabtei auf dem Ersten Laterankonzil im Jahr 1123.[34] Diese und weitere, weniger ausführlich geschilderte Fälle wer-

[28] Falco von Benevent, *Chronicon*, 1121.7.1-7.16. Vgl. dazu E.M. JAMISON, "The abbess Bethlem of S. Maria di Porta Somma and the barons of the Terra Beneventana", in: EAD., *Studies in the History of Medieval Sicily and South Italy*, ed. D. CLEMENTI und T. KÖLZER (Aalen, 1992), pp. 123-157; ZABBIA, "Écriture", pp. 382-383; C. LAVARRA, "Potere monastico femminile nel Mezzogiorno normanno: La badessa Betlemme", in: *"Con animo virile": Donne e potere nel Mezzogiorno medievale (secoli XI-XV)*, ed. P. MAINONI (Rom, 2010: *I libri di Viella* 104), pp. 139-196; TAVIANI-CAROZZI, "Culture", pp. 43-45.

[29] *Breviatio*, *passim*; *Chronik von Montecassino*, III,42, p. 420, l. 2-12; IV,48, pp. 514-515. Die Cassinesen beanspruchten vergeblich, dass S. Sofia ihrem eigenen Kloster unterstände; vgl. hierzu BLOCH, *Monte Cassino*, pp. 264-272; G.A. LOUD, "A Lombard abbey in a Norman world: St Sophia, Benevento, 1050-1200", *Anglo-Norman Studies* 19 (1997), pp. 273-306.

[30] *Chronik von Montecassino*, IV,48, p. 515; *Italia Pontificia*, 8, pp. 161-162, No. 172-174; Streitgegenstand war die Kirche S. Maria in Casalpiano, vgl. BLOCH, *Monte Cassino*, pp. 278-279.

[31] *Chronik von Montecassino*, IV,18, p. 487 und bes. IV,70, pp. 534-537. Streitgegenstand war das Kloster S. Maria in Cingla; vgl. hierzu G.A. LOUD, "The Norman counts of Caiazzo and the abbey of Montecassino", in: ID., *Montecassino and Benevento*, pp. 199-217, hier p. 209; BLOCH, *Monte Cassino*, pp. 243-264; F. MARAZZI, A. COLUCCI, F. DI BIAGIO, L. DI COSMO, A. GOBBI und G. TROJSI, "Il monastero di S. Maria in Cingla (Ailano – CE): Valutazione archeologica preliminare del sito (interventi 2004-2005)", *Archeologia medievale* 32 (2005), pp. 127-144.

[32] *Chronik von Montecassino*, IV,52, pp. 517-518; *Italia Pontificia*, 8, p. 162, No. 175; Streitgegenstand war die Kirche S. Agata in Aversa.

[33] *Chronik von Montecassino*, III,24, p. 391, l. 23-28; III,42, p. 420, l. 14-32; IV,28, pp. 493-494; IV,69, pp. 533-534; IV,72, p. 538; *Italia Pontificia*, 8, p. 143, No. 96; p. 147, No. 114-115; p. 159, No. 163; p. 165, No. 189; p. 169, No. 202. Streitgegenstand in diesen Auseinandersetzungen war vor allem das Kloster S. Angelo in Formis, in dessen Besitz Montecassino durch einen Tausch Mitte des 11. Jahrhunderts gelangt war. Zu diesem sich über Jahrzehnte hinziehenden Konflikt vgl. G.A. LOUD, *Church and Society in the Norman Principality of Capua, 1058-1197* (Oxford, 1985: *Oxford Historical Monographs*), pp. 52-55; BLOCH, *Monte Cassino*, pp. 231-234; L.I. HAMILTON, "Desecration and consecration in Norman Capua, 1062-1122: Contesting sacred space during the Gregorian Reform", *The Haskins Society Journal* 14 (2003), pp. 137-150.

[34] *Chronik von Montecassino*, IV,78, pp. 542-543; *Italia Pontificia*, 8, p. 170, No. 208. Zu den Hintergründen der Klage vgl. G. TELLENBACH, "Der Sturz des Abtes Pontius von Cluny und seine geschichtliche Bedeutung", *Quellen und Forschungen aus italienischen Archiven und Bibliotheken* 42/43 (1963), pp. 13-55, hier pp. 36-37; HOFFMANN, "Petrus", pp. 98-104; SCHILLING, *Guido von Vienne*, pp. 706-716.

den im Folgenden in vier Schritten analysiert: zunächst Aussagen a) zur Klage vor dem päpstlichen Gericht, anschließend b) solche zur Reaktion der beklagten Partei, dann c) zur Beweisführung sowie schließlich d) zur Urteilsfindung und zum Prozessabschluss.

a) Die Prozesse wurden jeweils durch die Klage einer der beiden Streitparteien initiiert. Nie wurde der Papst von sich aus aktiv. Geklagt wurde meist in Rom.[35] Nicht selten bot jedoch der praktische Umstand, dass sich die Kurie in Süditalien und somit in der Nähe der Konfliktparteien aufhielt, den Anlass zu einer Klage vor dem päpstlichen Gericht: Hierzu kam es am häufigsten in Benevent,[36] vereinzelt auch in Capua, den apulischen Städten Troia, Melfi und Bari sowie dem an der Grenze des Patrimoniums gelegenen Ceprano.[37] Der Verdacht liegt nahe, dass die herausgehobene Stellung Benevents aufgrund der Einbeziehung von Falcos *Chronicon* eine quellenbedingte Verzerrung darstellt. Doch dies trifft allenfalls teilweise zu, denn für die Kirche im heutigen Kampanien war die päpstlich regierte Stadt im Süden tatsächlich eine Art zentraler Gerichtsort.[38]

Was das Prozedere der Klageführung anbelangt, so lassen sich grundsätzlich zwei kommunikative Situationen unterscheiden: die vertrauliche Beschwerde und die öffentliche Klagerede (entweder im Rahmen einer päpstlichen Gerichtssitzung, aus der später das Konsistorium hervorging,[39] oder auf einer Synode). Es gibt zwar Episoden, die so verknappt erzählt sind, dass eine eindeutige Zuordnung zu einer dieser beiden Situationen nicht möglich ist. Mitunter heißt es nur, der Papst habe von einem Streitfall "gehört" oder, ein

[35] *Chronik von Montecassino*, III,24, p. 391, l. 24-25 (1067/1068); III,42, p. 420, l. 2; *Breviatio*, p. 109 (1078 November); *Breviatio*, p. 109 (1097); IV,28, p. 494, l. 6-7 (1106); IV,52, pp. 517-518 (Rom oder Anagni: 1113); IV,60, p. 523, l. 9-11 (1116 März); IV,78, p. 542 (1123 März).

[36] *Breviatio*, p. 109 (1098 September); *ibid.*, pp. 111-112 (1098 Oktober); *Chronik von Montecassino*, IV,48, pp. 514-515 (1113 Februar); Falco von Benevent, *Chronicon*, 1120.9.1-9.3 (1120 August); *Chronik von Montecassino*, IV,69, p. 533, l. 27-28 (1120 Oktober); Falco von Benevent, *Chronicon*, 1121.7.2 (1122 Februar); *ibid.*, 1123.3.1 (1123 September/Oktober).

[37] *Chronik von Montecassino*, III,42, p. 420, l. 14-15 (Capua: 1078 Juli/August); *Breviatio*, pp. 109-111 (Melfi: 1089 September; Troia: 1093 März 11; Benevent: 1098 September; Bari: 1098 Oktober); *Chronik von Montecassino*, IV,49, p. 516 (Ceprano: 1114 Oktober).

[38] Vgl. neben der in n. 9 genannten Literatur z. B. das Itinerar für den Pontifikat Calixts II. bei SCHILLING, *Guido von Vienne*, pp. 706-716.

[39] *Chronik von Montecassino*, III,24, p. 391, l. 24-25; IV,52, p. 518, l. 2. Zur Herausbildung des Konsistoriums vgl. grundsätzlich S. NOETHLICHS, "Das päpstliche Konsistorium im Spiegel der Quellen des 11. bis 13. Jahrhunderts", *Zeitschrift der Savigny-Stiftung für Rechtsgeschichte: Kanonistische Abteilung* 94 (2008), pp. 272–287 (ohne Nennung Falcos).

wenig konkreter, er habe "die Anschuldigungen einiger Bürger" vernommen.[40] Auf Klagen im vertrauten Gespräch lässt sich jedoch mehrfach aus dem Erzählkontext schließen, etwa wenn der Papst von einer "Ungerechtigkeit" gegenüber Montecassino bei einem persönlichen Aufenthalt in der Benediktsabtei erfuhr[41] oder wenn es heißt, der Erzbischof von Capua habe es gewagt, gegen eine Privilegierung der Abtei "leise zu klagen" – oder wörtlich: "zu zischeln" ("*summurmurare*").[42] Ebenso wird man davon ausgehen dürfen, dass Abt Gerhard von Montecassino, als er sich im Winter 1112/1113 der Kurie auf deren Weg nach Süden anschloss, um auf einem in Benevent gefeierten Konzil zwei Klagen anstrengen zu lassen, diesen Sachverhalt bereits unterwegs mit dem Papst besprach.[43] Im Hinblick auf die personellen Verbindungen zwischen dem Benediktskloster und der Kurie ist die Erzählung über einen Aufenthalt des Johannes von Gaeta in Montecassino im Jahr 1115 besonders aussagekräftig. Johannes, selbst ein Mönch aus Montecassino und damals bereits seit mehr als einem Vierteljahrhundert Kanzler der römischen Kirche, erfuhr in der Abtei von der "Unverschämtheit", dass ein gewisser Graf Lando ein *castrum* auf dem klösterlichen Besitz hatte erbauen lassen. Daraufhin "rief er den Dekan Seniorectus und andere Brüder zu sich, begab sich zum Grafen und begann ihn von Seiten des römischen Papstes inständig zu ermahnen, er solle kein *castrum* auf dem Besitz des Heiligen Benedikt errichten, wollte er nicht den apostolischen Bann auf sich ziehen". Der Graf zog sich zurück, noch bevor es überhaupt zu einem Verfahren kam.[44]

Im Vergleich zur informellen Beschwerde handelt es sich bei der öffentlich ("*publice*") vorgetragenen Klage um einen performativen Akt. In den Cassineser Texten wird sie durchgehend als "*proclamatio*" oder sogar als "*sollemnis proclamatio*" bezeichnet.[45] Die Kläger waren meist hochrangig: Erzbischof oder Bischof, Abt oder Äbtissin vertraten die Sache der ihnen unterstehenden

[40] *Chronik von Montecassino*, III,46, p. 424, l. 14-15 (1079); IV,93, p. 553, l. 22-23 (1127); Falco von Benevent, *Chronicon*, 1120.9.1; 1123.3.1. Bei den beiden von Falco berichteten Fällen handelt es sich mit einer gewissen Wahrscheinlichkeit um öffentliche Klagen vor dem Gericht Calixts II., als dieser 1120 und 1123 im *sacrum palatium* in Benevent residierte, vgl. *Italia Pontificia*, 9, p. 91, No. 34; *ibid.*, 9, p. 65, No. 54.

[41] *Chronik von Montecassino*, IV,57, p. 521, l. 12-15; *Italia Pontificia*, 8, p. 163, No. 179.

[42] *Chronik von Montecassino*, III,24, p. 391, l. 23-24.

[43] *Ibid.*, IV,48, pp. 514-515.

[44] *Ibid.*, IV,57, p. 521. Zur Identifizierung des Grafen Lando, womöglich Graf Lando III. von Aquino, vgl. *ibid.*, n. 8. Zu einem weiteren Eintreten des Johannes von Gaeta zugunsten Montecassinos vgl. *ibid.*, IV,60, p. 523.

[45] *Breviatio*, p. 109; zu den übrigen Fällen vgl. *Chronik von Montecassino*, *ad indicem*.

Kirche oder Klostergemeinschaft selbst.[46] Einmal traten Capuaner Geistliche, wohl die Domkanoniker, als Kläger auf.[47] Für die Cassinesen übernahm diese Rolle zudem mehrfach Leo Marsicanus, als er noch Bibliothekar von Montecassino und nicht Kardinalbischof von Ostia war.[48] Überraschend wirkt die Aussage in der Klosterchronik, wonach Abt Gerhard von Montecassino auf der Beneventaner Synode im Frühjahr 1113 zwei Klagen durch Erzbischof Sennes von Capua vortragen ließ – überraschend, weil die Cassinesen wenige Jahre zuvor selbst noch im Konflikt mit dem Erzbischof lagen. Zu überlegen wäre daher, ob auf diesem Wege nicht ein neu gefundener Konsens zwischen dem Capuaner Metropoliten und der Benediktsabtei vor der Konzilsöffentlichkeit inszeniert werden sollte.[49]

Einen Eindruck von den rhetorischen, den Regeln ranggeordneter Kommunikation verpflichteten Strategien einer öffentlichen Klage vermittelt eine von Leo Marsicanus überlieferte *proclamationis oratio*, die dieser 1098 auf dem Konzil von Bari gehalten haben will.[50] Leo inszeniert sich in seiner Rede als demütiger und gehorsamer Bittsteller gegenüber dem Papst. Ein zentrales Argument in seinen Ausführungen ist der Vorwurf, die gleichen Klagegründe immer wieder vortragen zu müssen, ohne dass sich an den beklagten Zuständen etwas ändere:

> Schon lange geht es so, bester und apostolischer Vater, dass die heilige Kirche des Cassineser Klosters zu verschiedenen Zeiten und an verschiedenen Orten über Plünderungen und Ungerechtigkeiten, die ihr einst boshaft und gewaltsam zugefügt worden sind, gegenüber eurer apostolischen Autorität laut geklagt und nochmals geklagt hat. Aber da die Gerechtigkeit bislang hinausgezögert worden ist – mal aufgrund unseres eigenen Verschuldens, mal aufgrund eurer zahlreichen Verpflichtungen, die es verhinderten –, bittet sie [die Cassineser Kirche] untertänig und

[46] *Chronik von Montecassino*, III,24, p. 391 (Erzbischof Hildebrand von Capua: Mai 1067); IV,52, pp. 517-518 (Bischof Robert von Aversa: 1113); IV,60, p. 523 (Abt Gerhard von Montecassino: 1116); IV,69, p. 533 (Erzbischof Otto von Capua: 1120 Oktober); IV,70, p. 534 (Abt Gerhard von Montecassino: 1120-1121); Falco von Benevent, *Chronicon*, 1121.7.2 (Äbtissin Agnes von S. Pietro *intra muros*: 1122 Februar).

[47] *Chronik von Montecassino*, III,42, p. 420, l. 15.

[48] *Ibid.*, III,42, p. 420, l. 3-4; *Breviatio*, pp. 109-110.

[49] *Chronik von Montecassino*, IV,48, pp. 514-515; zu Sennes' älterem Konflikt vgl. LOUD, *Latin Church*, p. 433; Sennes' Klageführung zugunsten Montecassinos ist m. W. noch nicht problematisiert worden. Eine andere Erklärung für Sennes' herausgehobene Stellung mag in der seit 1111 nachweisbaren engen Verbindung des Erzbischofs zu Paschalis II. zu suchen sein, vgl. *ibid.*, p. 205 mit n. 74, p. 220; HAMILTON, "Desecration", pp. 149-150.

[50] *Italia Pontificia*, 9, p. 87 No. 21.

fordert demütig durch uns, ihre niedrigsten Söhne, dass eure apostolische Autorität solchen Ungerechtigkeiten, solchen Widerwärtigkeiten und schließlich solchen Beschwerden doch endlich ein Ende machen möge. Der Streitfall aber bezüglich des Klosters S. Maria in Cingla – um die übrigen vorläufig mit Schweigen zu übergehen – ist euch mehr als bekannt und sowohl in eurer Gegenwart als auch der eurer Kardinäle vielfach angesprochen worden. Nun sind wir zu dem Termin herbeigeilt, den ihr neulich gesetzt habt, und erwarten die Gerechtigkeit, die das von euch und euren Beisitzern gefällte Urteil diktiert. Eure Heiligkeit sei auch daran erinnert, dass ihr dem Madelmus, dem ehrwürdigen Abt von S. Sofia, und mir, eurem Diener, im Beneventaner Bischofspalast bezüglich des Streits, den wir untereinander um dieses Kloster austragen, befehlen wolltet, dass wir beide in Gegenwart und unter Anhörung dieses ganzen heiligen Konzils zusammenkommen und durch Vorzeigen von Urkunden beider Seiten nach Recht und kirchlichem Gesetz erörtern, wem diese Kirche an erster Stelle zustehen sollte. Und seht, nach der Ankündigung eures Befehls sind wir gekommen und haben einen Teil der Urkunden mitgebracht. Daher möge eure apostolische Autorität in dieser Sache entscheiden, was der Herr ihrem Herz eingeben mag.[51]

Folgt man Leos eigenem Zeugnis, dann blickte der Cassineser Mönch tatsächlich auf eine Reihe an Situationen zurück, bei denen er den Anspruch der Benediktsabtei auf S. Sofia vor verschiedenen Päpsten öffentlich eingeklagt hatte: vor Papst Gregor VII. auf der Lateransynode im November 1078 und vor Papst Urban II. auf den Konzilien von Melfi (September 1089), Troia (März 1093) und Rom (Frühjahr 1097) sowie schließlich im September 1098,

[51] *Breviatio*, p. 110: "*Iam diu est, pater optime atque apostolice, quod super direptionibus et iniustitiis nequiter sibi ac violenter olim illatis diversis temporibus et locis apud apostolatum vestrum clamavit et reclamavit sancta monasterii Casinensis ecclesia. Sed quoniam, tum meritis exigentibus nostris, tum multiplicibus negotiis prepedientibus vestris, hactenus iustitia eius dilata est. Orat suppliciter et humiliter postulat per nos, licet minimos filios suos, ut vel iam tandem tantis iniquitatibus, tantis adversitatibus, tantis denique proclamationibus apostolice auctoritati vestre modum finemque imponere placeat. Causa igitur monasterii Sancte Marie de Cingla, ut cetera interim taceamus, satis nimiumque vobis est cognita et in presentia vestra vestrorumque cardinalium multotiens ventilata, et nunc quoque ad terminum quem ipsi nuper constituistis accurrimus et iustitiam quam vestra omniumque considentium inde censura dictaverit recipere parati sumus. Super hec etiam reminisci dignetur sanctitas vestra quod reverentissimo abbati Sancte Sophie domno Madelmo michique famuloque vestro in palatio Beneventani episcopii de controversia quam ad invicem de ipso monasterio habeamus percipere voluistis, scilicet ut in presentiam et audientiam totius sancti huius concilii uterque conveniremus et ex declaratione muniminum diverse partis cui potissimum eadem ecclesia deberet competere iuste atque canonice tractaremus. Et ecce de iuxta imperi* [!] *vestri condictum advenimus et partem munimentorum detulimus. Decernat tandem super his apostolatus vester quicquid cordi suo Dominus fuerit inspirare dignatus*".

einen Monat vor dem Konzil von Bari, im Bischofspalast ("*palatium episcopii*") von Benevent.[52] Hinter der Praxis, eine Klage, über welche die Kurie offensichtlich keine rasche Entscheidung fällen wollte oder konnte, ständig zu wiederholen, steckte offenbar strategisches Kalkül: Die Veröffentlichung der Ungerechtigkeiten, welche die eigene Partei zu erdulden hatte, sollte Druck sowohl auf die Gegenseite im Verfahren als auch auf das päpstliche bzw. synodale Gericht ausüben. Der Cassineser Klosterchronik zufolge zeitigte diese Strategie durchaus Erfolge: Der Urteilsspruch im Streit zwischen dem Bischof von Aversa und Montecassino wird in der Chronik mit dem Hinweis begründet, Papst und Kardinäle seien es leid gewesen, "diese Angelegenheit so oft im Gericht zu hören".[53]

b) In den Cassineser Texten und Falcos *Chronicon* werden unterschiedliche Reaktionen auf eine Klage geschildert. Singulär ist die Erklärung Papst Paschalis' II., die Entscheidung über eine auf dem Konzil von Ceprano vorgetragene Klage falle nicht in seine Zuständigkeit.[54] Die übrigen Fälle lassen sich insofern unterscheiden, als die beklagte Partei vor Gericht anwesend war oder nicht. War sie anwesend, wird mehrfach von einem verbalen Schlagabtausch zwischen den Streitparteien erzählt, bevor es zur eigentlichen Beweisführung kam.[55] Dabei findet sich nur bei Falco – in seiner Erzählung über den Streit der beiden Beneventaner Äbtissinnen – der Hinweis, wonach die beklagte Äbtissin Bethlehem von S. Maria di Porta Somma nicht persönlich, sondern "durch ihre Rechtsbeistände" ("*per advocatos suos*"), wahrscheinlich städtische Notare, "antwortete".[56] Wenig erstaunlich gleichen sich die Reden insofern, als jeweils der Rechtsstandpunkt der gegnerischen Partei in Zweifel gezogen wurde. Aus quellenkritischer Sicht fällt auf, dass die Cassineser Autoren Gegenreden nur dann berichten, wenn darin der Standpunkt der eigenen Partei

[52] *Breviatio*, p. 109; *Italia Pontificia*, 8, p. 147, No. 112; p. 151, No. 134; p. 153, No. 137, No. 139; p. 155, No. 144.

[53] *Chronik von Montecassino*, IV,52, p. 518, l. 3-4.

[54] *Ibid.*, IV,49, p. 514; vgl. dazu LOUD, *Latin Church*, p. 150.

[55] *Chronik von Montecassino*, IV,69, pp. 533-534; IV,78, p. 542, l. 24-p. 543, l. 28; Falco von Benevent, *Chronicon*, 1121.7.4.

[56] *Ibid.*, 1121.7.4. Zur Bedeutung von *advocati* bei Gerichtsprozessen in Süditalien vgl. P. MASSA, "Documenti, formule e persone nelle carte di Avellino (X-XII secolo)", *Scrineum* 9 (2012), pp. 5-86, hier p. 45; EAD., "Prassi giuridica e pratiche di documentazione in carte inedite di Ariano Irpino dell'XI e XII secolo", *Nuovi annali della Scuola Speciale per Archivisti e Bibliotecari* 24 (2010), pp. 7-26, hier p. 9, n. 6.

zur Sprache kommt. Dem liegt offensichtlich die Darstellungsabsicht zugrunde, den eigenen Rechtsstandpunkt zu dokumentieren.[57]

War die beklagte Partei nicht anwesend, folgte üblicherweise die Ladung vor das päpstliche Gericht. Dass Abt Madelmus von S. Sofia ohne Ladung – und vermutlich ebenso unerwartet wie ungewollt – auf den gegen ihn klagenden Leo Marsicanus traf, als er 1098 den im Beneventaner Bischofspalast residierenden Papst Urban II. aufsuchte, darf als Ausnahme gelten.[58] In zwei von Falco erzählten Fällen erschienen die Geladenen unverzüglich.[59] Ein eindrucksvolles Beispiel für die konsequente Weigerung, einem Ladungsbefehl zu folgen, findet sich in der Cassineser Chronik. Kontext ist der unter Papst Calixt II. erneut entbrannte Streit zwischen Montecassino und dem Capuaner Marienkloster um das Kloster S. Maria in Cingla. Die Cassinesen hatten beim Papst geklagt, Graf Rainulf von Caiazzo, in dessen Herrschaftsbereich S. Maria in Cingla lag, habe dieses Kloster der Abtei Montecassino "gewaltsam entrissen und der Kirche S. Maria in Capua unterstellt".[60] Als Calixt II. die Äbtissin von S. Maria in Capua, Alferada, vor sein Gericht lud, um Stellung zu den Vorwürfen zu nehmen, ignorierte diese beharrlich die päpstliche Aufforderung. Nach mehrfacher vergeblicher Ladung – "viermal und öfter" heißt es wörtlich in der Chronik[61] – verhängte der Papst schließlich das Interdikt über das Capuaner Marienkloster, setzte die Äbtissin ab und exkommunizierte sowohl sie als auch ihre Anhänger wegen Starrsinns. Der Erzbischof von Capua sollte die Durchsetzung dieser Beugemaßnahmen garantieren.[62]

[57] In gewisser Hinsicht gilt dies auch für die von Falco von Benevent *ibid.* geschilderte Replik der Äbtissin Bethlehem von S. Maria di Porta Somma, da in seiner Darstellung unverkennbar der Wille erkennbar ist, den Rechtsanspruch der Äbtissin argumentativ zu unterstützen; zur Möglichkeit, dass Falco als Notar für S. Maria di Porta Somma tätig war, vgl. KRUMM, "*Falco*", pp. 19-20.

[58] *Breviatio*, p. 109.

[59] Falco von Benevent, *Chronicon*, 1121.7.2-7.4 (Äbtissin Bethlehem von S. Maria di Porta Somma); 1123.3.1 sq. (Erzbischof Roffrid II. von Benevent).

[60] *Chronik von Montecassino*, IV,70, p. 534, l. 19-21. Zu den Grafen von Caiazzo und ihrem Verhältnis zu den Päpsten vgl. G. TESCIONE, "Roberto conte normanno di Alife, Caiazzo e S. Agata dei Goti", *Archivio storico di Terra di Lavoro* 4 (1975), pp. 9-52. Besonders zu Rainulfs Rolle im Streit um S. Maria in Cingla vgl. LOUD, "Counts", pp. 199-217.

[61] *Chronik von Montecassino*, IV,70, pp. 534-535; das Zitat p. 535, l. 8; vgl. zudem *Italia Pontificia*, 8, pp. 165-166, No. 191 (1121 in.); p. 166, No. 194 (1121 Juni); pp. 166-167, No. 195 (1121); p. 167, No. 196 (1122); *Registrum Petri Diaconi*, pp. 221-225, No. 49-51.

[62] *Chronik von Montecassino*, IV,70, pp. 536-537; *Italia Pontificia*, 8, p. 167, No. 197; p. 168, No. 200; p. 169, No. 202; *Registrum Petri Diaconi*, p. 226, No. 52; pp. 232-233, No. 56-57.

In der Erzählung über den Streit zwischen dem Erzbischof von Capua und dem Abt von Montecassino um S. Angelo in Formis ist die Rede davon, dass die von Cassineser Seite vorgezeigten Urkunden "von den Kardinälen und römischen Klerikern sorgfältig gelesen und betrachtet worden" seien[72] – der einzige explizite Beleg für die Urkundenprüfung durch Kardinäle in den hier untersuchten Texten.

Erbat die beklagte Partei Aufschub, um Urkunden beizubringen, konnte dies in eine regelrechte Prozessverschleppung münden: Eine solche beklagt Leo Marsicanus in seiner *Breviatio.* Abt Madelmus von S. Sofia habe demnach wiederholt Ausflüchte gemacht, um keine Beweise präsentieren zu müssen. Als ihn Papst Urban II. auf dem Konzil von Bari genau dazu aufforderte, erhob sich stattdessen der Beneventaner Erzbischof, um den Abt mit der Aussage in Schutz zu nehmen, der "Stadtherr" ("*dominus civitatis*") von Benevent, Anso, habe ihm dies verboten. Die übrigen Konzilsteilnehmer reagierten mit Unmut – wahrscheinlich auch deshalb, weil Anso aus kurialer Perspektive lediglich der vom Papst eingesetzte Rektor von Benevent war, also der Stellvertreter des eigentlichen Stadtherrn.[73] Im Fall der Äbtissin Alferada von S. Maria in Capua, die den Prozess vor dem päpstlichen Gericht ja weniger verschleppte, als sich erst gar nicht auf diesen einließ, begab sich schließlich der vom Papst mit der Exkommunikation bedrohte Graf Rainulf von Caiazzo an die Kurie. Er sagte zu, sich dem Willen des Papstes beugen zu wollen, sofern "er die Urkunden der Cassineser Brüder sehen könnte". Diese wurden schließlich in seinem Beisein und "in Gegenwart des Papstes Calixt und aller Bischöfe und Kardinäle" öffentlich ("*in omnium presentia*") verlesen.[74]

Von den hier untersuchten Fällen wurde nur ein einziger ausschließlich durch Zeugenbeweis entschieden: der 1113 im "*sacrum palatium*" von Benevent vor Papst Paschalis II. verhandelte Streit zwischen Montecassino und Terramaggiore um die Kirche S. Maria in Casalpiano. In diesem sollen die Vertreter Terramaggiores Zeugen benannt haben, "die sich nicht auf das berie-

[72] *Chronik von Montecassino*, IV,69, p. 534, l. 11-12.

[73] *Breviatio*, pp. 110-111: "*Ad hec papa iussit abbati ut surgeret et rationem suam de his coram omnibus redderet. Tunc ex summissione abbatis surrexit archiepiscopus Beneventanus, cepitque ostendere imparatum super hoc negotio abbatem venisse, seque neque posse neque audere rationem de his nisi apud Beneventum aliquatenus reddere, dicentes se a domino civitatis prohibitos esse, si cogeret Beneventum se amissurum procul dubio scire. Reprehensa est valde ab omnibus talis responsio, et nequaquam esse recipiendam ab universis fere clamatum*".

[74] *Chronik von Montecassino*, IV,70, p. 537; teils wortgleich mit *Registrum Petri Diaconi*, pp. 1571-1573, No. 578.

fen, was sie selbst gesehen und gehört hatten, sondern auf das Gerede anderer Zeugen". Ihre Aussagen seien daher weder nach weltlichem noch nach kirchlichem Recht ("*neque legibus neque canonibus*") als zulässig angesehen worden. Demgegenüber hätten die Cassineser nicht nur drei Laien, sondern auch "zwei Mönche von bekannter Gottesfurcht" als Zeugen aufbieten können.[75] Der Hinweis, bei einem der beiden Mönche habe es sich um einen Bischof, beim anderen um einen Diakon gehandelt, legt die Vermutung nahe, die beiden mit Leo Marsicanus, damals Kardinalbischof von Ostia, und Johannes von Gaeta, damals Kardinaldiakon von S. Maria in Cosmedin und Kanzler der römischen Kirche, zu identifizieren. Beide sind als Teilnehmer der Gerichtssitzung bezeugt.[76] Wenn dem so war und die beiden ehemaligen Cassineser Mönche, die es zu einflussreichen Positionen an der Kurie gebracht hatten, zugunsten Montecassinos aussagten, dann stand es im Gerichtsverfahren wohl von vornherein schlecht um die Erfolgsaussichten Terramaggiores.

In einem 1078 in Capua verhandelten Verfahren zwischen Montecassino und dem Capuaner Kathedralklerus sagte – zusätzlich zu einer Urkundenprüfung – auch der Erzbischof von Capua vor dem päpstlichen Gericht aus.[77] Eine besondere Form der Zeugenaussage findet sich schließlich in Falcos *Chronicon*: In seiner Erzählung über den Streit der beiden Beneventaner Frauenklöster S. Maria di Porta Somma und S. Pietro *intra muros* stützt er selbst – in der Rolle des über die Ereignisse berichtenden Chronisten! – den Rechtsstandpunkt der Äbtissin des Marienklosters durch ein zusätzliches Argument.[78]

d) Urteilsfindung und Prozessabschluss: In seiner bereits zitierten Klagerede spricht Leo Marsicanus davon, dass er das Urteil des Papstes und "aller Beisitzer" ("*omniumque considentium*") erwarte.[79] Wer mit diesen Beisitzern gemeint ist, ob die gesamte Konzilsöffentlichkeit oder ein eingeschränkter Kreis, geht aus seiner Erzählung nicht hervor. Bei Urteilen in Gerichtssitzungen wird mehrfach eine konsensuale Entscheidung angesprochen, gemeinsam

[75] *Chronik von Montecassino*, IV,48, p. 515; im Wortlaut gleich JL 6340/*Italia Pontificia*, 8, pp. 161-162, No. 174, ed. in *Registrum Petri Diaconi*, pp. 205-208, No. 45.

[76] JL 6340/*Italia Pontificia*, 8, pp. 161-162, No. 174, ed. in *Registrum Petri Diaconi*, pp. 205-208, No. 45. Zu Johannes von Gaeta vgl. HÜLS, *Kardinäle*, pp. 231-232.

[77] *Chronik von Montecassino*, III,42, p. 420: "*Quod etiam Erveus tunc eiusdem civitatis archiepiscopus se veraciter cognovisse asseverabat*".

[78] Falco von Benevent, *Chronicon*, 1121.7.9: "*Nos autem memoriae ducimus ex moderno tempore abbatissam Labiniam eidem monasterio secundam prefuisse*". Zu der hier gewählten Interpretation dieser Aussage vgl. bereits JAMISON, "Abbess", p. 125.

[79] *Breviatio*, p. 110.

gefällt von Papst und Kardinälen bzw. Bischöfen und Kardinälen.[80] Angesichts der jüngeren Forschung zur Bedeutung des Kardinalskollegs wird man dahinter ein grundsätzliches Prinzip erkennen dürfen.[81] Selbstverständlich ist für die Chronisten die persönliche Beteiligung des Papstes am Verfahren, wie implizit aus Falcos *Chronicon* hervorgeht. Der Beneventaner Chronist hielt es für berichtenswert, dass Papst Calixt II. das Gerichtsverfahren zwischen den Beneventaner Äbtissinnen im Frühjahr 1122 "nicht in seinem Beisein durchführen konnte, weil er sehr krank war". Er musste das Verfahren an mehrere Kardinäle delegieren.[82] In Falcos Erzählung über dieses delegierte Verfahren findet sich auch der einzige explizite Hinweis in den hier untersuchten Texten auf die Trennung zwischen der öffentlichen Gerichtssitzung, dem späteren Konsistorium, und der geheimen Urteilsfindung, wie sie sich im Laufe des 12. Jahrhunderts etablieren sollte.[83] Über die Einbindung des Papstes bei der Urteilsfindung im delegierten Verfahren heißt es bei Falco, die Kardinäle hätten erst das von ihnen gemeinsam gefällte ("*ex communi consulto*") Urteil veröffentlicht und dieses anschließend dem Papst zur Bestätigung mitgeteilt.[84]

Bestätigt wurden die Urteile durch symbolische Handlungen oder Urkundenausfertigungen bzw. eine Kombination aus beidem: So versprach Erzbischof Sennes von Capua auf der Lateransynode 1106 demütig ("*humiliter*"), dass er selbst ebenso wie Klerus und Volk von Capua sich "ehrenhaft bessern

[80] *Chronik von Montecassino*, IV,52, p. 518, l. 3; IV,70, p. 535, l. 24.

[81] C. ZEY, "Entstehung und erste Konsolidierung. Das Kardinalskolleg zwischen 1049 und 1143", in: *Geschichte des Kardinalats im Mittelalter*, ed. J. DENDORFER und R. LÜTZELSCHWAB (Stuttgart, 2011: *Päpste und Papsttum* 39), pp. 80-86.

[82] Falco von Benevent, *Chronicon*, 1121.7.5. Zu Calixts Erkrankung vgl. SCHILLING, *Guido von Vienne*, pp. 494-495.

[83] Falco von Benevent, *Chronicon*, 1121.7.11: "*Ostensis itaque ab utraque parte privilegiis et muniminibus illis, et lectis, predicti cardinales, iudices dati, in partem euntes super auditis querimoniis sententiam protulerunt*". Zur Trennung zwischen öffentlicher Konsistoriumssitzung und vertrautem *consilium fratrum* vgl. J. LAUDAGE, "Rom und das Papsttum im frühen 12. Jahrhundert", in: *Europa an der Wende vom 11. zum 12. Jahrhundert: Beiträge zu Ehren von Werner Goez*, ed. K. HERBERS (Stuttgart, 2001), pp. 23-53, hier pp. 27-29, und bes. NOETHLICHS, "Konsistorium".

[84] Falco von Benevent, *Chronicon*, 1121.7.12: "*Ventilata igitur sententia ex communi consulto, domino papae Calixto eam intimavere, ut ipse, quam invenerant, sententiam confirmaret; Calixtus autem pontifex, nec mora, dicta eorum et confirmavit et fidem attribuit*". Die *sententia* war kein einseitiger Urteilsspruch, sondern ein Kompromiss, vgl. *ibid.*, 1121.7.13: S. Maria di Porta Somma bekam die freie Wahl einer Äbtissin zugesichert, musste S. Pietro *intra muros* jedoch einen jährlichen Zins zahlen, "*quatuor oblatas scilicet, et duos cereos in Nativitate Domini, in Resurrectione totidem, in Assumptione beatae Mariae totidem*".

wollten.[85] Diesem Versprechen war ein bewaffneter Überfall des Erzbischofs auf das Montecassino unterstehende Kloster S. Angelo in Formis vorausgegangen.[86] Der Streit um S. Maria in Cingla wurde durch einen öffentlich vollzogenen Privilegierungsakt beendet: Ort der Inszenierung war das Marienkloster in Cingla. Dort fand sich Graf Rainulf von Caiazzo mit seinen Baronen ein. Als Stellvertreter des Papstes agierten Kardinalpriester Johannes von S. Eusebio und ein römischer Subdiakon namens Hermann. Sicherlich waren auch Vertreter aus Montecassino anwesend. In ihrem Beisein restituierte Graf Rainulf von Caiazzo die Kirche S. Maria in Cingla "dem Heiligen Benedikt" durch eine vor Ort ausgefertigte Urkunde, auf der er selbst und seine Barone unterschrieben. Der Cassineser Autor berichtet auch – anders als der eindeutig als Vorlage dienende Urkundentext –, der Graf habe die Urkunde "auf den Altar des Heiligen Benedikt gelegt".[87] Wenn dem so war, dann wäre der Heilige als der eigentliche Empfänger der Restitution und als Garant des vom Grafen verschriftlichten Willens, der das vorangehende Urteil im päpstlichen Gericht umsetzte, in den Prozessabschluss mehrfach einbezogen worden.[88]

Genaueres über den Kanzleigang der Urteilsdokumentation berichtet Falco von Benevent. Ihm zufolge wurden am Ende des Prozesses zwischen den beiden Beneventaner Frauenklöstern S. Maria di Porta Somma und S. Pietro *intra muros* zwei Urkunden ausgefertigt: ein *libellus iudicii* und ein *privilegium signatum*. Im *libellus* wird man mit Alfons Becker ein Judikat erkennen dürfen, in dem der Prozessverlauf bis hin zur Urteilsfindung dokumentiert war. Denn laut Falco habe der Papst befohlen,

> dass das Urteil aufgeschrieben werden solle, und er verlangte von allen Kardinälen, die als Richter eingesetzt worden waren, es zu bezeugen. Auf diesem *libellus* aber unterzeichnete der Papst mit eigener Hand. Nachdem das Urteil derart bestätigt und bekräftigt worden war, schickte er es, geschmückt mit den Kardinälen als Zeugen, der ehrwürdigen Äbtissin Bethlehem.[89]

[85] *Chronik von Montecassino*, IV,28, p. 494.

[86] *Ibid.*, IV,28, pp. 493-494.; vgl. dazu HAMILTON, "Desecration", pp. 142-143.

[87] *Chronik von Montecassino*, IV,70, p. 537, l. 26-31; *Registrum Petri Diaconi*, pp. 1571-1573, No. 578 (nur hier die Nennung der Barone); zum Kardinalpriester Johannes von S. Eusebio vgl. HÜLS, *Kardinäle*, pp. 165-166.

[88] H. BEYER, "Urkundenübergabe am Altar: Zur liturgischen Dimension des Beurkundungsaktes bei Schenkungen der Ottonen und Salier an Kirchen", *Frühmittelalterliche Studien* 38 (2004), pp. 323-346.

[89] Falco von Benevent, *Chronicon*, 1121.7.14 sq. Dass die am Prozess beteiligten Kardinäle das *libellus iudicii* eigenhändig unterschrieben, scheint dem üblichen Eschatokoll solcher Gerichts-

Zusätzlich habe der Papst dem Marienkloster dessen Besitzungen mit einem Privileg bestätigt.[90]

3. *Der Papst als Kläger*

Im Folgenden sei auf den Sonderfall eingegangen, dass der Papst selbst als Kläger auftrat. Die Cassineser Chronik und das Beneventaner *Chronicon* enthalten hierzu mehrere Beispiele: die Konflikte Papst Paschalis' II. mit Abt Bruno von Montecassino (1107-1111)[91] und Erzbischof Landulf II. von Benevent (1108-1119) sowie den Konflikt zwischen Papst Honorius II. und Abt Oderisius II. von Montecassino (1123-1126).[92] Diese Konflikte gleichen sich insofern, als ihnen jeweils Klagen an die Päpste vorausgingen. Die Kläger – Cassineser Mönche oder Beneventaner *cives*, Adlige aus der *Terra S. Benedicti*

urkunden entsprochen zu haben, vgl. z. B. JL –/*Italia Pontificia*, 9, p. 63, No. 43. BECKER, "Gerichtsurkunden", p. 44, äußert sich zu den Unterschriften auf den Judikaten nur sehr knapp. Zu den Kardinalsunterschriften vgl. W. MALECZEK, "Die eigenhändigen Unterschriften der Kardinäle – ein Spiegelbild ihrer Persönlichkeit? Mit einem Überblick über eigenhändige Unterschriften auf Urkunden vom Frühmittelalter bis ins 13. Jahrhundert", in: *Päpstliche Herrschaft im Mittelalter: Funktionsweisen – Strategien – Darstellungsformen*, ed. S. WEINFURTER (Ostfildern, 2012: *Mittelalter-Forschungen* 38), pp. 239-300. Die Unterschriften von Päpsten auf Judikaten sind m. W. noch nicht systematisch untersucht worden: grundsätzlich zu den Unterschriften der Päpste vgl. J. WERNER, *Papsturkunden vom 9. bis ins 11. Jahrhundert: Untersuchungen zum Empfängereinfluss auf die äußere Urkundengestalt* (Berlin, 2017: *Abhandlungen der Akademie der Wissenschaften zu Göttingen*, N. F. 43), pp. 267-276 (bis zu Urban II.); B. KATTERBACH und W.M. PEITZ, "Die Unterschriften der Päpste und Kardinäle in den *Bullae maiores* vom 11. bis 14. Jahrhundert", in: *Scritti di storia e paleografia: Miscellanea Francesco Ehrle, pubblicati sotto gli auspici di S. S. Pio XI in occasione dell'ottantesimo natalizio dell'E. Mons. Cardinale Francesco Ehrle*, vol. 4 (Rom, 1924: *Studi e testi* 40), pp. 177-274 (ab Paschalis II.).

[90] Falco von Benevent, *Chronicon*, 1121.7.16: "*Preterea, privilegio signato, confirmavit iddem monasterium Sanctae Mariae cum omnibus possessionibus ei pertinentibus, quatenus omni tempore inviolatum permaneat et sine cuiuslibet contrarietate vigorem obtineat*". Zu den Judikatprivilegien vgl. BECKER, "Gerichtsurkunden", pp. 45-48.

[91] *Chronik von Montecassino*, IV,42, pp. 510-511; vgl. dazu W.L. NORTH, "Negotiating public orthodoxy in the 'Pravilegium' Dispute of 1111/1112: The evidence of Bruno of Segni", in: *Orthodoxie, Christianisme, Histoire*, ed. S. ELM, É. REBILLARD und A. ROMANO (Rom, 2000: *Collection de l'École Française de Rome* 270), pp. 199-220; ID., "Polemic, apathy, and authorial initiative in Gregorian Rome: The curious case of Bruno of Segni", *The Haskins Society Journal* 10 (2001), pp. 113-125.

[92] Vgl. dazu ausführlich H. HOFFMANN, "Die älteren Abtslisten von Montecassino", *Quellen und Forschungen aus italienischen Archiven und Bibliotheken* 47 (1967), pp. 224-354, hier pp. 325-326; ID., "Petrus", pp. 74-104; LOUD, *Latin Church*, pp. 220-222.

oder der *Terra Beneventana* – entstammten dem direkten Umfeld der Beklagten. Die Texte vermitteln geradezu den Eindruck, als habe in Benevent und Montecassino die Denunziation eines Gegners an der päpstlichen Kurie zu den üblichen Spielregeln der Konfliktführung gezählt. Zum Beispiel hatte der Konflikt zwischen Papst Honorius II. und Abt Oderisius II. von Montecassino eine Auseinandersetzung zwischen den Grafen von Aquino und Landulf von S. Giovanni Incarico zur Vorgeschichte. In dieser hatte Abt Oderisius einseitig Partei für Landulf ergriffen. Daraufhin suchten die Grafen von Aquino den Schulterschluss mit einigen Cassineser Mönchen, die mit Oderisius' Amtsführung unzufrieden waren. Gemeinsam beschuldigten sie den Abt gegenüber Honorius II. als "Feind des Apostolischen Stuhles" und als "Verschwender und Verprasser des klösterlichen Besitzes". Von besonderer Schlagkraft scheint der Vorwurf gewesen zu sein, Oderisius sei ein "*aemulus pontificii et honoris*", sehe sich vom eigenen Rang also auf Augenhöhe mit dem Papst oder strebe insgeheim dessen Würde an.[93] Papst Honorius griff die Klage auf und signalisierte seine Konfliktbereitschaft – nicht unüblich für die Päpste[94] – durch demonstrativen Zorn: "Mit gewaltigem Hass tobend", beschuldigte er den Abt von Montecassino auf einer öffentlichen Versammlung, er sei eigentlich ein Ritter ("*miles*"), kein Abt, und ein Verprasser und Verschwender des klösterlichen Besitzes.[95]

In zwei vergleichbaren Situationen gibt Falco intime Einblicke in die vertraute Kommunikation mit dem Papst, die zur Vorverurteilung der beklagten Partei führte. Kontext ist jeweils ein innerstädtischer Konflikt, einmal in den Jahren 1112/1113, dann 1130/1131. Beide Male residierte der Papst – im ersten Fall Paschalis II., im anderen Anaklet II. – in Benevent; beide Male stellte eine Gruppe Beneventaner bei einem *colloquium secretum* mit dem Papst ihre innerstädtischen Gegner so dar, als bedrohten diese die päpstliche Stadtherrschaft über Benevent. In beiden Fällen wurde die beklagte Partei im Rahmen des *colloquium secretum* verurteilt und anschließend vor das päpstliche Gericht

[93] *Chronik von Montecassino*, IV,85, p. 547.

[94] Vgl. in den hier untersuchten Texten zum Zorn Honorius' II. *ibid.*, IV,88, p. 549 und Falco von Benevent, *Chronicon*, 1129.1.2-1.14; zum Zorn Anaklets II. *ibid.*, 1131.1.12; zum Zorn Papst Innozenz' II. *Chronik von Montecassino*, IV,121, p. 595; zum Zorn Kanzler Haimerichs *ibid.*, IV,123, p. 597.

[95] *Ibid.*, IV,86, pp. 547: "*Ibi itaque in plenario laicorum conventu eundem abbatem papa Honorius evocans et enormi adversus eum odio deseviens ingenti eum increpatione redarguit militem illum, non abbatem, lapidatorem et prodigum substantie monasterii esse inclamitans confestimque civitatem egrediens Beneventum perrexit*".

Erzbischof Landulf II. von Benevent kam der Ladung des Papstes an die Kurie nicht nach. Er ließ sich jedoch auf ein Verfahren auf dem Konzil von Ceprano ein. Dass er das eine Verfahren mied, sich dem anderen jedoch stellte, mag mit jeweils unterschiedlichen Handlungsspielräumen zu tun haben, die sich der Erzbischof ausrechnete. Die Konzilsöffentlichkeit verstand er offenbar als Arena, die ihm bessere Chancen bei der Verteidigung eröffnete als das päpstliche Gericht in Rom, wo er mit der Einflussnahme der besagten "*adversarii*" hätte rechnen müssen.[103] Dabei verfolgte der Erzbischof konsequent eine Verteidigungsstrategie: seine Absetzung und die zugrundeliegenden Vorwürfe demonstrativ nicht anzuerkennen. So zeigte er seinen Rang, indem er mit seinen Suffraganen zum Konzil reiste und für die Repräsentation eine "ungeheure Menge an Gold und Silber" aufwandte.[104] Umgekehrt signalisierte Paschalis II., dass der Erzbischof in seinen Augen tatsächlich seines Amtes enthoben war. In Ceprano wurde Landulf der Sitz ("*locus et officium*") verweigert, den er als Beneventaner Erzbischof traditionell auf einem Konzil einnahm. Landulf, der von dieser Maßnahme erfuhr, noch bevor er Ceprano erreichte, blieb dem Konzilsort zunächst fern, da er "ohne Wiederherstellung von Sitz und Amt die Versammlung nicht betreten wollte, ja, sich fürchtete" – eine Gefühlsregung, die wohl als Befürchtung des Erzbischofs zu erklären ist, die Rechtmäßigkeit der Anklage auf einer symbolischen Ebene anzuerkennen. Anders gesagt: Der Erzbischof weigerte sich, auf der Anklagebank Platz zu nehmen. Stattdessen suchte er einen Ausweg über Fürsprecher und ließ einige Römer, darunter den Stadtpräfekten, rufen, um auf den Papst einzuwirken. Er versprach, dass er in allen Anklagepunkten Gerechtigkeit tun wolle, sofern der Papst ihm "*locum concilii et officium*" zurückgäbe. Paschalis II. ließ sich auf das Angebot ein.[105]

Wie schon die Vorgeschichte enthält auch der Bericht über den eigentlichen Gerichtsprozess Hinweise auf symbolische Handlungen: Folgt man Fal-

[103] Vgl. auch die Begründung in der *Chronik von Montecassino*, IV,88, pp. 548-549, für die Weigerung Oderisius' II., der Ladung Papst Honorius' II. an die Kurie nachzukommen: "*Sed cum ille ob hoc, quia papam adversum se commotum sciebat, ire distulisset*".

[104] Falco von Benevent, *Chronicon*, 1114.5.4.

[105] *Ibid.*, 1114.5.6-5.8. Auf einen vergleichbaren Fall aus dem späten 10. Jahrhundert geht ein E.-D. HEHL, "Einträchtige und streitende Bischöfe: Vermeiden und Beenden von Konflikten auf Synoden des 10. und frühen 11. Jahrhunderts", in: *Ecclesia disputans: Die Konfliktpraxis vormoderner Synoden zwischen Religion und Politik*, ed. C. DARTMANN, A. PIETSCH und S. STECKEL (Berlin *et al.*, 2015: *Historische Zeitschrift: Beihefte*, N. F. 67), pp. 83-126, hier pp. 101-102. Allgemein zur synodalen Sitzordnung vgl. J. LAUDAGE, "Ritual und Recht auf päpstlichen Reformkonzilien (1049-1123)", *Annuarium Historiae Conciliorum* 29 (1997), pp. 287-334, hier pp. 310-315.

cos Darstellung, dann soll Papst Paschalis II. seine Klage auf dem Konzil gegen den Beneventaner Erzbischof "*lacrimabiliter*" vorgetragen haben.[106] Ähnlich habe sich der Erzbischof "*voce lacrimabili*" beim Papst dafür bedankt, dass er den ihm traditionell zustehenden Platz auf dem Konzil hatte einnehmen dürfen, und an dessen Gnade appelliert.[107]

Der folgende Prozess war zweigeteilt. Zuerst wurde der Vorwurf der Kontumaz verhandelt, anschließend Landulfs Verstrickung in das "*civile bellum*". Beide Verfahrensschritte inszeniert Falco als Dialog zwischen Papst und Erzbischof, auf dessen Inhalt hier nicht ausführlich eingegangen werden kann. Letztlich entschuldigte sich der Erzbischof, während sich der Papst unnachgiebig zeigte. Beweismittel wie die vom Erzbischof ignorierten Zitationsbriefe wurden verlesen.[108] Als "Richter des Römischen Stuhls" agierten "einige Kardinäle und Erzbischöfe", die ihr Urteil im Geheimen fällten. Im ersten Anklagepunkt, der Kontumaz, wurde der Erzbischof verurteilt, die Rechtmäßigkeit des Urteils durch das Verlesen kirchenrechtlicher Bestimmungen unterstrichen.[109] Als sich eine Verurteilung auch im zweiten Anklagepunkt abzeichnete, versuchte Landulf nochmals, über Fürsprecher auf den Papst einzuwirken: Falco zufolge gewann er Herzog Wilhelm von Apulien, Fürst Robert I. von Capua, Petrus Pierleoni sowie mehrere Bischöfe, die "sich zu Füßen des Herrn Papstes niederwarfen" und Gnade für den Erzbischof erbaten.[110] Fraglich ist,

[106] Falco von Benevent, *Chronicon*, 1114.5.6: "*Apostolicus ipse coram omnibus super Landulpho archipresule lacrimabiliter, et quod comestabulum suum expulisset Landulphum, et quod literis suis vocatus ad eum ire contempsisset, condolens conquerebatur*". Eine systematische Untersuchung zu öffentlichem Weinen im Repertoire der symbolischen Kommunikation hochmittelalterlicher Päpste steht aus, vgl. S. WEINFURTER, "Der Papst weint. Argument und rituelle Emotion von Innocenz III. bis Innocenz IV.", in: *Spielregeln der Mächtigen*, ed. GARNIER und KAMP, pp. 121-132.

[107] Falco von Benevent, *Chronicon*, 1114.5.9.

[108] *Ibid.*, 1114.5.10-5.20 (die Verhandlung über die Kontumaz); *ibid.*, 1114.5.26-5.34 (über die Beteiligung des Erzbischofs am "*bellum civile*"). Die Beweisaufnahme scheint bereits im Vorfeld des Konzils stattgefunden zu haben. Wie Falco, *ibid.*, 1114.4.1-4.8, berichtet, hatte der Papst zwei Kardinallegaten nach Benevent entsandt, die sich im *sacrum palatium* der Stadt über die "*guerrae origo*" berichten ließen.

[109] *Ibid.*, 1114.5.21-5.25 (Urteilsspruch wegen des Vorwurfes der Kontumaz); *ibid.*, 1114.5.35, 5.39-5.43 (Urteilsspruch wegen der Beteiligung des Erzbischofs am "*bellum civile*"). Neben "*alii iudices*" hebt Falco Kardinalbischof Petrus von Porto, Erzbischof Sennes von Capua und einen Kardinal namens Gregor hervor, womöglich den damaligen Kardinaldiakon von S. Lucia in Septisolio, so GRESSER, *Synoden*, p. 411, n. 504.

[110] Falco von Benevent, *Chronicon*, 1114.5.36-5.38: "*Cumque archiepiscopus ipse huiusmodi preceptum et, ut ita dicam, terribile audisset, Guidelmum ducem supramemoratum, et Robertum principem, et Petrum filium Leonis, nec non et episcopos exorabat dicens: 'Domini proceres*

inwiefern die Aussage des Chronisten zutrifft, die Vermittler hätten nichts erreichen können. Denn obgleich an der im *Chronicon* überlieferten Absetzungssentenz kein Zweifel besteht,[111] so fällt doch auf, dass Landulf wenige Jahre später mit Hilfe der Cassineser Mönche die Huld Papst Paschalis' II. zurückerlangte und von 1116 bis zu seinem Tod im Jahr 1119 wieder auf dem Beneventaner Erzstuhl saß. Ein anderer Erzbischof war in der Zwischenzeit nicht gewählt worden.[112] Die Vermutung liegt daher nahe, dass im Oktober 1114 doch ein Kompromiss ausgehandelt werden konnte, der dem Papst die öffentliche Genugtuung bot, einen Erzbischof abzustrafen, dessen Handeln seine Autorität als Stadtherr von Benevent in Frage gestellt hatte, und der dem Erzbischof zugleich die Aussicht auf Wiedererlangung der päpstlichen Huld garantierte.

4. Fazit: Ungeschriebene Spielregeln kurialer Konflikt- und Verhandlungsführung

Inwiefern tragen die Cassineser Chronik und das *Chronicon* Falcos von Benevent nun zum Verständnis ungeschriebener Spielregeln der Konflikt- und Verhandlungsführung vor dem päpstlichen Gericht bei? Solche Gepflogenheiten waren für die Autoren so selbstverständlich, dass sie diese nicht explizit benannten. Sie lassen sich nur aus dem Vergleich verschiedener Episoden erschließen. Das übliche Prozedere sah demnach die Klage, Ladung der beklagten Partei, Beweisführung, geheime Urteilsfindung und schließlich öffentliche Urteilsverkündigung sowie -umsetzung vor. Doch aus Sicht der Cassineser Autoren und Falcos von Benevent konnte man mit diesem theoretischen Proze-

et episcopi confratres, dominum nostrum papam Paschalem, precor, orate, ne me in conspectu omnium taliter confundat et dedecoratum dimittat; si vero eius clementiae placuerit, exilium petam vel mare transfretabo.' Tunc proceres ipsi euntes pedibus domini papae advoluti, sicut archiepiscopus rogaverat, deprecati sunt; quod minime obtinere valuerunt".

[111] Das von Kardinalbischof Petrus von Porto verkündete Urteil überliefert Falco von Benevent, *ibid.*, 1114.5.41: "'*Quoniam regalia Beati Petri suscepisti, et claves portarum tenuisti, et palatium invasisti, et Landulphum expulisti, et curiam venire vocatus contempsisti, iudicamus super vos depositionis sententiam, et contra Beatum Petrum et dominum nostrum papam fecisse!*'" Die Absetzung als solche wird bestätigt durch die *Chronik von Montecassino*, IV,49, p. 516: "*Ibi etiam cum Landulfus Beneventanus archiepiscopus accusatus fuisset et se purificare de obiectis non valeret, ad hunc locum fugit pape sententiam audire declinans*".

[112] Falco von Benevent, *Chronicon*, 1116.3.1; *Chronik von Montecassino*, IV,61, pp. 523-524.

dere recht flexibel umgehen: geheime Besprechungen, das Ignorieren päpstlicher Ladungsschreiben, die Verschleppung des Prozesses, der Einsatz von Fürsprechern, Vermittlern und Geschenken gehörten ebenso zu den vorstellbaren Handlungen im Umgang mit dem päpstlichen Gericht. Noch eine weitere Dimension tritt in den einzelnen Episoden als bedeutend hervor: Das Gericht diente offenbar als Bühne, bei der Ansprüche durch symbolische Handlungen ebenso wie durch rhetorische Fähigkeiten in Frage gestellt oder behauptet werden konnten.

Bei alldem gebrauchen die Cassineser Autoren und Falco nie Begrifflichkeiten wie *stilus curiae* oder *usus curiae*. Ähnliche Wendungen, die auf besondere Gepflogenheiten im Umfeld des Papsthofes hinweisen, finden sich – in der Kombination mit *mos* – lediglich in der Cassinenser Chronik. Sie beziehen sich jedoch nicht auf die Konflikt- oder Verhandlungsführung am päpstlichen Hof, sondern auf am Papsthof bzw. in Rom übliche zeremonielle und liturgische Praktiken.[113]

[113] *Chronik von Montecassino*, II,92, p. 352: Abt Friedrich von Montecassino (zugleich Kardinalpriester von S. Crisogono) wird nach Feier der Messe im Petersdom von einer großen Menge Römer "*de more cardinalium*" zu seiner Titelkirche begleitet. *Ibid.*, III,66, p. 449: Nachdem Abt Desiderius zum Papst gewählt worden war, geben ihm die Wähler "*iuxta morem ecclesie*" den Namen Viktor (III.). *Ibid.*, III,68, p. 450, wird Desiderius/Viktor III. "*more ecclesiastico*" geweiht und inthronisiert. *Ibid.*, IV,64, p. 526: Für die Feier des Osterfestes 1118 durch Papst Gelasius II. in Capua werden "*Romano more*" die Plätze geschmückt und Bögen errichtet; zu diesem Brauch vgl. S.E. TWYMAN, *Papal Ceremonial at Rome in the Twelfth Century* (London, 2002: *Henry Bradshaw Society: Subsidia* 4), pp. 210-217.

Hariulf von Oudenburg und der *usus curiae* im Prozess vor Papst Innozenz II. (1141)

CLAUDIA ZEY

"Der Bericht des Abtes Hariulf von Oudenburg über seine Prozessverhandlungen an der römischen Kurie im Jahr 1141", wie der Editor dieses Schriftstück ebenso ausführlich wie korrekt benannte,[1] zielt ins Zentrum der Untersuchungen zum *stilus curiae* im Sinne einer die gesamten Umstände des Kurienaufenthaltes berücksichtigenden Analyse der mehr oder minder ungeschriebenen kurialen Gesetze und Verfahrensweisen. Bei diesem Bericht handelt es sich um eine ausführliche Wiedergabe der Verhandlungen, welche der Abt der Abtei St. Peter von Oudenburg an der Kurie vor Papst Innozenz II. führte, um die Versuche des Abtes von Saint-Médard in Soissons abzuwehren, die Abtei Oudenburg lediglich als Zelle oder Priorat seines Klosters zu erweisen und damit den Abt aus dem Amt zu drän-

[1] E. MÜLLER, "Der Bericht des Abtes Hariulf von Oudenburg über seine Prozessverhandlungen an der römischen Kurie im Jahre 1141", *Neues Archiv* 48 (1930), pp. 97-115. = http://www.digizeitschriften.de/dms/img/?PID=PPN345858530_0048|log8 (06.01.2017).

Stilus – modus – usus: Regeln der Konflikt- und Verhandlungsführung am Papsthof des Mittelalters – Rules of Negotiation and Conflict Resolution at the Papal Court in the Middle Ages, ed. Jessika NOWAK and Georg STRACK, *Utrecht Studies in Medieval Literacy*, 44 (Turnhout: Brepols, 2019), pp. 97-117.

BREPOLS PUBLISHERS DOI 10.1484/M.USML-EB.5.117704

gen. Hariulfs Schrift gehört zu den frühesten Schilderungen des kurialen Prozesswesens und besticht durch die Eindringlichkeit, mit welcher der Autor – meist in Dialogform und von sich in der dritten Person schreibend – von seiner Verhandlung am päpstlichen Gericht und seinen Eindrücken des gut 14tägigen Aufenthaltes an der Kurie berichtet. Dabei lernte er viele Facetten des Umgangs kennen, den der Papst, der Kanzler und die Kardinäle mit Klägern und Bittstellern pflegten. Die Aufgabe dieses Beitrags soll es sein, diese kurialen 'Spielregeln' aus Hariulfs Schilderung herauszulesen und auf ihren Aussagewert für den *stilus curiae* des mittleren 12. Jahrhunderts zu prüfen.

Nach einführenden Abschnitten zum Gegenstand des Prozesses sowie zur Editions- und Forschungsgeschichte soll die Einordnung des Berichts in Hariulfs sonstiges Œuvre und in seine Vorkenntnisse im Umgang mit Mitgliedern der Kurie eine Einschätzung der Darstellungsabsicht und der Verlässlichkeit seiner Informationen ermöglichen, bevor die Textanalyse zum *usus curiae,* wie es bei Hariulf heißt, im engeren und weiteren Sinne erfolgt.

1. Anlass und Ergebnis des Prozesses

Der Ansatzpunkt des Streits, der Hariulf zur Romreise an die Kurie zwang, lag in den Anfängen dieser 1141 noch recht jungen Benediktiner-Abtei von Oudenburg: Wohl um 1086 war sie durch Bischof Arnulf von Soissons, einen ehemaligen Mönch des Medardus-Klosters, gegründet worden. Zudem war dessen Neffe, ebenfalls Arnulf mit Namen und ehemaliger Mönch von Saint-Médard, der erste Abt von Oudenburg.[2] Hariulf war der dritte Abt des Klosters. Als konkreten Anlass für den Übergriff schildert Hariulf die Habgier des aktuellen Abtes Walter von Saint-Médard und seiner Berater, sich Besitz und Rechte des flandrischen Klosters zu sichern.[3] Zu diesem Zweck hatte der Abt von Saint-Médard eine Papsturkunde erwirkt, die ihm den Besitz der Abtei Oudenburg als Priorat zusicherte. Hariulf war dementsprechend mit einem Mandat Innozenz' II. bedacht worden, in dem er aufgefordert worden war, den

[2] Vgl. *ibid.*, p. 99 (Einleitung); R. Nip, "The dispute of Hariulf of Oudenburg and the abbey of Saint Médard: A convenient confusion of names", in: *Media Latinitas: A Collection of Essays to Mark the Occasion of the Retirement of L.J. Engels*, ed. R. Nip *et al.* (Turnhout, 1996: *Instrumenta Patristica* 28), pp. 275-280, hier p. 275.

[3] Zum Argumentationsgang mit den Textbelegen siehe unten ab n. 48.

Abtsstab niederzulegen und als ehemaliger Mönch des Medardus-Klosters wieder dorthin zurückzukehren und dem Abt zu gehorchen.[4]

Diese Anweisung aus Rom hatte den offenbar hochbetagten Abt – mehrfach spielt er selbst in seinem Bericht auf sein hohes Alter und seine schlohweißen Haare an[5] –, so aufgebracht, dass er sich seinerseits aus dem fernen Flandern per Schiff gen Rom begab, um die Rechte seines Klosters zu verteidigen. Nach eigenem Zeugnis war Hariulf nämlich niemals Mönch in Saint-Médard gewesen, sondern stammte aus der Benediktinerabtei Saint-Riquier nordwestlich von Amiens in der Grafschaft Ponthieu.[6] Seinen Darlegungen zufolge hatte der Bischof von Soissons das Kloster zwar gegründet, aber nicht als Zelle oder Priorat von Saint-Médard, sondern als eigenständiges Kloster in der Diözese Tournai.

Die von Hariulf engagiert geführten Verhandlungen sorgten aber nicht für die sofortige Rücknahme der päpstlichen Verfügungen, sondern endeten mit der Benennung von drei delegierten Richtern, über deren Nomination sich der Abt mit dem Papst und dem Kanzler Haimerich ebenfalls leidenschaftlich auseinandersetzte. Sollte der Abt von Saint-Médard seine Ansprüche nicht von sich aus aufgeben, so lautete der Beschluss, müssten sich die Delegaten der Sache annehmen. Damit scheint der Abt von Oudenburg letztlich einen Entscheid in seinem Sinne erreicht zu haben, da von den Ansprüchen aus Soissons weiter nichts zu hören ist und die Abtei bis zu ihrer Auflösung im Jahr 1797 fortbestand.[7] Ob die delegierten Richter überhaupt in Aktion treten mussten, ist nicht bekannt. Hariulf überlebte seine Romreise noch um etwa zwei Jahre. Er starb am 19. April 1143 in Oudenburg.[8] Den Bericht muss er also bald nach seiner Romreise abgefasst haben.

[4] Vgl. Nip, "Dispute of Hariulf", p. 275.

[5] Vgl. Müller, "Bericht Hariulfs", p. 102: "*Frater vel pocius pater* [...], *quoniam facies tua et canicies decora bonis simile te pretendunt*; *tua senectus omnibus honori est*" und an anderer Stelle: p. 103: "*homo tot dierum*"; p. 104: "*multum laborasti contra vires etatis tue*"; p. 105: "*Tu discuties moribunde? iam alitum trahis extremum*..."; p. 114: "*nec aliqua racione paciemur tuam inhoneste tractari caniciem*".

[6] Zu Hariulf vgl. Hariulf, *Chronique de l'abbaye de Saint-Riquier* (ve siècle-1104), ed. F. Lot (Paris, 1894: *Collection de textes pour servir à l'étude et à l'enseignement de l'histoire* [17]), pp. v-ix = http://www.archive.org/details/chroniquedelabb00dougoog (06.01.2017); T. Evergates, "Historiography and Sociology in Early Feudal Society: The Case of Hariulf and the 'milites' of Saint-Riquier", *Viator* 6 (1975), pp. 35-49, hier p. 36; P. Bourgain, "Hariulf v. St. Riquier (H. v. Oudenburg)", in: *LdM* 4 (1989), col. 1938; Nip, "Dispute of Hariulf", p. 275.

[7] Vgl. Müller, "Bericht Hariulfs", p. 101.

[8] Vgl. Bourgain, "Hariulf v. St. Riquier (H. v. Oudenburg)", col. 1938; Nip, "Dispute of Hariulf", p. 275.

2. Zur Editions- und Forschungsgeschichte von Hariulfs Bericht

Zum ersten Mal wurde Hariulfs Bericht als Bestandteil des *Chronicon monasterii Aldenburgensis maius* durch den Abt F. van de Putte im Jahr 1843 unkommentiert unter dem Incipit: *Incipiunt gesta Hariulphi, abbatis sancti Petri Aldenborgensis, contra abbatem santi* [sic] *Medardi Suessionis, Roma in presencia pape et cardinalium* herausgegeben.[9] Elf Jahre später fand dieser Text mit demselben Incipit Eingang in Mignes Patrologia, so dass zumindest einige Forscher auf ihn aufmerksam wurden.[10] Besonders Oswald Holder-Egger (gest. 1911) hat sich sehr für diesen Bericht interessiert und an mehreren Stellen auf ihn hingewiesen, ist aber selber nicht mehr dazu gekommen, das Werk neu zu edieren.[11] Das besorgte auf dessen Anregung hin etliche Jahre später Ernst Müller, der sich editorisch auch um die vier Bücher der Geschichte Nithards verdient gemacht hatte.[12] Müller gab den nun kommentierten und

[9] "Chronicon monasterii Aldenburgensis maius", ed. in: *Recueil de Chroniques, Chartes et autres Documents concernant l'histoire et les Antiquités de la Flandre Occidentale, Première série: Chroniques des monastères de Flandre* 4, ed. R.D.F. van de Putte (Gent, 1843), darin pp. 51-64 = https://books.google.ch/books?id=EU1cAAAAcAAJ&pg=PT24&lpg=PT24&dq=%22F.+van+de+Putte%22&source=bl&ots=mvl32W51Y6&sig=_z0oBCpRRsuD3w81G6OXxw7ccvo&hl=de&sa=X&ved=0CFEQ6AEwCGoVChMI8Zypqt3vyAIVx0QUCh1xIwdP#v=onepage&q=%22F.%20van%20de%20Putte%22&f=false (06.01.2017).

[10] *PL* 174 (1854), cols. 1544-1554.

[11] Zum ersten Mal bereits 1888 in der Einleitung des von ihm edierten Auszugs aus der von Hariulf verfassten Vita des Bischofs Arnulf von Soissons: "Ex Vita Arnulfi episcopi Suessionis auct. Hariulfo abbate Aldenburgensi", ed. O. Holder-Egger (Hannover, 1888: *MGH SS* 15/2), pp. 872-904, hier pp. 872-873: "*Is est monachus S. Richarii, Chronicae Centulensis aliorumque libellorum celeberrimus auctor, qui a. 1105, Nov. 10. abbas Aldenburgensis ordinatus, hoc monasterium per 38 annos rexit, a. 1143. aetate confectus obiit. De cuius vita et scriptis longius disserere omittentes, hoc tantum monemus, eum alios complures libellos edidisse qui ad abbatiam Aldenburgensem pertinent, videlicet Vitam Gervini abbatis, praedecessoris ipsius, et inter a. 1123-1136. dialogos de Miraculis s. Petri in ecclesia Aldenburgensi factis; qui libelli hucusque in lucem non prodierunt, nec codex manuscriptus eorum nostro saeculo innotuit. Narratio vero copiosa et iucunda eorum quae Romae a. 1141. contra abbatem S. Medardi coram Innocentio II. papa gessit in alio tomo huius collectionis lectoribus proponetur*". Dazu ist es nicht gekommen. Ein zweites Mal sah sich Holder-Egger 1906 genötigt, in einer Anmerkung im Aufsatz eines Schülers von Michael Tangl (M. Spaethen, "Giraldus Cambrensis und Thomas von Evesham über die von ihnen an der Kurie geführten Prozesse", *Neues Archiv* 31 (1906), pp. 595-649, hier p. 597, n. 2) auf dieses Werk einzugehen: "Ich kann nicht umhin, hier auf den älteren interessanten, aber wenig beachteten Bericht über des Abtes Hariulf von Oudenburg Prozess an der Kurie hinzuweisen, der im Chronicon monasterii Aldenburgensis maius. Ed. van de Putte, Gandavi 1843, S. 51-64 steht. O. H.-E.".

[12] *Nithardi Historiarum libri IIII*, ed. E. Müller (Hannover und Leipzig, 1907: *MGH SS rer. Germ.* [44]).

mit einer kurzen Einleitung versehenen Text 1930 im 48. Band des Neuen Archivs heraus.[13] Bereits 1909 hatte er sich nach eigenem Bekunden die aus dem 15. Jahrhundert stammende Handschrift des *Chronicon monasterii Aldenburgensis maius* aus der Bibliothek des Großen Seminars zu Brügge, gemeint ist das Priesterseminar, an die Preußische Staatsbibliothek in Berlin schicken lassen und sie mit den bisherigen Drucken verglichen. Offenbar mit reichem Ertrag, da er eine stattliche Liste von Lesefehlern in der Edition von 1843 mitteilte.[14] Die spätmittelalterliche Handschrift liegt bis heute in der Bibliothek des Priesterseminars von Brügge.[15] Ein weiterer Textzeuge ist bis dato nicht bekannt.

Die singuläre Abschrift ist also nicht zeitgenössisch, sondern mit gehörigem Abstand zum Prozessbericht entstanden. Ob der Bericht erst durch diese Abschrift in die Chronik des Klosters Oudenburg inkorporiert wurde oder schon zu einem früheren Zeitpunkt, lässt sich nicht sicher sagen. Auch das bereits zitierte und von Müller verbesserte Incipit wird sich nicht mit letzter Sicherheit Hariulf zuweisen lassen.[16]

Die kommentierte Edition von Ernst Müller aus dem Jahr 1930 ist weiterhin die gültige Textgrundlage. Sie wurde auch einer Neuausgabe von 2003 zugrunde gelegt, die eine niederländische Übersetzung und einen an manchen Stellen erweiterten oder aktualisierten Kommentar bietet.[17] Dahinter stand offenbar das Bemühen, Hariulfs Bericht auch für regionalgeschichtlich Interessierte leichter zugänglich zu machen.

In der papstgeschichtlichen Forschung ist Hariulfs Prozessbericht längst als bedeutendstes Zeugnis zum kurialen Geschäftsgang anerkannt. Es würde ein ausuferndes Unterfangen sein, die Bezugnahmen auf diese Schrift in Arbeiten zur Kurie und zur päpstlichen Kanzlei, zum kurialen Prozesswesen, zum Gesandtschaftswesen und zu den delegierten Richtern im Einzelnen auszumachen.[18] Aus der neueren Literatur seien nur drei Beispiele genannt: Erstens die

[13] MÜLLER, "Bericht Hariulfs".

[14] *Ibid.*, p. 99, n. 1.

[15] Vgl. R. VANDER PLAETSE, "Index van de Handschriften van het Grootseminarie te Brugge", in: *De Duinenabdij en het Grootseminarie te Brugge: Bewoners – Gebouwen – Kunstpatrimonium*, ed. A. DENAUX und E. VANDEN BERGHE (Tielt und Weesp, 1984), pp. 125-135, hier p. 133: "OUDENBURG: Kroniek (127/5, XV, Oudenburg)"; ID., "Deze uitgave", in: Hariulf, *Pleidooi voor Oudenburg*, ed. E. MÜLLER, übers. L. DE LEEUW-GEIRNAERT, eingeleitet von R. VANDER PLAETSE (Turnhout, 2003), pp. 21-22: Brugge, Grootseminarie 127/5, f. LXXIVV-LXXVIIIV.

[16] MÜLLER, "Bericht Hariulfs", p. 101.

[17] Hariulf, *Pleidooi*, ed. VANDER PLAETSE.

[18] Vgl. etwa C. ZEY, "Entstehung und erste Konsolidierung: Das Kardinalskollegium

der die Frau entführen wollte, "da sie ihm als seine Verlobte gehöre".[33] Dieses ungerechtfertigte Vorgehen, so monierte Hariulf, habe der Papst unterstützt, indem er eine entsprechende Urkunde ausstellen ließ und damit sogar gegen den Grundsatz verstoßen habe, dass niemand in Abwesenheit verurteilt werden dürfe.[34] Also ein klassischer Fall eines unrechtmäßig erworbenen Privilegs, weswegen Lohrmann Hariulfs Aussagen berücksichtigte.

3. Zu Hariulfs früheren Werken

Dass aber auch Hariulf die Gründungsgeschichte Oudenburgs ganz in seinem Sinne vor dem Papst darzustellen wusste, konnte Renée Nip bereits 1996 zeigen, indem sie vergleichend auf andere bekannte Schriften des Abtes von Oudenburg verwies.[35] Hariulf war ein erfahrener Chronist und Hagiograph, der nicht erst hochbetagt zur Feder griff, um von seinen Erlebnissen in Rom zu berichten.[36] Seine erste uns bekannte Schrift ist das sogenannte *Chronicon Centulense*, die Geschichte der ehemaligen karolingischen Reichsabtei Saint-Riquier, die im 8. Jahrhundert über dem Grab des heiligen Richarius am Orte Centula errichtet wurde. Hariulf schrieb die Geschichte dieses Klosters, dem er bis 1105 angehörte, von den Anfängen bis 1088.[37] Einen weiteren in Saint-Riquier verehrten Heiligen, den heiligen Madelgisile (Mauguille), würdigte er mit einer Lebensbeschreibung. Diese Vita schrieb er 1113, als er sich schon mehrere Jahre auf dem Abtstuhl von Oudenburg befand.[38] Auch seiner neuen Wirkungsstätte bescherte Hariulf mit der 1114 entstandenen und 1121 um ein

[33] *Ibid.*, p. 316.

[34] *Ibid.*, pp. 316-317 verweist hier auf "den sogen. Zephyrinus (Pseudo-Isidor), einen Text, der kurz darauf auch in der Rechtssammlung Gratians erscheint (C.3 q. 9 c. 13)".

[35] NIP, "Dispute of Hariulf".

[36] Vgl. BOURGAIN, "Hariulf v. St. Riquier (H. v. Oudenburg)".

[37] Vgl. Hariulf, *Chronique de l'abbaye de Saint-Riquier*. Vgl. zu dieser Edition die kurzen Bemerkungen von O. HOLDER-EGGER, *Neues Archiv* 21 (1895), p. 320: http://www.digizeitschriften.de/dms/img/?PID=PPN345858530_0021|log18&physid=phys331 (Stand 05.11.2015). Vgl. außerdem F. LOT, "Nouvelles recherches sur le texte de la chronique de l'abbaye de St-Riquier", *Bibliothèque de l'École des Chartes* 72 (1911), pp. 245-270; EVERGATES, "Historiography and Sociology"; B. DELMAIRE, "Saint-Riquier", in: *LdM* 7 (1995), col. 1198.

[38] Vgl. BOURGAIN, "Hariulf v. St. Riquier (H. v. Oudenburg)", col. 1938, wo der Heilige allerdings zu einer Heiligen mutiert; J. CORBLET, *Hagiographie du diocèse d'Amiens* 3 (Paris und Amiens, 1873), p. 239: https://books.google.ch/books?id=SU8AAAAAMAAJ&pg=PA239&dq=Mauguille&hl=de&sa=X&ved=0CB0Q6AEwAGoVChMIwayT3P74yAIVBhgPCh26SAvc#v=onepage&q=Mauguille&f=false (Stand 05.11.2015).

weiteres Buch ergänzten Vita des Bischofs Arnulf von Soissons ein wichtiges identitätsstiftendes Zeugnis, denn der Heilige Arnulf, dessen Gebeine sich in Oudenburg befanden, wurde als Gründer dieses Kloster gebührend herausgestellt.[39] Hariulfs Arnulf-Vita führte auf einer Synode unter Vorsitz des päpstlichen Legaten Kardinalbischof Kuno von Praeneste 1120 in Beauvais zur Heiligsprechung des Bischofs und damit zugleich zur Aufwertung des Klosters Oudenburg, das sich nun der Gebeine eines Heiligen rühmen konnte.[40] Hariulf stand diesem Kloster also nicht nur fast 40 Jahre vor, sondern war auch der Former und Hüter seiner Geschichte. Er hatte den Ruhm seines Klosters mit Hilfe der Arnulf-Vita nicht unbeträchtlich gesteigert und es zu einem wenigstens regional bedeutenden Wallfahrtsort gemacht.

Was die Beziehungen zwischen Oudenburg und Saint-Médard in Soissons anbetrifft, so hatte Hariulf diese in seiner Arnulfs-Vita sehr viel ausführlicher dargelegt, als er sie dann viele Jahre später in Rom vor Innozenz II. entfaltete. Die vollständige Offenlegung dieser personellen Beziehungen wäre Hariulfs Anliegen in Rom eher abträglich gewesen, also gab er auf das insistierende Fragen des Papstes nur das Nötigste zur Gründung der Abtei in Oudenburg preis.[41] Anscheinend bediente er sich sogar seinerseits unlauterer Mittel, indem er ein von ihm selbst gefälschtes Testament des Heiligen Arnulf in Rom vorlegte, mit dem dieser kurz vor seinem Tod 1087 das Kloster Oudenburg reich beschenkt haben soll.[42]

[39] Vgl. die Edition der Auszüge “Ex Vita Arnulfi episcopi Suessionis”; Hariulf, *Pleidooi*, ed. VAN DER PLAETSE, pp. 8-13.

[40] Vgl. “Ex Vita Arnulfi episcopi Suessionis”, p. 902 zur Legatensynode in Beauvais, woraus deutlich wird, dass Hariulf die Vita selbst übergeben hatte: “*Inter caeteros quoque affuit ipse Aldenborgensis abbas, ferens in manibus libellum de vita et moribus miraculorumque gestis ipsius sancti Arnulfi*”. Vgl. auch T. SCHIEFFER, *Die päpstlichen Legaten in Frankreich vom Vertrage von Meersen (870) bis zum Schisma von 1130* (Berlin, 1930: *Historische Studien* 263), pp. 209-210; O. KRAFFT, *Papsturkunde und Heiligsprechung: Die päpstlichen Kanonisationen vom Mittelalter bis zur Reformation: Ein Handbuch* (Köln, Weimar und Wien, 2005: *Archiv für Diplomatik: Beihefte* 9), p. 74. Die Translation erfolgte am 1. Mai 1121.

[41] Im Prozess 1141 beließ es Hariulf dabei, den Heiligen Arnulf als Gründer von Oudenburg zu benennen, verschwieg aber, dass der erste Abt von Oudenburg, ein gleichnamiger Neffe des Heiligen, wie dieser ebenfalls Mönch in Saint-Médard in Soissons gewesen war, bevor er das Kloster Oudenburg übernahm. NIP, “Dispute of Hariulf”, pp. 276-277, weist zudem darauf hin, dass Hariulf weder seine *Vita Arnulfi* im Prozessbericht erwähnt, noch durch die Vita zur Ehre der Altäre erhoben worden ist. Die glücklose Geschichte Bischof Arnulfs von Soissons, der sich in den Wirren des Investiturstreits nicht in seinem Bistum halten konnte und sich ins Eremitendasein zurückzog, bevor er auf beständiges Drängen aus Flandern wieder nach Oudenburg zurückkam, wo er 1087 starb, erwähnt Hariulf vor dem Papst ebenfalls nicht.

[42] Vgl. NIP, “Dispute of Hariulf”, pp. 278-279; Hariulf, *Pleidooi*, ed. VANDER PLAETSE,

Keineswegs haben wir es bei Hariulf von Oudenburg also nur mit einem Abt zu tun, der sich zum Schutz seiner Abtei und seiner eigenen Stellung *nolens volens* nach Rom begeben musste und das Ergebnis seiner Verhandlungen in einer Art Rechenschaftsbericht der Nachwelt zum Zeugnis hinterließ. Vielmehr haben wir es bei ihm mit dem Stifter der Gründungsgeschichte dieses Klosters zu tun, der sein Lebenswerk als Abt, Historiograph und Hagiograph bedroht sah und bereit war, es mit allen Mitteln zu verteidigen, auch wenn er diese Mittel im Sinne einer *pia fraus* erst schaffen musste.

Aufgrund dieser Zusammenhänge liegt die Vermutung nahe, dass der Adressatenkreis dieses Berichts vor allem aus den Mönchen des Klosters und dem Bischof von Noyon-Tournai bestand, dem Hariulf ein Empfehlungsschreiben für seine Romreise verdankte, ebenso wie Abt Bernhard von Clairvaux. Die unikale handschriftliche Überlieferung deutet darauf hin, dass die Schrift in Oudenburg bewahrt wurde und darüber hinaus auch kaum Verbreitung gefunden hat.

4. Hariulfs Erfahrungen mit Angehörigen der Kurie vor seinem Prozess

Hariulfs Darstellungsabsicht galt nicht in erster Linie der Beschreibung des kurialen Prozesswesens, sondern vielmehr der Art und Weise, wie er sein Anliegen im Interesse des Klosters vertreten hatte. Einen gewissen Grad an Verlässlichkeit dürfen wir seinen Informationen zum Verhandlungsablauf also unterstellen. Allerdings rückte er seine Person stark in den Vordergrund und ließ dabei keine Gelegenheit aus, um sein Auftreten vor dem Papst, dem Kanzler und den Kardinälen in ein sehr vorteilhaftes Licht zu setzen, wollte er doch demonstrieren, wie kompromisslos und mutig er sich gegenüber dem Pontifex und seinen Beratern präsentiert hatte.[43] Wie er selbst berichtete, war er im Umgang mit hohen päpstlichen Würdenträgern keineswegs unerfahren. Bereits 1120 war er dem Kardinalbischof Kuno von Praeneste in Beauvais begegnet, als dieser in der Funktion eines päpstlichen Legaten aufgrund von Hariulfs Vita

p. 51, n. 18, der drei ältere Untersuchungen anführt. Deren älteste von 1913 war auch MÜLLER, "Bericht Hariulfs", bekannt, der aber p. 110, n. 3, Hariulfs Belastung mit dieser Fälschung als nicht erwiesen ansah.

[43] Zur geschickten Leserführung vgl. auch HAYE, "Hariulf von Saint-Riquier in Rom", p. 84.

der Heiligsprechung Arnulfs von Soissons zustimmte.[44] Ein Jahr später hatte Hariulf sogar Innozenz II. selbst als päpstlichen Legaten kennengelernt, als sich dieser auf einer seiner ersten Legationsreisen zusammen mit seinem späteren Widersacher, dem Kardinalpriester Petrus Pierleoni von S. Maria in Trastevere alias Anaklet II., in Nordfrankreich befand.[45] Hariulf rief Innozenz diese Begegnung ins Gedächtnis, als der Papst ihn während der Verhandlung fragte, aus welchem Kloster er denn stamme, wenn nicht, wie behauptet würde, aus Saint-Médard. Da konnte ihm Hariulf fast triumphierend erwidern:

> Aus einem Kloster, das Euch bestens bekannt ist und das sich der römischen Kirche mit vollkommener Vertrautheit einst ergeben geöffnet hatte, nämlich das Kloster des heiligen Richarius von Ponthieu, wo es sich im Jahre 1121 zutrug, dass Ihr Euch zusammen mit dem Herrn Priester Petrus Pierleoni 13 Tage lang aufhieltet, wo Euch beiden und Euren Gefolgsleuten anständig gedient wurde und wohin auch der Abt Anskerus mich zu Eurer Huldigung einlud, da ich schon 16 Jahre für meine Abtei Sorge getragen hatte.[46]

Auch wenn der Papst im weiteren Gespräch nicht auf diese Anspielung der ersten Begegnung reagierte, dürfte er die Botschaft wohl verstanden haben: Hariulf kannte ihn schon lange und hatte auch die Umstände der ersten Legationsreise des ehemaligen Kardinaldiakons noch bestens im Gedächtnis.[47]

[44] Siehe oben n. 40. Vgl. zu diesem aus dem Schwäbischen stammenden Kardinal R. HÜLS, *Kardinäle, Klerus und Kirchen Roms 1049-1130* (Tübingen, 1977: *Bibliothek des DHI in Rom* 48), pp. 113-114.

[45] Vgl. SCHIEFFER, *Die päpstlichen Legaten in Frankreich*, p. 214. Zu Innozenz II. als Kardinal vgl. HÜLS, *Kardinäle, Klerus und Kirchen*, pp. 223-224; vgl. außerdem T. DI CARPEGNA FALCONIERI, "Innocenzo II, papa", in: *Dizionario Biografico degli Italiani* 62 (Rom, 2004), pp. 410-416; *Pope Innocent II (1130-43): The World vs the City*, ed. J. DORAN (London, 2016: *Church, Faith and Culture in the Medieval West*).

[46] Vgl. MÜLLER, "Bericht Hariulfs", p. 108 (Hariulf, *Pleidooi*, pp. 42-44): "*De monasterio optime vobis noto et sancte Romane ecclesie familiaritate tota olim devote applicito, id est sancti Richarii de Pontivo, ubi sub anno dominice incarnationis M^o C^mo vicesimo primo, indiccione XIIII, contigit advenisse vobiscum dominum Petrum presbyterum Leonis in eodem loco per dies XIII conversando, ubi vobis ambobus et clientibus vestris laute fuit ministratum, ubi eciam abbas Anscerus me ad obsequium vestrum invitavit, cum iam annos XVI^cim in cura abbacie expendissem*". Übersetzung C. Zey.

[47] Gregor von S. Angelo (der spätere Innozenz II.) gab als erster Kardinaldiakon in der Intitulatio seiner Legatenurkunden auch den Titel seiner Diakoniekirche an, vgl. S. WEISS, *Die Urkunden der päpstlichen Legaten von Leo IX. bis Coelestin III. (1049-1198)* (Köln, Weimar und Wien, 1995: *Forschungen zur Kaiser- und Papstgeschichte des Mittelalters: Beihefte zu J.F. Böhmer, Reg. Imp.* 13), p. 89.

5. Der Verfahrensgang nach Hariulfs Bericht

Der Romaufenthalt Hariulfs nahm 1141 mit mindestens 12 bis 14 Tagen ebenso viel Zeit in Anspruch wie der Aufenthalt der päpstlichen Legaten 1121 in Saint-Riquier. Die Bedingungen gestalteten sich für den Abt allerdings weniger komfortabel.[48] Den ersten Tag besuchte er Sankt Peter und nahm dort an einer Messe teil.[49] Am zweiten Tag begab er sich zum Lateranpalast, wo er der Empfehlung des Bischofs von Noyon entsprechend den Rat des Kanzlers Haimerich suchte, "einem im Kirchenrecht ausgesprochen kenntnisreichen und mit den höfischen Regeln ('*palatina instituta*') ebenso vertrauten Mann".[50] Nach einem ersten förmlichen Gespräch, in dem ihn der Kanzler eindringlich vor Bestechungsversuchen warnte, die dem Ruf der römischen Kurie so abträglich seien, ihn aber auch wegen seiner geschliffenen Redeweise lobte,[51] verschaffte Haimerich dem Abt Zutritt zum päpstlichen Konsistorium, wo der Papst mit einigen Kardinälen zu seiner Rechten zu Gericht saß ("*ad consistorium palacii, ubi in tribunali residebat domnus papa et cardinales a dextris eius*"). Römische Adlige waren dort ebenso anwesend wie auch einige Äbte, die nicht näher bezeichnet werden.[52] Es handelt sich hier um einen frühen Beleg für den als

[48] An mehreren Stellen verweist Hariulf auf seinen schmalen Geldbeutel, vgl. etwa MÜLLER, "Bericht Hariulfs", p. 102 und p. 104 (Hariulf, *Pleidooi*, p. 28 und p. 32).

[49] Vgl. MÜLLER, "Bericht Hariulfs", p. 101 (Hariulf, *Pleidooi*, p. 24).

[50] Vgl. *ibid.* (*ibid.*): "*quesivit colloquium domni Aymerici summi cancellarii, probatissimi et ecclesiasticis legibus palatinisque institutis adprime eruditi*". Zu Haimerich vgl. W. DECKER, "Haimerich (Aimerich)", in: *LdM* 4 (1989), cols. 1863-1864; W. MALECZEK, *Papst und Kardinalskolleg von 1191 bis 1216: Die Kardinäle unter Coelestin III. und Innocenz III.* (Wien, 1984: *Publikationen des Historischen Instituts beim Österreichischen Kulturinstitut in Rom, Abt. 1: Abhandlungen* 6), pp. 221-223.

[51] Vgl. MÜLLER, "Berichts Hariulfs", pp. 101-102 (Hariulf, *Pleidooi*, p. 26). Dass die Kurie schon viele Jahrzehnte im Ruf der Geldgier stand, zeigt die wohl um 1100 entstandene Satire des Garsias über die Translatio der Heiligen Albinus (= Silber) und Rufinus (= Gold) nach Rom, anlässlich der Romreise des Erzbischofs Bernhard von Toledo von 1099, vgl. *Tractatus Garsiae or The Translation of the Relics of SS. Gold and Silver*, ed. with Introduction, Text, Translation and Notes by R.M. THOMSON (Leiden, 1973: *Textus Minores* 46); vgl. dazu J. BENZINGER, *Invectiva in Romam: Romkritik im Mittelalter vom 9. bis zum 12. Jahrhundert* (Lübeck und Hamburg, 1968: *Historische Studien* 404), pp. 68-70. Zu Geldzahlungen, die Haimerich in anderem Zusammenhang durchaus akzeptierte, vgl. den Beitrag von D. BERGER in diesem Band bei n. 101.

[52] Vgl. MÜLLER, "Berichts Hariulfs", pp. 102-103 (Hariulf, *Pleidooi*, p. 28): "*Tunc cancellarius Aymericus tenens manum abbatis duxit illum ad consistorium palacii, ubi in tribunali residebat domnus papa et cardinales a dextris eius; Romanorum vero nobiliores calamistrati et sericis amicti circa vestigia eius stabant vel sedebant. Ut autem viderunt cancellarium venientem, mox*

Konsistorium bezeichneten Raum, der zur öffentlichen Anhörung der Klagen diente.[53] Nachdem Hariulf den Papst mit Fußkuss begrüßt hatte, wurde er nach dem Grund seiner Romreise befragt, die Innozenz angesichts des hohen Alters von Hariulf als eher unpassend erschien.[54] Hariulf umriss mit knappen Worten den Grund seiner Seereise gen Rom und übergab die Empfehlungsbriefe des Bischofs von Noyon und des Abtes von Clairvaux.[55] Dass diese nötig und nützlich waren, wusste er also. Der Papst riet ihm, sich eine Unterkunft zu besorgen und am nächsten oder übernächsten Tag wiederzukommen. Auch die fünf anwesenden Bischöfe, die Hariulf nach ihren Bistümern nennt, sowie die nicht näher bezeichnete Äbte und Adligen stimmten der Zulassung der Verhandlung zu.[56] Unter den Bischöfen befanden sich mit dem deutschen Dietwin von S. Rufina und dem Franzosen Alberich von Ostia zwei der bedeutendsten Kardinäle im päpstlichen Konsistorium, die auch durch ihre Legationstätigkeit im römisch-deutschen Reich (Dietwin) sowie in England und im Heiligen Land (Alberich) von sich Reden gemacht hatten.[57]

Hariulf befolgte den päpstlichen Rat und suchte sich eine Herberge in der Nähe des Lateranpalasts.[58] In den folgenden Tagen scheint er beständig im Palast antichambriert zu haben und auch öfter vom Papst angesprochen worden zu sein, der ihn zur Geduld ermahnte, wenn der Abt auf baldige Anhörung drängte. Der Papst ließ ihn wissen, dass es an seiner Kurie nicht der übliche Brauch sei ("*non est enim usus nostre curie*"), eine verehrungswürdige Person zu schnell wieder wegzuschicken, da sie nämlich erst durch Verweilen und beständigen Umgang die Herrschaft der Römer ("*dominacio Romanorum*") gleichmütig zu ertragen lerne, welche sie bisher weder kannte noch anerkannte.[59] Die Geldsorgen Hariulfs milderte der Papst durch die Einladung zur ge-

surgentes fecerunt ei locum".

[53] Vgl. Müller, *Päpstliche Delegationsgerichtsbarkeit*, p. 196; S. Noethlichs, "Das päpstliche Konsistorium im Spiegel der Quellen des 11. bis 13. Jahrhunderts", *Zeitschrift der Savigny-Stiftung für Rechtsgeschichte: Kanonistische Abteilung* 94 (2008), pp. 272-287, hier pp. 279-280.

[54] Vgl. Müller, "Berichts Hariulfs", pp. 102-103 (Hariulf, *Pleidooi*, p. 28).

[55] Vgl. *ibid.*, p. 103 (*ibid.*).

[56] Vgl. *ibid.*, p. 103 (*ibid.*, p. 30). Bei den fünf Bischöfen handelt es sich um Kardinalbischof Dietwin (Theodewin) von S. Rufina (1134-1151) aus dem Schwäbischen, Kardinalbischof Alberich von Ostia (1138-1148) aus Frankreich sowie um die Bischöfe Johannes III. von Segni (ca. 1138-1178/1179), Trasimundus von Ferentino (1138-1148) und Nikolaus von Viterbo-Toscanella (ca. 1140-1149?), die nicht zu den Kardinälen zu zählen sind.

[57] Vgl. Zenker, *Mitglieder des Kardinalskollegiums*, pp. 15-20 (Alberich), pp. 26-28 (Dietwin).

[58] Vgl. Müller, "Bericht Hariulfs", p. 103 (Hariulf, *Pleidooi*, p. 30).

[59] Vgl. *ibid.*, pp. 103-104 (*ibid.*, p. 32): "*Non est enim usus nostre curie, ut venerabilis per-*

meinsamen Speise mit den Kardinälen und ihm. Durch diese Mahlzeiten kam der Abt mit dem Kanzler und etlichen anderen einflussreichen Kardinälen ins Gespräch – vier von ihnen erwähnt er namentlich, darunter mit Gerhard von S. Croce in Gerusalemme einen erfahrenen Deutschlandlegaten – und bat sie immer wieder, seine Anhörung beim Papst zu betreiben.[60]

Am neunten Tag nach seiner Ankunft wurden ihm Ort und Tag der Verhandlung genannt. Ob zwischen dieser Terminierung und der Anhörung noch weitere Tage verstrichen, verrät Hariulf nicht. Er wurde in das Gemach des Papstes ("*cubiculum*") bestellt, wohin auch die Kardinäle zusammengerufen wurden. Ihm wurde auf einem Hocker ein Platz zu Füßen des Papstes angewiesen, wo auch der Kanzler saß.[61] Die eigentliche Verhandlung wurde also nicht im öffentlichen Konsistorium geführt, sondern in einem Gemach des Papstes, zu dem mit dem Kläger nur die Kardinäle Zugang hatten.[62] Als Grund für die gewährte Anhörung nannte der Papst besonders das Alter des Abtes. Man wolle die Gründe seines Kommens anhören und in gemeinsamer Beratung beschließen, was zu tun sei.[63] Nach Floskeln des Dankes begann Hariulf seine Schilderung mit der schon erwähnten Parabel von der glücklichen Ehe zwischen ihm und der Abtei Oudenburg, die durch den eifersüchtigen Verlobten,

sona huc veniens cicius remittatur; quin pocius remorando et inter nostros spaciando discat que non novit et agnoscat dominacionem Romanorum equanimiter pati".

[60] Vgl. *ibid*., p. 104 (*ibid*., p. 32). Die neben Haimerich namentlich genannten Kardinäle sind der aus Bologna stammende Kardinalpriester Gerhard von S. Croce in Gerusalemme (1123-1144), ein erfahrener Deutschlandlegat, späterer Kanzler und späterer Papst Lucius II. (1144-1145), und Kardinalpriester Ivo von S. Lorenzo (in Damaso) (1138-1142) aus Chartres, der im folgenden Jahr auf der Rückkehr von einer Frankreich-Legation in Trier starb; vgl. ZENKER, *Mitglieder des Kardinalskollegiums*, pp. 129-131, pp. 77-79. Der als *Guido Pisanus* bezeichnete Kardinal kann entweder mit dem aus Pisa stammenden Kardinaldiakon Guido von SS. Cosma e Damiano (1132-1149), dem ersten bedeutenden Spanienlegaten und späteren Kanzler, identifiziert werden oder mit dem nur als Guido *diaconus cardinalis* (1140-1147?) zu identifizierenden Pisaner, der später zwei Legationen nach Böhmen unternahm, vgl. *ibid*., pp. 146-148, pp. 188-190. Der als vierter mit dem Namen *Gregorius Centu* genannte Kardinal, der als Kardinalpriester von S. Maria in Trastevere (1140-1154) identifiziert wird, tritt erst nach seiner Promotion zum Kardinalbischof von Sabina (1154-1162) deutlicher hervor, vgl. *ibid*., p. 51, p. 56.

[61] Vgl. MÜLLER, "Bericht Hariulfs", p. 104 (Hariulf, *Pleidooi*, p. 34): "*Tandem nona die adventus sui posuit ei domnus papa diem et locum, scilicet in cubiculo suo, et convocatis cardinalibus introductus est abbas in idem cubiculum iussusque est sedere in scabello pedum pontificis, ubi sedebat et cancellarius*".

[62] Für die von NOETHLICHS, "Das päpstliche Konsistorium", vorgenommene Unterscheidung zwischen *consistorium*, *secretum* und *consilium fratrum* hätten diese und weitere Stellen in Hariulfs Bericht von größtem Wert sein können, sie wurden von ihr aber übergangen.

[63] Vgl. MÜLLER, "Bericht Hariulfs", p. 104 (Hariulf, *Pleidooi*, p. 34).

den Abt von Saint-Médard, zerstört werden sollte. Er verband die Ausdeutung dieser Parabel mit schweren Vorwürfen gegen den Kontrahenten und nahm auch den Papst in die Verantwortung, der eine zweideutige Urkunde ausgestellt habe, weil er wohl keine List hinter dem Ansinnen des Abtes von Saint-Médard erwartet habe. Hariulf habe dagegen die Schändlichkeit des Betrugs sofort erkannt und sei vor den Papst nach Rom geeilt.[64]

In dem darauf folgenden Dialog zur Abklärung grundsätzlicher Informationen, wie etwa des Namens des Heiligen, auf den die Abtei konsekriert sei, steigerte sich Hariulf derart in seine Wut über das ihm widererfahrene Unrecht, dass er dem Papst schwere Vorwürfe machte. Dieser habe ihn gegen geltendes Recht in Abwesenheit verurteilt, wolle ihn seiner Abtei berauben und habe ihn deswegen gezwungen, nach Rom zu kommen, wie sich überhaupt jeder Mensch dem Lehramt seines Apostolats unterwerfen müsse ("*magisterium apostolatus*"). Der Papst habe auf diesen Ausspruch mit Entsetzen, der Kanzler mit der Mahnung, vorsichtig zu sprechen, reagiert.[65] Hariulf präzisierte, dass er überaus verärgert und verwirrt sei, da die ihm zugestellte Urkunde Innozenz' II. jeder Wahrheit entbehre und dennoch mit der Bulle des Papstes versehen sei.[66] Daraufhin forderte Innozenz den Abt auf, ihm diese Urkunde vorzulesen, was dieser tat. Protokoll und Rechtsinhalt der Urkunde sind wörtlich in den Bericht inseriert.[67] Hariulf stritt alle Behauptungen dieser Urkunde ab, woraufhin ihn der Papst erklären ließ, aus welchem Kloster er denn stamme. Hariulf replizierte mit der kurzen Erzählung von Innozenz' Besuch in Saint-Riquier, von der schon die Rede war.[68] Daraus entwickelte sich ein recht mühsamer Dialog zur Klärung der Gründung von Oudenburg, da Hariulf seine Kenntnisse über den Lebensweg Arnulfs von Soissons, den Gründer der Abtei, eher widerwillig preisgab, den Papst mehrfach zu Nachfragen nötigte und nicht mit weiteren Vorwürfen gegen den Abt von Saint-Médard und seine Berater sparte.[69] Zum Beweis für seine Version der Gründungsgeschichte legte er zwei Urkunden vor. Das sogenannte Testament Arnulfs von Soissons, das er wohl selbst auf den Juli 1087 gefälscht hatte, und eine Urkunde Radbods von Tournai von

[64] Vgl. *ibid.*, p. 105 (*ibid.*, pp. 34/36).

[65] Vgl. *ibid.*, p. 106 (*ibid.*, pp. 36-40).

[66] Vgl. *ibid.*, p. 107 (*ibid.*, p. 40): "*quod ipse littere omni veritate carebant et tamen domini apostolici bullam habebant*".

[67] Vgl. *ibid.*, p. 107 (*ibid.*, pp. 40/42); JL †8099a.

[68] Vgl. MÜLLER, "Bericht Hariulfs", pp. 107-108 (Hariulf, *Pleidooi*, pp. 42/44) und siehe oben bei n. 46.

[69] Vgl. *ibid.*, pp. 108-110 (*ibid.*, pp. 42-48).

1090, in welcher der Bischof die Umwandlung der Kirche von Oudenburg in ein Benediktinerkloster bestätigte.[70] An deren Echtheit gibt es keinen Zweifel. Beide Urkunden sind im Reichsarchiv von Brügge erhalten.[71] Ihren Inhalt teilte Hariulf in seinem Bericht aber nicht mit, sondern bekundete lediglich, dass sie (vor)gelesen und ausführlich besprochen worden seien.[72] Die Dokumente scheinen den gewünschten Eindruck hinterlassen zu haben, denn der Papst war sich mit dem Kanzler und der ganzen Versammlung einig, dass diese Urkunden weiteren Falschbehauptungen des Abtes von Saint-Médard entgegenstanden. Auf dieses Einlenken hin stimmte Hariulf eine andere Melodie an und lobte den Papst als Stellvertreter Christi, Nachfolger Petri und Schutzherrn aller Kirchen in den höchsten Tönen,[73] was der Papst mit dem Lob von Hariulfs klarer Beweisführung quittierte.[74]

Der Forderung des Abtes, der Papst möge ihm und seinen Nachfolgern die klösterliche Freiheit bestätigen, damit er zukünftig nicht mehr bedrängt werden könne, wollte der Papst aber nicht einfach folgen, da die Sache so beigelegt werden müsse, dass sich Hariulf am päpstlichen Frieden erfreuen könne, der Gegner aber keinen Grund für eine gerechte Klage finden dürfe.[75] Er entließ den Abt, damit er sich mit den Kardinälen beraten ("*consilium cum patribus nostris ineuntes*") und zu einem schnellen Entschluss kommen könne.[76] Die Beratung mit den Kardinälen wird also eindeutig von der Verhandlung im päpstlichen *cubiculum* getrennt.

[70] Vgl. *ibid.*, p. 110 (*ibid.*, p. 50).

[71] Siehe oben bei n. 42.

[72] Vgl. MÜLLER, "Bericht Hariulfs", p. 110 (Hariulf, *Pleidooi*, pp. 50-52): "*Lecta sunt duorum munimenta episcoporum Radbodi et Arnulphi. Quibus recitatis et diligenter consideratis dixit abbas ad papam: Ecce, domine, oculi vestri vident et aures vestre audiunt, sed et domini cardinales aperte percipiunt, quod scripta ista in presenti recitata sancto Medardo vel suis abbatibus omnino nichil attribuunt*".

[73] Vgl. *ibid.*, p. 111 (*ibid.*, p. 52): "*Etenim in omni terra nesciebam personam, ante quam potuissem enucliare casus meos, nisi Romanum pontificem, Christi vicarium, successorem Petri et omnium ecclesiarum patronum*".

[74] Vgl. *ibid.* (*ibid.*): "*Ideo et nostram habebis graciam et tuam causam invenies prosperam, quoniam non titubando, sed docte progrediendo rationabiliter gestorum aperuisti nobis veritatem et in tuis verbis nullam ostendisti ambiguitatem*".

[75] Vgl. *ibid.* (*ibid.*, p. 54): "*et necesse est, ut sic tuam causam componamus, qualiter et tu pace nostra gaudeas et instans adversarius locum iuste querele invenire nequeat*".

[76] Vgl. *ibid.* (*ibid.*): "*Unde opus est, ut te remoto consilium cum patribus nostris ineuntes ordinemus et tuam quietudinem et nostram defensionem. Et quia tibi nimium compatimur, id properanter expediemus. Hiis ita peroratis discessum est*".

Schon am folgenden Tag ließ Innozenz II. dem Abt durch den Kanzler das *consilium* mitteilen, welches er "*cum tota curia*" getroffen habe.[77] Die Verkündung des Beschlusses durch den Kanzler erfolgte also wieder öffentlich, das heißt im Konsistorium. Der Hinweis, der Papst habe den Entschluss mit der gesamten Kurie getroffen, könnte auf einen weiteren Verfahrensschritt hindeuten, nämlich auf die erforderliche Zustimmung sämtlicher im Konsistorium anwesender Kurialen zu dem vom Papst und den Kardinälen gefassten Beschluss, bevor dieser dem Kläger mitgeteilt wurde. Die Entscheidung lautete auf Entsendung von drei delegierten Richtern aus Frankreich, die sich des Falles annehmen sollten, wenn der Abt von Saint-Médard auf seinen Ansprüchen beharren würde. Dankend nahm Hariulf diesen Beschluss zur Kenntnis und gab der Hoffnung Ausdruck, die Kurie möge nicht seine Feinde auswählen.[78] Dieser Einwurf war der Auftakt zu einer weiteren längeren Diskussion zwischen Papst, Kanzler und Abt über die Eignung der Bischöfe von Châlons-sur-Marne, Arras, Thérouanne, Chartres, Laon und Soissons sowie der Äbte von Clairvaux, Saint-Remi in Reims, Cîteaux und Prémontré.[79] Mit einigem Murren akzeptierte Hariulf das eingangs schon erwähnte Ergebnis, dass die Bischöfe von Thérouanne und Arras und der Abt von Prémontré zu delegierten Richtern ausgewählt wurden, so dass der Papst den Kanzler zur Beurkundung anwies und die anwesenden Kardinäle Hariulfs standhafte, ehrenvolle und höfliche Verhandlungsführung lobten.[80]

[77] Vgl. *ibid.* (*ibid.*): "*Die sequenti iussit dominus papa vocari abbatem et iussit cancellario, ut abbati nunciaret consilium quod inventum esset. Dixitque cancellarius abbati: Domine frater, noster dominus apostolicus cum tota curia sollicitatur pro vobis et pro vestra causa*".

[78] Vgl. *ibid.*, p. 112 (*ibid.*, p. 56): "*Per omnia gracias agens magis volo et opto, ut dominus papa seu curia sua hanc electionem faciat, sic tamen, ut notos adversarios non opponat*".

[79] Vgl. *ibid.*, pp. 112-113 (*ibid.*, pp. 56-58). Im Einzelnen handelte es sich um Bischof Gaufrid von Châlons-sur-Marne (1131-1142), zuvor Abt von Saint-Médard, der für Hariulf schon aus diesem Grund nicht in Frage kam, um Bischof Alvisus von Arras (1131-1148), den Hariulf als den Anführer der Verschwörung gegen sich ansah, weiter um Bischof Milo von Thérouanne (1131-1158), um Bischof Gaufrid II. von Chartres (1116-1149) und um Bischof Bartholomaeus von Laon (1113-1151), die Hariulf als seine Favoriten vorschlug, von denen aber die Bischöfe von Chartres und Laon aus Gründen der Distanz zu Oudenburg und der Überbeschäftigung mit kurialen Aufgaben von Haimerich abgelehnt wurden. Bischof Iocelinus von Soissons (1126-1152) kam nicht in Frage, damit nicht zwischen ihm und dem Abt von Saint-Médard Streit entstünde. Daraufhin schlug Hariulf die Äbte Bernhard von Clairvaux (1115-1153), Odo I. von Saint-Remi in Reims (1118-1151) und Rainald von Cîteaux (1133-1151) vor. Der Abt von Clairvaux wurde wegen seiner schlechten Gesundheit abgelehnt und die Äbte von Saint-Remi und Cîteaux aus Gründen der Entfernung und wegen des möglichen Verdachts, sie könnten Hariulf zu nahestehen. Stattdessen schlug Haimerich Abt Hugo I. von Prémontré (1128-1161) vor.

[80] Vgl. MÜLLER, "Bericht Hariulfs", p. 113 (Hariulf, *Pleidooi*, p. 60): "*Cardinales dixerunt:*

Damit war die Sache aber noch nicht ausgestanden, denn nachdem Hariulf, vom Papst dazu eigens aufgefordert, am folgenden Tag die Mandate beim Kanzler gelesen hatte, versuchte er noch einmal, den ihm nicht genehmen Bischof von Arras als Richter abzulehnen, was Innozenz jedoch mit dem Hinweis darauf ablehnte, dass zwei Hariulf genehme Richter ausgewählt worden seien, weswegen wenigstens einer vom Papst ausgewählt werden müsse.[81] Grundsätzliche Ermahnungen des Papstes, der Abt möge angesichts seines fortgeschrittenen Alters nicht sein Seelenheil über diese Angelegenheit verlieren, die nochmalige Beteuerung des Abtes, alles wahrheitsgemäß dargelegt zu haben, von zustimmenden Äußerungen des Kanzlers flankiert, mündeten schließlich in der Bitte des Abtes, der Papst möge ihm nach Abnahme der Beichte Absolution und Segen erteilen.[82] So geschah es an einem gänzlich abgeschiedenen Ort ("*locum secretissimum*"), und in einem letzten Dialog wurde ausgehandelt, wen der Abt vom Papst grüßen solle und wie er sich Abt Hugo von Prémontré sicher zu erkennen geben könne, dem er das päpstliche Mandat zu überbringen sich angeboten hatte. Daraufhin wies der Papst ihn an, Hugo für eine schöne Abschrift von Augustinus' *De civitate dei* zu danken.[83] Mit dem Wunsch, man möge sich in Prémontré für den Papst und die römische Kirche bei Gott verwenden, entließ der Papst den Abt mit dem Friedensgruß: "*Pax tibi!*"[84]

6. *Der* usus curiae *in Hariulfs Bericht*

Hariulf beschreibt ein mehrstufiges Gerichtsverfahren, das bei seinem gut zweiwöchigen Aufenthalt an der Kurie wohl den geringsten Teil der Zeit in Anspruch nahm. Neun Tage vergingen zwischen der ersten öffentlichen Anhörung seiner Klage im Konsistorium und der nicht öffentlichen Verhandlung in einem der päpstlichen Gemächer, zu dem mit dem Papst und dem Kanzler nur die Kardinäle Zugang hatten. In der Zwischenzeit sollte der Abt mehrfach,

Vere constanter et honeste atque curialiter peregit causam suam".

[81] Vgl. *ibid.*, pp. 113-114 (*ibid.*, p. 60).

[82] Vgl. *ibid.*, p. 114 (*ibid.*, pp. 60/62).

[83] Vgl. *ibid.*, p. 115 (*ibid.*, pp. 62-66). Von sich aus soll Innozenz II. die Bischöfe Gottfried von Langres (1140-1162), Hugo von Auxerre (1137-1151), Gaufrid II. von Chartres, Gaufrid von Châlons-sur-Marne, Alvisus von Arras, Milo von Thérouanne, Iocelinus von Soissons und Bartholomaeus von Laon genannt haben sowie auf Nachfrage Hariulfs auch Bischof Simon von Noyon und Tournai (1123-1148) sowie die Äbte von Clairvaux, Saint-Rémi in Reims und Prémontré.

[84] Vgl. *ibid.*, p. 115 (*ibid.*, p. 66).

auch anlässlich gemeinsamer Mahlzeiten, Gelegenheit haben, mit dem Kanzler und bedeutenden Kardinälen zu sprechen, um so den *usus curiae* kennenzulernen. Bezogen auf die eigentliche Verhandlung bedeutete dies im Wesentlichen die Befragung durch den Papst, wobei die Abklärung der Fakten *rationabiliter* mittels Befragung und der Vorlage beweiskräftiger Dokumente erfolgte. Die angestrebte Lösung wurde ebenfalls durch Rede und Gegenrede ausgehandelt. Innozenz bestimmte den Verlauf des Prozesses, doch gelang es Hariulf durch sein energisches Auftreten immer wieder, die Verhandlungen in die von ihm gewünschte Richtung zu lenken. Der Kanzler schaltete sich gelegentlich mit ermunternden oder ermahnenden Äußerungen an den Abt ein und war offenkundig für den korrekten Ablauf des Verfahrens zuständig. Er saß zusammen mit dem Bittsteller oder Kläger, je nachdem wie man die Rolle Hariulfs definieren will, auf einer Bank zu Füßen des Papstes. Auf diese Weise konnte er das Verhalten des Anzuhörenden kontrollieren oder ihm sachdienliche oder zeremonielle Hinweise geben. Mit einer solchen, in wörtlicher Rede wiedergegebenen Einweisung hatte Hariulfs Aufenthalt an der Kurie begonnen. Dabei war es dem Kanzler vor allem darum gegangen, den schlechten Ruf der Kurie außerhalb Roms zu korrigieren und den Abt eindringlich vor Bestechungsversuchen zu warnen. Den Zugang zum Konsistorium hatte er dem Abt ebenfalls verschafft.

Die Kardinäle scheinen hingegen eine weitgehend passive Rolle eingenommen zu haben. Im Konsistorium und während der Verhandlung blieben sie weitgehend auf akklamatorische Äußerungen beschränkt. Zusammen mit den römischen Adligen, deren gewellte Haare und feine Gewänder Hariulf in seinem Bericht nicht übergeht, bildeten sie im Konsistorium die Öffentlichkeit. Die dortige Sitzordnung gab über die Rangunterschiede unmissverständlich Auskunft. Die Kardinäle saßen zur Rechten des Papstes, die Adligen standen oder saßen zu Füßen des Papstes. In die Entscheidung, ob Hariulfs Klage überhaupt zugelassen werden sollte, bezog der Papst alle Anwesenden mit ein und ebenso in die Urteilsverkündung nach der Verhandlung. Der Beschluss, so meldete der Kanzler dem Abt, sei "*cum tota curia*" gefällt worden. Zuvor hatten sich Papst und Kardinäle jedoch diesbezüglich beraten. Sie dürften dem Konsistorium also einen Beschluss zur Annahme vorgelegt haben.

Auf respektvollen Umgang und entsprechend höfliche Ein- und Umgangsfloskeln legten alle Beteiligten großen Wert. Schon im ersten Gespräch mit dem Kanzler war er von diesem wegen seiner geschliffenen Redeweise ("*tuus sermo placidus ac facundus* [*est*]") wohlwollend behandelt worden. Die Kardinäle bescheinigten ihm abschließend, dass er seine Sache standhaft, ehrenvoll und höflich (im doppelten Sinn des Wortes) vertreten habe ("*constanter et honeste atque curialiter*"). Wenn er zwischenzeitlich aus der Rolle des Bittstellers fiel, dann um den Ernst der Lage für seine Sache zu betonen. Die Ermahnungen von Papst und Kanzler führten zwar nicht zu sofortiger Einsicht, letztlich aber doch zur Einigung. Umgekehrt scheinen sich Papst und Kanzler stets an den distanziert höflichen, mitunter auch freundlichen Stil der Verhandlungsführung gehalten zu haben. Bekanntlich war es Innozenz II. ein großes Anliegen, möglichst jedes Verfahren an der Kurie zuzulassen.[85] Die Prozessdauer sollte die Akzeptanz für den Verfahrensgang, den *ordo iudiciarius*, und die Entscheidungen aus Rom offenbar erhöhen. Die Verrechtlichung der Verfahren hatte schon unter Honorius II. (1124-1130) Einzug in der Kurie gehalten, Innozenz II. konnte aber erst nach der Überwindung des Schismas 1138 und der Rückkehr nach Rom in diesem Sinne weiterfahren.[86] Man wird also 1141 noch von einem frühen Stadium der Verrechtlichung der Prozessabläufe ausgehen müssen.

Von fünf Urkunden, die Hariulf im Gepäck hatte, wird nur eine im Bericht auszugsweise zitiert, nämlich das päpstliche Mandat, welches den Abt zur Romreise veranlasst hatte. Bei den anderen vier Schriftstücken handelte es sich einerseits um zwei Empfehlungsschreiben des Bischofs von Tournai und des Abtes von Clairvaux und andererseits um vermeintliche und tatsächliche Gründungsurkunden von Oudenburg. Die Empfehlungsschreiben übergab der Abt bei der ersten Anhörung im Konsistorium, die Urkunden legte er an passender Stelle während der Verhandlung im *cubiculum* vor. Sie wurden vorgelesen, ausführlich besprochen und spielten für die Entscheidungsfindung offenbar eine große Rolle, auch wenn Hariulf nicht die gewünschte Verurteilung seines

[85] Vgl. JL 7696, *PL* 179 (1855), cols. 226-227 an die deutschen Erzbischöfe und Bischöfe vom 30. Mai 1135, ausgestellt während des Konzils von Pisa 1135; vgl. dazu bes. MALECZEK, "Das Kardinalskollegium unter Innocenz II.", pp. 59-61. Ein gleichlautendes Schreiben an die Erzbischöfe von Reims, Sens und Tours sowie deren Suffragane (JL 7864, *PL* 179 (1855), cols. 342-343) ist undatiert, vermutlich aber ebenfalls auf dem Konzil von Pisa ausgestellt worden.

[86] MALECZEK, "Das Kardinalskollegium unter Innocenz II.", pp. 42-44 und pp. 58-73; ID., *Papst und Kardinalskolleg*, pp. 222-223 mit besonderem Hinweis auf den seit 1123 amtierenden Kanzler und pp. 224-225 auf die Verrechtlichung der Kurie und die Bedeutung der rechtsgelehrten Kardinäle besonders unter Innozenz II. Die p. 222, n. 101 aufgelisteten Fälle wurden jedoch bereits sämtlich unter Honorius II. traktiert, der sich während seiner gesamten Amtszeit in Rom aufhalten konnte, während Innozenz an der Kurie anhängige Verfahren vor allem in seinen letzten Amtsjahren *ordine iudiciario* abwickelte.

Gegners erwirken konnte, sondern nur die Aufträge an die delegierten Richter. Dass man sich bei der Auswahl der Delegaten auf zwei ihm genehme Kandidaten einigen konnte, von denen er einen vorgeschlagen hatte, und man es ihm zudem überließ, eines der Delegationsmandate persönlich zu überbringen, mag darauf hindeuten, dass man ihn im Recht sah. Dennoch musste auch der anderen Prozesspartei, die nicht anwesend war, Genüge getan werden. Der von Hariulf so schwer gescholtene Fehler, vom Papst in Abwesenheit verurteilt worden zu sein, sollte sich nicht wiederholen.

Von Geschenken oder Vergleichbarem von oder an den Abt ist nicht die Rede, im Gegenteil, der Kanzler versuchte gleich im ersten Gespräch, ihm Bestechungsversuche auszutreiben, andernfalls würde er die Huld von Kanzler und Papst verlieren. Dass solche Gerüchte, deren Rufschädigung für die Kurie der Kanzler beklagte, offenbar bis Oudenburg gekommen waren, zeigt Hariulfs Erwartung, für den Zugang zum Papst zahlen zu müssen. Umso erfreuter gab er sich, als sein Geldbeutel geschont wurde. Dennoch belastete die lange Dauer zwischen der ersten Anhörung und der eigentlichen Verhandlung die Finanzen des Rombesuchers erheblich. Kost und Logis waren in der Nähe des Laterans offenbar teuer, was Hariulf dem Papst auch nicht verschwieg. Innozenz sorgte für Abhilfe, indem er den Abt zu gemeinsamen Mahlzeiten mit den Kurialen lud. Auch dieses war eine Maßnahme, um die Akzeptanz für den *usus curiae* zu erhöhen. Dabei scheint Hariulf besonders mit einigen Kardinälen ins Gespräch gekommen zu sein, die sich durch ihre Legationen auch außerhalb der Kurie einen Namen gemacht hatten. Auch im 'Innendienst' vertraute man also offenkundig auf ihren Sachverstand.

Der *usus curiae*, so lässt sich resümieren, bestand zu Beginn der 1140er Jahre also im Kern aus einem mehrstufigen teils öffentlichen, teils geheimen Gerichtsverfahren, das vom Papst geleitet, vom Kanzler geführt, von den Kardinälen sekundiert und von den römischen Adligen visiert wurde. Wesentlicher Bestandteil des an sich mündlichen Verhandlungsgangs war die schriftliche, und damit 'objektiv' nachvollziehbare Beweisführung. Zudem wurde auf Umgangsformen und Verhandlungsstil des Klägers geachtet, vor allem auf dessen gradlinige Argumentation. Ummantelt war dieser Kern durch einen längeren Aufenthalt an der Kurie, der den täglichen Umgang mit wichtigen Persönlichkeiten des kurialen Lebens, besonders den Kardinälen, vorsah, um eine Vertrautheit mit den Abläufen herzustellen, aber vor allem um für die Akzeptanz des päpstlichen Jurisdiktionsprimats zu sorgen. Zumindest in Hariulfs Fall scheint das bestens gelungen zu sein.

Thomas of Marlborough und der *modus curiae* im Prozess der Abtei Evesham vor dem Papst (1202-1207): Versuch einer Neulektüre*

HARALD MÜLLER

Der Bericht des englischen Benediktiners Thomas of Marlborough über den Exemtionsprozess seiner Abtei gegen den Bischof von Worcester gehört zu den Klassikern der kirchlichen Rechtsgeschichte und der Geschichte der kurialen Ämterorganisation unter Innozenz III. (1198-1216). Jede, wirklich jede ernsthafte Studie zur päpstlichen Gerichtsbarkeit im Hochmittelalter, zu delegierten Richtern, zur frühen päpstlichen *Audientia* in beiderlei Gestalten, zum Advokaten- und Prokuratorenwesen, zu den Kosten des Prozessierens vor dem Papst, zu den englisch-kurialen Beziehungen am Beginn des 13. Jahrhunderts, zur Klosterexemtion sowie zu Urkundenfälschungen und

* Der Vortragscharakter wurde weitgehend beibehalten, der Titel dagegen leicht angepasst. Ich danke Christina Bröker für sorgfältige Unterstützung bei der Recherche und formalen Fertigstellung.

Stilus – modus – usus: Regeln der Konflikt- und Verhandlungsführung am Papsthof des Mittelalters – Rules of Negotiation and Conflict Resolution at the Papal Court in the Middle Ages, ed. Jessika NOWAK and Georg STRACK, *Utrecht Studies in Medieval Literacy*, 44 (Turnhout: Brepols, 2019), pp. 119-135.

BREPOLS PUBLISHERS DOI 10.1484/M.USML-EB.5.117705

Echtheitskritik nutzt diese Fundgrube präziser Hinweise.[1] Die Interessenschwerpunkte der Forschung werden schon bei dieser Aufzählung deutlich. Sie liegen zum einen im Bereich der Rechtsgeschichte, denn die Chronik bietet einen komplexen Musterfall der Exemtion eines Klosters und der zugehörigen Leutkirchen aus der bischöflichen Jurisdiktionsgewalt samt juristischer Normendiskussion und Inspektion der vorweisbaren Rechtstitel im textlichen und materiellen Sinne.[2] Die Chronik öffnet den Blick auf die diplomatische Praxis der Kurie und auf Innozenz' III. fast gleichzeitig erlassene Fälschungskonstitu-

[1] Den besten Zugang eröffnet die aktuelle Textedition: Thomas of Marlborough, *History of the Abbey of Evesham*, ed. und übers. von J.E. SAYERS und L. WATKISS (Oxford, 2003: *Oxford Medieval Texts*). Aus der Fülle der Literatur seien genannt M. SPAETHEN, "Giraldus Cambrensis und Thomas von Evesham über die von ihnen an der Kurie geführten Prozesse", *Neues Archiv* 31 (1906), pp. 597-649, bes. pp. 629-649 – insgesamt eine kommentierte Paraphrase der Chronikpassagen; C.R. CHENEY, *Pope Innocent III and England* (Stuttgart, 1976: *Päpste und Papsttum* 9), pp. 196-199; J.E. SAYERS, "'Original', chartulary and chronicle: The case of the abbey of Evesham", in: *Fälschungen im Mittelalter: Internationaler Kongress der MGH, München 16.-19. September 1986*, 4, *Diplomatische Fälschungen* 2 (Hannover, 1988: *MGH Schriften* 33.4), pp. 371-395; W. MALECZEK, "Der Mittelpunkt Europas im frühen 13. Jahrhundert: Chronisten, Fürsten und Bischöfe an der Kurie zur Zeit Papst Innocenz' III.", *Römische Historische Mitteilungen* 49 (2007), pp. 89-157, hier pp. 104-106. S. O'ROURKE, "Hagiography and exemption at medieval Evesham, 1000-1250: The evidence of the *Vita Ecgwini*", *Medieval Studies* 75 (2013), pp. 271-306, berührt den Prozess an der Kurie auf pp. 299-301, die Studie enthält aber für das Thema dieses Beitrags keine verwertbaren Informationen. J.E. SAYERS, "English Benedictine monks at the papal court in the thirteenth century: The experience of Thomas of Marlborough in a wider context", *The Journal of Medieval Monastic Studies* 2 (2013), pp. 109-129, richtet das Augenmerk auf die praktischen Notwendigkeiten des Prozessierens am päpstlichen Gericht in Rom. Vgl. auch U. KLEINE, "Zwischen Kloster und Kurie: Mönche als Rechtsexperten und die Entwicklung forensischer Oralität im päpstlichen Gerichtswesen (1141-1256)", in: *Experten, Wissen, Symbole: Performanz und Medialität vormoderner Wissenskulturen*, ed. F. REXROTH und T. SCHRÖDER-STAPPER (München, 2018), pp. 69-115, bes. pp. 89-108. Auch der Verfasser dieser Zeilen hat sich mehrfach mit dem Prozess beschäftigt: H. MÜLLER, *Der Exemtionsprozess des Klosters Evesham an der päpstlichen Kurie 1202-1206*, Magisterarbeit (Aachen, 1991); ID., "Streitwert und Kosten in Prozessen vor dem päpstlichen Gericht – eine Skizze", *Zeitschrift der Savigny-Stiftung für Rechtsgeschichte: Kanonistische Abteilung* 118 (2001), pp. 138-164; in leicht veränderter Form und mit aktualisierten Verweisen auf die neue Edition der Chronik erneut als ID., "Überlegungen zu Streitwert und Kosten in Prozessen vor dem päpstlichen Gericht", in: *Proceedings of the Eleventh International Congress of Medieval Canon Law, Catania 30 July-6 August 2000*, ed. M. BELLOMO und O. CONDORELLI (Vatikanstadt, 2006: *Monumenta Iuris Canonici, Series C: Subsidia* 12), pp. 605-623.

[2] Zur Exemtion vgl. mit umfänglicher Verarbeitung der Forschungsliteratur L. KÉRY, "Klosterfreiheit und päpstliche Organisationsgewalt: Exemtion als Herrschaftsinstrument des Papsttums?", in: *Rom und die Regionen: Studien zur Homogenisierung der lateinischen Kirche im Hochmittelalter*, ed. J. JOHRENDT und H. MÜLLER (Berlin, 2012: *Abhandlungen der Akademie der Wissenschaften zu Göttingen*, N. F. 19), pp. 83-144.

tionen.[3] Zum zweiten ist die Konzentration auf institutionengeschichtliche Aspekte insbesondere im Bereich der päpstlichen Rechtsprechung erkennbar. Thomas ist hier ein verlässlicher Berichterstatter, weil er lange genug an der Kurie weilte, um die gewohnheitlichen Abläufe zu erfassen, und weil er in einem solchen Maße an der Realisierung der Rechtsansprüche seines Klosters interessiert war, dass er sich mit allen notwendigen und hilfreichen Kenntnissen zur Prozessführung versorgte, einen sommerlichen Studienaufenthalt bei den Bologneser Juristen inbegriffen.[4] Deshalb vermochte er fast beiläufig, über die Verfahrensweise der *Audientiae*, die Mitwirkung der Kardinäle an der päpstlichen Beratungspraxis und Rechtsprechung, die Trinkgeld heischende Hilfsbereitschaft der Türhüter oder über die Unerbittlichkeit römischer Bankiers gegenüber ihren ausländischen Schuldnern zu berichten.

Es erscheint unter diesen Umständen verwegen, dieser Quelle neue Seiten abgewinnen zu wollen. Zu oft schon scheint sie nach allen Seiten gedreht und gewendet, auf verwertbare Informationen abgeklopft, geradezu ausgepresst worden zu sein. Andererseits aber ist die Frage nach der Praxis informeller Regeln des Konfliktaustrags an der Kurie, soweit ich sehe, noch nicht explizit an diesem Material untersucht worden. Der informationsreiche Text bietet sich als Quelle an, doch schwebt eine zielgerichtete Neulektüre in der Gefahr, alle Hinweise reflexhaft wieder in dieselben wohlbekannten Schubladen einzusortieren wie eine Schallplatte, die wegen eines Kratzers immer wieder in dieselbe Rille zurückspringt. Auch wäre es ein Trugschluss zu glauben, die "Spielregeln", der *mos curiae* oder wie immer man die fluiden, meist kommunikationsorientierten Handlungsgewohnheiten nennen mag, die das Alltagsleben beim Papst als Streitschlichter strukturierten, bildeten ein erkennbar eigenes Feld, auf dem man nur sorgfältig suchen müsse. In Wahrheit sind schon die beiden Haupterkenntnisstränge, die sich aus der Chronik speisen – Rechts- und In-

[3] X 5.20.5, *Corpus Iuris Canonici*, ed. E. FRIEDBERG, 2, *Decretalium Collectiones* (Leipzig, 1879; ND Graz, 1959), cols. 818-819 (POTTHAST 365). *Ibid.*, cols. 819-820 (X 5.20.6, POTTHAST 1184) mit einem Hinweis auf den *stilus*-Begriff, der nach dem Kontext des Schreibens nur Abfassungsgewohnheiten im Sinne der diplomatischen Formelhaftigkeit bzw. der *Ars dictaminis* meinen kann. Vgl. dazu ausführlich den Beitrag von M.P. ALBERZONI in diesem Band. Der hier zu behandelnde Prozessbericht greift im Übrigen die in der Urkunde genannten Merkmale der Echtheitsprüfung im Wortlaut auf; Thomas of Marlborough, *History*, p. 298: "*Nam carta et stilus, filum et bulla priuilegiorum Constantini penitus in terra nostra ignota sunt*". Hier ist *stilus* aber innerhalb der Folge rein äußerer Merkmale eher auf Schrift und Textbild zu beziehen. Immer noch lesenswert in der Sache H. FOERSTER, "Beispiele mittelalterlicher Urkundenkritik", *Archivalische Zeitschrift* 50-51 (1955), pp. 301-318; umfassend SAYERS, "'Original'".

[4] Thomas of Marlborough, *History*, p. 274.

stitutionengeschichte – keine parallel verlaufenden Fäden, sondern wie eine Doppelhelix umeinander verzwirnt.

Um zu ahnen, was man in diesem Geflecht prozessualer Normen und sich festigender Organisationsformen finden mag, ist es hilfreich, sich in Erinnerung zu rufen, was gesucht wird. *Stilus curiae* bezeichnet im engeren Sinne Dokumentenstil und Prozessablauf am päpstlichen Hof. Das kann hier nicht gemeint sein;[5] eher der Bereich der ungeschriebenen Gesetze jenseits der festgefügten Verfahren, etwa Kontaktpflege und Gabentausch, zeichenhafte Handlungen und ostentative Emotionen, die einerseits die Verfahren begleiten, andererseits selbst aber noch nicht zur unabdingbaren Vorschrift geronnen sind. Solche Praktiken aufzuspüren und einzuordnen, ist das Ziel der folgenden Ausführungen. Dazu erfolgt nach kurzer Vorstellung der Quelle und ihres Verfassers eine erste Blütenlese, deren Erträge in einem nächsten Schritt ein wenig systematisiert und abschließend auf ihre Aussagekraft und Verallgemeinerungsfähigkeit hin befragt werden müssen.

1. Quelle und Verfasser

Die seit 2003 in einer mustergültigen Edition und zudem in englischer Übersetzung zugängliche Quelle bewahrt die Geschichte des Benediktinerklosters in der Diözese Worcester, dessen Anfänge in das 8. Jahrhundert zurückreichen.[6] Das dritte Buch stammt aus der Feder des Mönchs Thomas of Marlborough, der in seinem Konvent später bis zur Abtswürde aufstieg. Es handelt hauptsächlich vom Prozess des Klosters an der Kurie in den Jahren 1202 bis 1207, der mit all seinen Weiterungen sogar bis 1236 fortdauerte. Ausgelöst wurde der Rechtskonflikt durch Abt Roger Norreis, der mit seinem Fehlverhalten das Eingreifen des Bischofs von Worcester provoziert hatte. Anlässlich der Visitation der Abtei durch den Diözesan besann man sich in Evesham auf den vermeintlichen Status der Exemtion und verweigerte dem Ortsbischof Zutritt und Korrektionsrecht. In einer fragilen Allianz mit dem verhassten Abt betrieben die Mönche das Verfahren an der römischen Kurie –

[5] Vgl. dazu die Einleitung der Herausgeber dieses Bandes und oben, n. 3.

[6] Thomas of Marlborough, *History*. Zu Quelle und Verfasser vgl. *ibid.*, pp. XV-XXVII. Die Herausgeberinnen ersetzten den seit der 1863 in den "Rolls Series" erschienenen Edition W.D. MACRAYS eingeübten Titel *Chronicon Abbatiae de Evesham* durch *History*, da der Charakter des Textes weniger von chronologischem Erzählen als von argumentativer Materialdisposition geprägt ist; *ibid.*, p. XV, n. 1.

eine Zwickmühlensituation, die zur besonderen Farbigkeit der Schilderung beiträgt, etwa dadurch, dass der Abt sich der bischöflichen *correctio* einmal nur durch Flucht zu entziehen wusste oder der Prokurator der Mönche seinem Vorgesetzten in Rom aus Furcht um Leib und Leben nur mit einem Dolch im Gewand zu begegnen wagte.[7]

Aus der Distanz von rund einem Vierteljahrhundert blickte Thomas auf die Ereignisse zurück, die er als formell bestellter Prokurator der Mönche seinerzeit selbst entscheidend mitgestaltet hatte. Er war also nicht nur Augenzeuge, sondern Protagonist des Geschehens und zugleich Ich-Erzähler, wie dies auch schon für Hariulf von Oudenburg und den von ihm geführten Prozess von Innozenz II. im Jahr 1141 der Fall war.[8] Thomas war in der Angelegenheit betroffener Kenner oder kenntnisreicher Betroffener. Dies ist von der älteren Forschung durchaus bemerkt worden.[9] Die quellenkritischen Schlussfolgerungen, die aus dieser persönlichen Beteiligung des Verfassers zu ziehen sind, wirken sich bei der Rekonstruktion von Institutionen und der Analyse von Rechtsverhältnissen allerdings in geringerem Maße aus als bei der hier zu erörternden Frage nach hilfreichen und gegebenenfalls türöffnenden Verhaltensformen am

[7] Zum Verfasser vgl. *ibid.*, pp. XV-XXII; zur Flucht des Abtes *ibid.*, pp. 212/214, zu Thomas' Furcht und Bewaffnung *ibid.*, p. 272.

[8] *Ibid.*, pp. XXIII-XXV. Die finale Abfassung der Chronikpassagen wird auf 1224-1230 datiert, in jedem Fall noch vor Thomas' Wahl zum Abt von Evesham. Eine weitere Präzisierung der Abfassungszeit könnte sich dadurch ergeben, dass Kardinal Hugolinus als Mentor der Eveshamer Angelegenheit Erwähnung findet und seine Promotion zum Kardinalbischof von Ostia (*ibid.*, p. 274), nicht aber die Wahl zu Papst Gregor IX. am 19. März 1227 erwähnt wird. Vgl. zu ihm W. MALECZEK, *Papst und Kardinalskolleg von 1191-1216: Die Kardinäle unter Coelestin III. und Innocenz III.* (Wien, 1984: *Publikationen des Historischen Instituts beim Österreichischen Kulturinstitut in Rom* 1.6), pp. 126-133. Zur Prokuratorentätigkeit vgl. Thomas of Marlborough, *History*, p. XX und vor allem die Urkunde über eine Geldleihe der Prozessbevollmächtigten in Rom 1205 (*ibid.*, p. 514). Zum Parallelfall E. MÜLLER, "Der Bericht des Abtes Hariulf von Oudenburg über seine Prozessverhandlungen an der römischen Kurie im Jahre 1141", *Neues Archiv* 48 (1930), pp. 97-115; Hariulf, *Pleidooi voor Oudenburg*, ed. E. MÜLLER, übers. L. DE LEEUW-GEIRNAERT, eingeleitet von R. VANDER PLAETSE (Turnhout, 2003); T. HAYE, "Hariulf von Saint-Riquier in Rom (1141)", in: ID., *Lateinische Oralität: Gelehrte Sprache in der mündlichen Kommunikation des hohen und späten Mittelalters* (Berlin, 2005), pp. 83-92; C. ZEY, "Entstehung und erste Konsolidierung: Das Kardinalskollegium zwischen 1049 und 1143", in: *Geschichte des Kardinalats im Mittelalter*, ed. J. DENDORFER und R. LÜTZELSCHWAB (Stuttgart, 2011: *Päpste und Papsttum* 39), pp. 63-94, hier p. 85-86 und der Beitrag von C. ZEY in diesem Band.

[9] SPAETHEN, "Giraldus", p. 598, weist auf die Verbindung von Rechtsgeschäft und persönlichem Schicksal der beiden von ihm untersuchten Autoren ebenso hin wie auf deren durch die Romaufenthalte erworbene Kenntnis interner Abläufe an der Kurie. Vgl. zur Verbindung von Prozesserfolg, Insiderwissen und Selbstdarstellung bei Thomas unten bei n. 34.

päpstlichen Hof; denn deren Realitäten entziehen sich in der Grauzone zwischen guter Gewohnheit und stillschweigender Vereinbarung zumeist einer objektivierbaren Festlegung. Gerade deshalb wird am Ende auf den Charakter der Hinweise und die Möglichkeit der Rückschlüsse zurückzukommen sein.

2. Eine erste Blütenlese

Erwartungsgemäß bietet der ausführliche Bericht über die römischen Verhandlungen bei näherer Betrachtung neben den formalen Konstruktionselementen des Prozesses und der Funktionsweise des Gerichts eine Fülle von Randinformationen. Man kann sie als Staffage abtun oder als Spuren kurialer Gepflogenheiten ernst nehmen. Dazu gehört beispielsweise das Aufsuchen der Kardinäle in ihren Wohnungen durch den Prokurator, um vor dem Urteil fußfällig deren Gunst zu erbitten, und das Abfangen derselben – wiederum mit demonstrativem Bittgestus – beim Eintreten in die Kurie, die im Übrigen stets als konkreter Ort verstanden wird.[10] Geschildert wird die Auflösung der Frontstellung beider Streitparteien. Auf päpstlichen Befehl schauen sie einander bei der Urteilsverkündung nicht mehr an (*oppositio*), sondern stehen nebeneinander, mit Blickrichtung auf den Papst. Das mag der Kanalisierung der Aufmerksamkeit gedient haben, dürfte aber vor allem ein Akt der symbolischen Aufhebung ihrer Gegnerschaft sein.[11] Dass die Urteilsverkündung laut Thomas' Bericht als Verlesung des Urkundenentwurfs gestaltet ist, nimmt dem Prozessabschluss möglicherweise etwas von seiner Theatralik, zeigt aber im Verbund mit anderen Aussagen des Prokurators rund um die päpstliche Urkundenexpedition auch, dass selbst im Prozessfinale noch Unfertiges existierte und damit Spielraum zur Ausgestaltung bestand.[12]

Regelkonformes Verhalten wurde offensichtlich bis zuletzt erwartet. Anders ist das von Thomas erwähnte Verbot, von der Kurie abzureisen, obwohl bereits alle Prozessstadien absolviert waren, kaum zu deuten. Selbst für zwischenzeitliche Abwesenheit bedurfte es wohl einer ausdrücklichen Erlaubnis.[13] Wie dies angesichts des regen Kommens und Gehens der Petenten wirksam kontrolliert worden sein soll, bleibt ein kuriales Geheimnis. Rätselhaft er-

[10] Thomas of Marlborough, *History*, p. 310.
[11] *Ibid.*, p. 312.
[12] *Ibid.*, pp. 312-314.
[13] *Ibid.*, pp. 372-376 und p. 274 (temporärer Rückzug von der Kurie).

scheint auch der Hinweis auf eine Jagdbeute, die nicht etwa Thomas dem Papst zukommen ließ, um diesen bei Laune zu halten, sondern gerade umgekehrt.[14]

3. Versuch einer Systematisierung

Im Hinblick auf die Fragestellung ist freilich eine systematischere Betrachtung der Belege vonnöten. Dabei ist ein wenig ernüchternd vorauszuschicken: Der Begriff *stilus curiae* kommt wörtlich nicht vor, dafür finden sich drei andere, verwandte Signaltermini im Text: *mos curiae*, *modus curiae* und schließlich *secreta curiae*. Dabei bezieht sich *mos* im Text singulär wohl auf die Praxis des Fußkusses, den Sieger wie Besiegter dem Papst als Richter eben üblicherweise als Zeichen der *reverentia* leisteten, nachdem dieser das Urteil verkündet hatte.[15]

Als *modus curiae* bezeichnet Thomas explizit die Abneigung des Papstes bzw. der Kurie gegenüber langatmigen Ausführungen und Plädoyers im Prozess: "*nesciens modum curiae*" habe sein Gegenüber seinen Vortrag in die Länge gezogen und damit den Papst gelangweilt, bis dieser auch angesichts der bleiernen Lider der Anwesenden dem Redner schließlich Einhalt geboten habe.[16] Voller Empathie verweist der Benediktiner auf die Ermüdung des Papstes durch ganze Verhandlungssequenzen. Der *modus curiae* – so kann es also im Umkehrschluss lauten – gebot das *breviloquium*! Darauf wies Innozenz den langatmigen Redner sogar explizit hin.[17]

Der Begriff *secreta curiae* steigert die Erwartungen nochmals – und bleibt am Ende doch im Nebulösen. Thomas berichtet von dem stattlichen Beraterstab, den er zur Prozessführung angeheuert hatte, darunter der päpstliche Kaplan Petrus Beneventanus, der als tüchtigster der kurialen Advokaten galt, und ein Kleriker des Kanzlers. Von beiden erhoffte er unverhohlen Einweihung in

[14] *Ibid.*, p. 344.

[15] *Ibid.*, p. 314: "[...] *iuimus ad pedes domini pape tam uictus quam uictor, ut mos est, gratias agentes*". Andere Anlässe demonstrativer Dankbarkeit sind denkbar. Der Kuss wird im Übrigen nicht explizit erwähnt. Vorstellbar ist auch ein Umfangen der Füße, wie von Thomas bei den Kardinälen offenbar als Bittgestus praktiziert; vgl. dazu unten bei nn. 23-24.

[16] *Ibid.*, p. 282: "*sermonem in longum protraheret*".

[17] *Ibid.*, p. 282: "*quia dominus papa veluti seriis occupatus talia fastidiret* [...]" sowie "*Et cum dominus papa adhuc ei diceret, ut breviloquio uteretur, tandem completis allegationibus super predicta sententia lata pro episcopo in iudicio possessorio, intacta causa proprietatis, subticuit*".

die Kniffe und Geheimnisse des Verhaltens auf dem kurialen Parkett: "*ut per istos duos aliqua secreta curie discerem, quod et ita factum est*".[18]

Von hier aus lässt sich eine gewisse Binnenhierarchie der Begriffe ableiten – methodisch durchaus bedenklich, angesichts ihres spärlichen Auftretens im Text; dennoch: *mos* bezeichnet allgemein übliches situatives Verhalten, das man sich vermutlich nicht einmal abschauen musste, wie den Fußkuss zum Dank beziehungswiese zur Annahme des Urteils. Das dürfte mit Ausnahme des Papstes als Adressaten nicht einmal kurienspezifisch sein. Demgegenüber deutet *modus* auf bereits stärker elaborierte Verhaltensregeln hin. Der bischöfliche Prokurator kannte diese offenbar nicht, was als deutlicher Hinweis auf Erfahrungswissen zu lesen sein dürfte. *Secreta* schließlich sind naturgemäß nur Eingeweihten bekannt, weswegen Thomas sich diese Einweihung gezielt bei Klerikern aus dem "inner circle" des Kuriengeschäfts holte.

Leider bleiben die Geheimnisse der Kurie trotz der Anspielungen einmal mehr ungelüftet. Aber *modus* und *secreta* halfen Thomas dabei, seine Vor-Ort-Expertise zu profilieren. Er lässt im Text immer wieder durchblicken, dass er gelernt hatte, sich im kurialen Milieu sicher zu bewegen und daraus Vorteile in eigener Sache zu ziehen. Dabei grenzt er sich explizit von seinen Prozessgegnern und insbesondere von seinem Abt und Widersacher ab, der aufgrund seiner eigenen Unkenntnis der Verfahrensweisen am Papsthof ("*in curia ista*") nicht eine einzige Urkunde zu erlangen vermochte.[19] Er bedurfte dazu der Hilfe des ihm verhassten Mönchs, und Thomas konnte ihn deshalb die Macht des Verfahrenserprobten spüren lassen.[20]

Weitere Bausteine eines *stilus / modus curiae* ohne expliziten Hinweis lassen sich finden. Da sind zunächst banal erscheinende Dinge wie die Feststellung, dass die Sitzungen des Gerichts und des Konsistoriums zu den Mahl-

[18] *Ibid.*, p. 284. Zu Petrus Collivaccinus aus Benevent, der mit dem späteren Redaktor der *Compilatio tertia* zu identifizieren ist, vgl. MALECZEK, *Papst und Kardinalskolleg*, pp. 172-174; ID., "Die Kardinäle von 1143 bis 1216: Exklusive Papstwähler und erste Agenten der päpstlichen *plenitudo potestatis*", in: *Geschichte des Kardinalats*, ed. DENDORFER und LÜTZELSCHWAB, pp. 95-154, hier p. 153-154. In kuriale Gepflogenheiten ließ sich auch Abt Wilhelm von Andres bei einem Prozess im Jahr 1205 von romerfahrenen Mönchen aus Canterbury einweihen; "Willelmi Chronica Andrensis", ed. J. HELLER, in: *MGH SS* 24 (Hannover, 1879), pp. 684-773, hier p. 737: "*a prefatis quoque monachis suis propter penuriam hospitii in spatiosa domo, quam conduxerant, sumus ad tempus hospitio recepti, verbis et consiliis officiose recreati, de statu curie plenius informati: qualiter ad dominum papam accederemus et nostrum negocium exponeremus et qualiter cardinales visitaremus, sufficienter edocti*".

[19] Thomas of Marlborough, *History*, p. 272.

[20] *Ibid.*, p. 270.

zeiten unterbrochen wurden. Konnte sich der Prokurator dies gegebenenfalls prozesstaktisch oder für Absprachen zunutze machen? Wir wissen es nicht. Aufhorchen lässt aber eine Gerichtsverhandlung vor dem Papst um 15 Uhr des Heiligen Abends, die noch keine Schatten der liturgischen Vorbereitung des unmittelbar bevorstehenden Hochfestes erkennen lässt. Die allfällige Betonung des krankmachenden Rom sinkt schon fast unter die Wahrnehmungsschwelle, obwohl auch hieraus Verhaltensformen der Kurie und selbst Prozesstaktiken ableitbar sind.[21] Nicht so leicht abtun kann man auch die Beobachtungen zweier Sprachebenen. Innozenz III. machte im Prozess Bemerkungen *vulgariter* zu den Kardinälen.[22] Man mag daraus eine Formsprache in den Prozessverhandlungen und eine kuriale Alltagskommunikation ableiten. Beide konnte Thomas offenbar versiert benutzen oder zumindest verstehen, was im Weiteren eine solche Bilingualität zum elementaren Erfolgsrezept auch für andere Petenten erhebt.

Sehr viel deutlicher wird die Grauzone eines *stilus* in Handlungen der Streitparteien jenseits des formalen Prozessgeschehens. So nimmt Thomas of Marlborough den Leser seines Berichts mit auf die Stationen vor der Urteilsverkündung – als alle rechtlichen Mittel ausgeschöpft schienen –, schildert Praktiken, die zwischen flehentlicher Hingabe an das göttliche Wohlwollen und ausgeklügelter Erinnerungsauffrischung an die Adresse entscheidender oder zumindest einflussreicher Personen changieren. Beten und Bitten, Fasten, Almosengeben und der Besuch römischer Kirchen bezeichnen in dieser Situation den asketischen Eigenanteil des Prokurators an der Schaffung günstiger Gnadenbedingungen für das zu erwartende Urteil.[23] Darüber hinaus suchte er (wohl nur ausgewählte) Kardinäle auf und umfing demütig bittend deren Füße; wo genau er die Purpurträger antraf, verrät er nicht. Dieses Vorgehen steigerte er unmittelbar vor der finalen Sitzung des Gerichts noch. Thomas lauerte den Kardinälen, die die Kurie betraten, regelrecht auf, um ihnen unter Tränen die eigene Bewegtheit und die Bedeutung der Sentenz für das Kloster vorzuführen, ihnen vor dem entscheidenden Augenblick Mitleid mit dem Mönch am Boden einzuflößen.[24] Man kann in diesen Handlungen die himmlischen und irdischen

[21] Zum Beispiel *ibid.*, p. 280, p. 377. Ein konkretes Beispiel bei MALECZEK, "Mittelpunkt", p. 103.

[22] *Ibid.*, p. 296.

[23] *Ibid.*, p. 310.

[24] *Ibid.*, p. 312: "*magis lacrimis quam verbis motum animi mei indicavi, ut scilicet seruorum suorum et ecclesiae suae misererentur. Supplicaui et tam miserabiliter, quod* [...] *mei miserebantur*". Die emotionale Komponente betont der Verfasser auch schon *ibid.*, p. 296. Vgl. auch

Fluchtpunkte für das Hoffen des Prokurators auf einen günstigen Ausgang der Angelegenheit erkennen.

In anderen Dingen sind die Hinweise derart spärlich, dass sie nur Anlass zu Vermutungen, aber damit auch Hinweise für einen genaueren Blick auf andere Quellen geben können. So mag die von Thomas berichtete Veränderung der Stehordnung der Prozessparteien zur Urteilsverkündung bloße Choreographie der Gerichtsitzung sein oder Glied einer kurialen Moderationskultur bilden. Immerhin berichtet Thomas des Weiteren von der am Umgang mit dem Bischof von Worcester sichtbaren Gepflogenheit des Papstes, bei den vor Gericht Gescheiterten mit allerlei urkundlich bekräftigten rechtlichen Vergünstigungen den Schmerz der Niederlage zu dämpfen.[25] Auch Gerald von Wales (Giraldus Cambrensis) konnte sich eines demonstrativen Gunsterweises Innozenz' III. erfreuen, der wohl Selbstbewusstsein und Prestige des im Gerichtsverfahren angeschlagenen Walisers stärken sollte.

Starke Beachtung hat bei der Lektüre des Berichts seit jeher die Frage der Kosten eines solchen Prozesses an der Kurie gefunden oder genauer gesagt der Blick auf die Geldgier der zentral oder am Rande mit dem Prozessgeschehen befassten und mit den Petenten in Kontakt geratenden Kurialen. Dabei ist zumeist das Bild der kostspielig-korrupten Maschinerie favorisiert worden, die in zeitgenössischen wie modernen Kritiken gegenwärtig ist.[26] Die Verbindung von materieller Zuwendung und kurialer Dienstleistung erscheint vielfach offensichtlich, auch im Bericht aus Evesham. Thomas erwähnt unter anderem ein Entgegenkommen des Papstes zu Prozessbeginn, das vom Prokurator mit einem Silberpräsent im Wert von sechs Mark vergolten wurde, daneben die üblichen Bestechungsgelder an Türhüter etc.[27] Ohne Präsente konnte der am Ende mittellose Thomas an der Kurie keine weiteren Urkunden mehr erwirken.

SPAETHEN, "Giraldus", p. 643.

[25] Thomas of Marlborough, *History*, p. 312. Vgl. *ibid.*, p. 374: "*Cum igitur dominus papa, ut erat curialissimus more suo liberalissimo oppressos consolans, ne uictus aduersarius noster dolens recederet, multas speciales indulgentias aduersario nostro indulsisset*". Thomas wusste dies aus taktischen Gründen durch Einreden gegen die ausgefertigten *Litterae* in der päpstlichen *audientia publica* zu torpedieren (*ibid.*). Zum Folgenden vgl. SPAETHEN, "Giraldus", p. 620.

[26] Vgl. CHENEY, *Innocent III*, pp. 109-110; MÜLLER, "Streitwert und Kosten", zu Evesham dort pp. 145-149; ID., "Überlegungen", pp. 610-612; SAYERS, "English Benedictine monks", pp. 119-122. Zum vielfach behandelten Thema kurialer Geldgier zuletzt ausführlich T. WETZSTEIN, "*Roma carpit marcas, bursas exhaurit et arcas*: Die Gier des Papstes und der Groll der Christenheit", in: *Die römische Kurie und das Geld: Von der Mitte des 12. Jahrhunderts bis zum frühen 14. Jahrhundert*, ed. W. MALECZEK (Ostfildern, 2018: *Vorträge und Forschungen* 85), pp. 337-372.

[27] Thomas of Marlborough, *History*, pp. 266-268; *ibid.*, p. 312 zu den Türhütern.

Besonders schmerzlich vermisste er ein päpstliches Mandat, das den unterlegenen Bischof von Worcester zur Erstattung der Prozesskosten, die dem Kloster entstanden waren, anhalten würde.[28]

Wie will man diese Gepflogenheiten einer kurialen "Geschenkkultur" bewerten? Sind es offene oder verdeckte Gebühren der noch im Ausbau befindlichen Kurie? Oder eher schamloses Handaufhalten der Funktionsträger, welche die Zugangs-, Entscheidungs- und Verwaltungswege kontrollierten? Offenbar wurden Präsente des Siegers an Papst und Kardinäle erwartet. Zeigt sich darin eine unabweisbar korrupte Spitzengeistlichkeit oder der Dank des zuvor so flehentlich Bittenden, der es nicht beim Umfangen der kardinalizischen Knöchel belassen mochte, oder ist in der Bittsituation vor dem Urteil gar eine Form des Gabentauschs Mauss'scher Prägung angedeutet?[29] Die Suche nach dem *stilus curiae* vermag im vorliegenden Fall, durch den Verweis auf ungeschriebene Gesetze und die kulturelle Mechanik vielleicht ein wenig nuancierend auf die allfällige Moralisierung der Kurienkritik zu wirken. Noch immer im Raum steht im Übrigen die Frage, warum der Papst den Prokurator beschenkte, die übliche Richtung des kurialen Zahlungsverkehrs also umkehrte.[30]

Die oft inkriminierte und in ihrer Existenz kaum zu bezweifelnde Geschäftstüchtigkeit der Kurialen basiert vor allem auf der Monopolstellung von Personen und Institution, etwa der Türhüter als Türöffner, aber auch der Kurie als Ganzes, die Heil exklusiv zu generieren versprach. Nur hier waren im Regelfall Privilegien, Urteile, Dispense, später auch Heiligsprechungen und Anwartschaften auf Pfründen mit apostolischem Gütesiegel zu erlangen – lange Zeit von konkurrenzlosem Wert. Das weitgehend geschlossene System der Kurie machte in Teilen den Gunsterweis zum Schlüssel. Hierfür spricht, dass auch der zeitweilige oder dauerhafte Rückzug der Petenten von der Kurie der Genehmigungspflicht zu unterliegen schien. Während Thomas sich in der verhandlungsfreien kurialen Sommerpause zur Hospitation bei Bologneser Juristen entfernen durfte, war eine eigenmächtige Abreise nach dem Urteil offenbar untersagt. Eine Anwesenheitspflicht für Parteienvertreter im laufenden Prozess leuchtet mit Blick auf Verhandlungsfähigkeit und Prozessdauer unmittelbar ein, nicht jedoch ein finales Abreiseverbot nach Erledigung der Rechtsgeschäf-

[28] *Ibid.*, p. 376.

[29] M. MAUSS, *Essai sur le don*: *Forme et raison de l'échange dans les sociétés archaïques* (Paris, 1925); deutsch: *Die Gabe: Form und Funktion des Austauschs in archaischen Gesellschaften* (Frankfurt am Main, 1968; 2009^{5}).

[30] Vgl. oben bei n. 14. SAYERS, "English Benedictine monks", p. 119, p. 122 ("*customary gifts*"), geht von vielfältig erwarteten Geschenkleistungen aus.

te. Thomas' Schilderung legt nahe, dass die Aushändigung eines Abschiedsgeschenks den Weg nach Hause hätte ebnen können. Offenbar wurde solches Verhalten an der Kurie nicht nur goutiert, sondern auch nachgehalten – in welcher Weise auch immer –, denn der Prokurator fürchtete noch Tage, nachdem er den Reisesegen erschlichen und sich davongestohlen hatte, nach Rom zurückzitiert zu werden.[31]

Die Schilderungen des Prokurators lassen unterschiedliche Taktiken erkennen, ein solches Abreiseverbot zu unterlaufen. Statt der persönlichen Verabschiedung mit den offenbar unumgänglichen Handlungs- und Kostenfolgen verbarg sich Thomas in einer Pilgerschar, der die Segnung offenbar *in grege* zuteilwurde. Man unterschied bei den Besuchern der Kurie also wohl nach Anliegen und Intensität. Aufschlussreicher ist die zweite Variante, die in der Chronik mitgeteilt wird. Offenbar waren Krankheitsfälle im Umfeld des Kurienbesuchs so verbreitet, dass sie zum Argument vorzeitiger Abreise taugten. Im vorliegenden Fall halfen sie, ein erwirktes Mandat schnell nach England zu bringen und dessen Durchsetzung zu betreiben. Damit entging das Schriftstück der Beschlagnahmung durch römische Kaufleute zur Eintreibung der Kreditschulden.

Ein Verlust der Rechtstitel wog schwer, nicht so schwer aber wie Thomas' Furcht, sein Leben im Kerker zu lassen, wie sein Mitmönch Ermefred, der im Schuldgewahrsam der Kaufleute verstorben war.[32] Die Kurie scheint solche Sicherungsmaßnahmen der Geldverleiher nicht blockiert zu haben. Sie intervenierte vielmehr bei ausbleibender Rückzahlung der Summen häufiger zugunsten der Geldgeber.[33] Naheliegender ist also eine Kooperation mit den lokalen Kaufleuten, die von der kurialen Verwaltungsmaschinerie wie auch von Formen einer dort etablierten Bitt-, Geschenk- und Belohnungskultur durchaus profitiert haben dürften. Auch das Abreiseverbot, das die Petenten traf, mag der Sicherung der Kreditansprüche gegolten, also einen ökonomisch sauberen

[31] Thomas of Marlborough, *History*, p. 376.

[32] *Ibid.*, pp. 372-376; der Hinweis auf den Tod Ermefreds *ibid.*, p. 344. Zu vergleichbaren Problemen Geralds von Wales mit Bologneser Kaufleuten inklusive Pfandnahme der Urkunden und Schuldhaft vgl. SPAETHEN, "Giraldus", pp. 627-628. Zu den römischen Kaufleuten und ihren Kreditgeschäften an der Kurie vgl. jetzt auch A. JAMME, "La cour Romaine et les banquiers italiens: Contrats, réseaux, dynamiques sociales (mi XIIe-début XIVe siècle)", in: *Die römische Kurie*, ed. MALECZEK, pp. 167-204 und WETZSTEIN, "Roma".

[33] Vgl. dazu die Beispiele bei C.R. CHENEY und M.G. CHENEY, *The letters of Pope Innocent III concerning England and Wales: A Calendar with an Appendix of Texts* (Oxford, 1967), No. 256, No. 458, No. 535, No. 547.

Abschluss der römischen Angelegenheiten im Blick gehabt haben. Die kuriale Gier wurde hier zum simplifizierenden Stigma.

4. Zur Aussagekraft der Quellenhinweise

Gerade die Seltenheit, Zufälligkeit und interpretative Offenheit der hier aus dem Prozessbericht zusammengetragenen Indizien eines *stilus curiae* machen es notwendig, zum Abschluss noch einmal auf die Quelle selbst zurückzukommen. Dabei steht deren generelle Glaubwürdigkeit nicht infrage. Wollte man die retrospektiv abgefasste Schilderung in Zweifel ziehen, hätte man die Suche nach Hinweisen auf einen *stilus curiae* gar nicht erst beginnen dürfen. Denn die Fragwürdigkeit gälte auch etwa für Aspekte des Kirchenrechts oder der Verfahrenspraxis am päpstlichen Gericht, die weit klarer aus anderen Textzeugnissen gesichert sind als die noch unklaren Aspekte kurialer Verhandlungsspielregeln. Nichts spricht auf diesen Feldern für eine generelle Realitätsferne des Berichts. Wohl aber sind gerade im Hinblick auf den gesuchten *stilus* Perspektive, Ton und Intention des Verfassers in besonderer Weise zu prüfen.

Thomas blickt in seinem Prozessbericht durchaus selbstbewusst, vielleicht sogar ein wenig selbstgefällig auf die eigenen Leistungen zurück. Dazu mag durchaus Grund bestanden haben. Der gesamte Streitfall ist als Kette sachkundiger Beratung, wohlabgewogener Überzeugungsarbeit und versierter Interessenvertretung der Mönche durch Thomas of Marlborough konzipiert – ein Eindruck, der am Ende zudem durch eine Portion Schlitzohrigkeit in der Frage des Rückzugs von der Kurie verstärkt wird. Seine rechtliche Informiertheit, die umsichtige Organisation der Prozessbeistände und die teils als frisch erworben dargestellte Vertrautheit mit den geschriebenen und ungeschriebenen Gesetzmäßigkeiten der Prozessführung an der Kurie machen den Ich-Erzähler zum unbestrittenen Protagonisten der Handlung. Ein heroischer, mitunter auch latent eitler Tonfall ist dabei kaum zu verkennen. Thomas inszeniert sich primär über sein Geschick in der Prozessführung. Aber er nutzt auch drei Personen, um seine Rolle zu profilieren: den Prokurator des Prozessgegners, den Abt von Evesham und den Papst.

Der Prokurator des Bischofs von Worcester ist der geborene berufliche Widerpart. Er unterliegt auf ganzer Linie. Zu lange Plädoyers, zu spätes Bemühen um einen schlagkräftigen und kurienerfahrenen Beraterstab, irrige Rechtsvorstellungen, päpstliche Schelte beziehungsweise dessen ironische Seitenhiebe charakterisieren sein Wirken und schaffen eine Folie, vor der sich die Prozessführung des Thomas of Marlborough und die Gestaltung seiner Auftritte vor Gericht deutlich abheben. Thomas inszeniert sich über das Scheitern seines professionellen Kontrahenten geradezu zwangsläufig als Gewinner, ohne dass der Bericht Häme über den Besiegten erkennen ließe. Im Gegenteil: Zwar blockierte Thomas beinahe aus einer Laune heraus mühelos eine Reihe von Urkunden zugunsten des Bischofs von Worcester, aber er lässt zum beiderseitigen Nutzen gemeinsam mit dem Prokurator auch unliebsame Urkunden verschwinden.[34]

Abt Roger Norreis ist die moralische Gegenfigur, die durch seine Intrigen die vielseitige Kontroverse in Evesham verursacht hat. Mit ihm, "*the very epitome of a bad abbot*",[35] besteht über den regelkonformen Gehorsam des Mönchs Thomas hinaus keinerlei Solidarität. Thomas musste gar um sein Leben fürchten, als er aus Kostengründen in Rom mit ihm gemeinsam Quartier bezog, und hinterlegte für den Fall der Bedrängnis Geld bei einem Vertrauten.[36] Der Abt war zwar Anführer der klösterlichen Delegation an der Kurie, aber ohne jede Vorbildfunktion und ohne jede Kompetenz in der Sache. Nichts vermag dies deutlicher zu machen als der Hinweis des notorisch erfolgreichen Prokurators Thomas, Abt Roger habe am päpstlichen Hof nichts zu erwirken vermocht. Genüsslich schildert der Prokurator, dass sich der Erfolg in diesen Angelegenheiten sofort einstellte, als er selbst wieder mit den Geschäften betraut wurde, und dass der Abt daraufhin oft und gerne vor dem Papst die Mitra und andere ihm eigens verbriefte bischöfliche Insignien zur Schau stellte.[37]

Vom verhassten Abt sticht Papst Innozenz III. ab wie die weiße Soutane des römischen Bischofs vom schwarzen Habit des Benediktiners. Dies gilt weniger im Hinblick auf eine Charakterzeichnung des Papstes, die es im Pro-

[34] Thomas of Marlborough, *History*, p. 374.

[35] *Ibid.*, p. XLVI. Zu Roger vgl. *ibid.*, pp. XLV-XLVI. Zum durchgehend negativen Blick auf den Klostervorsteher respektive dessen inakzeptables Verhalten vgl. exemplarisch *ibid.*, pp. 188-192 (Ablehnung des den Mönchen aufgezwungenen Abtes) mit der Charakterisierung: "*Erat enim uinolentus et luxoriosus super omnes monachos Anglicanos* [...] *simplicem fornicationem mortale peccatum esse non concederet et per hoc mulieres seduceret, nisi incestui uel adulterio iungeretur*"; ferner *ibid.*, pp. 274-276 (Misshandlung eines Reisebegleiters), pp. 376-386 (gewalttätige Auseinandersetzungen mit dem Konvent). Thomas dagegen setzt sich in Form eines Urkunden-Tauschhandels mit dem Prokurator des Bischofs von Worcester sogar einmal für den verhassten Vorgesetzten ein (*ibid.*, p. 374).

[36] *Ibid.*, pp. 268-272. Thomas hatte die Mordabsicht seines Vorgesetzten bereits zu einem früheren Zeitpunkt erfahren müssen: *ibid.*, p. 236.

[37] *Ibid.*, pp. 270-272.

zessbericht nicht gibt, als auf seine Rolle als Bezugspunkt für Thomas of Marlborough. Mehrfach lässt der Verfasser und Prokurator eine gewisse Vertrautheit mit Innozenz erkennen. Dazu gehört ein Zornausbruch des Papstes zu Beginn des römischen Abenteuers, als der englische Mönch einen allzu forschen Wortwechsel über die Rechtsgrundlage päpstlicher Entscheidungen führte, bis ihm der "*dominus papa iratus et commotus*" schließlich zu schweigen gebot. So ungestüm und unerfahren präsentiert Thomas sich selbst in der Folge nicht mehr.[38] Beachtlich erscheint hier die wörtliche Rede, die zwar in der Prozesserzählung durchgehend verwendet wird, im Umgang mit dem Papst doch stets auch die Rangkommunikation mitschwingen lässt. Päpstliche Regieanweisungen im Prozess, etwa das "*Procurator responde!*" oder resümierende Bemerkungen zu den Advokaten,[39] sind hier von geringem Interesse – eher schon Situationen intensiveren Zwiegesprächs zwischen dem Obersten Richter und Thomas als Parteivertreter zur Interpretation der klösterlichen Privilegien, die dem Autor Gelegenheit geben, seine ausführliche, text- und rechtskundige Argumentation auf der Bühne des Gerichts, aber auch direkt vor dem Angesicht des Papstes zu entwickeln.

Im Hauptplädoyer, an das sich die Niederschrift der Allegationen seitens der Streitenden anschloss, zog Thomas alle Register und er sah, dass seine "*subtilissima responsio*" Innozenz und den Dabeisitzenden gut gefallen hatte.[40] Er war in der Lage wiederzugeben, was der Papst den Kardinälen *vulgariter* und mit unterdrückter Heiterkeit über die eigene, gerade vorgetragene famose Argumentation zuraunte, während der bischöfliche Prokurator sich nach einer etwas unglücklichen Einlassung dem beißenden Spott des Papstes in Form des oft und genüsslich traktierten Spruchs ausgesetzt sah, er und seine Lehrer hätten vor der Behandlung dieser Rechtsmaterie wohl zu viel englisches Bier genossen.[41] Man mag diese Schilderungen als Indiz eines direkten Umgangs mit den Streitenden in der Gerichtsverhandlung werten und zudem als lebendige Detaileinlassung des Verfassers rund ein Vierteljahrhundert nach den Er-

[38] *Ibid.*, p. 266. Erzürnt ist der Papst dagegen über manches Argument der gegnerischen Prokuratoren (*ibid.*, p. 356).

[39] Zum Beispiel *ibid.*, pp. 300, 304.

[40] *Ibid.*, pp. 306/308/310 mit p. 310: "[...] *et placuisset ei simulque assidentibus, ut michi videbatur*".

[41] *Ibid.*, p. 294: "*Et dominus papa conuersus ad cardinales, subridendo, uulgariter loquens, dixit, 'Iste omnia aufert episcopo, et postea dicit, habeat episcopus residuum*'". *Ibid.*, p. 354: "'*Certe tu et magistri tui multum bibistis de ceruisia Anglicana quando hec didicistis*'". Alles Nötige zu diesem verbreiteten fremdenfeindlichen Scherz der Bologneser Juristen, der den Prokurator freilich weitgehend zu Unrecht traf, *ibid.*, p. 354, n. 2.

eignissen. Nochmals aber ist an das Übersenden von Teilen der Jagdbeute an Thomas zu erinnern.[42] Ist sie ein *mos curiae* oder doch ein weiteres Mittel des Erzählers, sich als jemand zu präsentieren, auf dem das besondere Wohlwollen des Papstes ruhte, ja der geradezu wie ein Familiare behandelt wurde?[43]

Zu bewerten ist dies vor dem Hintergrund der Prozess- und Petentenfrequenz an der Kurie des beginnenden 13. Jahrhunderts und dabei stark davon abhängig, welchen Grad an Privatheit beziehungsweise individueller Zuwendung des Papstes man anzunehmen bereit ist. Immerhin lässt Giraldus Cambrensis eine ähnliche Papstnähe überdeutlich erkennen, berichtet von Scherzen und ironischen Bemerkungen Innozenz'.[44] Im Hinblick auf die Aussagekraft der Hinweise zum *stilus curiae*, die Thomas of Marlborough dem Leser gibt, ist in jedem Fall die kombinierte Sieger- und Berichterstatterperspektive des Mönchs zu berücksichtigen. Hier kann und sollte der umfangreiche Prozessbericht des Giraldus Cambrensis als Korrektiv genutzt werden. Spaethen hat beide Berichte zusammengespannt, weil sie zeitlich wie sachlich parallel lagen und weil sie nebeneinandergestellt den Stand der damaligen kurialen Behördenentwicklung korrespondierend erkennbar machen.[45] Nun aber wäre stärker zu berücksichtigen, dass Giraldus mit mindestens demselben Eifer vor dem Papst prozessierte und darüber schrieb, aber Rom als Verlierer den Rücken kehren musste. Giraldus und Thomas sind gewissermaßen ungleiche Zwillinge, und es ist zu prüfen, ob der gescheiterte Waliser Praktiken, die Thomas als von ihm verstandene und erfolgreich angewandte Spielregeln präsentiert, eher als kuriale Rankünе versteht. Stärker als im institutionen- und rechtsgeschichtlichen Blick zählt hier das subjektive Moment. Zudem müsste man den um 1220 niedergeschriebenen Bericht des Abtes Wilhelm von Andres, eines Klosters in der nordfranzösischen Diözese Thérouanne, über den 1207 begonnenen römischen Prozess um seine Abtswahl heranziehen, der in seiner Grundausrichtung besser zum sogenannten "*Evesham case*" zu passen scheint. Hier sind

[42] *Ibid.*, p. 344. SPAETHEN, "Giraldus", p. 646, interpretiert die Geste als Zeichen der Ehrung.

[43] Die Übersendung von Wildbret und Jagdutensilien gehörte zum Standardrepertoire der Ehrerbietung, allerdings gibt es kaum diesbezügliche Quellen für den päpstlichen Hof. Ich danke Martina Giese (Potsdam) für die Orientierung auf mir unbekanntem waidmännischen Terrain.

[44] SPAETHEN, "Giraldus", p. 608, p. 610, p. 613, pp. 620-621, p. 623 (Vertraute des Papstes), p. 625.

[45] Vgl. MALECZEK, "Mittelpunkt", p. 106. SPAETHEN, "Giraldus", p. 598, zur emotionalen Parallelität der Protagonisten und zum Wert geradezu intimer Kenntnis der kurialen Behördenorganisation.

Verhaltenstipps kurienerfahrener Mönche aus dem Kathedralkapitel von Canterbury ausdrücklich erwähnt.[46]

Ob und wie weit Thomas of Marlboroughs Hinweise erhellende Schlaglichter auf ungeschriebene Verhaltensregeln im Umfeld kurialer Konfliktlösung werfen oder der *stilus curiae* ein Stück weit als Selbststilisierung des Wissenden zu begreifen ist, bleibt also vorerst offen. Die Existenz solcher vor- oder außernormativer Verhaltenspraktiken generell zu bezweifeln, wäre realitätsfern. Um in der Sprache der *History of Evesham* zu bleiben: Einen *modus curiae* gab es sicherlich. Sein Wesen liegt jedoch gerade in der bedingten Erkennbarkeit – für die Zeitgenossen wie für spätere Betrachter –, in der Flexibilität seiner Anwendung und in einem zumindest partiell arkanen Zug. Von daher ist das dreistufige Begriffsangebot, das Thomas hierfür in seinem Bericht unterbreitet, überaus passend: *mos – modus – secreta*.

[46] "Willelmi Chronica Andrensis", pp. 737-753. Vgl. dazu MALECZEK, "Mittelpunkt", pp. 102-104 und oben, n. 18.

“*Nolebat quod prevaleret falsitas veritati*”:[1] I falsi, Innocenzo III e lo *stilus curiae*

MARIA PIA ALBERZONI

Durante il pontificato di Innocenzo III, in considerazione della centralità assunta dalla curia romana in campo giudiziario, la produzione di false lettere papali assunse dimensioni notevoli, tanto che il papa fin dai primi mesi del suo governo cercò di contrastare il fenomeno con almeno sei decretali, che poi furono accolte nelle successive compilazioni e nel *Liber Extra*, divenendo punto di riferimento per la lotta ai falsari.[2]

[1] D.R. Gress-Wright, *The “Gesta Innocentii III”: Text, Introduction and Commentary* (Ann Arbor, 1993), p. 63.

[2] P. Herde, “Römisches und kanonisches Recht bei der Verfolgung des Fälschungsdelikts im Mittelalter”, *Traditio* 21 (1965), pp. 291-362, soprattutto p. 334 e p. 337: “*Mit den Dekretalen Innocenz' III. erreichte die päpstliche Gesetzgebung über das Fälschungsverbrechen ihren Höhepunkt und einen gewissen Abschluss; die Dekretalensammlungen nach dem Liber Extra enthalten keine wichtigen Stücke mehr über das Fälschungsdelikt*” (il saggio è stato ripreso e rielaborato in: id., *Beiträge zum päpstlichen Kanzlei- und Urkundenwesen* (Kallmünz, 1961), pp. 149-246. Si veda, inoltre, U. Kleine, “*Litterae, cartae, codices, petentes* und *notarii*: Aspekte der Vertrauenswürdigkeit von Papsturkunden im Pontifikat Innozenz' III. (1198-1216)”, in: *Strategies of*

Stilus – modus – usus: Regeln der Konflikt- und Verhandlungsführung am Papsthof des Mittelalters – Rules of Negotiation and Conflict Resolution at the Papal Court in the Middle Ages, ed. Jessika Nowak and Georg Strack, *Utrecht Studies in Medieval Literacy*, 44 (Turnhout: Brepols, 2019), pp. 137-158.

BREPOLS PUBLISHERS DOI 10.1484/M.USML-EB.5.117706

Si tratta di una situazione nota, che però non ha ancora ricevuto adeguata attenzione. In particolare, l'esame della documentazione papale, come pure di quella prodotta durante i processi dibattuti alla curia o in sede locale, consente di individuare interessanti prospettive di studio al fine di conoscere meglio lo *stilus curiae* e la sua importanza per il governo della Chiesa. Per tale via la corretta osservanza del dettato proprio della cancelleria come pure delle procedure seguite nello svolgimento dei processi presso la sede apostolica divenne un criterio importante anche per la individuazione dei falsi.[3]

In questa occasione intendo concentrare l'attenzione su alcuni episodi relativi alla provincia ecclesiastica di Milano, verificatisi soprattutto nei primi anni del pontificato di Innocenzo III. In tale esteso ambito geografico tra la fine del XII e l'inizio del XIII secolo il numero delle cause ecclesiastiche che lasciarono tracce documentarie è decisamente alto, come pure quello degli interventi papali (diretti o indiretti), volti a confermare o a negare l'autenticità dei documenti provenienti dalla curia romana e sovente esibiti in occasione di cause giudiziarie.[4] Tali interventi furono considerati significativi anche dal papa e dalla sua curia, tanto che furono accolti nelle compilazioni di diritto canonico e poi nel *Liber Extra*.

Writing: Studies on text and trust in the Middle Ages. Papers from "Trust in writing in the Middle Ages" (Utrecht, 28-29 November 2002), ed. P. SCHULTE, M. MOSTERT e I. VAN RENSWOUDE (Turnhout, 2008: *Utrecht Studies in Medieval Literacy* 13), pp. 185-211, soprattutto pp. 192-201.

[3] T. FRENZ, "Kurialstil", in: *Historisches Wörterbuch der Rhetorik*, 12 vols. (Tubinga, 1998-2015), 4, col. 1536: "*Die Mißachtung des stilus curiae führt im ersten Fall zur Zurückweisung der Supplik, im zweiten Fall begründet sie ohne weiteres den Fälschungsverdacht*"; T. BROSER, "Der päpstliche Briefstil im 13. Jahrhundert: Ein neuer methodischer Ansatz", in: *Kuriale Briefkultur im späteren Mittelalter: Gestaltung – Überlieferung – Rezeption*, ed. T. BROSER, A. FISCHER e M. THUMSER (Colonia, Weimar e Vienna, 2015: *Forschungen zur Kaiser- und Papstgeschichte des Mittelalters: Beihefte zu J.F. Böhmer, Regesta Imperii* 37), pp. 129-150; B. MEDUNA, "Ein Versuch zur Bekämpfung erschlichener Rechtstitel in der päpstlichen Kanzlei des hohen Mittelalters: Die '*non obstantibus*'-Formeln in päpstlichen Justizbriefen von Alexander III. bis Innozenz III.", in: *Fälschungen im Mittelalter: Internationaler Kongreß der Monumenta Germaniae Historica (München, 16.-19. September 1986)*, 6 vols. (Hannover, 1988-1990: *MGH Schriften* 33.1-6), 2, pp. 375-395; EAD., *Studien zum Formular der päpstlichen Justizbriefe von Alexander III. bis Innocenz III. (1159-1216): Die "non obstantibus"-Formel* (Vienna, 1989: *Sitzungsberichte der Österreichischen Akademie der Wissenschaften* 536), soprattutto pp. 27-62; P. ZUTSHI, "Innocent III and the reform of the papal chancery", in: *Innocenzo III – Urbs et Orbis [Atti del Congresso Internazionale, Roma, 9-15 settembre 1998]*, ed. A. SOMMERLECHNER (Roma, 2003: *Nuovi Studi Storici* 55), pp. 84-101.

[4] Dopo la separazione della diocesi di Genova (1133), la provincia ecclesiastica facente capo a Milano comprendeva tutte le diocesi dell'attuale Lombardia (tranne Pavia, Como e Mantova), del Piemonte, della Liguria (Savona, Albenga e Ventimiglia) e si estendeva fino ad Aosta: P.F. KEHR, *Italia Pontificia*, 10 vols. (Berlino, 1913-Zurigo, 1975), 6.1, pp. 24-26.

1. L'intensificarsi delle cause portate davanti al tribunale papale, oltre a quelle discusse dai giudici delegati in sede locale, significò un incremento della documentazione scritta, necessaria alle parti per corroborare la propria posizione in giudizio; contestualmente e per lo stesso motivo aumentò la produzione di falsi documenti, soprattutto di quelli redatti a imitazione delle lettere emanate dalla cancelleria papale, regia o imperiale (o in ogni caso da un'autorità ecclesiastica o laica), per essere poi esibiti nel corso dei processi per giustificare o rafforzare la propria posizione in giudizio. Per questo motivo, a partire soprattutto dal pontificato di Alessandro III, la curia fu spesso interpellata dai giudici delegati che, prima di emettere una sentenza, volevano assicurarsi circa l'autenticità dei documenti.[5]

In particolare nella provincia ecclesiastica milanese fu a tal punto frequente presentare documenti papali falsi o falsificati, per ottenere un posto e un beneficio in un capitolo, che l'arcivescovo Filippo da Lampugnano cominciò a dubitare anche dei documenti genuini emessi dalla cancelleria papale, un motivo che fu interpretato da Innocenzo III come un tentativo di sottrarsi ai mandati apostolici. Il pontefice, infatti, il 19 giugno 1198 scrisse all'arcivescovo sia per esprimere il suo disappunto per i continui dubbi manifestati dal presule in merito ai documenti provenienti dalla cancelleria pontificia, anche se in essi non era espressamente scritto che fossero stati emessi *ex certa scientia* da parte del papa, sia per invitarlo a considerare attentamente il tenore dei mandati apostolici e a metterlo in atto, nei casi in cui le lettere presentate non fossero state ottenute né nascondendo la verità né affermando falsità.[6]

I fatti immediatamente precedenti sembrano però confermare la legittimità dei dubbi avanzati dall'arcivescovo di Milano, il quale, per altro, aveva da poco ricevuto dal papa un invito esplicito a verificare la genuinità dei

[5] MEDUNA, *Studien zum Formular*, pp. 9-27; H. MÜLLER, *Päpstliche Delegationsgerichtsbarkeit in der Normandie (12. und frühes 13. Jahrhundert)*, 2 vols. (Parigi, 1997: *Studien und Dokumente zur Gallia pontificia* 4.1-2), 1, pp. 9-21, pp. 48-70, pp. 218-249 e pp. 254-257.

[6] *Die Register Innocenz' III.*, 1, *Pontifikatsjahr 1198/1199: Texte*, ed. O. HAGENEDER e A. HAIDACHER (Graz e Colonia, 1964: *Publikationen des Historischen Instituts beim Österreichischen Kulturinstitut in Rom* 2, 1.1) [in seguito *Register 1*], No. 279, pp. 384-385: "*Cum adeo scripta sedis apostolice moderemur, ut ex certa scientia nichil in eis faciamus apponi, quod de iure debeat reprehendi, miramur non modicum et movemur, quod quotiens ad te vel ad aliquos tibi subiectos nostras litteras destinamus, te super eis mirari rescribis, acsi mandaremus aliquid inhonestum.* [...] *Ideoque fraternitati tue per apostolica scripta mandamus, quatinus, cum ad te vel tuos littere apostolice diriguntur, earum tenorem diligenter attendas et quod mandatur in eis, dum tamen nec per suppressionem veritatis aut expressionem falsitatis obtente fuerint, facias effectui mancipari*"; in proposito si veda: MEDUNA, *Studien zum Formular*, pp. 46-48.

documenti papali a lui presentati. Nella primavera del 1198, infatti, Innocenzo III aveva scoperto l'esistenza a Roma di alcuni falsari specializzati nella fabbricazione di false bolle papali, tanto che erano stati individuati esemplari falsi sia del sigillo di Celestino III sia di quello del papa regnante: i primi mesi di pontificato, durante i quali gli usi della cancelleria non si erano ancora assestati e i documenti del nuovo papa circolavano ancora in numero ridotto, erano quelli in cui solitamente la produzione di falsi era più frequente.[7] I falsari scoperti da Innocenzo III erano riusciti a bollare con sigilli apparentemente autentici false lettere papali, che poi erano state inviate nelle diverse regioni: il 19 maggio 1198, pertanto, il pontefice aveva diretto a tutti gli arcivescovi e ai vescovi una lettera circolare, sia per informarli dell'accaduto sia per invitarli a verificare le lettere papali a loro recentemente presentate, così da individuare quelle false e vanificare le azioni dei malintenzionati.[8] Il papa in accordo con i cardinali stabiliva inoltre che d'ora in avanti i petenti e i nunzi / procuratori avrebbero dovuto ricevere le lettere apostoliche solo dalle mani del papa stesso o dei suoi *bullatores*.[9] Innocenzo III ordinava infine agli arcivescovi di indire

[7] R. VON HECKEL, "Das Aufkommen der ständigen Prokuratoren in der päpstlichen Kurie im 13. Jahrhundert", in: *Miscellanea Francesco Ehrle*, 6 vols. (Roma, 1924: *Studi e Testi* 38.1-6), 2, pp. 290-321, soprattutto pp. 300-305; T. FRENZ, "*Sed hee due species falsitatis non possunt facile comprehendi*: Beobachtungen zu kurialen Fälschungen von Papsturkunden", in: *Papsturkunden des frühen und hohen Mittelalters: Äußere Merkmale – Konservierung – Restaurierung*, ed. I. FEES, A. HEDWIG e F. ROBERG (Lipsia, 2011), pp. 335-348 (inspiegabilmente in questo saggio il Frenz considera il documento innocenziano solo sulla base della versione accolta nel *Liber Extra*, senza riferirsi a quella completa – e più attendibile – dei *Register Innocenz' III.*), soprattutto p. 338; *Register 1*, No. 235, p. 334: "*Accidit enim nuper in Vrbe, quod quidam huiusmodi falsitatis astutiam pernitiosius exercentes in suis fuere iniquitatibus deprehensi: ita quod bullas tam sub nomine nostro quam bone memorie Cel(estini) pape, predecessoris nostri, quas falso confincxerant, et quamplures litteras bullis signatas eisdem invenimus apud eos ipsosque captos adhuc in carcere detinemus*".

[8] *Register 1*, No. 235, pp. 333-335: la lettera riportata nel registro papale è quella indirizzata all'arcivescovo Guglielmo di Reims, cardinale prete di S. Sabina e legato della sede apostolica nel regno di Francia, per il quale si rinvia a L. FALKENSTEIN, "Wilhelm von Champagne, Elekt von Chartres (1164-1168), Erzbischof von Sens (1168/69-1176), Erzbischof von Reims (1176-1202), Legat des apostolischen Stuhles, im Spiegel päpstlicher Schreiben und Privilegien", *Zeitschrift der Savigny-Stiftung für Rechtsgeschichte: Kanonistische Abteilung* 89 (2003), pp. 107-284; ID., "Guillaume aux Blanches Mains: Archevêque de Reims et légat du Siège Apostolique (1176-1202)", *Revue d'histoire de l'Église de France* 91 (2005), pp. 5-25. La decretale innocenziana è stata accolta nel *Liber Extra* (X. 5.20.4: *Corpus iuris canonici*, ed. E. FRIEDBERG, 2 vols., 2, *Decretalium collectiones* (Lipsia, 1922) (in seguito FRIEDBERG), cols. 817-818).

[9] *Register 1*, No. 235, pp. 334-335: "*Nos autem honori Romane ecclesie et utilitati omnium paterna volentes sollicitudine providere, de consilio fratrum nostrorum statuimus et sub excommunicationis pena et suspensionis ordinis et beneficii districtius inhibemus, ne quis apud sedem*

un sinodo provinciale per informare il clero così da individuare gli eventuali falsi e punire adeguatamente coloro che li avevano presentati.[10] Per garantire un'adeguata informazione ai prelati, infine, il papa dichiarava di sigillare tale lettera con due bolle, una falsa e una genuina, per fornire il necessario paragone.[11]

2. Si affermò dunque sempre più l'uso di inviare alla sede apostolica per mezzo di nunzi fidati e muniti di lettere sigillate i documenti papali la cui genuinità era sospetta, sia per quanto riguardava la forma sia il contenuto, perché fossero esaminati direttamente dal papa e da lui dichiarati autentici o falsi. Un caso del genere si presentò ancora a Milano già nell'estate del 1198 e Innocenzo III rispose con una lettera del 4 settembre 1198, anch'essa accolta nella *Compilatio III* e quindi nel *Liber Extra*.[12]

Un chierico milanese, J. *de Cimiliano*, aveva presentato all'arcidiacono e all'arciprete del capitolo della cattedrale di Milano una lettera papale contenente l'ingiunzione ad accoglierlo come canonico e a conferirgli un beneficio, prima di procedere all'ammissione di altri chierici: essi, però, avevano esaminato il documento ed erano giunti alla conclusione che non potesse essere stato realmente emanato dal papa, oppure che fosse stato ottenuto con l'inganno.[13] In questo caso (a differenza di quanto era avvenuto con l'arcivescovo) il

apostolicam de cetero litteras nostras nisi a nobis vel de manibus illorum recipiat, qui de mandato nostro sunt ad illud officium deputati"; VON HECKEL, "Das Aufkommen", pp. 294-300 e ID., "Beiträge zur Kenntnis des Geschäftsgangs der päpstlichen Kanzlei im 13. Jahrhundert", in: *Festschrift Albert Brackmann*, ed. L. SANTIFALLER (Weimar, 1931), pp. 434-456.

[10] *Register 1*, No. 235, p. 335: "*Verum quia – sicut a falsariis ipsis accepimus – tam ad partes vestras quam ad ceteras regiones per litteras transmissas ab eis sue iniquitatis falsitas multipliciter est diffusa, fraternitati vestre per apostolica scripta mandamus et districte precipimus, quatinus provinciale concilium evocetis, in quo sollempniter et generaliter statuatis, ut per singulas parrochias publice proponatur, quod, si quis a sede apostolica litteras impetraverit, quarum tenor possit esse suspectus, et eis uti voluerit, ut statutam penam evadat, primo fiat collatio de falsa bulla cum vera et si eam invenerit falsitate notandam, episcopo diocesano, abbati vel archidiacono loci easdem litteras non differat presentare*".

[11] *Register 1*, No. 235, p. 335: "*Ceterum ad maiorem illius notitiam falsitatis habendam ut fieri possit bulle false cum nostra collatio, presentibus litteris unam de bullis falsis cum vera bulla duximus appendendam; districtius iniungentes, ut quascumque litteras inveneritis hac vel alia falsitate notandas,* [...] *appellatione postposita irritetis: ita quod huiusmodi falsitas nullo temporis spatio valeat excusari*".

[12] *Register 1*, No. 349, pp. 520-522; Comp. III. 5.11,2 (E. FRIEDBERG, *Quinque Compilationes Antiquae* (Lipsia, 1882), p. 132); X. 5.20.5 (FRIEDBERG, cols. 818-819); FRENZ, "*Sed hee due species*", pp. 336-341; HERDE, "Römisches und kanonisches Recht", pp. 334-335.

[13] *Register 1*, No. 349, p. 521: "*vix eas (litteras) credidistis de nostra conscientia processis-*

non aveva contestato.[22] Il suo successore Filippo da Lampugnano, forse sollecitato dai rappresentanti del comune di Milano interessati a controllare il porto di quella località, un passaggio strategico per la navigazione dal Lago Maggiore lungo il Ticino fino al Po, aveva nominato un nuovo e agguerrito procuratore, il giudice Passaguerra, e aveva chiesto una revisione della sentenza di Adelardo.[23] Il processo si era riaperto forse sullo scorcio del pontificato di Celestino III, se si considera che già il 2 marzo 1198, dopo solo otto giorni dalla consacrazione episcopale di Innocenzo III e dall'inizio del suo pontificato, il papa confermava la sentenza del vescovo di Verona.[24]

Notiamo che il procuratore dell'arcivescovo, per provare il fatto che la richiesta dell'abate di Scozola non doveva essere accolta dal tribunale papale, accusò l'abate di aver taciuto la verità e detto il falso al fine di ottenere che i vescovi di Bobbio e di Ferrara fossero nominati giudici delegati da Celestino III.[25] Si trattava di un'accusa ineccepibile dal punto di vista giuridico, ma non fu sufficiente per far riconoscere le richieste dell'arcivescovo ambrosiano: Passaguerra ne fu fortemente irritato, tanto che mentre ascoltava la sentenza sfavorevole del papa fu colto da un violento attacco d'ira, cercò di opporsi al pronunciamento e, poiché la sua resistenza non ebbe successo, abbandonò la curia prima che il papa terminasse la lettura della sentenza e senza aver ottenuto da questi la licenza di allontanarsi, motivo per cui fu scomunicato.[26]

[22] *Register 1*, No. 37, pp. 51-56; *Italia Pontificia*, vol. 6.1, No. *199, p. 66; M.P. Alberzoni, "Milone da Cardano", *Dizionario Biografico degli Italiani* 74 (Roma, 2010), pp. 546-551.

[23] M.P. Alberzoni, "Passaguerra (Pasawerra, Poxonerius)", in: *Dizionario Biografico degli Italiani* 81 (Roma, 2014), pp. 611-614; sul suo impegno come procuratore dell'arcivescovo, si veda ora L. Dell'Asta, "I molti volti della rappresentanza: *Nuntii* e *procuratores* alla curia di Innocenzo III", *Quellen und Forschungen aus italienischen Archiven und Bibliotheken* 96 (2016), pp. 191-221, soprattutto pp. 202-203.

[24] *Register 1*, No. 37, pp. 51-56 (Laterano, 1198 marzo 2).

[25] *Ibid.*, p. 55: "*Verum dilectus filius Passaguerra, procurator tuus, et socii eius petitionem abbatis non esse admittendam ea presertim ratione dicebant, quod abbas ipse in litteris, quas ad Bobiensem et Ferrariensem episcopos a sede apostolica impetravit, veritatem suppresserat et expresserat falsitatem*".

[26] *Ibid.*, No. 85, pp. 123-124: dopo aver ricordato la sua cura per risolvere il caso che da tempo agitava la Chiesa milanese, Innocenzo III descrive il comportamento di Passaguerra: "*causidicus tuus, ad pedes nostros procidens publice in consistorio acclamaret: 'Iustus es, Domine, et rectum iudicium tuum'. Ceterum, cum postmodum iuxta tenorem pronuntiationis nostre dilecto filio abbati de Scozola expensas restitui faceremus, licet frequentes oblocutiones et detractiones eiusdem Passaguerre frequenter dissimulassemus, tandem coram fratribus nostris proponere detrahendo presumpsit, quod eum in pronuntiatione nostra gravaremus iniuste; ac postmodum iniquitatem iniquitati ac presumptioni presumptionem apponens, a nobis illicentiatus, immo post interdictum nostrum, abscessit*"; ancora nella seconda metà di luglio del 1198 Innocenzo III si la-

La causa si riaprì nel 1199 e questa volta l'arcivescovo designò come suo procuratore un chierico milanese di provata fiducia, che era al tempo stesso suddiacono papale, Guglielmo Balbo.[27] Costui scelse un'altra strategia, questa volta centrata sulla verifica materiale dei documenti presentati dal monastero di Scozola per provare i suoi diritti su alcune località prossime a Sesto Calende: si trattava infatti di antichi privilegi concessi da vescovi e da imperatori a partire dal IX secolo, nonché di alcuni testimoni che avevano deposto in favore del monastero per quanto riguardava il godimento dei diritti rivendicati da almeno sessant'anni.[28] Guglielmo elencò in modo dettagliato i motivi che fondavano i dubbi circa la genuinità del privilegio del vescovo Liutardo (841-864): il documento era *consumptum* nei punti dove si trovavano elementi importanti per stabilirne la genuinità; la pergamena sembrava molto antica, ma la scrittura era recente; il sigillo era falso e applicato in modo incerto e non era simile a quello di un vescovo, ma a quello di un'autorità civile, inoltre la cera non era uniforme. Il Balbo fu addirittura in grado di leggere il corretto nome dell'autorità rappresentata nel sigillo: l'imperatore Lotario e non il vescovo Liutardo. La minuziosa indagine condotta dal procuratore portò alla conclusione che "*certo certius est compertum, quod sub vetusto sigillo carta fuerat perforata et per glutinum nove cere, que posita fuerat exterius quasi ad conservationem sigilli, viciose fuit ipsi carte coniunctum*".[29] Il procuratore continuò nel minuzioso esame anche degli altri privilegi esibiti dall'abate di Scozola, dimostrando i numerosi elementi dubbi e fondando così in modo che potremmo definire scientifico i sospetti di falsità. Innocenzo III, pertanto, in accordo con i cardinali riconobbe i diritti dell'arcivescovo di Milano, tranne

mentava con i consoli di Milano per il comportamento di Passaguerra alla curia romana e delegava all'arcivescovo di assolverlo dalla scomunica, imponendogli peraltro di presentarsi entro un mese alla curia: *Register 1*, No. 360, pp. 541-544 (1198 luglio).

[27] Oltre a M.P. ALBERZONI, *Città, vescovi e papato nella Lombardia dei comuni* (Novara, 2001) (*ad indicem*), si vedano EAD., "Pluralità di comuni e ascesa di Milano", in: *Sperimentazioni di governo nell'Italia centrosettentrionale nel processo storico dal primo comune alla signoria [Atti del Convegno di studio (Bologna, 3-4 settembre 2010)]*, ed. M.C. DE MATTEIS e B. PIO (Bologna, 2011), pp. 51-85, soprattutto pp. 79-84; DELL'ASTA, "I molti volti della rappresentanza", pp. 191-221, soprattutto pp. 202-203 e C. CAPPUCCIO, "I suddiaconi papali nella provincia ecclesiastica di Milano (1159-1216): appunti per una ricerca", *Rivista di Storia della Chiesa in Italia* 71 (2017), pp. 55-74, soprattutto pp. 71-73.

[28] *Die Register Innocenz' III., 2, Pontifikatsjahr 1199/1200: Texte*, ed. O. HAGENEDER, W. MALECZEK e A. STRNAD (Roma e Vienna, 1979: *Publikationen des Historischen Instituts beim Österreichischen Kulturinstitut in Rom* 2, 1.2), No. 37, pp. 60-66 (1199 aprile 16).

[29] *Ibid.*, p. 63.

che per un manso, la cui pertinenza al monastero era risultata fondata.[30] La perizia dimostrata dal procuratore milanese dovette colpire positivamente il papa e i cardinali, al punto che l'episodio venne ripreso nei *Gesta Innocentii III*, dove però l'autore, pur riportando alla lettera le espressioni della sentenza papale, attribuisce al papa la volontà di verificare l'autenticità dei sigilli alla presenza dei cardinali.[31] La lettera innocenziana con la sentenza favorevole all'arcivescovo milanese fu accolta nel *Liber Extra*, precisamente nel libro II, al titolo XXII: "*De fide instrumentorum*".[32]

4. Un'interessante conferma dell'importanza dello *stilus curiae* per stabilire l'autenticità dei documenti è offerta dalla ricca documentazione relativa alla complessa lite che tra la metà del XII secolo e il 1216 vide opposti il clero di Casale Sant'Evasio (oggi Casale Monferrato) in diocesi di Vercelli a quello della cappella di S. Germano di Paciliano, sorta in una corte regia donata al monastero di S. Ambrogio, non molto distante da Casale.[33] La questione verteva sulla giurisdizione della pieve di Casale su quella che era stata una semplice cappella e che ora voleva una propria autonomia, segnata dalla possibilità per

[30] *Ibid.*, pp. 65-66: "*Cum autem super hiis* [...] *in nostra et fratrum nostrorum presentia fuisset diutius litigatum, quia legittime probatum non fuerat ea, que petebantur ad monasterium pertinere, de communi fratrum nostrorum consilio ab impetitione ipsius prefatum procuratorem tuum nomine tuo et Mediolanensis ecclesie sententialiter duximus absolvendum; quoniam, cum obscura sunt iura partium, consuevit contra eum, qui petitor est, iudicari (Digesto, 42,1,38)*".

[31] GRESS-WRIGHT, *The "Gesta"*, p. 63: "*Nam, cum diu multumque super iis, coram diversis iudicibus delegatis fuisset a partibus litigatum et testes ac instrumenta producta pro eo quod cum cera sigilli ab interiori parte, quasi ad conservationem sigilli, recens erat et mollis, falsitatis taliter deprehendit, quod videlicet presentibus partibus cum omnibus advocatis, in presentia cardinalium idem dominus papa dixit quod volebat in conspectu omnium frangi sigilla et, si reperiretur vera et incorrupta, renovari faceret instrumenta sub testimonio bulle sue. Si vero invenirentur corrupta vel falsa, nolebat quod prevaleret falsitas veritati. Quod, cum factum fuisset, certo certius est compertum*".

[32] X. 2.22.6 (FRIEDBERG, cols. 346-349).

[33] Sulla Chiesa di Casale Monferrato: *Italia Pontificia*, 6.2, pp. 41-45; una rapida esposizione in G.G. MERLO, "Il contrasto tra i canonici di Casale e la chiesa di Paciliano", in: *Il duomo di Casale Monferrato: Storia, arte e vita liturgica [Atti del convegno di Casale Monferrato, 16-18 aprile 1999]* (Novara, 2000), pp. 27-30; si veda ora G. VAGLIO, "La pieve di Sant'Evasio in Casale Monferrato e il suo distretto nel secolo XII", *Bollettino storico-bibliografico subalpino* 108 (2010), pp. 51-92; su Paciliano si vedano A.A. SETTIA, *Monferrato: Strutture di un territorio medievale* (Torino, 1983), pp. 149-150; L. MINGHETTI RONDONI, "L'espansione territoriale del monastero di S. Ambrogio di Milano nella zona pedemontana", in: *Il monastero di S. Ambrogio nel Medioevo: Convegno di studi nel XII centenario: 784-1984 (5-6 novembre 1984)* (Milano, 1988: *Bibliotheca erudita: Studi e documenti di storia e filologia* 3), pp. 429-440; L. FOIS, *Le carte santambrosiane di un luogo scomparso: Paciliano (secoli X-XIII)* (Milano, 2006).

gli abitanti di Paciliano di poter amministrare il battesimo dei bambini, senza doverli portare a Pasqua e a Pentecoste a Casale, con disagi sia per i piccoli sia, soprattutto in caso di maltempo, per le madri.[34]

Non è qui possibile ripercorrere la complicata causa nelle sue fasi. Basterà accennare alla importante sentenza emessa nel marzo del 1188 dal vescovo Alberto di Vercelli – perlopiù fondata su una precedente sentenza del vescovo Gisulfo (†1151) –, la quale per certi aspetti sembrava limitare le pretese della pieve di Casale di esercitare piena giurisdizione su S. Germano di Paciliano, stabilendo solo tre segni di dipendenza, vale a dire: i chierici di Paciliano dovevano partecipare ai sinodi diocesani insieme a quelli di Casale; i chierici di Paciliano che intendevano procedere nella carriera ecclesiastica dovevano essere presentati al vescovo per le ordinazioni dalla Chiesa di Casale; infine almeno un sacerdote di Paciliano doveva condurre i bambini da battezzare a Casale e con loro intervenire alla solenne celebrazione. D'altra parte, però, non si mettevano in dubbio le prerogative della pieve circa la celebrazione dei battesimi dei bambini di Paciliano.[35] I canonici di Casale, ritenendo che tale sentenza andasse contro la giurisdizione della loro pieve, si appellarono – ma la questione rimase controversa – al papa per impedirne l'applicazione, o almeno per ripristinare l'obbligo per gli abitanti di Paciliano di riempire i fonti battesimali. Le parti si rivolsero a Clemente III e ottennero la nomina di due giudici delegati, il preposito della canonica regolare di S. Croce di Mortara, Niccolò, e il canonico di Pavia *magister* Giacomo: essi, nel marzo del 1191, ribadirono la validità della sentenza di Alberto, accogliendo la dichiarazione di *magister* Gargano, il sindico della chiesa di Paciliano, secondo il quale i canonici di Casale non avevano presentato l'appello entro i tempi previsti.[36]

Diversi elementi sembrano suggerire che a questo punto le due parti abbiano stipulato un accordo, grazie al quale gli abitanti di Paciliano acquistarono per 150 libbre pavesi dal preposito di Casale Monferrato *magister* Stefano (un chierico decisamente venale)[37] una sorta di ‘autonomia sacramentale’,

[34] Per la ricostruzione della causa si veda: ALBERZONI, *Città, vescovi*, pp. 199-210.

[35] F. GABOTTO e U. FISSO, *Le carte dello Archivio capitolare di Casale Monferrato fino al 1313*, 2 vols. (Pinerolo, 1907: *Biblioteca della Società Storica Subalpina* 40), 1, No. 45, pp. 60-63.

[36] *Ibid.*, No. 47, pp. 64-65; indicazioni sulla carriera di *magister* Gargano e del preposito di S. Croce di Mortara sono in ALBERZONI, *Città, vescovi*, pp. 200-211.

[37] Un indizio della venalità del preposito *magister* Stefano è offerto dal libello presentato da *magister* Gargano il 7 maggio 1210, in occasione di una nuova fase della causa tra Casale e Paciliano, per la quale era allora giudice delegato papale il vescovo Bernardo di Pavia: nel libello, infatti, il preposito di Paciliano accusava di simonia i canonici di Casale, giacché essi si erano ac-

vanificando così la sentenza del vescovo Alberto e quella dei due delegati papali.[38] Non bisogna dimenticare che sullo sfondo dello scontro tra la pieve e la cappella stava il tentativo di Paciliano, che come anche Casale si era costituito in comune, di corroborare la propria autonomia sottraendosi alla giurisdizione ecclesiastica della pieve (e del comune) di Casale.[39] L'atto attestante l'accordo forse non fu mai rogato, giacché con esso si pretendeva di acquistare con denaro una giurisdizione spirituale; è però possibile ipotizzare che i termini dell'accordo fossero quelli esposti in un documento papale, che non mancò di suscitare (giustamente) forti perplessità.[40]

La mente di tutta questa manovra fu probabilmente il *magister* Gargano, un chierico che aveva conseguito un'alta formazione e che doveva conoscere bene gli usi della curia papale. Egli è attestato come preposito di S. Germano di Paciliano almeno dall'ottobre 1193, quindi in concomitanza con il presunto privilegio che Celestino III gli avrebbe inviato appunto l'8 ottobre 1193. Il privilegio papale farebbe esplicito riferimento ai motivi che avevano suggerito alle due chiese di giungere a un accordo, riportandone i termini in modo dettagliato.[41]

cordati con il loro preposito e, forse nel 1205, in cambio di 30 libbre pavesi l'avevano convinto ad abbandonare la carica: *Le carte dello Archivio capitolare di Casale Monferrato*, 1, No. 78, p. 115.

[38] *Ibid.*, No. 52, p. 73: "*tandem uolente Domino et Spiritu sancto cooperante, huiusmodi conposicio intercessit: quod magister Stephanus prepositus Casalensis, consensu et uoluntate suorum canonicorum* [...] *fecit finem et pactionem nomine ecclesie Sancti Euasii de Casali magistro Gargano, nomine ecclesie Sancti Germani de Paciliano de omni iure et actione, quod vel quam habuit uel habet uel habere posset ecclesia Casalensis aduersus ecclesiam Pacilianensem* [...]. *Preterea predictus prepositus Casalensis et canonici sui nomine ecclesie de Casali promiserunt per stipulacionem magistro Gargano nomine ecclesie de Paciliano dare trecentas libras Papiensium si ullo tempore contra predictum finem uenirent, omnia bona ecclesie sue magistro Gargano pignori obligantes. Ipse uero magister Garganus pro bono pacis et pro expensis in causa factis dedit preposito Casalensi et fratribus centumquinquaginta libras Papiensium*".

[39] VAGLIO, "La pieve di Sant'Evasio", pp. 83-90.

[40] Si tratta della lettera con la quale Celestino III l'8 ottobre del 1193 avrebbe confermato la transazione tra i chierici di Casale e quelli di Paciliano: *Le carte dello Archivio capitolare di Casale Monferrato*, 1, No. 52, pp. 72-73: vedi il testo riportato sopra, alla n. 38; l'edizione di Gabotto-Fisso emenda in alcuni punti quella di P.F. KEHR, *Papsturkunden in Italien: Reiseberichte zur Italia Pontificia*, 5 vols. (1901-1902) (Città del Vaticano, 1977: *Acta Romanorum Pontificum* 3.1-5), 3, No. 23, pp. 136-137.

[41] *Le carte dello Archivio capitolare di Casale Monferrato*, 1, No. 52, p. 73: "*tum pro sententia uenerabilis fratris nostri .Al(berti). Uercelensis episcopi, tum pro sententia aliorum iudicum .N(icholai). Mortariensis prepositi et .J(acobi). Papiensis canonici, tandem uolente Domino et Spiritu sancto cooperante*": il testo prosegue come sopra, alla n. 38.

La quiete, se realmente fu raggiunta con tale accordo, non regnò a lungo tra i due capitoli. Nell'estate del 1205, quando oramai il vescovo Alberto aveva lasciato la città per assumere la carica di patriarca di Gerusalemme, si aprì una nuova fase della controversia, forse anche a seguito dell'elezione del nuovo preposito di Casale, Bonifacio,[42] che, di fronte al perdurante tentativo dei chierici di Paciliano di ignorare la sentenza di Alberto di Vercelli, si rivolse a Innocenzo III per ottenerne la piena conferma.[43] Innocenzo III accolse la richiesta del clero di Casale e il 16 giugno 1205 confermò la sentenza di Alberto.[44] *Magister* Gargano e i chierici di Paciliano, non volendo rinunciare ai diritti che avevano acquistato con denaro sonante, vollero allora dare la massima autorevolezza all'accordo a suo tempo stipulato e a tal fine si costruì – o se già lo possedevano, decisero di esibirlo nella fase del processo che si aprì probabilmente nel 1206 – un falso documento attribuito a Celestino III, servendosi opportunamente di un formulario elaborato per ratificare la composizione di cause tra ecclesiastici: *Ea que inter viros*.[45] In realtà si tratta di un formulario che non fu più utilizzato nel XIII secolo e che in questo caso fu vistosamente adattato dal falsario.

La causa proseguì davanti al tribunale del vescovo di Vercelli, il noto civilista e maestro nello studio bolognese, Lotario di Cremona, succeduto ad Alberto nel 1205 e anch'egli uomo di fiducia di Innocenzo III, il quale prima

[42] L'ipotesi che il preposito Stefano sia stato sostituito perché ritenuto troppo accomodante nei confronti di Paciliano troverebbe conferma nel fatto che, anche dopo la sua sostituzione ai vertici della chiesa di Casale, egli continuò a far parte del capitolo casalese: *Le carte dello Archivio capitolare di Casale Monferrato*, 1, No. 68, p. 100: "*Dominus Bonefacius ecclesie beati Evasii prepositus, consensu domini Stephani condam prepositi, et magistri Otonis et presbiteris Cunradi et Vercellini et domini Asclerii et presbiteris Oberti et Mainfredi et Willelmi Luueti, et Gaudelli et Artaldi et Aimerici, canonicorum prefate ecclesie*".

[43] *Ibid.*, No. 88, pp. 139-146; sulla carriera di Alberto di Vercelli si vedano L. MINGHETTI, "Alberto vescovo di Vercelli (1185-1205): Contributo per una biografia", *Aevum* 59 (1985), pp. 267-304; ALBERZONI, *Città, vescovi*, soprattutto pp. 116-121 e pp. 199-203; C. ANDENNA, "*Fidelissimus mediator*: Alberto patriarca di Gerusalemme e legato papale in Terra Santa: I suoi interventi nelle questioni della successione dei regni d'Oriente", in: *Legati, delegati e l'impresa d'Oltremare (secoli XII-XIII) – Papal Legates, Delegates and the Crusades (12th-13th century)*, ed. M.P. ALBERZONI e P. MONTAUBIN (Turnhout, 2014: *Ecclesia militans* 3), pp. 161-194.

[44] *Le carte dello Archivio capitolare di Casale Monferrato*, 1, No. 67, pp. 99-100 (Roma, S. Pietro 1205 luglio 16; A. POTTHAST, *Regesta pontificum Romanorum*, 2 vols. [Berlino, 1874], 1, –); lo stesso giorno il papa inviava un mandato al vescovo eletto Lotario, ingiungendogli di far osservare la sentenza del suo predecessore (vedi sotto, n. 46).

[45] *Le carte dello Archivio capitolare di Casale Monferrato*, 1, No. 52, pp. 72-73; assai utile il confronto con una lettera di Urbano III (1186-1187), con l'incipit "*Ea que inter*", in P.F. KEHR, *Papsturkunden in Italien*, 5 (Nachträge, 1905-1962), No. 25, p. 272.

ancora della sua consacrazione episcopale lo aveva incaricato di rendere operativa la sentenza del vescovo Alberto.[46] Il preposito di Paciliano nel corso del processo esibì il privilegio di Celestino III sopra ricordato, come solenne prova dell'approvazione papale degli accordi a suo tempo stipulati con il preposito di Casale,[47] ma l'agguerrito sindico di Casale, *Goellus*, come pure il vescovo Lotario non lo accolsero acriticamente e, nutrendo forti dubbi circa la genuinità del documento, decisero di consultare direttamente il papa per avere conferma che esso provenisse realmente dalla cancelleria apostolica.[48] Innocenzo III esaminò personalmente il documento e il 29 gennaio 1207 comunicò il risultato della sua indagine al vescovo, dichiarando in via definitiva falso il documento.[49] Il papa, infatti, trovò che lo *stilus dictandi* era molto diverso da quello della cancelleria; inoltre, la bolla era stata tolta da un'altra lettera papale e con frode applicata a questa; erano poi evidenti altri indizi che confermavano la falsità del documento.[50]

[46] *Le carte dello Archivio capitolare di Casale Monferrato*, 1, No. 72, pp. 106-109: la sentenza di Lotario, emessa il 2 aprile 1207, riporta *ad litteram* il mandato di Innocenzo III del 16 luglio 1205 (POTTHAST, –), con il quale gli veniva ingiunto di far osservare la sentenza del vescovo Alberto: "*Innocentius episcopus seruorum Dei dilecto filio* [*sic*] *L(othario). electo Vercellensi. Salutem et apostolicam benedictionem*"; sulla carriera di Lotario si vedano K. PENNINGTON, "Lotharius of Cremona", *Bulletin of Medieval Canon Law*, n. s. 20 (1990), pp. 43-50 e ALBERZONI, *Città, vescovi*, soprattutto pp. 82-94.

[47] *Le carte dello Archivio capitolare di Casale Monferrato*, 1, No. 72, p. 108: il preposito di Paciliano, *magister* Gargano, ribadì che "*postea prepositus Casalensis, de consensu et uoluntate fratrum suorum, fecit finem et reffutationem de omni iure et actione et de omni subiectione, quod vel quam habere posset ecclesia Casalensis contra ecclesiam Pacilianensem pretestu* [*sic*] *predicte sententie vel ulla alia ratione*" e si disse pronto a confermare ciò sia tramite testimoni sia "*per instrumentum*", aggiungendo che "*finem et reffutationem illam postea a summo pontifice fuisse confirmatam, sicut per privilegium summi pontificis ab eo in hac causa exibitum probare intendebat*".

[48] *Le carte dello Archivio capitolare di Casale Monferrato*, 1, No 72, p. 108: "*Asserebat insuper firmiter predictus Goellus litteras domini pape super hac confirmatione falsas et instrumentum falsum esse. Vnde cum dominus Lotharius Vercellensis episcopus de fide illarum litterarum dubitaret, eas per nuntium summo pontifici destinavit*".

[49] Inspiegabilmente il KEHR (*Italia Pontificia*, 6.2, p. 45) afferma: "*Has litteras Innocentius III a. 1207 ian. 29 falsas esse decrevit, 'tum ex dictandi stilo, qui a cancellaria nostra prorsus noscitur discrepare, tum ex ipsa bulla, quae de aliis extracta litteris illis exstitit tam subtiliter quam fraudolenter inserta, nec non ex aliis indiciis manifestis'. Sed papam, quem 'maximum iuristam et principem criticae artis in discernendis chartis veris et falsis' appellant, graviter errasse manifestum est*".

[50] *Le carte dello Archivio capitolare di Casale Monferrato*, 1, No. 71, p. 106: "*Nos igitur litteris ipsis diligenter inspectis, tum ex dictandi stilo qui a cancellaria nostra prorsus noscitur discrepare, tum ex ipsa bulla que de aliis extracta litteris illis extitit tam subtiliter quam fraudolenter inserta, necnon et aliis indiciis manifestis, ipsas decreuimus esse falsas*".

Sebbene gli altri *indicia manifesta* non vengano precisati, dobbiamo pensare che, oltre agli elementi sopra indicati, anche la scrittura, l'inchiostro e talune iniziali non corrispondessero allo *stilus* della curia.

Possiamo dunque avanzare alcune ipotesi circa i motivi che indussero il papa a dichiarare falso il documento presentato da *magister* Gargano.

– Nell'*inscriptio* risultava inserito per intero il nome del destinatario – *magister* Gargano appunto –, contrariamente all'uso di utilizzare il *gemi-punctus* o, al massimo, l'iniziale del nome per indicare ecclesiastici in carica;

– l'*incipit* stesso fu leggermente variato: da "*Ea que inter viros ecclesiasticos*" divenne: "*Ea que inter ecclesiasticos viros*";

– l'arenga fu assai ridimensionata, forse per lasciare spazio al contenuto dell'atto.[51]

– Anche il dettato del contesto dovette apparire sospetto: mentre nelle lettere con analogo *incipit* la cancelleria papale non si curava di riportare il contenuto dei documenti grazie ai quali era stata ottenuta la pacificazione tra due istituzioni ecclesiastiche, ma si limitava a indicare le parti in causa e ad accennare al documento che si intendeva confermare,[52] nel caso della lettera indirizzata a *magister* Gargano il contenuto dell'*istrumentum* è riportato per intero, con utilizzo di formule tipicamente notarili, che tanto si discostano dall'uso della cancelleria apostolica.[53]

[51] Si veda il confronto:

Le carte dello Archivio capitolare di Casale Monferrato, 1, No. 72, pp. 72-73: "*Ea que inter ecclesiasticos uiros pro bono pacis super controuersiis proinde statuuntur in sua debet firmitate consistere et ne temeritate qualibet uiolenter scriptis apostolicis communiri*".	KEHR, *Papsturkunde*, 5, No. 25, p. 272: "*Ea que inter uiros ecclesiasticos ad amputandam litigiorum materiam et pacem in posterum observandam prouide statuuntur, firma debent et illibata consistere et, ne in recidiue contentionis scrupulum reducantur, nostro conuenit officio prouidere*".

[52] Si veda ancora il documento di Urbano III edito in KEHR, *Papsturkunden*, 5, No. 25, p. 272: "*Quapropter fraternitati tue presentium auctoritate mandamus, quatinus compositionem, que inter uenerabilem fratrem nostrum Immolensem episcopum et quasdam commissas sibi ecclesias ex una parte et dilectos filios nostros fratres hospitalis Ierosolimitani ex alia super parrochialibus intercessit, sicut de assensu partium sine prauitate facta est et recepta et in instrumento facto exinde continentur, appellatione remota, per districtionem ecclesiasticam facias obseruari*".

[53] Basti rinviare al brano riportato sopra, alla n. 38, che rimanda inequivocabilmente ai formulari notarili; testo di riferimento per la documentazione pontificia è T. FRENZ, *I documenti pontifici nel Medioevo e nell'Età moderna*, edizione italiana curata da S. PAGANO (Città del Vaticano, 1989: *Littera antiqua* 6), pp. 40-45 ("*Stilus curiae*") e pp. 75-82 ("Formazione dei documenti").

– Sempre nel presunto documento di Celestino III, contrariamente all'uso della cancelleria apostolica, non si dice che l'atto con l'accordo tra le parti viene inserito *ad litteram* ("*cuius tenor tali est*");

– inoltre, forse dimenticandosi che la lettera era indirizzata a *magistro* Gargano e, quindi, nel testo il papa avrebbe dovuto rivolgersi a lui con la seconda persona singolare ("*tu, dilectus filius, nomine ecclesie*"), l'autore passa a utilizzare la terza persona singolare, come a p. 73: "*magister Stephanus prepositus Casalensis* [...] *fecit finem et pactionem* [...] *magistro Gargano*", laddove ci sarebbe aspettati "*tibi*".

– Infine, mentre negli altri due casi di lettere con questo *incipit* riportati nei *Papsturkunden in Italien* si trattava di *mandata* (o *littere cum filo canapis*), contenenti un ordine di esecuzione, il documento per Paciliano si presentava formalmente come una *littera cum serico*: il filo e il sigillo sono deperditi, ma il nome del papa, interamente scritto con lettere allungate, e la terminologia usata dalla cancelleria ("*hanc paginam nostre constitutionis*", laddove ci si sarebbe aspettati "*nostre confirmationis*") lo attestano con certezza.

In considerazione degli elementi sopra esposti desta un certo stupore l'affermazione perentoria del Kehr che, probabilmente influenzato dal parere del suo corrispondente Luigi Schiaparelli, il quale era sicuramente più esperto di diplomi regi e imperiali che di documenti papali, accusò Innocenzo III di incompetenza e accettò come genuino il documento esibito da *magister* Gargano.[54]

5. A questo punto il documento elaborato da *magister* Gargano non fu più ricordato nel processo e nemmeno nella sentenza, pronunciata nell'aprile del 1207 dal vescovo Lotario di Vercelli.[55] La denuncia del falso dovette peraltro indebolire la posizione ma non la pervicacia della parte di Paciliano, che con la sentenza di Lotario vide ancora ribadite in tutti i punti le disposizioni del vescovo Alberto, circa la sua completa soggezione alla pieve di Casale.[56]

[54] Il giudizio del Kehr è riportato sopra, alla n. 49; circa la collaborazione con lo Schiaparelli, è lo stesso Kehr a dichiararla nella presentazione dei *Papsturkunden in Piemont* (in *Papsturkunden in Italien*, 3, p. 87); bisogna aggiungere che, oltre allo Schiaparelli, il Kehr si basò anche sull'aiuto di eruditi locali, il cui contributo non è però precisato.

[55] Il documento attribuito a Celestino III è ricordato solo per ribadirne la falsità, riconosciuta da Innocenzo III il 29 gennaio 1207: nel corso del processo, infatti, Gargano cercò ancora di appoggiarsi al documento, ma il sindico di Casale *Goellus* dichiarò che "*litteras domini pape super hac confirmatione falsas et instrumentum falsum esse*" (*Le carte dello Archivio capitolare di Casale Monferrato*, 1, No. 72, p. 108).

[56] *Ibid*., No. 72, p. 109.

Fin da subito fu chiaro che *magister* Gargano e i canonici di Paciliano non avrebbero obbedito alla sentenza di Lotario: infatti nello stesso giorno in cui essa fu pubblicata, il 2 aprile 1207, il vescovo di Vercelli con l'autorità che gli veniva dalla delega papale minacciò la scomunica a *magister* Gargano e ai chierici di Paciliano nel caso avessero battezzato i bambini nella loro chiesa e non si fossero recati a Casale il successivo sabato santo (21 aprile) e negli altri giorni fissati per i battesimi.[57] Nel maggio successivo Innocenzo III confermò la sentenza.[58]

Tutto farebbe pensare che la causa dopo tali autorevoli interventi si fosse finalmente risolta, ma i chierici di Paciliano, ora fieramente sostenuti anche dal comune, opposero ancora resistenza. Così, allorché nell'aprile del 1208 il vescovo Lotario fu traslato da Innocenzo III alla sede arcivescovile di Pisa, il capitolo di Casale si rivolse al papa per ottenere un giudice delegato nella causa che nuovamente si era aperta con il capitolo di Paciliano e Innocenzo III il 5 maggio 1208 affidò la causa al noto canonista e vescovo di Pavia Bernardo.[59] Egli, incurante di alcune lettere vescovili che il *magister* Gargano gli aveva presentato il giorno stesso in cui avrebbe dovuto pronunciare la sentenza, il 7 maggio 1210, in quanto delegato dal papa su richiesta del capitolo casalese per far osservare le precedenti sentenze, ribadì l'obbligo degli abitanti di Paciliano di portare i loro bimbi a Casale per ricevere il battesimo, quello dei chierici di S. Germano di partecipare alla celebrazione dei battesimi nella chiesa pievana, nonché quello di seguire il clero casalese in occasione dei sinodi diocesani.[60] Lo stesso giorno Bernardo assolse le parti dalle reciproche accuse

[57] *Ibid.*, No. 73, p. 110 (1207 aprile 2): "*Dominus Lotharius, Dei gratia Vercellensis episcopus, auctoritate domini pape qua fungebatur et sua excomunicavit magistrum Garganum prepositum et alios fratres suos canonicos Pacilianenses, nisi proximo sabbato sancto et aliis baptismalibus diebus uenerint ad baptiçandum in fontibus ecclesie Casalensis*".

[58] *Ibid.*, No. 74, p. 110 (Laterano, 1207 maggio 2; POTTHAST, –): "*sententiam, quam venerabilis frater noster .L*[*otharius*]. *episcopus Vercellensis super baptismate paruulorum et quibusdam aliis capitulis de quibus inter uos et ecclesiam ac commune Pacilianensem questio uertebatur, pro nobis rationabiliter tulit* [...] *confirmamus*".

[59] F. SAVIO, *Gli antichi vescovi d'Italia dalle origini al 1300 descritti per regioni: La Lombardia*, 2 vols. (Bergamo, 1932), 2, pp. 437-446; F. LIOTTA, "Bernardo da Pavia (Bernardo Circa, Bernardo Balbi, Bernardus Balbus, Bernardus Papiensis)", in: *Dizionario Biografico degli Italiani* 9 (Roma, 1967), pp. 279-284; C. VIGLIENO, "Il vescovo e canonista Bernardo da Pavia: Profilo biografico", *Bollettino della Società pavese di storia patria* 95 (1995), pp. 91-141; la sua attività come agiografo è tratteggiata da ALBERZONI, *Città, vescovi*, pp. 27-29 e pp. 140-161.

[60] *Le carte dello Archivio capitolare di Casale Monferrato*, 1, No. 77, pp. 112-113: Bernardo dichiarò di pronunciare la sentenza "*non obstantibus litteris michi missis a dominis episcopis Terdonensi et Alexandrino et eodem Aquensi et oblatis hodie mihi a preposito Gargano ecclesie*

di non aver osservato la scomunica vescovile nella quale erano incorse per le irregolarità commesse, e nel giugno successivo scomunicò il comune e gli abitanti di Paciliano, perché anche in quell'anno non avevano portato i bambini a Casale per il battesimo.[61]

Magister Gargano e gli uomini di Paciliano non si arresero e si appellarono nuovamente alla sede apostolica, ottenendo che fossero designati altri due giudici delegati, i *domini* Morando e Perazzo di Alessandria, evidentemente richiesti da Paciliano, i quali il 10 ottobre 1210 procedettero a far redigere in pubblica forma le dichiarazioni dei testimoni:[62] la causa proseguì con abbondante produzione documentaria, nella quale emerge per ricchezza di citazioni giuridiche il libello presentato probabilmente all'inizio del 1211 dal sindico di Casale, il canonico Artaldo.[63] In esso, oltre alle sue raffinate competenze, emerge una serie di considerazioni volte a chiarire definitivamente la falsità di buona parte della documentazione presentata da Paciliano: a partire dalle lettere dei vescovi di Acqui e Alessandria e di Tortona – quelle presentate da *magister* Gargano nel tentativo di sospendere il giudizio del vescovo Bernardo di Pavia – che, secondo Artaldo, erano state scritte dallo stesso Gargano, il quale aveva chiesto ai presuli di apporre il loro sigillo a una lettera da lui composta, fino alle commissorie papali con l'incarico di giudici delegati e a tutti i documenti presentati dalla parte di Paciliano.[64]

de Paciliano"; queste lettere erano state richieste dopo che gli uomini di Paciliano avevano accolto i testimoni di Casale ed erano scaduti i termini per presentare allegazioni, giacché di esse non c'era menzione negli atti del processo: "*et cum deberem procedere ad ferendum sententiam, tunc demum prepositus Paciliani obtulerit mihi litteras predictorum duorum episcoporum: ipsis, inquam, litteris non obstantibus, predictos homines siue comune Paciliani* [...] *condempno*".

[61] *Le carte dello Archivio capitolare di Casale Monferrato*, 1, No. 78-79, pp. 113-117: anche in questo caso il vescovo Bernardo agiva in quanto delegato papale; la commissoria di Innocenzo III con l'incarico di sentire ancora le parti e di chiudere la causa è del 1208 aprile 20 (POTTHAST, –); in questa occasione *magister* Gargano accusò di spergiuro gli avversari "*quod uenerunt contra transactionem olim factam inter predictas ecclesias super remissione baptismatis paruulorum et aliarum que in ipsa continentur transactione*".

[62] *Le carte dello Archivio capitolare di Casale Monferrato*, 1, No. 80 (1210 ottobre 10), p. 117: "*Quoniam uita hominis breuis et memoria labilis est, idcirco dominus Morandus et dominus Peraçius iudices delegati a domino papa, preceperunt mihi Oberto notario ut auctenticarem et in publicam formam redigerem testes quod produxit dominus Artaldus s(c)indicus Casalensis ecclesie*": la ricostruzione dei fatti è in ALBERZONI, *Città, vescovi*, pp. 207-210.

[63] *Le carte dello Archivio capitolare di Casale Monferrato*, 1, No. 80-83, pp. 117-125; le *positiones* di Artaldo al No. 84, pp. 125-135.

[64] *Ibid.*, p. 130: dopo aver dimostrato sulla base di numerose leggi e dei canoni l'infondatezza dell'accusa mossa contro i canonici di Casale, di essere stati scomunicati e di aver in seguito ignorato la sentenza, Artaldo passa a demolire l'attendibilità delle lettere (e quindi della delega

Fermiamo ora l'attenzione sulle note relative agli usi della cancelleria e della curia.[65] In merito alle lettere papali indirizzate ai vescovi di Tortona e di Acqui-Alessandria, Artaldo affermò: "*Perentoriam et conclusivam facimus allegationem dicentes litteras ipsas* [...] *evidentissime esse falsas, tum ex dictandi stilo, qui a curia romana prorsus discrepat, tum aliis manifestis indiciis*".[66] Dimostrò quindi le contraddizioni del dettato attribuito al papa, giacché laddove i vescovi erano indicati come "*dilecti fratres*", avrebbero dovuto essere chiamati "*venerabiles fratres*", come dichiarato in una recente decretale di Innocenzo III: si tratta di una citazione dalla "*novissima compilatio De falsariis*", vale a dire una decretale innocenziana del 1200, accolta nella *Compilatio III*.[67]

Artaldo mise poi in luce come Gargano, non contento dei falsi prodotti nelle varie fasi della causa, volendo aggiungere falsità a falsità volle provare la validità della lettera commissoria di Innocenzo III ai due vescovi con argomenti falsi. Per fare questo presentò due testimoni "*vilissimi et abiecti*", cioè non credibili, le cui parole erano da considerare ancora più false delle stesse lettere.[68] Uno di costoro dichiarò che le lettere erano state bollate dove veniva

papale) del vescovo di Aqui e Alessandria, Ugo Tornielli, e di quello di Tortona, Opizzone, con espressioni molto nette: "*Item dicimus illos episcopos non esse iudices, cum littere ille impetrate sint tam per suppressionem ueritatis quam per subgestionem falsitatis (J) Vnde mendax precator earum fructu debet carere*"; p. 132: "*Item quod forcius est dicimus, ipsos episcopos numquam excomunicasse capitulum siue clericos Casalenses, sicut apparet per plura instrumenta ipsorum episcoporum, in quibus continetur quod uterque eorum protestatus est et confessus quod numquam excomunicauit clericos Casalenses, set iusserunt apponi sua sigilla quibusdam litteris quarum tenorem ignorabant, sed decepti fuerunt a Pacilianensibus dicentibus utrique eorum remoto ab altero et primo episcopo Terdonensi: 'Apponite hic, domine, sigillum uestrum, quia iste sunt littere domini Alexandrini et Aquensis episcopi' et ipse adhibens fidem eis non curauit inspicere eas bene presumens de episcopo Alexandrino. Legatur hic instrumentum episcopi Terdonensis. Eadem uerba dixerunt Pacilianenses episcopo Alexandrino*"; si vedano *Le carte dello Archivio capitolare di Casale Monferrato*, 1, No. 81-83, pp. 123-125.

[65] Punti di riferimento sono gli studi di von Heckel e di Herde, citati sopra, alle nn. 2, 7 e 9.

[66] *Le carte dello Archivio capitolare di Casale Monferrato*, 1, No. 84, pp. 132-133.

[67] Friedberg, *Quinque Compilationes*, *Comp.* III, Lib. V, tit. 11, *De falsariis*, cap. 3 (*Quia graui pena*); si vedano però le contraddizioni evidenziate nel testo di una lettera genuina di Innocenzo III, sopra, alla n. 46, laddove è peraltro possibile ipotizzare un errore del notaio nello sciogliere l'abbreviazione, giacché il documento papale è riportato alla lettera nella sentenza del vescovo Lotario.

[68] *Le carte dello Archivio capitolare di Casale Monferrato*, 1, No. 84, p. 133: "*Verumtamen pars aduersa cumulare uoluit peccatum peccato, addere falsitatem falsitati, per unum falsum aliud falsum intendens probare, silicet quod littere ille facte fuerunt de mandato domini pape et bullate in canzellaria ipsius, et lecte in auditorio eius, et hoc nisus est probare per duos uilissimos*

no bollate le lettere e che poi erano state "*publice recitate*" al cospetto del papa.[69] Ma sulla base dello *stilus curiae*, il dotto sindico di Casale affermò che la dichiarazione non poteva essere accolta perché "*talia coram domino papa legi non consueuerunt*".[70] Inoltre, il medesimo testimone aveva affermato che le lettere erano state redatte attorno all'ora ottava (le 14), ma tale dato per Artaldo era assai poco verisimile, ed egli riteneva impossibile che in uno stesso giorno e in un'ora fosse accolta la *petitio*, e le lettere fossero scritte, bollate e soprattutto lette davanti al papa, giacché la lettura avveniva solitamente nella cancelleria.[71]

Il secondo testimone, poi, aveva dichiarato che il cancelliere si trovava nel palazzo papale, mentre in seguito disse che non aveva mai sentito parlare del cancelliere.[72] L'altro testimone, poi, dichiarò che le lettere erano state lette tra l'ora terza e l'ora nona – vale a dire tra le 9 e le 15 – e che erano state lette proprio dal papa, che le aveva approvate a voce, dicendo "*bene stant*", cosa che non poteva essere né vera né verisimile, giacché non si è mai sentito che il papa nel periodo estivo e a quell'ora (presumibilmente da sesta a nona) ascolti e legga le lettere.[73] Inoltre, prima i testimoni avevano affermato che il papa aveva

et abiectos testes, quorum dicta falsiora sunt etiam ipsis litteris".

[69] *Ibid.*, p. 133: "*Quorum unus dicit quod littere fuerunt bullate ubi bullantur alie et publice recitate in presentia domini pape*".

[70] *Ibid.*, p. 133: "*quod non est uerisimile, quia talia coram domino pape legi non consueverunt, set ea que frequentius accidunt potius sunt inspicienda, vt D*[*igestis*], *De legibus, et Consti*[*tutionibus*] *l*[*ege*]. *Nam ad ea*"; von Heckel, "Beiträge zur Kenntnis", pp. 439-449, propone una ricostruzione degli usi della cancelleria nel xiii secolo, dalla quale si evince però che una lettura davanti al papa non era inconsueta, anche se erano privilegiate le cause relative all'assegnazione di benefici; Kleine, "*Litterae, cartae*", pp. 192-201.

[71] *Le carte dello Archivio capitolare di Casale Monferrato*, 1, No. 84, p. 133: "*Preterea dicit quod circa octauam <horam> fuerunt ista facta. Quod nec similiter potest esse uerum et impossibile esse uidetur, vt uno eodem die et hora peticio sua fuerit admissa et littere scripte et bullate et lecte, et maxime coram domino papa*".

[72] Von Heckel, "Beiträge zur Kenntnis", pp. 447-448, ricorda che Innocenzo iii ancora tra 1205 e 1213 nominò un cancelliere; a partire da Onorio iii, invece, la cancelleria fu retta da un vicecancelliere: G.F Nüske, "Untersuchungen über das Personal der päpstlichen Kanzlei, 1254-1304", *Archiv für Diplomatik* 20 (1974), pp. 39-240 e 21(1975), pp. 249-431.

[73] *Le carte dello Archivio capitolare di Casale Monferrato*, 1, No. 84, p. 133: "*Alius uero testis dicit quod dominus papa specialiter legit eas et dixit: bene stant; quod nec uerum nec uerisimile et inauditum a seculo quod dominus papa tali tempore, scilicet estiuo, et tali hora prebeat audientiam et legat litteras*"; circa l'uso dell'approvazione orale da parte del papa – un uso sul quale si continua a discutere in relazione alla presunta approvazione orale data da Innocenzo iii a Francesco d'Assisi, per la quale rinvio a W. Maleczek, "Franziskus, Innocenz iii., Honorius iii. und die Anfänge des Minoritensordens: Ein neuer Versuch zu einem alten Problem", in: *Il papato duecentesco e gli Ordini mendicanti* (Spoleto, 1998: *Atti dei Convegni della Società internazio-*

inviato queste lettere ai vescovi *ex certa scientia*, quindi come lettere di *routines*, poi che erano state scritte appositamente per loro. Pertanto questi testimoni non meritavano di essere creduti, ma dovevano essere condannati come mendaci.[74]

Il 3 gennaio 1212 la sentenza definitiva di Innocenzo III ripercorse minuziosamente tutte le fasi dell'annosa controversia e confermò nuovamente la sentenza di Alberto. Essa fu indirizzata, con due distinti documenti, rispettivamente al capitolo di Casale Monferrato, che aveva richiesto la conferma della sentenza, e ai vescovi Aliprando di Vercelli e Giacomo di Torino e all'abate di Lucedio.[75] Nella lettera indirizzata ai tre delegati, oltre a incaricarli di rendere operativa la sentenza, li si invitava a verificare la reale necessità espressa nelle richieste degli abitanti di Paciliano, circa l'eccessiva distanza da Casale e le difficoltà legate al fatto di dovervi portare i bambini per il battesimo, al fine di rendere per loro sopportabile la sentenza.[76]

nale di studi francescani e del Centro interuniversitario di studi francescani 25), pp. 23-80; trad. italiana: "Francesco, Innocenzo III, Onorio III e gli inizi dell'Ordine minoritico: Una nuova riflessione su una questione antica", *Frate Francesco* 69 (2003), pp. 167-206 – mi permetto di segnalare un caso analogo, riportato sempre in un testimoniale del 1177 in O. SCARZELLO, G.B. MORANDI e A. LEONE, *Le carte dello Archivio Capitolare di Santa Maria di Novara* (Torino, 1924: *Biblioteca della Società Storica Subalpina* 80), p. 37: un testimone afferma che "*audiuit dicere tunc quando ipsa ecclesia de Barçi leuabatur, quod hedificabatur* per bucca *pape de Roma*".

[74] *Le carte dello Archivio capitolare di Casale Monferrato*, 1, No. 84, p. 133: "*Item primo dicit ex certa scientia quod dominus papa direxit litteras illas episcopis illis; postea dicit quod credit quod facte fuerunt eis. Vnde cum tales persone circa fidem sue testationis uacillent merito nullius fidei esse censentur. vt D*[*igestis*] *de testibus l*[*ege*] *Ij. Nam pura et simplex debet esse series testimonii. vt III Q*[*uestione*]. *VIIII. pura*".

[75] La lettera inviata al capitolo di Casale fu anche accolta nel registro, ora in *Die Register Innocenz' III., 14. Pontifikatsjahr*, ed. A. SOMMERLECHNER, O. HAGENEDER, T. HÖTZEL, R. MURAUER, R. SELINGER e H. WEIGL (Vienna, 2018), No. 137, pp. 213-221; *Le carte dello Archivio capitolare di Casale Monferrato*, 1, No. 88, pp. 139-146 (Laterano, 1212 gennaio 3; POTTHAST 4355); V. DE CONTI, *Notizie storiche della città di Casale e del Monferrato*, 11 vols. (Casale, 1839), 2, pp. 357-365 e *Le carte dello Archivio capitolare di Casale Monferrato*, 1, No. 88, pp. 139-146, pubblicano invece l'esemplare indirizzato ai tre giudici delegati – i due vescovi e l'abate di Lucedio – che sia POTTHAST sia *Le carte dello Archivio capitolare di Casale Monferrato*, 1, No. 88, p. 139 datano (erroneamente) al 2 gennaio.

[76] *Le carte dello Archivio capitolare di Casale Monferrato*, 1, No. 88, pp. 145-146: "*Pars autem Pacilianensis de nouo proposuit quod cum Pacilianum distet per duo miliaria a Casali et uia sit nimis difficilis pro eo quod est ualde lutosa, intolerabiliter erat eorum multitudini onerosum, maxime propter nobiles et debiles mulieres ut pueros suos ad Casalensem deferant ecclesiam baptiçandos. Vnde nostram prouidentiam humiliter implorabant, ut super hoc eorum dignaremur grauamini precauere. Nos vero super hoc prouidere uolentes discretioni vestre per apostolica scripta mandamus quatenus ad componendum inter Casalenses et Pacilianenses super hoc dum taxat articulo impendatis diligens studium et operam efficacem*".

Anche questa concessione, però, non riuscì a placare gli animi. Ancora prima del dicembre 1211 il legato papale Gerardo da Sesso, vescovo eletto di Novara e cardinale vescovo eletto di Albano, era intervenuto ribadendo la falsità delle commissorie per i due delegati Morando e Perazo e infine, il 22 gennaio 1212 la causa – che pure era discussa alla curia romana con il cardinale Giovanni di S. Maria in via Lata come uditore, fu nuovamente affidata ad altri tre giudici delegati – due abati, precisamente quello di Montebello in diocesi di Pavia e quello di S. Stefano di Vercelli, e il canonico vercellese Vercellino Scutario, perché si chiarissero le circostanze nelle quali Morando e Perazzo erano stati delegati.[77] Si tratta di uno scontro che non conobbe pause e che sfruttò tutti i mezzi messi a disposizione dal diritto canonico e civile: esso fu continuamente alimentato, piuttosto che risolto, dalle sentenze pronunciate. Ciò comportò un'intensa produzione di sempre nuova (e non sempre genuina) documentazione papale, un fatto che in questo, come in casi analoghi, consente di esaminare da vicino lo *stilus curiae*, vale a dire il modo in cui la curia papale cercava di risolvere le cause.

La soluzione all'annoso conflitto giunse tragicamente dall'esterno: nel 1212 Paciliano venne distrutta dal marchese di Monferrato, alleato con Casale, e ben presto ricostruita con l'aiuto di Milano, preoccupata di difendere la presenza del monastero di S. Ambrogio in quella regione. Dopo solo tre anni, nel 1215 gli eserciti dei comuni di Milano, Vercelli, Asti e Alessandria attaccarono e devastarono Casale. Dopo quella data le ostilità tra la pieve e la cappella di Paciliano finalmente cessarono.[78]

[77] *Le carte dello Archivio capitolare di Casale Monferrato*, 1, No. 89 e 90, pp. 147-149; su Gerardo da Sesso, oltre ad ALBERZONI, *Città, vescovi, ad indicem*, si veda EAD., "Sesso, Gerardo", in: *Dizionario Biografico degli Italiani* 91 (Roma, 2018), pp. 283-286; su Giovanni Ferentinus, cardinale diacono di S. Maria in via Lata fino al 1212, quindi cardinale prete di S. Prassede, vedi W. MALECZEK, *Papst und Kardinalskolleg von 1191 bis 1216: Die Kardinäle unter Coelestin III. und Innocenz III.* (Vienna, 1984: *Publikationen des Historischen Instituts beim Österreichischen Kulturinstitut in Rom* 1.6), pp. 146-147.

[78] SETTIA, *Monferrato*, pp. 149-151; ID., "Casale e il duomo", in: *Il duomo di Casale*, pp. 19-26.

English Episcopal Documents and Supplicatory Strategies at the Roman Curia in the Thirteenth Century*

THOMAS W. SMITH

English episcopal records from the thirteenth century are an excellent repository of information on the *stilus curiae*, both in its narrower sense, that is, the style of documents and the diplomatic processes of the Roman curia, and its broader meaning of the *Spielregeln*, or 'rules of the game', that supplicants and diplomats abided by and contended with. Many records issued by English bishops concerned their business at the Roman curia, most often as supplicants involved in litigation. They provide an irreplaceable counterpart to the papal documents because they illuminate the petitioner's side of curial negotiations, which is difficult to excavate from the papal sources alone. They are, nevertheless, records that are under exploited by historians of the

* I am very grateful to the Leverhulme Trust for the award of a Study Abroad Studentship (2013-15), during which this chapter was researched and written. My thanks also to Jessika Nowak and Georg Strack for their comments on the chapter.

Stilus – modus – usus: Regeln der Konflikt- und Verhandlungsführung am Papsthof des Mittelalters – Rules of Negotiation and Conflict Resolution at the Papal Court in the Middle Ages, ed. Jessika NOWAK and Georg STRACK, *Utrecht Studies in Medieval Literacy*, 44 (Turnhout: Brepols, 2019), pp. 159-174.

BREPOLS PUBLISHERS DOI 10.1484/M.USML-EB.5.117707

medieval papacy. The present chapter draws specific attention to the types of episcopal documents which can shed new light on the processes of negotiation that took place at the papal curia. It begins with a brief introduction to the available records, before moving on to extract examples from the material and to analyse what this invaluable corpus of sources can tell us about the *stilus curiae*.

The thirteenth-century English episcopal documents that we will concern ourselves with survive in two different forms: the *acta* and the registers. Both consist of documents issued during the exercise of a bishop's diocesan duties and of his diplomatic roles at the royal and papal courts: chiefly letters, mandates, privileges and legal process documents. *Acta* is the collective title given to these documents, which survive as original documents and later copies. Since its launch in 1973, the *English Episcopal Acta* project has assembled and published the *acta* of English bishops – that is, those documents not included in bishops' registers – from around the time of the Norman Conquest until the end of the thirteenth century.[1] The editions are renowned for their thoroughness, and all volumes include comprehensive introductions to the historical and diplomatic background of the sources. The episcopal registers, on the other hand, were the contemporary working books which bishops used to keep copies of their own *acta*, as well as incoming documentation, for the purposes of their own administration. England is fortunate to have some of the earliest surviving bishops' registers from the medieval West – the *rotuli* of Bishop Hugh of Lincoln from around 1214-1215 could well be the first registration of diocesan records by an English bishop.[2] Nevertheless, despite this early survival, coverage across the kingdom for the entire century is far from complete, and most of the extant register material is concentrated in the last quarter of the century. Many of these registers have been edited and published with full introductions, most by the Canterbury and York Society, which was established for the purpose of printing such records in 1904. David Smith published an essential guide to English bishops' registers (with full bibliographic details) in 1981, which he updated in 2004 with the publication of a supplement to mark the centenary of the Canterbury and York Society.[3] In addition to the introductions

[1] *English Episcopal Acta*, ed. D.M. SMITH *et al.* (Oxford, 1980-), 44 vols. to date. The series is now drawing to completion.

[2] D.M. SMITH, *Guide to Bishops' Registers of England and Wales: A Survey from the Middle Ages to the Abolition of Episcopacy in 1646* (London, 1981: *Royal Historical Society Guides and Handbooks* 11), p. 105.

[3] SMITH, *Guide to Bishops' Registers*; ID., *Supplement to the Guide to Bishops' Registers*

to each of the registers by their editors, there are a number of publications on the nature of the registers and *acta* as sources.[4]

While both the *acta* and the registers include useful information on the *stilus curiae*, it is the registers which contain the richest surviving material. This is in part because, while the survival of the original *acta* depended on the recipient carefully preserving the 'loose' document in question, English bishops were keeping records by necessity of the demands of their office. In particular, the registers were often organised into thematic sections, sometimes including a 'Roman dossier' of the letters being despatched to the papal curia.[5] This means that most of the records relevant for our purposes are found in the registers. As a result, the main focus in this chapter is on the registers, although a few good examples are drawn from the *acta* where possible. In particular, I have limited my discussion to the registers of two archbishops of Canterbury, John Pecham (r. 1279-1292) and Robert Winchelsey (r. 1294-1313). This is partly on account of the sheer wealth of material in the episcopal registers, which, if taken as a whole, would be overwhelming for an investigation of this length, and partly because some of the best examples are found in the registers of these two archbishops, who were intimately involved in the business of the Roman curia. I have also drawn some rare material illustrating the composition of petitions from the register of Thomas Cantilupe, bishop of Hereford (r. 1275-1282).

of England and Wales: A Survey from the Middle Ages to the Abolition of Episcopacy in 1646 (York, 2004).

[4] Readers should begin with: C.R. CHENEY, *English Bishops' Chanceries, 1100-1250* (Manchester, 1950); R. HILL, "Bishop Sutton and his archives: A study in the keeping of records in the thirteenth century", *Journal of Ecclesiastical History* 2 (1951), pp. 43-53; D.M. SMITH, "Thomas Cantilupe's register: The administration of the diocese of Hereford 1275-1282", in: *St Thomas Cantilupe, Bishop of Hereford: Essays in his Honour*, ed. M. JANCEY (Hereford, 1982), pp. 83-101; R.C. FINUCANE, "The registers of archbishop John Pecham and his notary, John of Beccles: Some unnoticed evidence", *Journal of Ecclesiastical History* 38 (1987), pp. 406-436; C.N.L. BROOKE, "English episcopal *Acta* of the twelfth and thirteenth centuries", in: *Medieval Ecclesiastical Studies in Honour of Dorothy M. Owen*, ed. M.J. FRANKLIN and C. HARPER-BILL (Woodbridge, 1995: *Studies in the History of Medieval Religion* 7), pp. 41-56; T.W. SMITH, "English episcopal *Acta* and thirteenth-century petitions to the Pope", *Archives* 40 (2014), pp. 16-22. For a comprehensive list of such publications, readers should consult SMITH, *Guide to Bishops' Registers*, cited above.

[5] For example, the scribes of Archbishop Robert Winchelsey's register worked on discrete quaternions for his various affairs. One of the parchment booklets was headed "*Hic incipiunt littere varie ad curiam Romanam transmisse*": *Registrum Roberti Winchelsey, Cantuariensis Archiepiscopi, A.D. 1294-1313*, ed. R. GRAHAM, 2 vols. (Oxford, 1952-1956: *Canterbury and York Society* 51-52), 1, p. VI.

Aside from forged *acta*, the main problem which confronts the scholar is that we do not possess a total record of episcopal administration.[6] The survival of the *acta* has already been commented upon briefly: the documents most likely to be preserved were those which presented some advantage to their owner and were worth keeping. This means that privileges or records settling legal disputes are more likely to be extant than routine mandates and we have to take this into account.[7] The problem with the registers, on the other hand, is that they are not a complete record of the incoming and outgoing correspondence of the English episcopate.[8] Choices were made about what material to include and exclude, and the rationale behind such decisions is often obscure to us today. The scholar also has to bear in mind a number of caveats when working with registers, and these caveats are similar to those summarised by Christopher Cheney for those working with papal registers.[9] In addition to inaccurate transcription and other scribal errors when copying a letter, register copies of documents might have been made from unfinished drafts rather than the final engrossed letter – thus the register version might not be a faithful guide to the final issued document.[10] There is also the possibility that a document in a register could have been superseded or countermanded by a later letter which *was not* recorded in the register.[11] In spite of these potential problems, the reliability level of episcopal documents is very high, and when collated with available papal and royal documentation, as well as contemporary chronicles, they represent one of the most illuminating category of sources for exploring the *stilus curiae*.

We will first examine examples from the episcopal documentation that pertain to the *stilus curiae* in its narrower sense of diplomatic style and curial processes. While the *narratio* sections of papal letters proffer information on the events leading up to the issue of the letter, this is usually merely a summary

[6] On forged *acta*, see BROOKE, "English episcopal *Acta*", pp. 49-52; J. BARROW, "Why forge episcopal acta? Preliminary observations on the forged charters in the *English Episcopal Acta* series", in: *The Foundations of Medieval English Ecclesiastical History: Studies Presented to David Smith*, ed. P. HOSKIN, C. BROOKE and B. DOBSON (Woodbridge, 2005: *Studies in the History of Medieval Religion*), pp. 18-39.

[7] BROOKE, "English episcopal *Acta*", p. 47.

[8] SMITH, "Thomas Cantilupe's register", pp. 84-85.

[9] *The Letters of Pope Innocent III (1198-1216) concerning England and Wales: A Calendar with an Appendix of Texts*, ed. C.R. CHENEY and M.G. CHENEY (Oxford, 1967), pp. XXI-XXII.

[10] See also CHENEY, *English Bishops' Chanceries*, pp. 103-104.

[11] *The Letters of Pope Innocent III*, ed. CHENEY and CHENEY, p. XXII.

of the account that petitioners presented.[12] Papal letters sometimes mention the name of a representative who presented petitions at the curia, and surviving original documents often bear the marks of proctors and curial personnel involved in their production.[13] Such marks have been studied in the extant thirteenth-century original documents in England and Wales by Jane Sayers.[14] Papal letters are much less forthcoming, however, with detailed information on how petitioners who utilised representatives at the curia organised the submission of their supplications, which personnel they employed on their behalf, what instructions they sent, and how they transferred money to pay their salaries and other expenses. Fortunately, English episcopal registers from the thirteenth century are especially rich in such documentation.

While we are blessed with an abundance of papal registers for the thirteenth century which illustrate in great detail papal decisions, many of which were responses to supplications, the texts of the actual petitions themselves are quite rare.[15] The register of Thomas Cantilupe contains a few valuable examples that have survived because he evidently wanted them recorded for future reference. Dating from around November 1276, the petitions enregistered by Cantilupe concern two unconnected topics. The first was a set of supplications for the appointment of judges in a dispute over the debt owed to the bishop by the executors of the deceased Geoffrey de Coberley.[16] These petitions are followed in the register by a *procuratorium* document appointing John de Beccles and John the Welshman as Cantilupe's proctors at the Roman curia to pursue the case.[17] Both the texts of the petitions and the *procuratorium* are preceded

[12] T. Frenz, *Papsturkunden des Mittelalters und der Neuzeit* (Stuttgart, 2000²: *Historische Grundwissenschaften in Einzeldarstellungen* 2), p. 12.

[13] For example, a papal letter issued on 25 February 1217 regarding King Andrew II of Hungary reveals that the king had been using an archdeacon with the initial 'D' to present his petitions regarding the Fifth Crusade: *Regesta Honorii Papae III*, ed. P. Pressutti, 2 vols. (Rome, 1888-1895), 1, No. 371; T.W. Smith, *Curia and Crusade: Pope Honorius III and the Recovery of the Holy Land, 1216-1227* (Turnhout, 2017: *Outremer* 6), pp. 110-111.

[14] J.E. Sayers, *Original Papal Documents in England and Wales from the Accession of Pope Innocent III to the Death of Pope Benedict XI (1198-1304)* (Oxford, 1999), pp. LXXXI-CXII.

[15] Aside from scattered examples, such as those in the register of Thomas Cantilupe, there survives a collection of copies of petitions made between 1270 and 1280 in the Codex Dunensis. See P. Montaubin, "L'administration pontificale de la grâce au XIIIe siècle: L'exemple de la politique bénéficiale", in: *Suppliques et requêtes: Le gouvernement par la grâce en occident (XIIe-XVe siècle)*, ed. H. Millet (Rome, 2003: *Collection de l'École Française de Rome* 310), p. 328.

[16] *Registrum Thome de Cantilupo, Episcopi Herefordensis, A.D. MCCLXXV-MCCLXXXII*, ed. R.G. Griffiths and W.W. Capes (London, 1907: *Canterbury and York Society* 2), p. 106.

[17] *Ibid.*, pp. 106-107.

torium thus granted a range of powers, and a certain degree of autonomy, to proctors which allowed them to carry out a supplicant's instructions and adapt to changing circumstances on the journey to and at the Roman curia. Anselm's second document was a commission to act on Winchelsey's behalf in all contentious matters at the curia, awarding him powers to conduct the archbishop's business, to defend against his opponents, and to appeal in the courts.[26] The third document in this batch contained written instructions to Anselm about his role at the papal curia, which was to replace Winchelsey's previous proctor, Master Walter of Dunbridge (who had recently withdrawn in the middle of the archbishop's business), and also included instructions about Winchelsey's payments to advocates at the curia.[27] Such documents thus reveal at least the written orders that proctors were to fulfil, although oral instructions and messages would also be entrusted to intermediaries, especially for sensitive affairs.[28]

Money was the lifeblood of petitioning. In order to finance costly litigation at the curia, powerful supplicants raised loans from Italian merchants, and empowered their representatives at the curia to do likewise.[29] The documentary evidence for monetary transactions is common in the episcopal records. On 17 February 1279, John Pecham appointed Salvagius de Florencia as his proctor, for the purpose of paying an annual salary of 40 shillings to the archbishop's named advocates at the curia.[30] Supplicants would also grant their representatives the power to borrow money, and Pecham issued just such a letter to another proctor, Anselm of Eastry, authorising him to contract loans up to the value of 20 pounds sterling with merchants or others.[31] The scale of these loans could be considerable, and the episcopal documentation bears witness to this. Winchelsey issued two *procuratorium* letters on 11 November 1300 which both licensed three of his proctors to contract a loan of £2,000 (three thousand marks sterling) against the archbishop's movable and immovable goods; the first letter authorised a loan from Italian merchants at the curia,

[26] *Ibid.*, p. 544.

[27] *Ibid.*

[28] P. CHAPLAIS, *English Diplomatic Practice in the Middle Ages* (London, 2003), p. 78.

[29] See O. ROBINSON, "Bishops and bankers", in: *Law as Profession and Practice in Medieval Europe: Essays in Honour of James A. Brundage*, ed. K. PENNINGTON and M. HARRIS EICHBAUER (Farnham, 2011), pp. 11-26.

[30] *The Register of John Pecham, Archbishop of Canterbury, 1279-1292*, ed. F.N. DAVIS and D. DOUIE, 2 vols. (Torquay, 1908-1969: *Canterbury and York Society* 64-65), 1, p. 30.

[31] *Ibid.*, 2, p. 57.

and the second from the prior and chapter of Canterbury Cathedral, or their curial proctors.[32] Presumably Winchelsey issued both letters with the expectation that only one loan would be contracted. The word *aliud* in the title of the second document in the register suggests this to be the case: "*ALIUD* [*PROCURATORIUM*] *AD CONTRAHENDUM MUTUUM IN SUO CASU*".[33] Therefore, as was common for *procuratorium* documents, the issuer sought to circumvent the problem of distance between the curia and the periphery by planning for all eventualities and making sure that his representatives were appropriately equipped with multiple documents. Even larger loans could require the promise of more than one member of the elite as surety. With the design of contracting a loan of up to six thousand marks, joint letters of credit were issued at some point between November and December 1218 by four English bishops, William Marshal, earl of Pembroke, and Hubert de Burgh, justiciar of England, among others, pledging to reimburse any merchants in England who would lend to named representatives of the minor, King Henry III.[34]

The use of proctors by supplicants to transfer money to curial advocates is illustrated in another document from Winchelsey's register. In a letter probably issued on 9 September 1301, the archbishop recommended his business to his advocate at the curia, Master Poyne, and promised to reward Poyne if the proctor employed by Winchelsey had been unable.[35] The proctors had to keep accounts of their borrowing and spending on behalf of their employer, and a letter in Winchelsey's register, sent to one of his proctors, Reginald of St Albans, on 24 October 1300, confirmed the receipt of just such an account, and dispensed Reginald from liability for the funds which he had handled while acting as proctor.[36] Given the large sums borrowed to fund petitioning at the curia, some supplicants fell into considerable debt, the most famous case being that of John Pecham, who found himself facing excommunication on account of his inability to repay a loan of four thousand marks to the merchants of Lucca.[37] Pecham's registers record his frantic letter-writing campaign to the pope and cardinals in his attempts to avoid this fate, including the archbishop's

[32] *Registrum Roberti Winchelsey*, ed. GRAHAM, 1, pp. 589-592.

[33] *Ibid.*, p. 591.

[34] *English Episcopal Acta*, 22, *Chichester, 1215-1253*, ed. P.M. HOSKIN (Oxford, 2001), No. 41, p. 28.

[35] *Registrum Roberti Winchelsey*, ed. GRAHAM, 1, p. 612.

[36] *Ibid.*, p. 584.

[37] See ROBINSON, "Bishops and bankers", pp. 23-24.

outrageous request to Pope Nicholas III to borrow five thousand marks from the tenth collected for a crusade to the Holy Land, in order to pay off his debts.[38]

Pecham's letters to cardinals asking for favours lead us on to consider the information in episcopal documents regarding the *stilus curiae* in its broader sense, that is, the *Spielregeln* that influenced supplication and negotiation at the Roman curia. The submission of supplications by high-ranking petitioners overlapped with political diplomacy and ecclesiastical administration, and the operation of the supplicatory system for prelates was predicated on a network of friendly contacts with the pope, his cardinals and other curialists. Bishops worked hard to build up and maintain good relations with these groups through the giving of gifts, the establishment of friendly correspondences, and by doing favours for cardinals in return, such as granting ecclesiastical benefices to papal kinsmen. They then sought to utilise these curial contacts so as to gain favour for their business at the curia. The composition of these networks and their use by bishops can be assessed through analysis of the episcopal documentation, especially the bishops' registers, which sometimes contain sections devoted purely to their Roman affairs.

During Pecham's attempts to curry favour at the curia and avoid excommunication as a result of his debts, on 12 July 1279, the archbishop despatched letters to no fewer than eight cardinals, asking them to promote his proctor, Anselm, who was to represent Pecham at the papal court.[39] It is apparent that Anselm was to deliver the letters personally to each cardinal, since the documents requested favour for him as the bearer of the missives (*lator praesentium*).[40] Pecham's letters aimed at flattering the cardinals in order to win their impetration, and, after the greeting clause, opened with humble expressions of gratitude for their patronage: "*De benevolentia celsitudinis vestrae, quae mihi in curia et alibi existenti multa immerito contulit beneficia, confisus, audeo vestrae clementiae supplicare, quatenus ...*".[41] The letters are evidence that personal contact between the proctor and the cardinals existed. We must remain alive to the probability that gifts and oral messages may have been transmitted by the proctor in addition to the letters.

[38] *Registrum epistolarum fratris Johannis Peckham, Archiepiscopi Cantuariensis*, ed. C.T. Martin, 3 vols. (London, 1882-1885: *Rolls Series* 77.1-3), 1, No. xv, pp. 17-20. See also his letters to cardinals asking for support *ibid.*, No. xvii, pp. 21-23; No. xliii, pp. 48-49; No. xlv, pp. 50-51.

[39] *Ibid.*, No. xvi, pp. 20-21.

[40] *Ibid.*, p. 21.

[41] *Ibid.*

Prelates used their networks in the attempt to gain a variety of advantages, chief among which was procuring access to the inside knowledge of cardinals and securing their patronage in the submission of curial business. The cardinals acted as the moderators of the requests that reached the papacy from high-ranking supplicants; winning their friendship and support was therefore of great importance to the successful expedition of curial requests. As yet another part of Pecham's effort to prevent his excommunication, he wrote a letter to the curialist, Benedict Gaetani (later elected as Pope Boniface VIII), asking for his assistance and advice on how best to proceed with his business.[42] Here, Pecham was hoping to glean inside information that might lead to success. Supplicants also sought to expedite their affairs through the machinery of papal government by gaining the influence of cardinals. On 15 July 1281, Pecham wrote letters to three cardinal-deacons seeking their assistance to accelerate the case of Richard de la More, bishop-elect of Winchester (whose election Pecham opposed on grounds of pluralism), through the curia, claiming that the resolution of the case was "*non tam pro nobis quam pro necessitate universalis ecclesiae Anglicanae*".[43] Winchelsey's register contains a similar letter issued on 25 January 1304 to John, cardinal-priest of SS Marcellinus and Peter, asking for the swift expedition of a previous question to the late Pope Benedict XI regarding the archbishop's right to institute to churches in the patronage of St Augustine's Abbey, Canterbury: "*ut apostolicum super hoc habeamus absque nimia dilacione responsum*".[44] This example is particularly interesting for analysis of the *Spielregeln*, since it concerns not only the resolution of a matter presented before the death of a pope – a change in popes could potentially alter the course of a case – but it also reveals that Winchelsey composed three different letters addressed to that pope. The archbishop sent them all to the cardinal for him to select the most appropriate one to present – that is, the one he considered would achieve the desired outcome: "*Scribimus quoque summo pontifici formam tripplicem litterarum quarum copias vobis transmittimus ut que magis expedit de consilio vestro tradatur*".[45] This statement draws our attention to the fact that when considering the surviving documents, we must remember that they do not represent a complete record of curial diplomacy: supplementary documents, oral messages and gifts were being transmitted back

[42] *Ibid.*, No. XLIV, pp. 49-50.
[43] *Ibid.*, No. CLXXIII, p. 206.
[44] *Registrum Roberti Winchelsey*, ed. GRAHAM, 1, p. 663.
[45] *Ibid.*

and forth, of which only traces such as this occasionally survive. It should also caution us against assuming that just because a medieval document is extant means that it was actually despatched and delivered.

The cultivation of friendly relationships with the cardinals was an ongoing process that waxed and waned with the appointment of new cardinals and the death of old ones. A prelate would enjoy closer relations with some cardinals than others, and would seek to draw new cardinals into his web of contacts as well as maintain existing relations. Episcopal documents testify to the existence of these overlapping circles of 'friendship'. On 1 January 1285, Pecham granted a series of cardinals pensions as gifts in return for their services on his behalf up to that point: "*Super eo quod negotia nostra et ecclesiae nostrae Cantuariensis recommendata specialiter habuistis hucusque*".[46] Although clearly rewards for favourable services rendered, Pecham claimed (somewhat unconvincingly) in his letter that the grants were to defray the expenses that the cardinals had accrued at the curia on his behalf, rather than gifts: "*ad sublevationem expensarum vestrarum*".[47] His register contains the text of the letter sent to Matthew Orsini, cardinal-deacon of S. Maria in Porticu. There is also a note appended that letters were despatched "*in eadem forma*" to a number of other cardinals and curialists, meaning that we cannot account for all of his gift-giving on this occasion. The amounts of the pensions which we do know about varied. Matthew Orsini received the largest grant, which totalled twenty pounds sterling per annum. The second largest pension, totalling ten pounds, was granted to the papal vice-chancellor, Peter de Petris Grossis. Three other cardinals were awarded twenty marks each per year, and Pecham pledged forty shillings per annum to his advocate Raymond Hispanus.[48] That the awards are not equal is telling – Pecham appears to have been concentrating his efforts on furthering his relations with, and rewarding, Matthew Orsini, who was one of his closer, and clearly well valued, contacts at the curia.[49] That the vice-chancellor also received the large sum of ten pounds, despite the fact that Pecham does not seem to have been in close contact with him before this time, can be attributed to his influence as head of the papal chancery. The three cardinals who received pensions of twenty marks, Jacobus Savelli, cardinal-deacon of S. Maria in Cosmedin, Jordan, cardinal-deacon of S. Eustace, and

[46] *Registrum epistolarum fratris Johannis Peckham*, ed. MARTIN, 3, No. DCXXVI, p. 872.

[47] *Ibid.*, p. 873.

[48] *Ibid.*

[49] *Ibid.*, 1, No. XXV, pp. 32-33; No. XLII, pp. 47-48; No. CXXI, pp. 143-144; No. CLXXIII, pp. 206-207; No. CXCI, pp. 227-228; 2, No. CCCCXXII, pp. 545-546; No. CCCCXCVII, pp. 639-640.

Gervase, cardinal-priest of S. Martin, were also less frequent contacts of Pecham, which probably explains the smaller amounts gifted to them.[50] The intended results of such grants were the cultivation of networks of 'friendly' cardinals, who would be the first port of call for supplicant's representatives at the curia. In an undated letter from 1300, Winchelsey instructed his proctor Robert of Dunbridge to seek assistance in a case regarding St Augustine's from the archbishop's contacts at the curia, namely John, cardinal-priest of SS Marcellinus and Peter, and Matthew, cardinal-bishop of Porto and S. Rufina, to whom he referred as "our friends at the curia" ("*amicos nostros de Curia*").[51] After the successful conclusion of a prelate's business at the curia, he might write to thank those who had supported his case and his proctors, as Pecham and Winchelsey did on a number of occasions, in the hope of retaining their favour for the next lot of curial business that the archbishops would inevitably present.[52]

The efforts of prelates to develop influence at the curia were, nevertheless, not always successful. The extent to which a cardinal would loyally support *all* of the causes of a prelate with whom he was in contact, is questionable. From the perspective of the bishops, however, once they had established correspondence and granted gifts, they seem to have hoped for loyalty from the cardinals. Yet this was an unrealistic expectation since the cardinals were, of course, being courted by other prelates as well, and while they would show favour to one, that favour would not extend to total loyalty, especially when they did not agree with a cause. Pecham's register contains the archbishop's side of a correspondence between 1281 and 1282 with Hugh of Evesham, cardinal-priest of S. Lawrence in Lucina, in which Pecham complains about Hugh supporting the bishop-elect of Winchester mentioned above.[53] On 25 August 1281, Pecham wrote to Hugh, expressing his disbelief that the cardinal was backing the bishop-elect in the case: "... *ut hoc de sanctitate vestra non valeamus aliquate-*

[50] See for example, the index entries in *ibid*., 3, p. 1100. Although it must be noted that this can only be used as a general indication, since the editor's index entries for letters "sent to" cardinals do not include recipients of copies of letters "*in eadem forma*". Nevertheless, it is quite clear that Matthew Orsini was a closer contact of Archbishop Pecham than the other beneficiaries of his pension grants.

[51] *Registrum Roberti Winchelsey*, ed. GRAHAM, 1, p. 578.

[52] *Registrum epistolarum fratris Johannis Peckham*, ed. MARTIN, 1, No. CCXCI, p. 376; *Registrum Roberti Winchelsey*, ed. GRAHAM, 1, pp. 559-560, 644-646, 654.

[53] See also K. HARVEY, *Episcopal Appointments in England* c. *1214-1344: From Episcopal Election to Papal Provision* (Farnham, 2014), p. 122.

nus opinari".[54] In a continuation of this correspondence, on 19 September 1281, Pecham wrote in reply to a letter of Hugh, this time conveying his disappointment with the cardinal's counsel to desist in the matter.[55] The archbishop addressed a letter to the cardinal once more on 19 January 1282, in order to make his case for opposing the confirmation of the bishop-elect, yet was anxious to maintain his position in Hugh's favour, despite their disagreement: "*Obsecramus igitur, domine reverende, ne nos a caritatis vestrae visceroso complexu velitis excludere, qui intendimus vestris beneplacitis adhaerere*".[56] Nevertheless, even without Hugh's support, Pecham prevailed, and Pope Martin IV quashed the election in 1282.[57] Given that the archbishops of England could not rely on loyalty from the cardinals, they sought to build up an expanded network of contacts that included other curial officials involved in the issue of papal letters. Winchelsey's register records a number of letters seeking the support of: a *referendarius*;[58] the auditor of the *audientia litterarum contradictarum*;[59] the vice-chancellor of Pope Boniface VIII;[60] and even the pope's doctor.[61]

The creation of curial networks relied heavily on gift-giving, and contemporaries seem to have adopted an extremely pragmatic attitude towards the custom. Pecham complained wittily in a letter of 1 March 1284 to the cardinal-bishop of Tusculum that, while the pope was said to be moved by flesh and blood, others moved him by two bowls full of gold florins: "*Movere autem eum* [the pope] *dicitur caro et sanguis, moverunt etiam ut fertur duae pelves aureae plenae florenis*".[62] This is particularly ironic given that Pecham rewarded his supporters at the curia with large sums of cash to help defray their 'expenses'. One person's bribe was another's gift, of which there were plenty at the Roman curia. In addition to the example of Pecham's pensions given above, one can easily cite others. In 1299, Winchelsey wrote to Boniface VIII and Neapolio, cardinal-deacon of S. Adriano, offering them gifts of two thousand marks and

[54] *Registrum epistolarum fratris Johannis Peckham*, ed. MARTIN, 1, No. CLXXXVI, p. 219.

[55] *Ibid.*, No. CXCII, pp. 228-230.

[56] *Ibid.*, No. CCXXIV, pp. 281-282.

[57] *Fasti Ecclesiae Anglicanae, 1066-1300*, ed. D.E. GREENWAY *et al.*, 10 vols. (London, 1968-2005), 2, p. 87.

[58] *Registrum Roberti Winchelsey*, ed. GRAHAM, 1, pp. 559-560, p. 583, pp. 610-611, pp. 614-615.

[59] *Ibid.*, p. 612.

[60] *Ibid.*, pp. 569, 611.

[61] *Ibid.*, p. 612.

[62] *Registrum epistolarum fratris Johannis Peckham*, ed. MARTIN, 2, No. DXIX, p. 681.

thirty marks respectively as well as seeking their favour.[63] The next year he wrote to three cardinals, offering one an annual pension of twenty pounds sterling, and the other two annual pensions of twenty marks.[64] On 10 January 1299, Winchelsey was forced to write to the bishop of Norwich, asking him to try and persuade a runaway cleric, Hamo de Gatele, to return to the papal court with the presents of money for the pope, cardinals and officials that he had been entrusted with.[65] Clearly the archbishop's plan to win favour with the curia had not gone to plan this time, and explaining the situation to his fellow prelate, he justified the gifts as being necessary "*pro expedicione arduorum quorundam negociorum prelatorum et cleri nostre Cantuariensis provincie in sacrosancta Romana curia*".[66] On the same day the archbishop also wrote a rather hopeful letter to the renegade cleric himself.[67] While Winchelsey was clearly glossing the reason behind the gift-giving, it does correlate with the diplomatic evidence in that gifts and letter-writing campaigns accompanied the thornier cases in which the supplicant's chances of success were unpredictable. The supplicants obviously hoped that if a swift judgement could not be reached, such grants might tip the balance in their favour.

Presents of cash could easily be construed as bribes by others (just as Pecham did in the example given above), therefore prelates also used their influence in England to win the favour of the curia by more subtle means – primarily by granting benefices to papal kinsmen. For example, on 2 June 1282, Pecham wrote to Girardus Blancus, cardinal-bishop of Sabina, informing the cardinal that he would grant a benefice to Simon de Cruce, a cleric of Girardus.[68] That a two-way channel of influence existed between the Roman curia and the provinces is made clearer in a letter from the register of Winchelsey dated 2 November 1298.[69] The letter, which was given the title "*RESPONSIO AD CARDINALEM SUPER ECCLESIA DE MONEKETON*" in the register, was a reply to a request of Francis, cardinal-deacon of S. Lucia in Silice, in which the archbishop pledged to use his influence with King Edward I regarding the appointment of the cardinal's nephew to the church of Monkton. In return, Winchelsey asked the cardinal to watch over his affairs at the curia.

[63] *Registrum Roberti Winchelsey*, ed. GRAHAM, 1, pp. 551-552.
[64] *Ibid*., pp. 582-583.
[65] *Ibid*., pp. 300-301.
[66] *Ibid*.
[67] *Ibid*., p. 302.
[68] *Registrum epistolarum fratris Johannis Peckham*, ed. MARTIN, 1, No. CCLXXXV, pp. 369-370.
[69] *Registrum Roberti Winchelsey*, ed. GRAHAM, 1, pp. 542-543.

Nevertheless, the ability of prelates to reward curialists in this manner was constrained by factors outside of their control, much as the support of the cardinals in curial affairs could not always be relied upon. The month before his letter to Girardus, Pecham had been forced to write to Benedict Gaetani (now cardinal-deacon of S. Nicola in Carcere) to tell him, in a letter full of apologies, that he could not appoint Bartholomew de Ferentino to a benefice, since he had been found incapable of speaking English and of reading and writing Latin.[70] Pecham also had to reply to John de Colonna, cardinal-deacon of S. Maria in Cosmedin, on 21 December 1282, apologising that he could not help the cardinal's son, who had run up infinite and frivolous expenses in Wales.[71]

In conclusion, the foregoing discussion has demonstrated that English episcopal documents contain incredibly useful information on the *stilus curiae*, both in its narrower diplomatic sense and in its broader meaning of the *Spielregeln* of the Roman curia. English episcopal records give witness to some of the intricacies of petitioning and diplomacy at the Roman curia, although these often need to be teased out carefully. One of the important, but easily forgotten, points is that we are not dealing with a complete record of diplomacy between the curia and the periphery, and that so much of the contact between important petitioners and the curia was conducted in a non-written form.[72] The records can hint at the importance of proctors presenting episcopal documents to cardinals in person, or that pensions were granted to other unnamed curialists, for example. But they do not reveal what occurred when the proctors handed the letters over (did they relay oral messages as well? Were they carrying gifts?), or to which and how many extra curialists pensions were granted, or what their values were. Thus we have one part of the source material from which to reconstruct the *Spielregeln* of the thirteenth-century Roman curia. Episcopal registers and *acta* are, nevertheless, indispensable for the study of the thirteenth-century papacy because they illumine the role of petitioners (albeit high-ranking prelates) in the era before the institution of the papal registers of supplications (the *Registra Supplicationum* only survives from 1342). The sources would undoubtedly repay detailed research into the networks and personnel at the curia, especially comparative studies between different English and European prelates.

70 *Registrum epistolarum fratris Johannis Peckham*, ed. MARTIN, 1, No. CCLXVI, pp. 350-351.

71 *Ibid.*, 2, No. CCCLXXVI, pp. 494-495.

72 See in particular CHAPLAIS, *English Diplomatic Practice*, on this point.

"*Solom le cours de leglise de Rome*": The Use of the *stilus curiae* in Anglo-papal Correspondence during the First Half of the Fourteenth Century

BARBARA BOMBI

On 27 August 1320 King Edward II addressed a privy seal writ to the keepers of the great seal, ordering that they issue letters to Pope John XXII, the cardinals and the king's "friends" at the papal curia as quickly as possible in order to solicit Master Roger of Northburgh's promotion to the cardinalate. In his writ the king asked that the letters addressed to the papal curia should be compiled "*en aussi bone et especiale forme come vous saverez et porrez*".[1] On the same date Latin instructions were also sent to the keepers of the great seal, specifying the topics that had to be included in the letter to the pope "*sub forma competenti et ornate*".[2] These instructions maintained that the letter had to take the form of a *littera recommendatoria* to intro-

[1] *English Medieval Diplomatic Practice*, 1, *Documents and Interpretation*, ed. P. CHAPLAIS (London, 1982), 2, No. 324a, p. 702.
[2] *Ibid.*, No. 324b, p. 702.

Stilus – modus – usus: Regeln der Konflikt- und Verhandlungsführung am Papsthof des Mittelalters – Rules of Negotiation and Conflict Resolution at the Papal Court in the Middle Ages, ed. Jessika NOWAK and Georg STRACK, *Utrecht Studies in Medieval Literacy*, 44 (Turnhout: Brepols, 2019), pp. 175-194.

BREPOLS PUBLISHERS DOI 10.1484/M.USML-EB.5.117708

duce the English Crown's *nuncii seu ambassatores* before the papal curia: "*recommendacio affectuosa, specialis et multum ornata*".[3] The contents of the letter were further outlined: the document in fact should highlight the lack of an English cardinal, who could properly represent English requests before the curia, and it should promote the nomination of Roger of Northburgh, who met the requirements for the cardinalate on a personal level and was a trusted adviser of the king. On the same day the king's instructions were carefully executed by the keepers of the great seal and letters addressed to the pope, the cardinals and king's "friends" at the curia were drafted in accordance with the rules of the *stilus curiae*.[4] The English Chancery further enrolled the original *littera recommendatoria* addressed to the papal curia in the Roman Rolls, where by the second decade of the fourteenth century copies of the correspondence addressed to the papal curia were kept.[5]

Yet, from the mid-twelfth century onwards the correct employment of the *stilus curiae* had increasingly become a requirement for petitioners approaching the Apostolic See, as evidenced in canon law commentaries, formularies and administrative practice. The expression *stilus curiae* initially referred to the administrative requirements that ought to be followed when petitioning and engaging in legal proceedings at the papal curia, but by the early fourteenth century this expression was also more loosely used with reference to the ceremonial performances that ought to be followed in diplomatic exchange with the papacy.[6] Knowledge of the *stilus curiae* was therefore essential for petitioners

[3] *Ibid.*

[4] *Ibid.*, No. 324c, pp. 703-704; *Foedera, conventiones, litterae et cuiusque generis acta publica*, 2.1, *1307-1327*, ed. T. Rymer (London, 1818), pp. 432-433. Those listed as king's friends at the curia are John of Veroli, John xxii's brother, Peter Duèse, two of his nephews, and Bernard Jourdain d'Isle. Zanke maintained that the latter were members of John xxii's household and papal political advisers: S. Zanke, *Johannes xxii., Avignon und Europa: Das politische Papsttum im Spiegel der kurialen Register (1316-1334)* (Leiden and Boston, 2013), pp. 200-202.

[5] See B. Bombi, "The Roman rolls of Edward ii as source of administrative and diplomatic practice in the early fourteenth century", *Historical Research* 85 (2012), pp. 597-616.

[6] P. Herde, *Beiträge zum päpstlichen Kanzlei- und Urkundenwesen im dreizehnten Jahrhundert* (Kallmünz, 1961), p. 74, p. 103, p. 107, pp. 114-115; T. Frenz, *I documenti pontifici nel Medioevo e nell'Età Moderna* (Vatican City, 1998), pp. 47-53; C. Lefebvre, "Style et pratique de la curie romaine", in: *Dictionnaire de Droit Canonique*, ed. R. Naz and A. Villien, 7 vols. (Paris, 1935-1965), 7, cols. 1092-1093. On the ceremonial performances that ought to be followed when approaching the papal curia, see Herde, *Beiträge*, p. 82. Although the expression *stilus curiae* is not consistently used in earlier sources, similar ceremonial procedures seem to have been required of petitioners visiting the papal curia in the thirteenth century. See, for instance, Gerald of Wales and Thomas of Malborough; cf. H. Müller's essay in this volume.

who came to negotiate with the complex network of papal officials and clerks, members of the pope's household and cardinals, notoriously described by Francesco Petrarca as "*inextricabilis curie labyrintus*".[7] This extended meaning of *stilus curiae* as both the ceremonial practice, which petitioners had to comply with when approaching the papal curia, as well as the administrative practice required by the different curial departments is clearly stated in the early-fourteenth-century diplomatic correspondence of the Aragonese ambassadors at the papal curia. The latter in fact explicitly mention the *stilus curiae* when detailing their activity at the papal curia and attempts at obtaining audiences and documents from the pope through formal and informal communications with the curia personnel, members of the papal household and the cardinals.[8] More informal contacts with members of the papal curia and household in fact secured a good network for gathering information, rumours and occasionally gossips, which play such big part in the diplomatic correspondence for the Early Modern period.[9]

Arguably, by the fourteenth century the use of the *stilus curiae* also became an integral part of Anglo-papal diplomatic discourse, which dealt with matters concerning foreign policy as well as the management of routine admin-

[7] Francesco Petrarca, *Le Familiari*, ed. V. Rossi and U. Bosco, 4 vols. (Florence, 1933-1942), 3, p. 112.

[8] On the *stilus curiae* as ceremonial practice to be followed when petitioning the papal curia, see the dispatch of the Aragonese envoys Vitalis de Villanova, Dalmacius de Pontonibus and Bernardus de Ponte to James II on 7 February 1312 (*Acta Aragonensia: Quellen zur deutschen, italienischen, französischen, spanischen Kirchen- und Kulturgeschichte aus der diplomatischen Korrespondenz Jaymes II. (1291-1327)*, ed. H. Finke (Basel, 1966), 3, No. 110, pp. 232-233): "*Sciatis etiam, domine, quod adhuc non visitavimus aliquem cardinalem, quia stilus est curie, quod ambaciatores alicuius regis non debent visitare cardinales, quousque reverenciam exhibuerint domino pape*". See also an earlier dispatch, dated 14 September 1301, where the Aragonese representatives extensively described the difficulties encountered in his mission at the papal curia and referred to the *stilus curiae* (*Aus den Tagen Bonifaz VIII.: Funde und Forschungen*, ed. H. Finke (Rome, 1964), p. XXXVI): "*Preter stilum et morem curie Romane propter nimiam importunitatem et diligentiam tempore feriato obtinui litteram in causis appellationum contra comitem Fuxensem per partem vestram emissis ... regie magestati. Sum autem hic obligatus pro predicta littera de mandato pape speciali, qui ita voluit et precepit, ut scribo domino episcopo Valentino, qui illa omnia super salariis procuratorum ei scripta celsitudini regie plenius reserabit*". On these sources, cf. S. Roebert's essay in this volume and J. Nowak's and G. Strack's introduction.

[9] An excellent example of information-gathering is given by two letters that the English representatives Andrea Sapiti and Raymond Subirani sent from the South of France to England during the papal vacancy between 1314 and 1316. For a discussion and edition of these documents, see B. Bombi, "The English crown and the election of Pope John XXII", *Journal of Ecclesiastical History* 68 (2017), pp. 260-284.

istration, namely provisions to benefices, requests for marriage dispensations, recommendations of royal protégés before the papal curia, and generally disputes between the papacy and the English Crown concerning the control over temporalities and spiritualities.[10] Administrative and bureaucratic practices, based on the expectations of the papal curia that petitioners followed the *stilus curiae*, were therefore at the core of Anglo-papal diplomacy. The latter was also conducted through formal exchanges, undertaken through to the dispatch of diplomatic and administrative personnel, and negotiations concerning foreign policy, and informal contacts, which the English Crown fostered thanks to networks of "friends" and "protégés" at the papal curia, such as the ones mentioned in Edward II's letter of August 1320.

Arguably, as Cuttino put it, the domestic and international changing political circumstances and conflicts, which characterised the first decade of Edward III's reign and saw the outbreak of the Hundred Years' War in 1337, led to the increasing specialisation of the administrative and diplomatic personnel in England and in other leading European polities, where there is evidence of the transition "from a condition of political decentralization to one of comparative unity". In Cuttino's words the technical nature of the business transacted in the management of foreign affairs made the employment of specialised representatives essential. In this respect the training of administrative and diplomatic personnel involved in diplomatic activities became crucial. Accordingly, by the fourteenth century, alongside well-trained administrative personnel, the English Crown managed its diplomatic business at the papal curia through representatives dispatched with various degrees of autonomy to carry out independent negotiations. These were proctors and *nuncii*, who also had to be acquainted with the administrative, legal and ceremonial requirements of the *stilus curiae*.[11]

In this essay I shall therefore investigate by means of case-studies the extent to which in the first half of the fourteenth century the English chancery

[10] BOMBI, "The Roman rolls of Edward II", pp. 597-616. See also P. CHAPLAIS, "English diplomatic documents to the end of Edward III's reign", in: *The Study of Medieval Records: Essays in Honour of K. Major*, ed. D.A. BULLOUGH and R.L. STOREY (Oxford, 1971), pp. 22-56; ID., *English Diplomatic Practice in the Middle Ages* (London, 2003); B. BARBICHE, *Bulla, Legatus, Nuntius: Études de diplomatique et de diplomatie pontificales (XIIIe-XVIIe siècle)* (Paris, 2007), p. 9.

[11] G. MATTINGLY, *Renaissance Diplomacy* (Baltimore, 1964), pp. 24-27; D.E. QUELLER, *The office of ambassador in the Middle Ages* (Princeton, 1967), pp. 26-28; CHAPLAIS, *English Diplomatic Practice*, pp. 155-156; P.M. BERTHE, *Les procureurs français à la cour pontificale d'Avignon* (Paris, 2014), p. 96.

implemented the use of the *stilus curiae*, focussing on two issues. Firstly, I will address the employment of the *stilus curiae* in English administrative and bureaucratic practice, mainly using examples taken from the Roman Rolls, which record the Crown's petitions sent to the papal curia between 1306 and 1358. I will here especially engage with the use of the *stilus curiae* in the compilation of documents employed in lawsuits at the papal curia as well as in the king's recommendations of his clerks and protégés. Secondly, I will address the activity of the English Crown's representatives and agents dispatched to the papal curia, who were *de facto* responsible for implementing the use of the *stilus curiae* in English diplomatic practice.

1. English Administrative and Bureaucratic Practice

The importance of the *stilus curiae* was already well known to English petitioners approaching the papal curia in the early thirteenth century, as evidenced in Thomas of Marlborough's *History of Evesham Abbey*. Thomas attributed the abbey's chances of success in its lawsuit against the bishop of Worcester to the good employment of the *stilus curiae*, or, in other words, to the "*modus scribendi pape per moram quam feceram in curia*".[12] As Patrick Zutshi has argued, the need to comply with papal rules and chancery practices was strongly promoted from the pontificate of Innocent III (1198-1216), alongside a more general reorganisation of the papal chancery, which mainly focussed on regulating the payment to papal officials and the activity of proctors as well as preventing the production of forgeries.[13] The historiography concurs that throughout the thirteenth century the legal and diplomatic practice adopted at the papal curia was renowned across Europe. There is however a debate on the extent to which the papal chancery practice actually influenced chancery practices in other polities. While Barraclough maintained that since 1242 this was the case in England at least for petitions concerning provisions to benefices, Jane Sayers and Patrick Zutshi have more recently argued that the influence of papal practice upon the external and internal features of English documentation was only cosmetic and superficial, conversely maintaining that the

[12] The whole sentence in Thomas of Marlborough, *History of the Abbey of Evesham*, ed. J. SAYERS and L. WATKISS (Oxford, 2003), p. 314 reads: "*Novi enim modum scribendi pape per moram quam feceram in curia, quod multum profuit cause nostre, quia non scriberet nisi victori*".

[13] P. ZUTSHI, "Innocent III and the reform of the papal chancery", in: *Innocenzo III: Urbs et Orbis*, ed. A. SOMMERLECHNER (Rome, 2003), pp. 84-101.

English and papal administrative practices underwent parallel developments in the thirteenth and fourteenth centuries.[14] Whereas the historiography has therefore argued that the influence of the papal chancery on the English administrative practice was mostly stylistic, we ought to acknowledge that most formulaic expressions – in use at the papal curia and included under the umbrella of the so-called *stilus curiae* – referred to canonical and juridical principles alike, as Othmar Hageneder has convincingly shown.[15] Therefore, from the mid-thirteenth century the English Crown and its representatives employed the *stilus curiae* in their correspondence in order to comply with the expectations of the papal curia departments as far as both style and contents were concerned.

Stylistically, from the thirteenth century the papal curia required the use of rhythmical prose, namely the *cursus Romane curiae*, in its incoming correspondence. While from the thirteenth century the need for good prose-writing when petitioning the papal curia was already renowned in England, until the early fourteenth century its use in English chancery documents was however pretty rare.[16] According to Denholm-Young the *cursus Romane curiae* was in fact consistently employed in England only from 1310, as evidenced in a number of English petitions addressed to the papal curia and enrolled in the Roman

[14] G. BARRACLOUGH, "The English royal chancery and the papal chancery in the reign of Henry III", *Mitteilungen des Instituts für Österreichische Geschichtsforschung* 62 (1954), pp. 365-378; J.E. SAYERS, "The influence of papal documents on English documents before 1305", in: *Papsturkunde und europäisches Urkundenwesen*, ed. P. HERDE and H. JAKOBS (Cologne, Weimar, and Vienna, 1999), pp. 161-199; P. ZUTSHI, "The papal chancery and English documents in the fourteenth and early fifteenth centuries", *ibid.*, pp. 200-217.

[15] On the canonical foundation of formulaic clauses in papal letters, see O. HAGENEDER, "Probleme des päpstlichen Kirchenregiments im hohen Mittelalter (*Ex certa scientia*, *non obstante*, Registerführung)", *Lectiones eruditorum extraneorum in facultate philosophica Universitatis Carolinae Pragensis factae* 4 (1995), pp. 71-76; ID., "Päpstliche Reskripttechnik: Kanonistische Lehre und kuriale Praxis", in: *Stagnation oder Fortbildung? Aspekte des allgemeinen Kirchenrechts im 14. und 15. Jahrhundert*, ed. M. BERTRAM (Tübingen, 2005), pp. 181-196, at pp. 195-196. On the *stilus curiae* as the written procedure to be followed in lawsuits at the papal curia, see S. PERALBA, "La procedure romano-canonique d'après le *Stilus curie parlamenti* de l'avocat Guillaume Dubreuil, vers 1331", in: *Proceedings of the Eleventh International Congress of Medieval Canon Law*, ed. M. BELLOMO and O. CONDORELLI (Vatican City, 2006), pp. 625-648, at pp. 627-628.

[16] A.C. CLARK, *The Cursus in Mediaeval and Vulgar Latin* (Oxford, 1910), pp. 13-21; M.G. NICOLAU, *L'origine du "cursus" rythmique et les débuts de l'accent d'intensité en Latin* (Paris, 1930), pp. 145-155; F. DI CAPUA, *Il ritmo prosaico nelle lettere dei papi e nei documenti della cancelleria romana dal IV al XIV secolo*, 3 vols. (Rome, 1937-1946), 3, pp. 33-46; T. JANSON, *Prose Rhythm in Medieval Latin from the 9th to the 13th Century* (Stockholm, 1975), pp. 80-104.

Rolls.[17] Thereafter the *cursus* is more commonly found in the *arenga* of English documents, especially in letters close concerning matters in the king's personal interest, such as the above letters addressed to the cardinals and king's friends in August 1320 to support Roger of Northburgh's promotion to the cardinalate.[18] Yet, because of their use of the *cursus Romane curiae*, the same letters were also copied in the *Liber epistolaris*, a formulary including about 1,500 documents possibly compiled in order to instruct the English chancery personnel on the different rhetorical and administrative tools which should be adopted in outgoing correspondence.[19] And indeed, in the 1330s it was the author of the *Liber epistolaris*, Richard of Bury, who was responsible for the implementation of the *cursus Romane curiae* in the English chancery.[20] Richard of Bury was in fact one of the most trusted advisers of Edward III, famous for his literary interests and bibliophile activity, also evidenced in the compilation of another treatise, the *Philobiblon*, written by 1345, in which Richard himself extensively employed the *cursus Romane curiae*.[21] During his long career in Edward III's service Richard of Bury acted as keeper and treasurer of the wardrobe (21 August 1328-23 September 1329), keeper of the privy seal (24 September 1329-7 April 1333) and chancellor (28 September 1334-6 June 1335), while after 1330 he was dispatched on a number of delicate diplomatic missions at the papal curia, where he had the chance to become acquainted with the curial administrative and ceremonial practices, namely with the so-called *stilus curiae*.[22]

Furthermore, alongside the use of rhythmic prose (*cursus Romane curiae*) from the mid-fourteenth century English chancery documents occasionally adopted the papal dating style. The latter, as Chaplais put it, is especially evidenced in some mid-fourteenth-century English diplomatic documents dated

[17] ZUTSHI, "The papal chancery", pp. 205-206, 211; N. DENHOLM-YOUNG, "The *cursus* in England", in: ID., *Collected Papers: Cultural, textual and biographical essays on Medieval topics* (Cardiff, 1969), pp. 42-73, at pp. 56-61. On the Roman Rolls of EDWARD II, see BOMBI, "The Roman rolls of Edward II", pp. 597-616.

[18] CHAPLAIS, "English diplomatic documents", pp. 47-48; ZUTSHI, "The papal chancery", pp. 205-215.

[19] *The Liber epistolaris of Richard de Bury*, ed. N. DENHOLM-YOUNG (Oxford, 1950), No. 229, p. 103. See also G.P. CUTTINO, *English Diplomatic Administration, 1259-1339* (Oxford and London, 1940), pp. 96-97.

[20] N. DENHOLM-YOUNG, "Richard de Bury (1287-1345) and the *Liber epistolaris*", in: ID., *Collected Papers*, pp. 1-41, at pp. 4-5.

[21] *Ibid.*, pp. 34-35.

[22] *Ibid.*, pp. 1-41.

according to the "Nativity style" and compiled by Master John de Branketre, who held the office of notary in the English chancery between 1355 and 1375.[23] Most interestingly, the dating in the Nativity style of these documents, which all deal with continental and diplomatic affairs, is occasionally followed by the expression "*solom le cours de leglise de Rome*", namely "according to the style of the Church of Rome", as opposed to the *stylus / consuetudo ecclesie Anglicane*, namely the Annunciation style, commonly adopted in English diplomatic documents before 1359.[24] As Chaplais already suggested, it is indeed likely that the English chancery employed the Nativity style in its diplomatic correspondence with foreign polities in order to conform to a more international and broadly known dating practice.[25]

Finally, and most importantly, from the second half of the thirteenth century English royal and episcopal documents adopted some formulaic clauses in use at the papal chancery. The historiography agrees that from the second half of the thirteenth century the implementation of such formulaic language in English documents ought to be attributed to the activity in England of notaries public.[26] As Chaplais and Zutshi point out, this was the case with the formulaic clause "*Ad perpetuam rei memoriam*". The latter, used in papal solemn letters and in some charters of the French kings from the thirteenth century, is also found in some fourteenth-century English royal and episcopal documents in the form "*Ad perpetuam memoriam rei geste*".[27] Accordingly, Zutshi focussed on the fourteenth-century use of expressions such as "*Supplicant*" or "*Significant*" at the beginning of petitions addressed to both the pope and the English king, highlighting that these expressions were already listed as good practice in the early thirteenth-century *ars dictaminis*, especially the *Antiqua rhetorica* of Boncompagno da Signa.[28] Likewise, during the fourteenth century a compar

[23] P. Chaplais, "Master John de Branketre and the office of notary in Chancery, 1355-1375", *Journal of the Society of Archivists* 4 (1971), pp. 169-199, at p. 188 and Appendix II, pp. 193-196. On these documents, see also Zutshi, "The papal chancery", pp. 206-207.

[24] Chaplais, "Master John de Branketre", Appendix II, pp. 193-196, No. 5, No. 7, No. 8, No. 27.

[25] *Ibid.*, p. 188.

[26] C.R. Cheney, *Notaries Public in England in the Thirteenth and Fourteenth Centuries* (Oxford, 1972); Chaplais, "Master John de Branketre", pp. 169-174; P. Zutshi, "Notaries public in England in the fourteenth and fifteenth centuries", *Historia Instituciones Documentos* 23 (1996), pp. 421-433; id., "The papal chancery", pp. 204-205; Sayers, "The influence", pp. 169-170.

[27] Chaplais, "Master John de Branketre", pp. 169-199; Zutshi, "The papal chancery", pp. 205, 211.

[28] Zutshi, "The papal chancery", pp. 208-209. See also *Briefsteller und Formelbücher des*

able use of the clause "*Fiat*" is evidenced for granting petitions both in England and at the papal curia.[29]

Arguably, the implementation of these formulaic clauses was not exclusively stylistic, especially in those instances where the phraseology referred to the legal principles of the *ius commune*, which were disseminated in England from the mid-twelfth century through the activity of bishops, judges delegate and legates.[30] In other words, as David d'Avray has recently argued, these clauses found in papal letters belonged "both to the sphere of law and diplomatic" and provided a framework of formal legality without the use of a commensurate bureaucracy.[31] This was especially the case with formulaic clauses such as "*non obstante*", "*motu proprio*" and "*ex certa scientia*", found in English and papal documents from the thirteenth century onwards. In particular, the formulaic clause "*non obstante*" was already employed in English royal documents from 1205-1206, while from 1242 it was adopted by the English chancery in grants concerning the dispensation of royal patronage and by the early fifteenth century it was commonly used in royal grants.[32] Accordingly, as

elften bis vierzehnten Jahrhunderts, ed. L.R. ROCKINGER, 2 vols. (Munich, 1863), 1, p. 154, also quoted in ZUTSHI, "The papal chancery", p. 208, n. 42.

[29] *Ibid.*, p. 209. On the use of *Fiat* and its employment at the papal chancery, see also B. BOMBI, "Der Geschäftsgang der Suppliken im ersten Viertel des 14. Jahrhunderts: Einige Beispiele anhand des Registers des Kurienprokurators Andrea Sapiti", *Archiv für Diplomatik* 51 (2005), pp. 253-283, at pp. 272-274.

[30] SAYERS, "The influence", p. 174. On the dissemination of the *ius commune* in England, see C. DUGGAN, *Decretals and the Creation of "New Law" in the Twelfth Century: Judges, Judgements, Equity and Law* (Aldershot, 1998); R. BRENTANO, *York Metropolitan Jurisdiction and Papal Judges Delegate (1279-1296)* (Berkeley, 1959); ID., *Twelfth-Century Decretal Collections and Their Importance in English History* (London, 1963); G.G. PAVLOFF, *Papal Judge Delegate at the Time of the Corpus Iuris Canonici* (Washington D.C., 1963); C. DUGGAN, "The reception of canon law in England in the later twelfth century", in: ID., *Canon Law in Medieval England* (Aldershot, 1982), pp. 359-390; J. SAYERS, *Papal Judges Delegate in the Province of Canterbury, 1198-1254: A Study in Ecclesiastical Jurisdiction and Administration* (Oxford, 1971); A. DUGGAN, "*De consultationibus*: The role of episcopal consultation in the shaping of canon law in the twelfth century", in: *Bishops, Texts and the Use of Canon Law around 1000*, ed. B. BRASINGTON and K.C. CUSHING (Aldershot, 2008), pp. 191-214.

[31] D. D'AVRAY, *Medieval Religious Rationalities: A Weberian Analysis* (Cambridge, 2010), pp. 142-149.

[32] BARRACLOUGH, "The English royal chancery", pp. 374-378; SAYERS, "The influence", p. 172; C.G. CRUMP, "*Ex quod expressa mentio*", in: *Essays in History Presented to Reginald Lane Poole*, ed. H.W.C. DAVIS (Oxford, 1927), pp. 35-45; ZUTSHI, "The papal chancery", p. 208. On the use of these clauses in papal letters, see HAGENEDER, "Päpstliche Reskripttechnik", pp. 181-196. On the use of the formulaic clause "*non obstante*" in papal letters, see also B. MEDUNA, *Studien zum Formular der päpstlichen Justizbriefe von Alexander III. bis Innocenz III.*

Crump and Zutshi pointed out, the formulaic clauses "*motu proprio*" and "*ex certa scientia*", employed in papal mandates with reference to a grant that derived from the pope's own wish and knowledge of the circumstances, are found in royal grants of land, offices and annuities from the reign of Henry IV (1399-1413).[33] The use of these formulaic expressions ultimately evidenced the implementation of canonical procedures especially as far as provisions to benefices in England were concerned. From the mid-twelfth century these formulaic clauses and the canonical principles that they illustrated were disseminated in England thanks to the activity of papal legates and judges delegates and employed in episcopal documentation. In other words, as Jane Sayers put it, "the real influences are to be seen in the legal / business spheres in the phraseology which was introduced through the judge delegate system from the late twelfth century onwards and through the benefice business of the mid to late thirteenth century".[34] Accordingly, as Barraclough further argued, from the thirteenth century the papal chancery indirectly influenced contemporary administrative practices across Europe thanks to the circulation of models, which were collected in formularies originally compiled at the papal curia to record its in-house style, namely the *stilus curiae*.[35]

Hence, from the early fourteenth century the efforts of the English Crown's chancery and representatives at the papal curia to adapt their correspondence to the requirements of the *stilus curiae* are well documented. As I have argued elsewhere, in the private register of Andrea Sapiti, proctor of Edward II and Edward III at the papal curia between 1308 and 1338, a number of examples highlight how Sapiti had to redraft petitions presented before the curial departments. This was especially the case with those clauses where the proctor made use of formulaic expressions such as "*non obstante*" and "*ex certa scientia*". Most interestingly, the corrections to these petitions were not only stylistic, but

(1159-1216): die non obstantibus *Formeln* (Vienna, 1989). See also D'AVRAY, *Medieval Religious Rationalities*, pp. 143-145.

[33] CRUMP, "*Ex quod expressa mentio*", pp. 30-35; ZUTSHI, "The papal chancery", pp. 207-208. On the formulaic clause "*ex certa scientia*", see also O. HAGENEDER, "Die Rechtskraft spätmittelalterlicher Papst- und Herrscherurkunden '*ex certa scientia*', '*non obstantibus*' und '*propter importunitatem petentium*'", in: *Papsturkunde*, ed. HERDE and JAKOBS, pp. 401-430, at pp. 402-410; ID., "Päpstliche Reskripttechnik", pp. 183-186; D'AVRAY, *Medieval Religious Rationalities*, pp. 144-145.

[34] SAYERS, "The influence", p. 174.

[35] G. BARRACLOUGH, *Public Notaries and the Papal Curia: A Calendar and a Study of a* Formularium notariorum curie *from the Early Years of the Fourteenth Century* (London, 1934), pp. 31-32.

also mostly concerned the juridical framework and contents of the requests.[36] For instance, between 1333 and 1334 during the course of the lawsuit concerning the disputed provision to the deanery of Wells, Andrea Sapiti, representative of the royal providee Walter of London, had to rewrite no less than three times the section of the petition following the "*non obstante*" clause owing to Walter's pluralism, which the papal chancery had challenged on canonical grounds after examining Walter's request.[37] Moreover, the evidence suggests that the importance of these formulaic clauses and their canonical contents were well understood by professional proctors and petitioners. This knowledge of the correct formulaic language to employ when petitioning the papal curia is in fact clearly shown in the requests of some petitioners, who, following their proctor's advice, asked to have the "*ex certa scientia*" clause included in the papal confirmation of earlier documents. The inclusion of this clause would have in fact made any appeal against the papal confirmation at a later stage canonically very challenging.[38]

Furthermore, from the early fourteenth century several overlooked examples highlight the process of "translating" petitions, initially drafted according to the style of the English chancery, into the style of the Roman curia.[39] In this respect, a number of instances survive among the petitions enrolled in the Roman Rolls, which the English chancery compiled from 1306 in order to record requests and letters addressed to the papal curia. Especially between March 1339 and May 1342 the English chancery's personnel enrolled twice in the Roman Rolls a number of petitions, addressed to the papal curia and mostly dealing with provisions to benefices. In their first version these petitions conformed to the style of the English chancery, while in their second they complied with the *stilus curiae*.[40] Most interestingly, this peculiar English administrative practice, which to my knowledge the historiography has not previously noted, coincided with the contemporary registration of supplications at the papal chancery in the so-called *Registra Supplicationum*, probably initiated during the pontificate of Benedict XII (1334-1342), whose registers of supplica-

[36] BOMBI, "Einige Beispiele", pp. 260-271; EAD., "The register of Andrea Sapiti, proctor of the Avignon curia", *English Historical Review* 123 (2008), pp. 132-148, at pp. 142-144, and Appendix 1, p. 147.

[37] BOMBI, "Einige Beispiele", pp. 260-261.

[38] *Ibid.*, pp. 270-271.

[39] BOMBI, "The Roman rolls of Edward II", pp. 606-607.

[40] London, The National Archives (hereafter TNA), C 70/17-18.

tions are however now lost.[41] Indeed, before 1339 only one petition had been enrolled in the Roman Rolls twice in accordance with the form of the *stilus curiae* as well as the style of the English chancery.[42] In a similar fashion, after the beginning of Clement VI's pontificate in 1342, when approved supplications were commonly registered in the surviving *Registra Supplicationum* of the papal chancery, we find in the Roman Rolls only two instances of petitions where the petition was enrolled twice, namely according to the style of the English chancery and the *stilus curiae*.[43] On the one hand, these examples once more evidence the English chancery personnel's awareness of the requirements that by the mid-fourteenth century they ought to meet when petitioning the papal curia "*en aussi bone et especiale forme*", namely in accordance with the *stilus curiae*. On the other hand, the contents of those petitions, mostly dealing with provisions to benefices, indicate papal attempts at consolidating its canonical rules on collation of ecclesiastical benefices in England, which provoked an increasing tension between the papacy and the English Crown, notoriously exacerbated by the mid-fourteenth century with the *Statutes of Provisors* (1351) and *Praemunire* (1353). Arguably, this period of "crisis and struggle" in Anglo-papal relations, as Pantin called it, prompted the English chancery's personnel to meet the requirements for petitioning the papal curia not only formally and stylistically, but also from a substantive point of view, keeping records of the petitions drafted according to the *stilus curiae* in its own enrolments at a time when approved petitions also began to be registered in the *Registra Supplicationum* of the papal chancery.[44]

The need to comply with the *stilus curiae* is ultimately evidenced in the case of those petitions which the English chancery's personnel occasionally cancelled and rewrote since their contents and formulaic language had to be

[41] H. BRESSLAU, *Manuale di diplomatica per la Germania e l'Italia*, trad. it. M. VOCI-ROTH (Rome, 1998), p. 688, n. 49; E. GÖLLER, "Der Geschäftsgang bei Verleihung von Benefizien und Gnadenbewilligungen an der Kurie", in: *Repertorium Germanicum*, 1: *Clemens' VII. von Avignon, 1378-1394* (Berlin, 1916), pp. 79-83; B. KATTERBACH, *Specimina supplicationum ex registris vaticanis* (Rome, 1927), pp. XIV-XVII; P. ZUTSHI, "The origins of the registration of petitions in the papal chancery in the first half of the fourteenth century", in: *Suppliques et requêtes: Le gouvernement par la grâce en Occident (XIIe-XVe siècle)* (Rome, 2003), pp. 177-191; BOMBI, "Einige Beispiele", pp. 276-277; EAD., "The register of Andrea Sapiti", pp. 139-140.

[42] TNA, C 70/14, m. 6 (dated 4 June 1336).

[43] TNA, C 70/19, m. 4 (dated 12 May 1343 with reference to Pope Benedict XII's earlier confirmation of the same matter); *ibid.*, C 70/21, m. 3 (dated 24 May 1345).

[44] W.A. PANTIN, *The English Church in the Fourteenth Century* (Cambridge, 1955), pp. 81-87.

corrected or adapted to new circumstances. As I have argued elsewhere, an interesting example of how petitions were redrafted emerges from the examination of the Roman Roll C 70/4, where a new *cedula* or engrossment of a petition is sewn in the enrollment and is followed by the clerk's annotation "*vacat quia et aliter in sedula pendente*".[45] The petition, dated 4 March 1321, was addressed to Edward II's proctor at the papal curia, Andrea Sapiti, and concerns the delivery of information regarding the hearing to be held in April 1321 in England by Gaucelmus, cardinal of SS. Marcellino e Pietro, against Robert Bruce in order to prepare for the legal proceedings at the papal curia.[46] On 17 November 1319 John XXII had already given to Gaucelm and Luke, cardinal deacon of S. Maria in Via Lata, the authority to pursue the legal proceedings in England after the expiry of their legation, while on 18 August 1320 the date of the hearing in England was mentioned in another papal letter addressed to Edward II.[47] The main difference between the two versions of the petition lies in its *narratio*: the accusations against Bruce, who was contumacious and offended against the tenor of the proceedings in various ways according to the first draft of the petition, were dropped and summarised in the *dispositio.*[48] The latter example shows how these corrections not only arose from the need to adapt to administrative formularies, but they also depended on political, diplomatic and procedural considerations and aimed at keeping precise records of the out-going correspondence with the papacy in the English chancery.

2. *Managing the* stilus curiae*: The English Crown's Representatives*

Arguably, it was the English Crown's chancery personnel and proctors' acquaintance with the administrative and ceremonial procedures of the papal curia, namely the *stilus curiae*, that allowed the correct functioning of Anglo-papal relations. The need to employ expert personnel, able to negotiate the rules of the *stilus curiae*, is already documented in the early thirteenth century, when, as Thomas of Marlborough recalls in his account, Evesham Abbey employed in the lawsuit against the bishop of Worcester four of the best *advocati*

45 BOMBI, "The Roman rolls of Edward II", pp. 615-616. See also TNA, C 70/4, m. 2r.

46 B. BOMBI, *Il registro di Andrea Sapiti, procuratore alla curia avignonese* (Rome, 2007), pp. 34-35.

47 P. ZUTSHI, *Original Papal Letters in England, 1305-1415* (Vatican City, 1990), No. 105, p. 53; No. 112, pp. 56-57.

48 BOMBI, "The Roman rolls of Edward II", pp. 615-616.

available at that time: three canon and civil lawyers, namely Merandus Hispanus, Bertrand of Pavia and Peter of Benevento, and an experienced clerk of the vice-chancellor of the apostolic chancery, Master William.[49] By the fourteenth century especially important petitioners such as the English Crown consolidated this practice of appointing "teams of representatives" at the papal curia, taking advantage of different kinds of expertise both in England and during the course of diplomatic missions.

As pointed out above, often the process of translating English administrative practices in accordance with the rules set up by the *stilus curiae* had already begun in the English chancery. Here trained personnel were occasionally asked to compose the Crown's petitions and letters "*en bone et especiale forme*", making sure that the stylistic and canonical principles in use at the papal curia were observed. This was especially the case from at least 1339, when English chancery personnel became responsible for drafting petitions according to the *stilus curiae*, as the above evidence recorded in the Roman Rolls shows.[50] Denholm-Young maintained that the precise phraseology to be adopted in a letter written in "special form" was ultimately left to the discretion of the chancery scribe who wrote it, suggesting that at least by the second decade of the fourteenth century the clerks composing "special letters" in the Wardrobe and the Chancery had to be trained in the *ars dictaminis*.[51] Accordingly, from the early fourteenth century Cheney found evidence of the activity of notaries public among the Crown's administrative personnel employed in the Wardrobe, the Chancery and the Exchequer. As Cheney put it, these notaries were mostly dealing with ecclesiastical law and administration, although from the early fourteenth century notarial public instruments were increasingly admitted as public evidence before the English royal and civil courts as well.[52]

[49] Thomas of Marlborough, *History of the Abbey of Evesham*, pp. 282-285. On this point, see B. BOMBI, "Petitioning between England and Avignon in the first half of the fourteenth century", in: *Medieval Petitions: Grace and Grievance*, ed. M. ORMROD, G. DODD, and A. MUSSON (Woodbridge, 2009), pp. 64-81, at pp. 64-65, 73-74, and H. MÜLLER's contribution in this volume.

[50] See above, Section 1.

[51] N. DENHOLM-YOUNG, "Introduction", in: *The Liber epistolaris of Richard de Bury*, p. XXVII. On the relationship between the creation of in-house styles and the activity of the *ars dictaminis* across Europe and their legacy in England from the thirteenth century, see B. GRÉVIN, *Rhétorique du Pouvoir Médiéval: Les Lettres de Pierre de la Vigne et la formation du langage politique Européen (XIIIe-XVe siècle)* (Rome, 2008), pp. 4-6, pp. 629-663.

[52] CHENEY, *Notaries Public in England*, pp. 52-71; ZUTSHI, "Notaries public in England", pp. 421-433.

By 1336 the English chancery finally entrusted the writing and enrolment of documents of international and diplomatic importance to one of the chancery clerks of the first bench, called the *notarius regis in sua cancelleria*, who was generally an apostolic notary and had been trained in canon or civil law.[53] Among these professionals by the mid-fourteenth century the activity of two individuals is especially well documented and shows their importance in implementing the use of the *stilus curiae* in England: John Thoresby, who was keeper of the rolls of chancery (1341), keeper of the privy seal (1345) and chancellor (1349);[54] and John de Branketre, already mentioned above as responsible for the occasional use of the Nativity dating style in English diplomatic correspondence.[55]

Alongside the English chancery's personnel, the English Crown's representatives and diplomatic envoys were equally responsible for implementing the use of the *stilus curiae* during the course of diplomatic missions at the papal curia as far as both administrative practice and ceremonial performances were concerned. Indeed, as Cuttino and Chaplais pointed out, from the thirteenth century onwards English diplomatic missions usually employed a variety of professionals: *nuncii*, who dispatched diplomatic correspondence, and were generally referred to either as *solempnes*, namely envoys chosen among persons of high rank and dignity, or *simplices*, namely simple knights, clerks, priests, burgesses and merchants; ambassadors, who could not be mere letter-bearers and could deliver messages *viva voce*; and proctors, who were appointed through a letter of procuration to transact business and could not exclusively be the bearers of an oral message.[56] These diplomatic envoys were further assisted in their mission by professionals with various degrees of legal expertise: advocates, namely legal experts with university degrees trained in canon and civil law; proctors, who could combine the functions of legal representatives and litigation managers and were often trained as notaries, who

[53] P. Chaplais, *English Royal Documents: King John-Henry VI, 1199-1461* (Oxford, 1971), pp. 20-21; Id., "Master John de Branketre", pp. 186-189.

[54] On John Thoresby, see B. Wilkinson, *The Chancery under Edward III* (Manchester, 1929: *Publications of the University of Manchester* 189, *Historical Series* 51), pp. 118-120; Cuttino, *English Diplomatic Administration*, p. 92; *Oxford Dictionary of National Biography* (ODNB): http://www.oxforddnb.com.chain.kent.ac.uk/view/article/27333?docPos=1 (13.10.2015).

[55] See above, n. 23.

[56] Cuttino, *English Diplomatic Administration*, pp. 85-87; Chaplais, "English diplomatic documents", pp. 39-43; Id., *English Diplomatic Practice*, pp. 153-154.

represented their client before the papal courts; and finally notaries public, who were producers of legal documents and public instruments.[57]

A well-known example of how these teams of diplomatic envoys worked during their embassy to the papal curia is arguably represented by the mission sent to Avignon after the election of Pope John XXII at the beginning of 1317. Alongside two *nuncii solempnes*, namely Aymer of Valence, Earl of Pembroke, and Bartholomew of Badlesmere, king's councilor, this team included a number of ecclesiastics, royal clerks and proctors: the bishops of Norwich and Ely, respectively John Salmon and John de Hotham; Anthony Pessagno, an Italian merchant and royal envoy; the royal clerks Otto de Grandisson, John Cromwell, William de Briston and James of Florence; and finally Adam Murimuth, Andrea Sapiti, Adam Orleton and Raymond Subirani, who acted as Edward II's proctors and representatives at the papal curia.[58] This mission had an extensive diplomatic agenda and aimed at negotiating the revenues of the Duchy of Aquitaine, the king's departure for the crusade in the Holy Land, the collection of the crusading tenths, the payment of the English Crown's census to the papal curia and the war against the Scots. While the political negotiations between the English envoys and the papal curia took place in accordance with the agenda detailed in Edward II's letters of credence for the *nuncii*, dispatched to the papal curia in December 1316, the role of other professionals throughout the mission is further clarified thanks to other sources. One of Edward II's wardrobe books, dating from August 1317, shows that, in accordance with the curial ceremonial practice, Aymer of Valence's and Bartholomew of Badlesmere's embassy also delivered the king's gifts to the newly elected John XXII, purchased through another member of the same mission, John de Hotham, bishop of Ely. The money for the gifts was borrowed from the Florentine banking company of the Bardi, who also transported them from London and Paris to

[57] J. BRUNDAGE, "The bar of the Ely consistory in the fourteenth century: Advocates, proctors and others", in: ID., *The Profession and Practice of Medieval Canon Law* (Aldershot, 2004), XVI, pp. 541-560.

[58] *Foedera*, ed. RYMER, 2.1, p. 305; S. PHILLIPS, *Aymer de Valence, Earl of Pembroke 1307-1324: Baronial Politics in the Reign of Edward II* (Oxford, 1972), pp. 107-111; ID., *Edward II* (New Heaven and London, 2011), pp. 284-287; S. ZANKE, *Johannes XXII., Avignon und Europa: Das politische Papsttum im Spiegel der kurialen Register (1316-1334)* (Leiden and Boston, 2013), pp. 214-222. See also BOMBI, "The register of Andrea Sapiti", p. 134. Other royal clerks were involved in instructing this mission, such as Thomas de Cherleton: *Calendar of Chancery Warrants Preserved in the Public Record Office*, 1, *1244-1326*, ed. H.C. MAXWELL-LYTE (London, 1927), 1, pp. 457-458.

Avignon.[59] Alongside these ceremonial activities, the envoys further engaged with financial business at the papal curia, most notably negotiating a settlement for the payment of the English Crown's census before the Apostolic Chamber. Indeed, in his register one of the king's proctors, Andrea Sapiti, who probably acted as *procurator ad solidum* in this matter, recorded a notarial instrument, written in the Apostolic Chamber, where the *nuncii solempnes*, namely Aymer de Valencia, Bartholomew Badlesmere, John Cromwell and Antonio Pessagno, agreed on a payment plan with the chamberlain, Arnaud de Pellegrue, cardinal of S. Maria in Portico.[60] Likewise, Sapiti wrote down a *memorandum* detailing the actual Crown's payments to the Apostolic Chamber in 1317, which further matches the records of the Apostolic Chamber's registers of *Obligationes et Solutiones* for that year.[61] All in all, it was the collaborative team-work of the English Crown's *nuncii* and proctors at the papal curia, who were well acquainted with the curial administrative and ceremonial procedures, namely the *stilus curiae*, that ultimately allowed Aymer's mission to strike a financial deal and buy some time for the Crown to repay its debt. Equally, Andrea Sapiti's register evidences how the proctor negotiated the use of the *stilus curiae* as far as administrative practice was concerned. As I have argued elsewhere, a number of notes ("*memoranda*") detail Sapiti's dealings with the apostolic chancery, where the proctor acted on behalf of the Crown's diplomatic envoys, drafting petitions in accordance with the *stilus curiae*.[62] The nature of Sapiti's *memoranda* clearly shows that it was very often left to the proctor's initiative to write a petition which met from the point of view of style and canonical procedures the requirements of the *stilus curiae*, occasionally incorporating the revisions required by the papal chancery after a first examination of the petition. Indeed, even when petitions were sent to the proctor in a more formal style, usually following the in-house style of the English chancery, the proctor had to adapt their phraseology and formulaic expressions. One such case is the *memorandum*, probably dating from the second half of 1334, where Sapiti listed ten requests received by the Crown's *nuncii* at the papal curia, William Trussel and Richard Bentworth. These requests only include references to personal and place names alongside very brief indications concerning the subject matter of the petition – in most cases, these requests concerned provisions

[59] *English Medieval Diplomatic Practice*, ed. CHAPLAIS, 1.2, No. 409, pp. 821-823.

[60] BOMBI, *Il registro di Andrea Sapiti*, Parte Prima, V, pp. 86-89.

[61] *Ibid.*, XXV, pp. 139-140; Vatican City, Archivio Segreto Vaticano, Cam. Ap., Oblig. et Sol. 3, f. 22r; 4, f. 9v; 11, f. 31v.

[62] BOMBI, "Einige Beispiele", pp. 257-259, pp. 279-280.

to benefices. Most interestingly, the interactions between Sapiti and one of the king's *nuncii*, William Trussel, are further recorded in a note, written on a strip of parchment, now included in the binding of his register. The note, delivered by one of William Trussel's squires, asked the proctor to deal promptly with his master's business at the curia.[63] Alongside the proctor's *memorandum* Edward III also dispatched a *littera reccomendatoria* to Pope John XXII, where the king announced the mission of his envoys to the papal curia, now enrolled in the Roman Rolls.[64]

Finally, it should be stressed that in cases where expert legal advice was required the team of English envoys commonly employed legal experts, who could argue their case before the papal curia in form of legal *consilia*, clarifying procedural and juridical points in accordance with references to the *ius commune*.[65] This happened when the English representatives either had to engage with complicated lawsuits before the papal courts or had to carry out complex political negotiations, as happened in 1340 when Pope Benedict XII arbitrated Anglo-French negotiations at the papal curia, eventually reaching a nine-month truce in the Anglo-French hostilities, known as the Truce of Esplechin (25 September 1340).[66] The truce was achieved through an intense diplomatic exchange between the papal curia, England and France, carried out thanks to two papal chaplains, Guillaume Ami, rector of Lavaur, and William Bateman of Norwich, dean of Lincoln, whom the pope had secretly dispatched respectively to Philip VI and Edward III.[67] The instructions for the papal envoys, dated 26 August 1340, were recorded in Benedict XII's curial register (Reg. Vat. 135).[68] On 27 October 1340 Philip VI replied to the pope, while on 10 November Edward III dispatched to Avignon his envoys William of Norwich, John Offord, archdeacon of Ely, John Thoresby, canon of Southwell, and

[63] See also BOMBI, *Il registro di Andrea Sapiti*, Parte Seconda, LVI, p. 306; LVIII, pp. 310-311.

[64] TNA, C 70/13, m. 1.

[65] BOMBI, "Petitioning between England and Avignon", pp. 79-80. See also above n. 34.

[66] E. DÉPREZ, *Les préliminaires de la Guerre de Cent Ans: La papauté, la France et l'Angleterre (1328-1342)* (Paris, 1902), pp. 335-344; E. PERROY, *The Hundred Years War* (London, 1959), p. 106; J. SUMPTION, *Trial by Battle: The Hundred Years War* (London, 1990), 1, pp. 358-359. A. WILLERSHAUSEN, *Die Päpste von Avignon und der Hundertjährige Krieg. Spätmittelalterliche Diplomatie und kuriale Verhandlungsnormen (1337-1378)* (Berlin, 2014), pp. 121-122, has recently stressed the importance of the mediation of the abbess of Fontenelles, Joan of Valois, who was Philip VI's sister and Edward III's mother in law.

[67] On William of Norwich's mediation at the papal curia, see also TNA, C 70/17, m. 4 (14 March 1339); C 70/17, m. 2b (3 June 1340).

[68] DÉPREZ, *Les préliminaires*, pp. 335-344.

Nicolino Fieschi.[69] The English mission had been entrusted with five requests, antagonistically rejected by Philip VI. The first three argued for Anglo-French marriage alliances through the union of the Prince of Wales with one of Philip's daughters, Edward's sister with one of Philip's sons, and Edward's brother, the Duke of Cornwall, with one of the French princesses. Edward III further asked the French for monetary compensation and offered his participation in the crusade and truces with the Scots in return for the restitution of his territories in Guyenne.[70] The expertise of the English Crown's envoys was arguably witnessed by their ability to negotiate about such delicate matters in accordance with the protocol of the *stilus curiae*. While John of Offord was professor of civil law and succeeded Sapiti as king's proctor at the papal curia between 1339 and 1341, ultimately becoming chancellor of England in 1345,[71] the Genoese Nicolino Fieschi was an active member of the king's council and envoy to France and the Avignon curia between 1336 and 1345.[72] Similarly, John Thoresby, already mentioned above, was a notary public and keeper of the Rolls of Chancery.[73] The paperwork for this English diplomatic mission, which was produced by the envoys at the papal curia and attached to their letters of credence under the envoys' seals, once more evidences how teams of representatives were selected *ad hoc* in order to construct diplomatic discourse with the papal curia. Alongside Edward III's letters of credence the envoys in fact produced a dossier consisting of a detailed legal *consilium*. The latter had been produced by the Crown's legal advisers consulted at the papal curia and at the universities of Oxford and Paris and argued at length Edward III's rightful hereditary claims to the French throne and Philip VI's felony towards his vassal through precise and well-researched references to Roman, civil, feudal and canon law.[74]

[69] CHAPLAIS, *English Medieval Diplomatic Practice*, 1.2, No. 239, pp. 434-352; DÉPREZ, *Les préliminaires*, pp. 348-351.

[70] *Ibid.*, pp. 350-351.

[71] *Biographical Register of the University of Oxford to A.D. 1500*, ed. A.B. EMDEN, 3 vols. (Oxford, 1957-1959), 2, pp. 1391-1392; *Oxford Dictionary of National Biography*: http://www.oxforddnb.com.chain.kent.ac.uk/view/article/20571?docPos=2 (8.12.2015); CUTTINO, *English Diplomatic Administration*, p. 107.

[72] On Nicolino Fieschi, see PHILLIPS, *Edward II*, pp. 590-596, No. 64 (where Phillips addresses Nicolino's personal involvement in arranging a meeting in Koblenz in 1338 between Edward III and the impostor claiming to be Edward II).

[73] See above n. 54.

[74] CHAPLAIS, *English Medieval Diplomatic Practice*, 1.2, No. 239b, pp. 435-452.

3. *Conclusions*

Arguably, by the mid-fourteenth century the expression "*stilus curiae*" dealt with stylistic, judicial and ceremonial practices which especially high rank petitioners were expected to adopt when negotiating with the Apostolic See. Although the expression is only rarely employed in the diplomatic and administrative correspondence of the English Crown, its implementation is clearly evidenced in the practice of petitioning the papal curia, especially from the early fourteenth century onwards. Indeed, as pointed out above, the English diplomatic and administrative sources seem to refer to the implementation of the *stilus curiae* through the French and Latin expressions "*en aussi bone et especiale forme*", "*sub forma competenti et ornate*" and "*solom le cours de leglise de Rome*".

Contrary to what the historiography has previously argued, these expressions were not only employed with reference to phraseology, style and good prose-writing, but also concerned the contents of the correspondence with the papal curia, which had to comply with the principles of the *ius commune* through the use of appropriate formulaic expressions. Indeed, the implementation of the *stilus curiae* in England from the early fourteenth century evidences the need of the English Crown's administrative departments to adopt a style, such as the one in use at the papal curia, which allowed its diplomatic correspondence to have international breadth and communicate with other polities sharing common administrative and judicial practices as well as language. Arguably, the need for implementing diplomatic and administrative practices was further prompted by the escalation in the Anglo-French conflict, which saw the papacy acting as an arbiter among the parties, especially after the outbreak of the Hundred Years' War in 1337.

On the whole, it was the pivotal mediatory role of the Apostolic See in the first half of the fourteenth century, the growth of its bureaucratic apparatus and the dissemination of the *ius commune* across Europe, which ultimately stimulated the employment of the *stilus curiae* in other administrative practices, as the English case arguably demonstrates. However, we should observe that the *stilus curiae* was adopted in England and at the papal curia thanks to the agency of English administrative and diplomatic personnel, who were acquainted with different administrative and legal practices and could translate them into a shared common language, which, following the rules of the *stilus curiae*, ultimately helped to keep diplomatic channels open for business.

Die *Acta Aragonensia* als Quelle für die Verhandlungspraxis am Papsthof des 14. Jahrhunderts

SEBASTIAN ROEBERT

Geradezu als paradigmatisch für die spätmittelalterliche Diplomatie gilt die Regierungszeit Jakobs II. von Aragón (1291-1327) und dies nicht zuletzt dank der umfassend überlieferten Gesandtschaftsberichte im Kronarchiv zu Barcelona (ACA).[1] Als Standardwerk für die Benutzung dieser

[1] Grundlegend jüngst zur Funktionsweise und den Trägern der Diplomatie Jakobs II. S. PÉQUIGNOT, *Au nom du roi: Pratique diplomatique et pouvoir durant le règne de Jacques II d'Aragon (1291-1327)* (Madrid, 2009: *Bibliothèque de la Casa de Velázquez* 42). Zur Terminologie von Außenbeziehungen siehe *ibid.*, p. 2. Der vorliegende Aufsatz folgt der durch Péquignot etablierten Zählung der Dokumente, das heißt die Seitenangabe wird durch die in eckige Klammern gesetzte Position des Schreibens auf dem jeweiligen f. begleitet. Allgemein zum Verhältnis zwischen der Krone Aragón und Bonifaz VIII., ohne jedoch die Romreise zu thematisieren, P.B. ROIGÉ, "Bonifacio VIII y los reinos hispánicos", in: *Bonifacio VIII: Ideologia e azione politica [Atti del Convegno organizzato nell'ambito delle Celebrazioni per il VII Centenario della morte, Città del Vaticano/Roma, 26-28 aprile 2004]*, ed. I. BONINCONTRO (Rom, 2006), pp. 293-323. Die jüngste Biographie zu Jakob II., J. HINOJOSA MONTALVO, *Jaime II y el esplendor de la*

Stilus – modus – usus: Regeln der Konflikt- und Verhandlungsführung am Papsthof des Mittelalters – Rules of Negotiation and Conflict Resolution at the Papal Court in the Middle Ages, ed. Jessika NOWAK and Georg STRACK, *Utrecht Studies in Medieval Literacy*, 44 (Turnhout: Brepols, 2019), pp. 195-211.

BREPOLS PUBLISHERS DOI 10.1484/M.USML-EB.5.117709

Bestände liegt seit annähernd 100 Jahren mit den *Acta Aragonensia* eine monumentale Edition vor, die von der Forschung dankbar angenommen wurde und wird.[2] So grundlegend und unumgänglich sie nach wie vor sein mag, ihre Konsultation ist nicht möglich, ohne sich bestimmte Aspekte ihrer Konzeption und Entstehung zu vergegenwärtigen. Insbesondere ist zu betonen, dass die Bestände im ACA signifikant über den Umfang der Edition hinausgehen und damit die Arbeit an den Beständen selbst noch weiteren Ertrag verspricht. Dies zu illustrieren, ist Anliegen des vorliegenden Beitrags, der damit aus einer praktischen Perspektive die konkrete Reichweite der Edition zeigen möchte, die schon bei ihrem Erscheinen sowohl berechtigtes Lob als auch einige Kritik erfuhr.[3] Als Beispiel dafür soll die Romreise König Jakobs II. dienen, welche

Corona de Aragón (San Sebastián, 2005: *Serie media* 20), synthetisiert die erschienene Literatur, basiert aber nicht auf eigenen Studien der archivalischen Quellen. Überblick zur (interreligiösen) Diplomatie im Mittelmeerraum; N. JASPERT, "Interreligiöse Diplomatie im Mittelmeerraum: Die Krone Aragon und die islamische Welt im 13. und 14. Jahrhundert", in: *Aus der Frühzeit europäischer Diplomatie: Zum geistlichen und weltlichen Gesandtschaftswesen vom 12. bis zum 15. Jahrhundert*, ed. C. ZEY und C. MÄRTL (Zürich, 2008), pp. 151-190; ID. und S. KOLDITZ, "Christlich-muslimische Außenbeziehungen im Mittelmeerraum: Zur räumlichen und religiösen Dimension mittelalterlicher Diplomatie", *Zeitschrift für Historische Forschung* 41 (2014), pp. 1-88 sowie S. KOLDITZ, "Horizonte maritimer Konnektivität", in: *Maritimes Mittelalter: Meere als Kommunikationsräume*, ed. M. BORGOLTE und N. JASPERT (Ostfildern, 2016: *Vorträge und Forschungen* 83), pp. 59-108.

[2] *Acta Aragonensia: Quellen zur deutschen, italienischen, französischen und spanischen, zur Kirchen- und Kulturgeschichte aus der diplomatischen Korrespondenz Jaymes II. (1291-1327)*, ed. H. FINKE, 3 vols. (Berlin und Leipzig, 1908-1922). Die Bände an sich ergänzten zwei spätere Aufsätze: H. FINKE, "Nachträge und Ergänzungen zu den *Acta Aragonensia* Band 1-3", *Spanische Forschungen der Görresgesellschaft. 1. Reihe: Gesammelte Aufsätze zur Kulturgeschichte Spaniens* 4 (1933), pp. 355-536 sowie ID., "Nachträge und Ergänzungen zu den *Acta Aragonensia* 1-3: Zur kulturellen Bedeutung des aragonesischen Kronarchivs", *Spanische Forschungen der Görresgesellschaft, 1. Reihe: Gesammelte Aufsätze zur Kulturgeschichte Spaniens* 8 (1938), pp. 326-346 (hier eher eine Mahnung zur Bewahrung des ACA im Rahmen des Bürgerkriegs). Die vollständige Literaturliste von Finke in N. JASPERT, "Die deutschsprachige Mittelalterforschung und Katalonien: Geschichte, Schwerpunkte, Erträge", *Zeitschrift für Katalanistik* 17 (2004), pp. 155-226, hier pp. 191-192. Die Veröffentlichung der Quellen stellte stets eine Priorität für Finke dar, weshalb nahezu in allen Arbeiten auch Dokumente eingeschlossen sind. Zu den *Acta Aragonensia* siehe auch B. WIDMER, "Das Haus Aragon und Bonifaz VIII.: Nachrichten aus dem Briefwechsel Jakobs II.", *Basler Zeitschrift für Geschichte und Altertumskunde* 71 (1971), pp. 37-78, hier pp. 39-42, p. 78.

[3] A. RUBIÓ I LLUCH bedauerte etwa in seiner Rezension zu den *Acta Aragonensia* das Fehlen iberischer Belange (*Anuari de l'Institut d'Estudis Catalans* (1908), pp. 588-595, hier p. 590); G. BARRACLOUGH, *A Report on Materials for English History Preserved in the Archives of the Crown of Aragon at Barcelona* (o. O., masch. 1953), pp. 1-2: "*Finke was, indeed, a somewhat eclectic scholar, who picked here and there a particular gem from the immense treasure, and put*

von November 1296 bis März 1297 durchgeführt wurde.[4] Während des Aufenthaltes wurde über die Sizilien-Frage verhandelt, also über das Problem der Erhebung Friedrichs II. [III.], der im Jahr zuvor entgegen den Bestimmungen des Vertrags von Anagni zum König von Sizilien erhoben worden war. Für deren Lösung sicherte Jakob II. Unterstützung zu. Der aragonesische Herrscher verpflichtete sich darüber hinaus zum Kreuzzug ins Heilige Land. Im Gegenzug übertrug ihm Papst Bonifaz VIII. den Königstitel über Korsika und Sardinien und beide Reiche als Lehen. Anwesend in Rom waren darüber hinaus König Karl II. von Neapel und sein Sohn Robert sowie die Mutter Jakobs II., Konstanze von Sizilien.[5] Da es sich um die Reise des Monarchen selbst handelte, ist die Quellenlage natürlich etwas anders gelagert als bei Gesandtschaften, insbesondere ist sie wesentlich dichter. In diesem Kontext sollen hier die Konzeption der *Acta Aragonensia* sowie ihre Entstehung und Charakteristika aus einer sehr praktischen Sicht, das heißt der archivalischen Arbeit heraus, vorgestellt werden. Diese Überlegungen dürften auch über den Einzelfall hinaus wichtig für die Arbeit mit dem Quellenwerk sein, das auch ein Jahrhundert nach seiner Veröffentlichung noch einen eminenten Nutzen für die Untersuchung der Diplomatie hat.

Der Forschungsstand über die diplomatischen Beziehungen Jakobs II. von Aragón ist umfangreich, ohne freilich erschöpfend zu sein.[6] Franz Josef Felten

together a scintillating but by no means systematic collection, which dazzles but does not always satisfy; and modern Spanish scholarship, in its recent remarkable revival, has sought to proceed in a more thorough and orderly manner"; ähnlich O. ENGELS, "Finke, Heinrich", in: *Badische Biografien*, N. F. 2 (1987), pp. 87-89, zitiert nach der Onlineversion, URL: http://www.leo-bw.de/web/guest/detail/-/Detail/details/PERSON/kgl_biographien/118683624/biografie (23.11.2014): "Trotz unerbittlicher Strenge und sprichwörtlicher Arbeitsdisziplin war er kein Systematiker und Vollender; in seiner Ungeduld beschränkte er sich stets auf eine Auswahl der wichtigsten Quellen und zog in der auswertenden Darstellung eine erste, allerdings auch wegweisende Furche"; aktuell JASPERT, "Mittelalterforschung", pp. 162-163.

4 Zur Romreise jüngst S. PÉQUIGNOT, "Le 'premier voyage à Rome' de Jacques II d'Aragon (1296-1297)", in: *Relations, échanges, transferts en Occident au cours des derniers siècles du Moyen Âge: Hommage à Werner Paravicini [Actes du colloque de Paris, Palais de l'Institut, 4-6 décembre 2008]*, ed. B. GUENÉE und J.-M. MOEGLIN (Paris, 2010), pp. 135-164.

5 *Les quatre grans Cròniques*, 3, *Crònica de Ramon Muntaner*, ed. F. SOLDEVILA, überarb. von J. BRUGUERA und M.T. FERRER I MALLOL (Barcelona, 2011: *Institut d'Estudis Catalans. Memòries de la secció històrico-arqueològica* 86), p. 309.

6 Wie auch die Diplomatie betrifft dies die Herrschaft Jakobs II. selbst, für den, abgesehen von der jüngsten Biographie (HINOJOSA MONTALVO, *Jaime II*), keine systematische Untersuchungen über dessen Herrschaft und Hof vorliegen. In dieser Hinsicht ist also R. Sablonier zu widersprechen, der den Forschungsstand über Leben und Herrschaft Jakobs II. als befriedigend einschätzt (R. SABLONIER, "Die aragonesische Königsfamilie um 1300", in: *Emotionen und materi-*

zeigte bereits, wie die Verhandlungspraxis an der Kurie funktionieren konnte, und stützte seine Ausführungen dabei zu einem maßgeblichen Anteil auf die lebhaften Berichte in den *Acta Aragonensia*.[7] Aus den Beiträgen der

elle Interessen: Sozialanthropologische und historische Beiträge zur Familienforschung, ed. H. MEDICK und D. SABEAN (Göttingen, 1984: *Veröffentlichungen des Max-Planck-Instituts für Geschichte* 75), pp. 282-317, hier p. 284 (mit Literatur in n. 3)). Vgl. die Bibliographie von M.R. MUÑOZ POMER und R.P. PÉREZ DE TUDELA, "Studi e ricerche dedicati a Giacomo II d'Aragona in Spagna (1850-1995)", *Medioevo: Saggi e Rassegne* 20 (1995), pp. 399-460.

[7] F.J. FELTEN, "Verhandlungen an der Kurie im frühen 14. Jahrhundert: Spielregeln der Kommunikation in konfliktgeladenen Beziehungsnetzen", in: *"Das kommt mir spanisch vor": Eigenes und Fremdes in den deutsch-spanischen Beziehungen des späten Mittelalters*, ed. K. HERBERS und N. JASPERT (Münster, 2004: *Geschichte und Kultur der Iberischen Welt* 1), pp. 411-474. Terminologisch erfasste Felten die Verhandlungspraxis mit dem Begriff *stilus curiae* (*ibid.*, p. 416, p. 420, p. 442, p. 464). Der Begriff findet sich in der Tat in den *Acta Aragonensia*, allerdings nur ein einziges Mal (*Acta Aragonensia*, 3, No. 110, pp. 232-232). Es handelt sich um einen semantisch vielschichtigen Begriff, welcher der weiteren Erläuterung bedarf, obwohl er durchaus im Sinne einer gängigen Praxis verwendet wurde. Für die Krone Aragón wurde er noch nicht untersucht, obwohl gerade hier seine Verwendung häufig belegt ist. Zumindest während der 2. Hälfte des 14. Jahrhunderts findet sich der *stilus curiae* in einer Vielzahl von verschiedenen Zusammenhängen. Im Kontext der Gepflogenheiten am königlichen Hof handelt es sich meist um finanzielle Angelegenheiten, die nicht schriftlich fixiert gewesen zu sein scheinen. Dabei kann sich die Wendung auf die Kompetenzen des Schatzmeisters beziehen (Barcelona, ACA, Canc., Reg. 1566, f. 20r [1], Perpignan, 1355 Dezember 22: "[...] *juxta stilum curie nostre antiquitus obseruatum vos non potestis seu debetis exsoluere debita aliqua personarum deffunctarum absque nostri licentia et permissu* [...]") oder zu zahlende Beträge, die von einer üblichen Quote abwichen (*ibid.*, f. 37v [1], Perpignan, 1356 Januar 28: "[...] *licet juxta stilum curie regie atque nostre non tenerem vobis dare nisi tamen tres mille solidos* [...]"). Der Begriff findet sich in diesem Sinne sowohl im Urkundentext als auch in den Beurkundungsbefehlen (dazu siehe unten n. 18), wo er normativ gebraucht wird (Barcelona, ACA, Canc., Reg. 1570, f. 11r [1], Saragossa, 1360 Mai 18: "*Fferrarius Sayolli ex stilo curie et albarano*"). Die Zuschreibung kann auch auf andere Höfe bezogen werden, wobei wiederum der Bezug zu finanziellen Angelegenheiten im Vordergrund steht (Barcelona, ACA, Canc., Reg. 1568, f. 63r [1], Barcelona, 1359 August 10: "*segons estil de la lur cort*" in Bezug auf den Grafen von Poitou). Darüber hinaus steht der Begriff noch stärker in einem juristischen Kontext und meint eine Art Verfahrenspraxis oder rechtliche Bestimmungen. Diese können sowohl auf den königlichen Hof selbst bezogen sein, als auch anderen Institutionen gelten. Dabei wurde der Begriff komplementär zu anderen rechtsrelevanten Termini verwendet (*ibid.*, Reg. 1571, f. 152r [1], Barcelona, 1363 Juli 10: "*nagun orde de dret, estil o constitució*"; *ibid.*, Reg. 1071, f. 85r [2], Saragossa, 1366 Juli 3: "*és ley e estil de la nostra cort*"). Die Veguers als wichtigste königliche Vertreter verfügten über eine eigene *curia*, die ebenfalls einer rechtlichen Prozedur folgte (*ibid.*, Reg. 1584, f. 42v [1], Barcelona, 1375 Januar 12, Anweisung der Statthalterin Eleonore von Sizilien an den Veguer von Barcelona: "*juxta stilum vestre curie et prout in talibus est fieri assuetum*"). Der Veguer von Villefranche-de-Conflent führte ein Verzeichnis über die in seinem Amtsbezirk geltenden Gesetze, das eindeutig betitelt war: "*Quiquidem liber vocatur vulgariter stilorum; in quoquidem libro quedam capitula stili seu obseruancie contineri videntur*" (Perpignan, Archives Départementales des Pyrénées-Orientales, 1 B 346, f. 1r). Der Text selbst sowie die einzelnen Einträge wurden ebenfalls explizit

vergangenen zehn Jahre sind darüber hinaus besonders die bereits zitierten Studien von Stéphane Péquignot hervorzuheben, die sich zwar nicht schwerpunktmäßig mit der Diplomatie am Papsthof beschäftigen, dafür aber systematisch die Mechanismen und Träger der Diplomatie unter König Jakob II. von Aragón aufarbeiten. Damit lieferte Péquignot auch wichtige Beiträge für das Verhältnis zur Kurie. Insbesondere nahm er in einem sehr dichten Aufsatz die Romreise Jakobs II. in den Jahren 1296 und 1297 in den Blick, die auch im vorliegenden Beitrag als Beispiel dienen soll.

1. Quellenbasis der Acta Aragonensia

Um die Bedeutung der *Acta Aragonensia* besser abschätzen zu können, muss zunächst die Quellenbasis vorgestellt werden, auf die sich Heinrich Finke für ihre Erarbeitung stützte. In erster Linie sind zwei Bestände für den Mediävisten im Kronarchiv zu Barcelona interessant: "*Cancelleria*", also die Produktion der königlichen Kanzlei, und "*Mestre Racional*", also die Unterlagen der Finanzverwaltung, welche unter diesem Namen aus Sizilien bekannt sein dürfte und mit Peter III. bzw. Jakob II. von dort aus in der Krone Aragón eingeführt wurde.[8] Die damals schwer zugängliche fiskalische Dokumentation aus der Regierungszeit Jakobs II. ist nur lückenhaft überliefert und wurde von Finke nicht genutzt.[9] Das Schriftgut der Kanzlei besteht aus drei Gruppen, von denen er mit den Registern und den *Cartes reials* zwei für die Erstellung der *Acta Aragonensia* heranzog.[10] Finke zufolge liege der eigentliche Schatz für die

unter Verwendung des Begriffs eingeleitet: "*Isti istili* [*sic*] *sunt curie vicarii Rossillionis et Vallispirii*; *Est enim usus, stilus et consuetudo dicte curie*" (*ibid*., f. 11v). Die Vielzahl von Belegen deutet auf eine häufige Verwendung im Kontext der Krone Aragón hin, wobei also offenbar verfahrensrechtliche Aspekte im Vordergrund standen. Im Zusammenhang mit der Berichterstattung vom päpstlichen Hof wäre nun zu untersuchen, ob der Begriff selbst tatsächlich dort gebräuchlich war oder vielmehr eine externe Zuschreibung aus aragonesischer Perspektive darstellte und genutzt wurde, um dem Empfänger mit einem vertrauten Schlagwort die Situation vor Ort zu verdeutlichen.

[8] Grundlegend T. de Montagut i Estragués, *El Mestre Racional a la Corona d'Aragó (1283-1419)*, 2 vols. (Barcelona, 1987: *Fundació Noguera. Textos i Documents 13-14*), 1, pp. 69-93; siehe auch M. Van Landingham, *Transforming the State: King, Court and Political Culture in the Realms of Aragon (1213-1387)* (Leiden, Boston und Köln, 2002: *The Medieval Mediterranean* 43), pp. 142-154.

[9] Barcelona, ACA, ARP, MR, Volúmens, Sèrie General, 262-296; vgl. Péquignot, *Au nom du roi*, p. 14.

[10] Die Registerbände Jakobs II. finden sich unter den Signaturen Barcelona, ACA, Canc.,

Geschichte der Diplomatie in den *Cartes reials*, die mit etwa 19300 Einheiten insbesondere aus der Regierungszeit Jakobs II. äußerst reichhaltig überliefert sind.[11] Damit sind in diesem Überlieferungszusammenhang keineswegs Briefe gemeint, wie der Name suggerieren könnte, sondern alle auf Papier geschriebenen und nicht gebundenen Dokumente. Es handelt sich sowohl um einzelne Blätter, teilweise aber auch um Hefte mit mehreren Blättern, jedoch ohne festen Einband. Daher finden sich unter den *Cartes reials* auch viele Schreiben wie Mandate, Verträge und Vertragsentwürfe, die sich auf die Krone Aragón selbst beziehen und die für die Diplomatie wenig Aussagekraft haben. Besonders diese Serie ist für die Regierungszeit Jakobs II. im Vergleich zu den anderen Beständen sehr stark vertreten.[12] Ihre Erschließung und Indexierung ist nach wie vor lückenhaft.

Vor diesem Überlieferungshintergrund ist die Erarbeitung der *Acta Aragonensia* zu bewerten. Heinrich Finke vertrat sehr selbstbewusst den Anspruch, eine vollständige Sammlung der diplomatischen Korrespondenz Jakobs II. mit einem Überblick über das gesamte Europa geliefert zu haben.[13] Dieser steht in einem seltsamen Kontrast zu einer anderen einleitenden Entschuldigung für den notwendigerweise selektiven Charakter der Quellensammlung.[14] Interesseleitend waren für Finke stets die Beziehungen der aragonesischen Herrscher mit der Kurie, da seines Erachtens die anderen Beziehungen die deutschen Historiker nicht interessieren würden.[15] Die *Acta* entstanden

Reg. 86-427.

[11] Zum Bestand und seinen Charakteristika F. UDINA I MARTORELL, *Guía histórica y descriptiva del Archivo de la Corona de Aragón* (Madrid, 1986), pp. 306-316.

[12] Aus der Regierungszeit Jakobs II. sind 343 Registerbände überliefert, während für Peter IV. (1336-1387) 1240 Registerbänden "lediglich" 7500 *Cartes reials* gegenüberstehen. Vordergründig dominieren die *Cartes reials* also die Überlieferung Jakobs II. Bei einer Schätzung der Anzahl von den in den Registern überlieferten Dokumenten verschiebt sich dieses numerische Verhältnis. Vergleicht man darüber hinaus die Merkmale der *Cartes reials* zwischen den beiden Regierungszeiten, so überwiegt für Jakob II. tatsächlich der diplomatische Schriftverkehr mit vielen Gesandtschaftsberichten, für Peter IV. hingegen die interne Kommunikation bzw. die eingehende Korrespondenz, vgl. A. KIESEWETTER, "La ristampa del Diplomatari de l'Orient català di Antoni Rubió i Lluch. Alcune osservazioni", *Arxiu de textos catalans antics* 22 (2003), pp. 553-560, hier p. 556; vgl. auch *Acta Aragonensia*, 1, p. III.

[13] *Ibid.*, 1, p. II.

[14] *Ibid.*, 1, p. XIII.

[15] Barcelona, ACA, Secretaria i documentació complementària, Secretaria, Caixa 124 (Correspondència Bofarull (ordre alfabètic de corresponsals). Lletra F), Freiburg, 1907 Oktober 10: "*Intento finir mis trabajos sobre el concilio de Constança y estudiar las relaciones de Avignon bajo Alfonso III y Pedro IV hasta 1360 (1327-1360). Las otras relaciones no interesan a los historiadores Alemanos* [*sic*]". Die Korrespondenz mit Francisco de Bofarull erfolgte teils auf

während sechs Ferienreisen von Freiburg nach Barcelona zwischen 1902 und 1904, die Finke auf eigene Kosten gemeinsam mit seiner Frau unternahm. Auf Basis dieser kurzen Besuche erfasste er die Quellengrundlage für die Edition. Von Freiburg aus bat er dann häufig brieflich um Recherchen in den Beständen oder die Zusendung von Transkriptionen, die durch die Mitarbeiter vor Ort, etwa durch den späteren Archivdirektor Eduardo González Hurtebise, angefertigt wurden.[16] Da diese Zuarbeiten in der Edition nicht gekennzeichnet wurden, lässt sich der genaue Anteil Finkes bzw. der Mitarbeiter vor Ort nicht identifizieren.

2. Die Romreise Jakobs II.

Die aus diesen Charakteristika resultierenden Potentiale und Grenzen der *Acta* sollen nun am Beispiel der Romreise Jakobs II. umrissen werden. Über

Spanisch und teils auf Französisch und wird im ACA aufbewahrt. Dies betrifft allerdings nur die von H. Finke nach Barcelona gesandten Briefe, während die Antworten offenbar verloren sind. Weder im Universitätsarchiv Freiburg, dem Historischen Archiv des Erzbistums Köln, wo der Briefwechsel Finkes wenigstens zum Teil lagert, noch bei der römischen Niederlassung der Görresgesellschaft, deren Präsident Finke seit 1924 war, finden sich die entsprechenden Schreiben. Vereinzelte Schreiben an Finke finden sich in verschiedenen Nachlässen in den Universitätsbibliotheken in Bonn, Freiburg und Göttingen sowie der Bayerischen Staatsbibliothek München und dem Literaturarchiv Marbach, doch auch dort ließen sich keine Schreiben von spanischen Absendern lokalisieren.

[16] Zur Beschreibung der Arbeitsbedingungen und den Konsequenzen siehe *Acta Aragonensia*, 1, pp. V-VI. Eine Bitte um Auskunft über bestimmte Bestände findet sich in Barcelona, ACA, Secretaria i documentació complementària, Secretaria, Caixa 124 (Correspondència Bofarull (ordre alfabètic de corresponsals). Lletra F), Freiburg, 1901 November 1 oder Freiburg, 1907 Juli 20 (hier auch die Bitte darum, den Band Francisco de Bofarull widmen zu dürfen). Im Rahmen der Korrespondenz äußerte sich Finke dankbar über die Hilfestellungen, die ihm vor Ort zuteilwurden (*ibid*., Baden (Schweiz), 1909 April 24): "*Pero, mis trabajos se encuentran bien, y eso es el mas importante: gracias a la bontad de Ud. y aun a la ajuda del Hurtebise. A mi parecer es un hombre honesto, siempre leal y devoto a Ud. Habla un poco demasiado de sus pensamientos, pero no es una grande falta*" [Unterstreichung im Original]. Die Forschungen Finkes inspirierten ihrerseits zahlreiche Arbeiten von deutscher Seite, die zwar nicht systematisch koordiniert wurden, aber dennoch wichtige Beiträge hervorbrachten. Vgl. dazu A. FRENKEN, "Die Erforschung des Konstanzer Konzils (1414-1418) in den letzten 100 Jahren", *Annuarium Historiae Conciliorum* 25 (1993), p. 20: "Man ist fast geneigt, von einer Schule zu sprechen, obwohl ihr kein einheitliches theoretisches oder methodisches Konzept zugrunde lag" sowie M. LEONARDI, *L'età del Vespro siciliano nella storiografia tedesca (dal XIX secolo ai nostri giorni)* (Rom, 2011: *Biblioteca dell'Archivum Romanicum,* Serie 1, *Storia, letteratura, paleografia* 383), pp. 35-46; auch JASPERT, "Mittelalterforschung", p. 163.

diese bemerkenswerte Fahrt liegen Quellen verschiedener Provenienz vor. Die am stärksten auf sie bezogene Quelle ist das explizit zu diesem Anlass angelegte Register No. 321, welches 62 beschriebene ff. und insgesamt 356 Schreiben umfasst.[17] Die Anlage des Registers folgt dem üblichen Schema der aragonesischen Kanzlei, das heißt die einzelnen Einträge wurden in chronologischer Reihung angelegt und der gesamte Text mit nur wenigen Kürzungen übertragen. In 134 der Schreiben wurde der Beurkundungsbefehl eingetragen, der allerdings hier oft eher rudimentär ausfällt und noch keine derart ausgefeilte Struktur aufweist wie später unter Peter IV. Damit weisen mehr als zwei Drittel aller Texte keine *Iussio* auf, welche für die Kontextualisierung ihrer Entstehung aussagekräftig ist.[18] Der Entstehungszeitraum der Dokumente fällt zwischen den 9. September 1296 und den 28. April 1297 und umfasst damit einen wesentlich weiteren Zeitraum als den eigentlichen Aufenthalt an der Kurie, der vom 6. Januar bis zum 7. April dauerte.[19]

[17] Barcelona, ACA, Canc., Reg. 321. Auf f. 1r sind von zeitgenössischer (?) Hand der Titel *Registrum primi viatici Rome* und die Datierung der Fahrt *de anno Domini .M°.CC°.XC°.VI°.* eingetragen sowie darüber hinaus die älteren Archivsignaturen des Bandes. Komplementär geben natürlich auch Texte, die von päpstlicher Seite ausgestellt wurden und die demzufolge nicht im Fokus von H. Finke lagen, Auskunft über die Anwesenheit Jakobs II. an der Kurie, vgl. V. SALAVERT Y ROCA, *Cerdeña y la expansión mediterránea de la Corona de Aragón 1297-1314*, 2 vols. (Madrid, 1956: *Consejo Superior de Investigaciones Científicas: Escuela de Estudios Medievales: Estudios* 27), 1, pp. 114-204; 2, No. 21, pp. 22-30 sowie No. 22, p. 30; PÉQUIGNOT, "Premier voyage", bes. pp. 156-158.

[18] Zur Bedeutung der *Iussio* ("*mention hors teneur*"), insbesondere für die Genese der Dokumente, vgl. *Acta Aragonensia*, 1, pp. LXXV-LXXIX; J. TRENCHS und A.M. ARAGÓ, *Las cancillerías de la Corona de Aragón y Mallorca desde Jaime I a la muerte de Juan II* (Saragossa, 1982: *Folia Parisiensia* 1), pp. 83-99; S. PÉQUIGNOT, "Enregistrer, ordonner et contrôler: Les documents diplomatiques dans les *Registra secreta* de Jacques II d'Aragon", *Anuario de Estudios Medievales* 32 (2002), pp. 431-479, hier pp. 439-440; J. BAIGES I JARDÍ, "Aportació a l'estudi de la gènesi documental del nomenament reial: Els nomenaments d'oficials reials de Jaume II", *Acta historica et archaeologica mediaevalia* 25 (2003-2004), pp. 631-653, hier pp. 636-651; PÉQUIGNOT, *Au nom du roi*, pp. 43-44; A. BEAUCHAMP, *Gouverner la couronne d'Aragon en l'absence du roi: La lieutenance générale de l'infant Pierre d'Aragon (1354-1355)*, 3 vols. (Diss. phil., Bordeaux, 2005), 1, pp. 130-131; A. SILVESTRI, "Produzione documentaria e dinamiche di potere nel regno di Sicilia (1392-1410)", *Archivio Storico Siciliano.* Serie 4.34-35 (2008-2009), pp. 7-42, hier p. 35; M. KLEINE, *La cancillería real de Alfonso X: Actores y prácticas en la producción documental* (Sevilla, 2015), pp. 39-107.

[19] PÉQUIGNOT, "Premier voyage", pp. 135-136, p. 150, geht von einem Aufenthalt vom 8. Januar bis 6. April aus. Er verweist auf den Brief Jakobs II. an die Räte von Barcelona, mit dem er sie über den ehrenvollen Empfang durch König Karl II. von Neapel, sämtliche Kardinäle und Senatoren sowie eine große Menschenmenge vor der Stadt unterrichtete. Allerdings muss die Ankunft noch um zwei Tage nach vorn datiert werden, da der Brief die 8. Iden des Januar als Datum nennt: "*nostri et comitive nostre iter divina potencia salubriter dirigente die iovis .VIII°. idus*

Die ersten 22 ff. verzeichnen Schreiben, die vor der Abreise und während der Reise nach Rom ausgestellt wurden. So finden sich etwa administrative Maßnahmen, wie die Ernennung seiner 13-jährigen Gemahlin Blanche von Anjou zur Statthalterin oder die Ernennung des Prokurators in Katalonien.[20] Daneben sind Justizsachen und andere Entscheidungen dokumentiert, die nicht in Verbindung mit der Reise oder deren Vorbereitungen stehen.[21] Zudem ist die praktische Vorbereitung der Romfahrt festgehalten. Aus den Einträgen lässt sich das Itinerar, das Jakob II. entlang der Mittelmeerküste nach Civitavecchia und von dort aus in die Ewige Stadt führte, vergleichsweise exakt rekonstruieren,[22] sofern in den Datierungen auch tatsächlich Datum und Actum zusammenfallen.[23] Die Seiten von f. 23r bis f. 58v dokumentieren im Wesent-

ianuarii proximo preteriti illustri domino Karolo Jherosolimitani et Sicilie Rege, socero carissimo, cetu cardinalium et senatoribus ac aliorum plurimum multitudine copiosa nobis obviam exeuntibus urbem intravimus" (Barcelona, ACA, Canc., Reg. 321, f. 30v [1], Rom, 1297 Februar 5). Freilich stimmt die im Brief angegebene Datierung auf einen Donnerstag nicht: der 6. Januar 1297 fiel auf einen Sonntag. Ein Empfang an Epiphanias erscheint aufgrund der höheren Feierlichkeit plausibel, vielleicht handelt es sich bei der Angabe des Wochentags schlichtweg um einen Irrtum. Dann erscheint es allerdings problematisch, dass der Feiertag nicht genannt wurde. Die spätere Angabe des 20. Januar, das heißt die Ernennung zum Bannerträger der römischen Kirche ("*Postea autem, die dominica .XIII°. kl. februarii*", dazu siehe unten n. 34) wird jedoch korrekt auf einen Sonntag datiert, so dass die genannte Diskrepanz kaum erklärlich erscheint. J.M. DEL ESTAL, *Itinerario de Jaime II de Aragón (1291-1327)* (Saragossa, 2009: *Fuentes Históricas Aragonesas* 47), p. 21, nennt den 14. Januar als Ankunftsdatum in Rom. Im Anschluss an Ramon Muntaner datierte die Forschung den Beginn des Aufenthaltes bislang meist auf Ende März, vgl. *Crònica de Ramon Muntaner*, S. 310, n. 707; siehe auch J.E. MARTÍNEZ FERRANDO, *Jaume II o el seny català – Alfons el Benigne* (Barcelona, 1962²), p. 135.

[20] PÉQUIGNOT, "Premier voyage", p. 148. Demzufolge dürfte Blanche ihren Gemahl nicht begleitet haben, wie postuliert wurde, siehe MARTÍNEZ FERRANDO, *Jaume II*, p. 135.

[21] Ein Beispiel dafür ist der Befehl an den Juden Helphonus Levini aus Besalú, die Misshandlung seiner Gemahlin Mira einzustellen und diese stattdessen so zu behandeln, wie es sich für einen Gatten geziemt (Barcelona, ACA, Canc., Reg. 321, f. 2r [2]; Anweisung an den Veguer von Besalú zur Umsetzung dieses Befehls *ibid.*, f. 2r [3], beide Barcelona, 1296 November 11).

[22] Zur Route siehe PÉQUIGNOT, "Premier voyage", p. 150. Das Itinerar von J.M. del Estal ist an dieser Stelle unvollständig und fehlerhaft bei der Identifizierung der Orte sowie der Auflösung der Datierung, besonders für die Rückreise (DEL ESTAL, *Itinerario*, pp. 143-144). Einzelne Stationen fanden ihren Niederschlag in der Chronistik; Ramon Muntaner erwähnt Aufenthalte in Genua und Pisa: "*e encara li fo feta molta d'honor en Gènova e en Pisa*" (*Crònica de Ramon Muntaner*, p. 310).

[23] In der Regel "reiste" das Sekretsiegel mit dem Monarchen, so dass die Register des entsprechenden Typs zuverlässig Auskunft über das Itinerar geben können, während die übrigen Registerserien – etwa *Comune* oder *Gratiarum* – nicht bzw. nur bedingt über den Aufenthaltsort des Monarchen Auskunft geben. Auch wenn bei der Beglaubigung der Dokumente in diesem Band nicht das Sekretsiegel verwendet wurde, dürfte doch das Itinerar aufgrund der besonderen

Jakob II. anlässlich einer gleichermaßen auf diplomatische Erfolge wie auf Repräsentation angelegten Reise nach Rom eine permanente Memoria für sich selbst und seine Dynastie in der zentralen Kirche der lateinischen Christenheit schafft, erscheint doch erwähnenswert. Die Verteidigung Finkes gegen den Vorwurf von Giuseppe La Mantia, er habe lediglich "Formelhaftes" weggelassen, vermag zumindest in diesem Beispiel kaum zu überzeugen.[35]

Doch nicht nur die genannten Lücken lenken das Interesse direkt auf die archivalische Überlieferung zurück. Finkes Interesse galt dem Inhalt der Schreiben, während die Dokumententypologie bei der Auswahl keine oder kaum eine Rolle spielte. Dies hat zur Folge, dass einfache Schreiben, wie etwa Akkreditierungsschreiben oder Geleitbriefe, meist nicht in das Raster der *Acta Aragonensia* fallen. Ausnahmen werden dann gemacht, wenn sie weiterreichende Informationen enthalten, wie etwa ein Schreiben an Corrado Lancia.[36] Weil sein Bruder Friedrich dem Einfluss schlechter Ratgeber ausgesetzt sei, so führt Jakob II. aus, sei er seiner Einladung zu Verhandlungen nicht nachgekommen. Aus brüderlicher Liebe entsende er daher seinen Admiral Roger de Llúria, um in dieser Sache zu verhandeln. Der König bittet Corrado Lancia, dessen mündlichen Ausführungen Glauben zu schenken. Anders als im vorliegenden Fall mit einem sehr gezielt gewählten Empfänger und inhaltlichen Spezifika wurden diese Akkreditierungen oft für eine Vielzahl von Empfängern ausgestellt und weisen keine inhaltlichen Besonderheiten, sondern einen sehr formelhaften Text auf. Für den ersten Empfänger wurde dann im entsprechenden Register der gesamte Text eingetragen, während auf die folgenden nur mit

dürfte die Schenkung ein Beleg für die Krönung Jakobs II. am gleichen Tag sein, siehe PÉQUIGNOT, "Premier voyage", p. 159. Mit der Ernennung war auch die Verleihung des päpstlichen Schutzes verbunden, den der aragonesische Herrscher immer dann genießen sollte, wenn er in päpstlichem Auftrag reiste. Bonifaz VIII. erteilte diesen am 16. März 1297 (gerichtet an die Bischöfe von Lleida und Saragossa) und verkündete ihn am 5. bzw. 6. April 1297 erneut (an alle Christen sowie an die Ritterorden in der Krone Aragón) (A. THOMAS, M. FAUCON und G. DÉGARD, *Les registres de Boniface VIII, 1, Première, deuxième et troisième années (N*[os] *1 à 2390)* (Paris, 1907: *Bibliothèque des Écoles françaises d'Athènes et de Rome*, 2e série 4), No. 2340, cols. 927-928).

[35] FINKE, "Nachträge", pp. 355-356. Er führte zudem aus, eine "Nachlese jüngerer Gelehrter" habe die Richtigkeit seines Vorgehens ergeben. Hingegen nahm sich der Editor etwa der philologischen Kritik, die nach dem Erscheinen des ersten Bandes durch J. Calmette geäußert wurde, an, und beabsichtigte, diese durch ein Glossarium im dritten Band zu beseitigen (Correspondència Bofarull (ordre alfabètic de corresponsals). Lletra F), Freiburg, 1909 März 15: "*Yo deseo quitar esta mancha, dando en un volumen terzo y final un 'glossarium' catalano-aleman con todas enmiendas*" [Unterstreichungen im Original].

[36] *Acta Aragonensia*, 1, No. 26, p. 34, Civitavecchia, 1297 April 13.

einer Floskel wie *Similis fuit missa* verwiesen wurde.[37] Im Detail konnten dabei eventuelle Modifikationen des ersten Textes vermerkt werden.[38] Diese einfachen Dokumente sind in den meisten Fällen nicht als mundierte Versionen überliefert, sondern lediglich in den Registern greifbar und fielen somit nicht in den Fokus Finkes. Gerade die statistische Analyse derartiger Dokumente würde aber einen recht präzisen Überblick über den Umfang der Kontakte aragonesischer Herrscher an der Kurie oder, anders ausgedrückt, über ihre für den Erfolg diplomatischer Missionen unabdingbaren Netzwerke ermöglichen.[39] In Verbindung mit dem jeweiligem Inhalt ließen sich so Rückschlüsse etwa auf die Dringlichkeit der verhandelten Sache ziehen oder auf die Intensität, mit der sie verhandelt wurde. Das Register No. 321 lässt auch die Aktivitäten Jakobs II. neben den Verhandlungen an der Kurie erkennen, wie etwa die Ernennung von Familiaren, die besonders in den diplomatischen Beziehungen wichtige Funktionen einnahmen.[40] Im Register finden sich insgesamt sechs bis dato unbekannte Erhebungen, von denen sich immerhin eine auf einen Agenten in Diensten der Kurie sowie zwei auf Angehörige im Umfeld des Papstes beziehen. Als Begründung führen die Ernennungen die Erbringung von Diensten durch die so Geehrten an, womit hier wichtige Mittelsmänner für die Etablie-

[37] Eine sehr umfangreiche Empfängerliste etwa in Barcelona, ACA, Canc., Reg. 321, f. 34r [1]-[31] mit den Akkreditierungsschreiben für Bernat de Sarrià (*Bernardus de Sarriano*). Bei diesem Beispiel handelt es sich freilich um Adressaten (Adlige und Städte) in der Krone Aragón. Hier wurde die gleiche Form des Schreibens verwendet wie im "internationalen" diplomatischen Verkehr.

[38] Im vorgenannten Fall für Raimundus Fulconis "*Similis fuit missa nobili Raimundo Fulconi hoc addito 'cum cedant ad exultationem nostri nominis et honoris si votivum sorciantur effectum nostrum', datum ut supra*" (Barcelona, ACA, Canc., Reg. 321, f. 34r [2], Rom, 1297 Februar 6).

[39] FELTEN, "Verhandlungen", p. 468.

[40] Dazu H. SCHADEK, "Die Familiaren der sizilischen und aragonischen Könige im 12. und 13. Jahrhundert", *Spanische Forschungen der Görresgesellschaft: 1. Reihe*: *Gesammelte Aufsätze zur Kulturgeschichte Spaniens* 26 (1971), pp. 201-348, zur Funktion in diplomatischen Beziehungen pp. 290-301; ID., "Le rôle de la *familiaritas* dans la politique méditerranéenne da la Couronne d'Aragon dépuis Pierre III jusqu'à Alphonse V", in: *IX Congresso di Storia della Corona d'Aragona, Napoli, 11-15 aprile 1973, sul tema la Corona d'Aragona e il Mediterraneo: Aspetti e problemi comuni, da Alfonso il Magnanimo a Ferdinando il Cattolico, 1416-1516*, 3, *Comunicazioni* (Neapel, 1984), pp. 303-318; M. KINTZINGER, *Westbindungen im spätmittelalterlichen Europa: Auswärtige Politik zwischen dem Reich, Frankreich, Burgund und England in der Regierungszeit Kaiser Sigmunds* (Stuttgart, 2000: *Mittelalter-Forschungen* 7), pp. 151-164, pp. 198-228; N. JASPERT, "Wort, Schrift und Bild im Dienste der Außenbeziehungen. Die Anjou in der ersten Hälfte des 14. Jahrhunderts", in: *Auswärtige Politik und internationale Beziehungen im Mittelalter (13. bis 16. Jahrhundert)*, ed. D. BERG (Bochum, 2002: *Europa in der Geschichte* 6), pp. 271-313, bes. pp. 294-295; PÉQUIGNOT, *Au nom du roi*, pp. 215-218.

rung und Unterhaltung von Beziehungen durch den aragonesischen Herrscher zur Kurie bzw., allgemeiner formuliert, zu italienischen Personennetzwerken zu vermuten sind.[41]

Neben Verhandlungen um Sizilien und der Politik im Mittelmeerraum verfolgte Jakob II. auch Angelegenheiten auf der Iberischen Halbinsel. In diesem Zusammenhang ist die geplante Gründung eines Zisterzienserklosters in Murcia, das im Jahr zuvor, also 1296, von Kastilien erobert worden war, hervorzuheben.[42] Die Erlaubnis zur Gründung, die mit der Schenkung einer Reihe genau umrissener Besitzungen einherging, richtete sich an Abt Bonanat von Santes Creus. Das Kloster stellte neben Santa Maria de Poblet die wichtigste und am engsten mit der Krone verbundene zisterziensische Niederlassung in Aragón dar und wird hier bereits ausdrücklich als Begräbnisstätte für Jakob II. und seine Gemahlin Blanche benannt.[43] Die Gründung knüpft an eine Vorgängerinitiative König Alfons' X. von Kastilien (1252-1284) an, der bereits zuvor ein Zisterzienserkloster am gleichen Ort errichtet hatte. Dieses war aller-

[41] PÉQUIGNOT, "Premier voyage", p. 155, n. 92. Es handelt sich um den *magister*, päpstlichen Notar und Richter Johannes, den *fidelis et devotus* Adriolus de Sori aus Genua, Bundus de Campo und Johannes de Viridi aus Pisa, den päpstlichen Kaplan und Kanoniker aus Langres (?), Gentilis de Colle Alto, sowie Pandulphus, Sohn des Cincius Guidonis, Herr von Malagrota. Bundus de Campo diente sowohl Jakob II. als auch dem Papst und stellte somit einen wichtigen Verbindungsmann und "Diener zweier Herren" dar. Zur doppelten Familiarität siehe SCHADEK, "Familiaren der sizilischen Könige", pp. 289-290; M. KINTZINGER, "Servir deux princes. Les *familiares* étrangers au XVe siècle", *Revue du Nord* 84 (2002), pp. 453-476. Jakob II. ernannte Bundus de Campo später, ebenfalls in Rom, noch zum katalanischen Konsul in Neapel, dazu PÉQUIGNOT, "Premier voyage", p. 143, n. 35.

[42] Zu diesem kurzlebigen Projekt R. SÁINZ DE LA MAZA LASOLI, "El monasterio cisterciense del real de Murcia: Un proyecto fracasado de Jaime II", *Anales de la Universidad de Alicante* 9 (1992/1993), pp. 179-196. Das Königreich Murcia war zwar von Jakob I. von Aragón erobert, aber gemäß dem Vertrag von Cazorla (1179) an Kastilien übergeben worden. Der Infant Alfonso de la Cerda, ein unehelicher Sohn Alfons' X. von Kastilien und Thronprätendent, übertrug Murcia wiederum als Gegenleistung für die Unterstützung im Kampf gegen König Sancho IV. von Kastilien an Jakob II. Bereits 1304 bzw. 1305 wurde das Gebiet zwischen beiden Reichen geteilt, siehe Á. MASIÁ DE ROS, *Relación castellano-aragonesa desde Jaime II a Pedro el Ceremonioso*, 2 vols. (Barcelona, 1994), 1, bes. pp. 67-70, pp. 119-126. Siehe auch zur Eroberung und Reorganisation M.T. FERRER I MALLOL, *Organització i defensa d'un territori fronterer: La governació d'Oriola en el segle XIV* (Barcelona, 1990: *Anuario de Estudios Medievales, Anejo* 22), pp. 3-14.

[43] Barcelona, ACA, Canc., Reg. 321, f. 43r [1], Rom, 1297 März 1 (ed. in SÁINZ DE LA MAZA LASOLI, "El monasterio cisterciense", No. 3, pp. 189-191). Zwischen dem Kloster und der Krone bestand eine enge Verbindung: Einerseits diente es Peter III. von Aragón und später Jakob II. selbst sowie seiner Gemahlin Blanche von Anjou als Begräbnisstätte und andererseits war der Abt von Santes Creus der königliche Almosenmeister.

dings von seinem Sohn Sancho IV. (1284-1295) zerstört worden; im Zuge dessen wurde zudem der Klosterbesitz verteilt.[44] Auch wenn dieser Versuch von Seiten Jakobs II. zur Errichtung eines explizit königlichen Konvents letztlich erfolglos blieb, so ist doch die Symbolkraft der Gründung in einem zwischen den beiden iberischen Reichen umstrittenen Gebiet von Rom aus nicht zu unterschätzen, zumal die übliche *Intitulatio* in der Gründungsurkunde um die neuen Titel als Bannerträger, Admiral und Generalkapitän der römischen Kirche erweitert wurde. Freilich ist aus dem fraglichen Zeitraum keine Reaktion von Seiten der Kurie dokumentiert. Dies wirft die Frage nach einer Abstimmung dieser Gründung zwischen Bonifaz VIII. und Jakob II. auf, die aber einvernehmlich oder zumindest mit päpstlicher Duldung erfolgt sein dürfte. Womöglich handelte es sich um eine päpstliche Konzession gegenüber dem aragonesischen Herrscher. Weitere Akzentsetzungen in der Kirchenpolitik, die sich stärker auf die Krone Aragón beziehen, oder auch Initiativen von Angehörigen der königlichen Entourage fanden keinen Niederschlag im Register.[45]

3. *Schlussbetrachtung*

Der vorgestellte Registerband bietet nur wenige Quellen, die direkte Aussagen über die konkreten Verhandlungen an der Kurie ermöglichen, besonders zwischen den Spitzen der beiden Parteien. Daher ist er eher atypisch für die *Acta Aragonensia* mit ihrer Präferenz für die Gesandtschaftsberichte der Prokuratoren, allerdings liefert er auch darüber hinaus wertvolle Informationen für eine königliche Reise und die mit ihr verbundenen Aktivitäten im späteren Mittelalter.

Zunächst lassen sich auf Basis der dichten Dokumentation die Planung und der Verlauf der Reise sowie die Dauer des Aufenthaltes in Rom präzise

[44] In einem Schreiben an den Abt von Grandselve nahm Jakob II. explizit Bezug auf die alfonsinische Gründung (*ibid.*, pp. 180-181).

[45] Hier findet sich eine Reihe von Bitten an den Papst, deren Realisierung durch die Anwesenheit des Königs zweifellos beschleunigt wurde. So erteilte Bonifaz VIII. etwa auf Bitten Jakobs II. dem Abt von S. Maria de Ripoll die Erlaubnis zur Nutzung der Mitra und des Ringes sowie eines Tragaltars (THOMAS, FAUCON und DÉGARD, *Registres de Boniface VIII*, No. 1727, No. 1728, col. 654). Admiral Bernat de Sarrià etwa erlangte für seinen Verwandten Berenguer die Reservation einer Pfründe in Valencia (*ibid.*, No. 1684, col. 636). Von größerer Bedeutung für die Krone Aragón war etwa die Einrichtung der Universität von Lleida (ROIGÉ, "Bonifacio VIII", pp. 317-321).

rekonstruieren, wobei hier natürlich noch andere Bestände zu konsultieren wären. Das Register No. 321 bildet die Kontakte zwischen dem aragonesischen Herrscher einerseits und der Kurie bzw. ihren Mittelspersonen andererseits eindrucksvoll ab. Es geht aber noch darüber hinaus und gestattet einen Einblick in die – die eigentlichen diplomatischen Prozesse flankierenden – Aktivitäten Jakobs II. Damit gestattet es die Konturierung und Kontextualisierung der königlichen Reise zu diesem konkreten Zeitpunkt. So reichhaltig die Aussagen im Register *Super viatico Rome* auch sein mögen, so wenig vermitteln sie allein ein abgerundetes Bild der facettenreichen Diplomatie und sonstigen Aktivitäten des aragonesischen Herrschers während des Romaufenthaltes, wodurch sich das Konzept "Diplomatie" abrunden ließe.

Wie passen jetzt aber die *Acta Aragonensia* in dieses Bild? Inhaltlich kann man von ihnen in der Tat eine recht weitreichende Orientierung erwarten, ohne dass jedoch die Quellen erschöpfend oder systematisch erschlossen worden wären. Der Fokus lag dabei auf dem Inhalt und weniger auf der Form und den Gegebenheiten diplomatischer Kontakte. Man sollte freilich nicht Geoffrey Barraclough folgen und Finke eine eklektizistische Arbeitsweise vorwerfen. Was jedoch die Formen, Akteure und Reichweite der Diplomatie anbelangt, bietet die Edition eine schlechtere Quellenbasis als meist angenommen wird – zumal Finke nach der Einschätzung von Stéphane Péquignot die Spezifika der Macht des aragonesischen Königs nicht in Betracht zieht.[46] Ihren größten Wert können die *Acta Aragonensia* wohl als "Sesam-öffne-Dich" für die "Schatzhöhle" des Kronarchivs zu Barcelona entfalten. Hier erwarten den Forscher zwar keine Gefahren, aber dafür gelegentlich Hindernisse, die dieser Beitrag skizzieren sollte.

Unter Beachtung der genannten Charakteristika können die *Acta Aragonensia* einen guten Einstieg bieten, um sich in den nach wie vor schlecht indexierten und unsystematisch publizierten Beständen des Kronarchivs zurechtzufinden. Denn leider muss konstatiert werden, dass auch 100 Jahre nach der Publikation der *Acta Aragonensia* diese reichhaltigen Quellen noch nicht systematisch erschlossen sind. Man sieht sich mit der Notwendigkeit konfrontiert, eine Vielzahl thematisch orientierter Quellensammlungen zu konsultieren, was für die mit Hilfsmitteln eher verwöhnten deutschen Forschenden doch eine beträchtliche Umstellung bedeutet. Dabei stellt man unweigerlich fest, dass die Politik Jakobs II. gegenüber der Kurie nach wie vor weitgehend ein weißer Fleck ist. Der Rückgriff auf die archivalischen Quellen

[46] PÉQUIGNOT, *Au nom du roi*, p. 15.

ist somit notwendig, um eine umfassendere Sicht auf die diplomatische Praxis Jakobs II. allgemein und im Verhältnis zur Kurie im Besonderen zu gewinnen; er rechtfertigt sich eben aus der Tatsache der unvollständigen Quellenerschließung. Folgt man Stefano Cingolani, einem exzellenten Kenner der Quellen im Kronarchiv, so ist Jakob II. nach wie vor ein Unbekannter. Dieses Verdikt kann dann aber – diese Abschweifung sei abschließend gestattet – nicht nur für diesen Monarchen gelten, sondern auch für seine Vorgänger, ganz besonders aber für seine Nachfolger. In diesem Sinne bleibt nur, auf die Quellen selbst zu verweisen, die unsere Kenntnisse der spätmittelalterlichen Diplomatie um mannigfaltige Aspekte zu bereichern vermögen.

"... *diem tue peregrinationis extremum dispositione testamentaria desideras prevenire* ...": Der *stilus curiae* und die Regelungen der Kardinäle im Angesicht des Todes (1305-1378)

ANDREAS KISTNER

Bei der Erwägung, wie man seine Belange über den Tod hinaus regeln könnte, tritt unwillkürlich der nähere und weitere Kreis der bekannten Personen vor Augen. Was soll man mit seinem Nachlass tun? Wen soll man als Erben einsetzen? Wen soll man im Rahmen eines Vermächtnisses berücksichtigen? Sind noch Außenstände einzutreiben? Und vor allem: Woraus besteht überhaupt der Nachlass? Diese Fragen spielten auch an der Kurie des 14. Jahrhunderts eine wichtige Rolle, gerade für Kardinäle, die durch ihre privilegierte Stellung reiche Einkünfte aus kirchlichen Einrichtungen zogen, die sie nicht ohne Weiteres "privatisieren" konnten; dafür benötigten sie, wie andere Geistliche auch, eine päpstliche Erlaubnis, eine *licentia testandi*. Der vorliegende Beitrag geht der Thematik im Hinblick auf den *stilus curiae* im engeren und weiteren Sinne nach, fragt also nach den administrativen Abläufen

Stilus – modus – usus: Regeln der Konflikt- und Verhandlungsführung am Papsthof des Mittelalters – Rules of Negotiation and Conflict Resolution at the Papal Court in the Middle Ages, ed. Jessika NOWAK and Georg STRACK, *Utrecht Studies in Medieval Literacy*, 44 (Turnhout: Brepols, 2019), pp. 213-233.

BREPOLS PUBLISHERS DOI 10.1484/M.USML-EB.5.117710

ebenso wie nach den Möglichkeiten, diese strategisch – etwa zur Stärkung der eigenen Netzwerke – einzusetzen. Dabei sollen erst die Kardinalstestamente, dann die Testierlizenzen im Vordergrund stehen.

1. Kardinalstestamente in der Forschung

Testamente von Kardinälen wurden bislang wegen der Publikationslage[1] nur vereinzelt ausgewertet, etwa um die Zusammensetzung ihrer *familia* zu erarbeiten,[2] um ihre Bibliotheken zu untersuchen,[3] um Aufschlüsse über ihre Testamentsvollstreckung zu erlangen[4] oder aber als Bestandteil eines Quellencorpus zu ihrer Biographie.[5] Auch Studien zu den kardinalizischen Grabmälern des 13. und 14. Jahrhunderts konnten die Testamente gewinnbringend nutzen.[6] Die umfassendste Arbeit zu Kardinalstestamenten stammt von Agostino Para-

[1] M.M. HARVEY, "The household of Cardinal Langham", *Journal of Ecclesiastical History* 47 (1996), pp. 18-44; B. GUILLEMAIN, *La cour pontificale d'Avignon (1309-1376): Étude d'une société* (Paris, 1966), bes. pp. 252-258; Guillemain bedient sich der in der *Histoire de tous les cardinaux françois*, ed. F. DUCHESNE, 2 vols. (Paris, 1660), und in den *Vitae paparum Avenionensium*, ed. É. BALUZE und G. MOLLAT, 4 vols. (Paris, 1914-1928), gedruckten Testamente.

[2] HARVEY, "The household of Cardinal Langham", pp. 18-44.

[3] A. PARAVICINI BAGLIANI, "Le biblioteche cardinalizie (secc. XIII-XV)", in: *I luoghi della memoria scritta: Manoscritti, incunaboli, libri a stampa di biblioteche statali italiane*, ed. G. CAVALLO (Rom, 1994), pp. 295-301; ID., "Testamenti e biblioteche cardinalizie duecentesche", in: ID., *Il potere del papa: Corporeità, autorappresentazione, simboli* (Florenz, 2009), pp. 355-372.

[4] Vgl. S.L. FORTE, "Il cardinale Matteo Orsini O. P. e il suo testamento", *Archivum Fratrum Praedicatorum* 37 (1967), pp. 181-262, der aber eher die Vita seines Protagonisten und dessen Kontakte aufarbeitet und das Testament nur auf sehr wenigen Seiten behandelt; M.-H. LAURENT, "Le testament et la succession du Cardinal Dominicain Guillaume de Pierre Godin", *Archivum Fratrum Praedicatorum* 2 (1932), pp. 84-231, die gleichfalls vor allem die biographischen Eckpunkte zu ihrem Protagonisten angibt und das Testament ebenso knapp beleuchtet.

[5] M. DYKMANS, "Le cardinal Annibal de Ceccano (vers 1282-1350): Étude biographique et testament du 17 juin 1348", *Bulletin de l'Institut Historique Belge de Rome* 43 (1973), pp. 145-344; L. CAROLUS-BARRÉ, "Le cardinal de Dormans, chancelier de France, 'principal conseiller' de Charles V: D'après son testament et les archives du Vatican", *Mélanges d'Archéologie et d'Histoire de l'École française de Rome* 52 (1935), pp. 314-365.

[6] J. GARDNER, *The Tomb and the Tiara: Curial Tomb Sculpture in Rome und Avignon in the Later Middle Ages* (Oxford, 1992); zuletzt ID., "The long goodbye: Artistic patronage of the Italian cardinals in Avignon, c. 1305-1345", in: *Courts and Courtly Cultures in Early Modern Italy and Europe: Models and Languages*, ed. S. ALBONICO und S. ROMANO (Rom, 2016), pp. 343-358.

vicini Bagliani,[7] der seiner Edition der Testamente des 13. Jahrhunderts, die einige aus dem 14. Jahrhundert einschließt, eine allgemeine Kontextualisierung vorgeschaltet hat. Er beschreibt zwar die Rahmenbedingungen und die Struktur der Testamente; Fragen nach Verhandlungs- und Konfliktführung standen dabei – wie auch bei anderen genannten Autoren – jedoch nicht im Mittelpunkt, wurden gleichwohl hin und wieder berührt.

2. Stilus curiae *als "behördenrechtliche" Leitlinie und die Testamente*

Ausdrücke wie *stilus curiae*, *modus* oder *secreta curiae*[8] oder auch *usus curiae*[9] sind in Testamenten oder den genannten Testierlizenzen nicht zu finden. Gleichwohl war ein – diplomatisch und prozessrechtlich verstandener – *stilus curiae* wirksam: Bei der Supplik und der Ausstellung der Testierlizenz kam er zum Tragen.[10] Die Gestaltung der Testamente folgte den Gepflogenheiten derjenigen Region, in der sie Wirkung entfalten sollten: Die Mehrzahl der Kardinäle stammte aus dem Teil Frankreichs, in dem das römische Recht gültig war,[11] mithin mussten die Testamente an den Vorgaben des römischen Rechtes orientiert sein. Von daher war es nur naheliegend, dass sie dem von Rolandinus de Passageriis (†1300) vorgeschlagenen Muster folgten, setzte er doch die im 13. Jahrhundert gültigen römisch-rechtlichen Maßgaben in die notarielle Lehrpraxis um und wurde auch in Südfrankreich im 14. Jahrhundert breit rezipiert.[12]

Da über die Errichtung von Testamenten durch Kardinäle ansonsten nur wenig bekannt ist, sei der normale Geschäftsgang kurz geschildert: Gemeinhin geht man davon aus, dass der Kardinal zu einem ihm günstig erscheinenden

[7] *I testamenti dei cardinali del Duecento*, ed. A. PARAVICINI BAGLIANI (Rom, 1980). Die Testamente der Kardinäle des 14. Jahrhunderts wurden vom Autor dieses Beitrages in seiner Dissertation ediert: A. KISTNER, *Kirchenfürst und Würmerfraß: Die Kardinalstestamente des avignonesischen Papsttums (1305-1378)* [Dissertationsschrift: im Druck].

[8] So die Wortwahl Thomas' von Malborough. Vgl. den Beitrag von H. MÜLLER in diesem Band.

[9] Vgl. den Beitrag von C. ZEY in diesem Band.

[10] Dazu unten, Abschnitt 2; genauer aufgearbeitet in KISTNER, *Kirchenfürst und Würmerfraß*.

[11] Zur Verbreitung des Notariats in Frankreich vgl. R.-H. BAUTIER, "L'authentification des actes privés dans la France médiévale", in: ID., *Chartes, sceaux et chancelleries: Études de diplomatique et de sigillographie médiévales*, 2 vols. (Paris, 1990), 1, pp. 169-340, hier p. 270.

[12] A. GOURON, "Le fond et la forme: L'empreinte du notariat italien sur les pratiques médiévales en France", in: *Rolandino e l'ars notaria da Bologna all'Europa*, ed. G. TAMBA (Mailand, 2002), pp. 719-735.

Moment um eine Testierlizenz supplizierte, die er gegebenenfalls erst Jahrzehnte später nutzte, um ein Testament aufzusetzen.[13] Dabei wurden für gewöhnlich römisch-rechtliche Vorgaben beachtet. Die interessierten Parteien, zuvorderst die Erben und die Testamentsvollstrecker, erhielten auf Anfrage eine vollständige Abschrift des Testamentes, die Vermächtnisempfänger gegebenenfalls nur eine des sie betreffenden Abschnittes. Die Erben oder Testamentsvollstrecker mussten seit dem Pontifikat Johannes' XXII. beim Kämmerer des Kardinalskollegs vorstellig werden und zum Ausweis ihrer Berechtigung eine notariell beglaubigte Kopie zumindest des die Wahl der Exekutoren und ihre Vollmachten betreffenden Abschnittes einhändigen.[14] Für gewöhnlich ernannten dann die Kardinalexekutoren Stellvertreter, an die sie ihre Vollmachten weitestgehend delegierten.[15] Selbst wurden sie vor allem dann tätig, wenn man beim Papst um Bestätigungen oder Mandate supplizieren musste. Die Kardinalexekutoren und der Papst wurden aktiv, wenn es von den testamentarischen Bestimmungen abzuweichen galt: Abweichungen waren entweder den Testamentsvollstreckern vom Erblasser ausdrücklich erlaubt[16] oder wurden vom Papst bestätigt.[17] Im Rahmen der Vollstreckung fielen, teils vom

[13] A. MEYER ("Das päpstliche Spolienrecht im Spätmittelalter und die *licentie testandi*: Anmerkungen zu einer Neuerscheinung", *Zeitschrift der Savigny-Stiftung für Rechtsgeschichte: Kanonistische Abteilung* 77 (1991), pp. 399-405) gibt erste Hinweise, dass die Testierlizenz zumeist nicht mit der schieren Testamentserrichtung, sondern mit der Menge der zu verfügenden Güter zu tun hatte. Dazu KISTNER, *Kirchenfürst und Würmerfraß*.

[14] J.P. KIRSCH, *Die Finanzverwaltung des Kardinalkollegiums im XIII. und XIV. Jahrhundert* (Münster, 1895), p. 62. Mindestens teilweise war diese Maßnahme dadurch motiviert, dass die Erben und Vollstrecker eines Kardinals seine Einkünfte aus der Kardinalskammer, die ihm zum Todeszeitpunkt noch nicht zugegangen waren, einfordern konnten. Somit sollte ungerechtfertigten Ansprüchen ein Riegel vorgeschoben werden. Zur weiteren Geltung dieses Brauches über den Pontifikat Johannes' XXII. hinaus in Bälde KISTNER, *Kirchenfürst und Würmerfraß*.

[15] So bei Bertrand de Deaux, dessen Vollstrecker Prokuratoren ernannten (Avignon, Archives départementales de Vaucluse, 10 G 2, No. 9); bei Albornoz wird dies etwa bei der Verhandlung zwischen dem Collegio di Spagna und den Exekutoren deutlich, die im Wesentlichen von zwei Verwandten des Toten geführt wurden – stellvertretend für alle Exekutoren. Dazu B.M. MARTI, "1372: The Spanish College versus the executors of Cardinal Albornoz's Testament", in: *El Cardenal Albornoz y el Colegio de España,* ed. E. VERDERA Y TUELLS, 4 vols. (Bologna, 1972-1979), 2, pp. 93-129.

[16] Den Testamentsvollstreckern wurde öfters die Befugnis eingeräumt, die Vermächtnisse nötigenfalls zu kürzen, vgl. beispielsweise Petrus Bertrandus de Columbario iunior, "Testament", in: *Histoire de tous les cardinaux françois*, ed. DUCHESNE, 2, pp. 359-368, hier p. 366: "*Volo tamen, quod Domini mei Cardinales Executores praedicti, aut duo ex ipsis, augendi, diminuendi, mutandi et cetera, corrigendi et declarandi legata et omnia supradicta, plenam habeant potestatem* [...]".

[17] Um nur eines von vielen Beispielen zu nennen, in denen wegen der Unmöglichkeit der

Testator so verlangt, weitere Notarsinstrumente an, wobei das wichtigste dasjenige war, mit dem gegebenenfalls aufgetretene Meinungsverschiedenheiten beigelegt wurden.[18]

3. *Stärkung der Verflechtungen durch Testamente*

Betrachtet man den *stilus curiae* als Bündel von Regeln der Verhandlungs- und Konfliktführung, so gelten diese offensichtlich im Personengeflecht an der Kurie; die Beachtung oder Missachtung dieser Regeln entfaltete dort ihre Wirkung. Und ebenso offensichtlich standen Kardinäle im Zentrum dieses Geflechtes, von dem sich bestimmte Teile in ihren Testamenten wiederfanden. Dabei ist darauf zu achten, welcher Art die Verflechtungen des Kardinals mit manch einer Person waren, um sich nicht zu "verheddern".[19] Das betrifft vor allem Inhaber kurialer Ämter, die günstig zu stimmen oder die zu involvieren im Sinne der Testamentsvollstreckung attraktiv war.

Versucht man aus den Testamenten Rückschlüsse auf die Netzwerke zu ziehen, so sollte man sich zunächst Klarheit darüber verschaffen, welche Konventionen galten bzw. welche Personen in welcher Höhe bedacht werden mussten. So wurden die Höflinge immer wieder nach "Gehaltsgruppen" berücksichtigt, die es zu erkennen gilt, will man Personen ausmachen, die besonders herausstechen. Hin und wieder findet sich die Kautel, dass das Vermächtnis

Umsetzung der testamentarischen Bestimmung vom Papst eine Änderung des Testamentes bewilligt wurde: Die Bestimmungen des Hugues Roger mussten hinsichtlich der Ausstattung eines Klosters gemindert werden (*Grégoire* XI: *Lettres secrètes et curiales relatives à la France*, ed. L. MIROT und E.-R. LABANDE, 3 vols. (Paris und Rom, 1935-1957), No. 545). Die *mutatio testamenti* ist im 14. Jahrhundert aber noch keine verfestigte Urkundenform. Dazu T. FRENZ, *Die Kanzlei der Päpste der Hochrenaissance (1471-1527)* (Tübingen, 1986), p. 77. Die Befugnis dazu war jedoch schon etabliert. V.W. VON GLANVELL, *Die letztwilligen Verfügungen nach gemeinem kirchlichen Recht* (Paderborn, 1900), p. 212.

[18] So im Falle des Bertrand de Deaux, wo sich das Kapitel der Stiftskirche Saint-Didier mit den Vollstreckern einigte, dass der nun erreichte Vermögensstand als ausreichend betrachtet werden sollte, auch wenn er gemäß der Interpretation des Kapitels nicht der vom Testament zugesicherten Ausstattung entsprach (Avignon, Archives départementales de Vaucluse, 10 G 2).

[19] So der programmatische Titel des Beitrages von K. HITZBLECK, "Verflochten, vernetzt, verheddert? Überlegungen zu einem erfolgreichen Paradigma", in: *Die Grenzen des Netzwerks 1200-1600*, ed. K. HITZBLICK und K. HÜBNER (Ostfildern, 2014), pp. 17-40. Es ist darauf zu achten, ob bestimmte Verflechtungen nicht zwangsläufig durch die Einbindung in bestimmte Institutionen oder deren (obligatorische) Nutzung entstehen. Vgl. EAD., "NetzWerkGrenzen", *ibid.*, pp. 7-16, bes. pp. 7-12.

nur zum Tragen kommen solle, wenn diese Begünstigten nicht bereits anderweitig eine ausreichende Pfründenausstattung erlangt hätten.[20] Besonders deutlich wird das persönliche Verhältnis eines Kardinals zu seinem Hof, wenn etwa Guillaume de La Sudrie sein allgemeines Missfallen über seine Familiaren zum Ausdruck bringt.[21]

Das Netzwerk des Erblassers wurde trotz seines Ausscheidens durch gemeinsame Aufgaben und Handlungen gestärkt, da die Testamentsvollstrecker sorgfältig ausgewählt wurden. Wegen der fraglichen Summen und insbesondere der vormodernen Bedeutung, die Handlungen genossen, die im weiteren Sinne dem Seelenheil des Verstorbenen dienten, war dies eine überaus verantwortungsvolle Aufgabe. Wir werden daher annehmen dürfen, dass man bevorzugt Personen mit solchen Aufgaben betraute, bei denen man auf eine Behandlung der Angelegenheiten im eigenen Sinne hoffen durfte. Es besteht also die Grundannahme, dass die zu Testamentsvollstreckern eingesetzten Personen zumindest grundsätzlich das Vertrauen des Erblassers genossen und gegebenenfalls in einem persönlichen Verhältnis zu ihm standen.[22] Vorbehaltlich abweichender *ad hoc*-Bündnisse in der kurialen Alltagspolitik wird man also auf diesem Wege die grundsätzlichen Wandlungen in den Parteien des Kardi-

[20] Elias Talayrandus, "Testament", in: *Histoire de tous les cardinaux françois*, ed. DUCHESNE, 2, pp. 315-322, hier p. 317: "*Volumus, quod aliquis, qui per nos vel ad instantiam nostram fuerit competenter beneficiatus, portionem non habeat in praedictis tribus millibus florenorum*". Annibale da Ceccano empfiehlt seine nicht ausreichend versorgten Familiaren dem Papst (DYKMANS, "Le cardinal", p. 282; vgl. auch G. MOLLAT, "Contribution à l'histoire du Sacré Collège de Clément V à Eugène IV", *Revue d'histoire ecclésiastique* 46 (1951), pp. 22-122, pp. 566-594, hier p. 57).

[21] R. FAGE, "Guillaume Sudre: Cardinal Limousin", *Bulletin de la Société Scientifique, Historique et Archéologique de la Corrèze* 2 (1879), pp. 635-707, hier p. 690: "*Videatur michi, quod plus servivi ego eis tenendo eos, quam ipsi michi, valde paucis exceptis; et est sciendum quod multi sunt qui multas pecunias, et aliqui etiam aeque a me habuerunt in satisfactionem sui servitii*".

[22] So schon B.R. BEATTIE, "Die Kardinäle und das kulturelle Leben im päpstlichen Avignon", in: *Geschichte des Kardinalats im Mittelalter*, ed. J. DENDORFER und R. LÜTZELSCHWAB (Stuttgart, 2011), pp. 281-301, hier p. 287. Explizit etwa bei Elias Talayrandus, "Testament", p. 318, der "*reverendissimos patres ac charissimos dominos ac amicos nostros*" mit der Vollstreckung betraute. Ähnlich Nicolaus de Freauvilla, "Testamentum", in: *Vitae paparum*, ed. BALUZE und MOLLAT, 3, pp. 332-344, hier p. 338: "*Item legamus cuilibet* [...] *executorum nostrorum pro amicitia et labore executionis faciende unum jocale centum florenorum auri*". Ähnlich kommt die Parteizugehörigkeit auch beim Übergang eines Höflings von einem verstorbenen Kardinal zu einem anderen zum Tragen, da diese Wechsel überwiegend innerhalb einer Partei geschahen. Das kann hier aus Platzgründen nicht weiter ausgeführt werden, so dass auf KISTNER, *Kirchenfürst und Würmerfraß*, verwiesen werden muss.

nalskollegs feststellen können. Das legen einerseits die Kreaturen Johannes' XXII. nahe, die es so lange wie möglich vermieden, Kardinäle zu Testamentsvollstreckern einzusetzen, die nicht dem Verwandtschaftskreis um den Papst aus Cahors angehörten. Andererseits deuten das die Testamente der Antagonisten Guy de Boulogne und Élie Talleyrand de Périgord an, die mit einer Ausnahme verschiedeneTestamentsvollstrecker hatten. Das gilt selbst dann, wenn man berücksichtigt, dass mehrere Kardinäle zwischen den Todesdaten der zwei genannten Protagonisten versterben sollten.[23]

Ein weiteres Mittel zur Stärkung der eigenen Partei war das Geschenk, das hier als Vermächtnis zu bezeichnen ist. Verschiedentlich lässt sich die Verfügung finden, dass ausgewählte Kardinäle und auch der Papst mit Ringen beschenkt werden sollten. Das kann ab einem gewissen Grad tatsächlich als Ausdruck einer besonders engen Bindung verstanden werden. Auch hier kam zum Tragen, dass Konventionen galten, die eine rasche Identifizierung besonderer Verhältnisse erschwerten: Dass die Ringübergabe als wiederkehrendes Ritual beschrieben wurde, legt nahe, dass eine Stufe existierte, unterhalb derer normalen Gepflogenheiten Genüge getan wurde.[24] Die Höhe der Gaben könnte ein Maßstab der Kuriennähe – und, wenn auch weniger relevant, für eine gewisse Sympathie gegenüber dem Aufenthaltsort der Kurie – sein, wie es das Beispiel des Gozzo da Rimini – im negativen Sinne – anzudeuten scheint: Er sicherte sowohl dem Brückenbau in Avignon wie auch der päpstlichen Kammer zwei Florenen zu. Wenn seine Knochen in Rimini, dem gewünschten Bestattungsort,

[23] Elias Talayrandus, "Testament". Das Testament des Guy de Boulogne ist schon einmal kritisch von P. JUGIE, *Le cardinal Gui de Boulogne (1316-1373): Biographie et étude d'une familia cardinalice* [École nationale des chartes, thèse pour l'obtention du diplôme d'archiviste paléographe, dactyl.] (Paris, 1986), 3, pp. 182-208, ediert worden, wegen der Zugänglichkeit dieser Publikation wird hier benutzt: É. BALUZE, *Histoire généalogique de la maison d'Auvergne*, 2 vols. (Paris, 1708), 2, pp. 180-183. Für die Exekutoreneinsetzungen der Kreaturen Johannes' XXII. sei verwiesen auf KISTNER, *Kirchenfürst und Würmerfraß*.

[24] M. DYKMANS, *Le cérémonial papal de la fin du Moyen Âge à la Renaissance* 4 vols. (Brüssel und Rom, 1977-1985), 3, *Les textes avignonnais jusqu'à la fin du Grand Schisme d'Occident* (1983), pp. 246-247: "*post obitum alicuius cardinalis, ipsis cardinalibus novis dantur de anulis defuncti, qui distribuuntur inter ipsos cardinales, nisi ipsi anuli fuerint distributi inter antiquos cardinales ante creationem ipsorum novorum cardinalium. Et ita factum fuit tempore domini Clementis pape VI, quando obiit dominus Anibaldus cardinalis episcopus Tusculanus*". Eine entsprechende "Ring-Schenkung" wurde beispielsweise von Gozzo da Rimini vorgenommen: "*Item legavit reverendo patri domino Ademaro Roberti tituli sancte Anastasie presbytero cardinali unum de anulis suis pulcris. Item legavit reverendo patri domino Galhardo sancte Lucie dyacono cardinali executori suo infrascripto anulum suum cum lapide rubini* [...]" (Gozzo da Rimini, "Testament", in: L. TONINI, *Storia civile e sacra riminese*, 6 vols. (Rimini, 1848-1888), 4.1, *Appendice di documenti* (1880), pp. 165-172, hier p. 170).

ankommen würden, sollten 100 Arme eingekleidet werden – jeder im Gegenwert eines Floren.[25] Gegenstände der Schenkung waren zuvorderst Geldbeträge in unterschiedlicher Münze, wobei – wenig überraschend – der Goldfloren und die Turnosen sich sehr großer Beliebtheit erfreuten. Hernach kommen auch Schenkungen von Pferden, Bettdecken, liturgischen Kleidungsstücken und Geräten sowie nicht zuletzt von Büchern vor. An einigen wenigen Stellen werden früher gepflegte Kontakte deutlich, etwa wenn Guillaume de Peyre Godin (†1336) ein Brustkreuz hinterlässt, das er von Niccolò Alberti (†1321) erhalten hatte.[26]

Die Schenkungen an zuvor innegehabte Kirchen waren grundsätzlich kanonistisch obligatorisch,[27] wenn auch die Höhe der Zuwendungen offen für die Willkür des Erblassers gewesen zu sein scheint.[28] Von daher ist nur eingeschränkt von einer bewussten Kontaktpflege zu sprechen, zumal diese wesentlich in das Jenseits hineinreichte, da die Gaben oftmals an die Bitte um Fürbittgebete gebunden waren. Insofern könnte man eventuell von einer transzendenten Kontaktpflege sprechen, da oftmals die Heiligen der biographisch besonders wichtigen Kirchen bedacht wurden.[29]

Für die Erörterung der Geflechte, denen sich der Erblasser zugehörig fühlte – oder denen er nicht entkommen konnte –, besonders belastbar dürften die Bestattungswünsche sein. Immer wieder werden präzise Vorgaben gemacht, in derselben Kapelle wie dieser oder jener andere Kardinal bestattet zu werden, wie es etwa bei Annibale da Ceccano vorkommt, der zuvor Vollstrecker seines Onkels Jacopo Stefaneschi gewesen war und in seinem eigenen Testament

[25] Gozzo da Rimini, "Testament", p. 169: "*Item reliquit Camere domini pape duos florenos auri. Item capelle domini pape tapetum suum pulcrum*" (*ibid.*, p. 170): "*Item voluit et mandavit, quod* [...] *habeantur et induantur centum pauperes ipsius civitatis,* [...] *et voluit, quod expendatur pro qualibet tunica dictorum pauperum unum florenum auri*".

[26] LAURENT, "Le testament", p. 149.

[27] Iohannes Andreae, *Novella Commentaria*, f. 107vb (Kommentar zu X. 3.26.7: *Corpus iuris canonici*, ed. E. FRIEDBERG, 2, *Decretalium collectiones* (Leipzig, 1922) (zukünftig FRIEDBERG), col. 540); an anderer Stelle (f. 104) heißt es: "*quod praelati plus diligere debent ecclesias, quam consanguineos, vel amicos*". Vgl. auch MOLLAT, "Contribution", pp. 63-64.

[28] Vorbehaltlich der Richtlinien, die manch ein Papst in der Testierlizenz verankert hatte, und, noch wichtiger, der Verpflichtung, gleichmäßig unter den innegehabten Kirchen zu teilen (X. 3.26.12 (FRIEDBERG, col. 541): "*Si autem defunctus habet plures ecclesias vel beneficia, fiet aeque divisio inter illa*").

[29] Vgl. J. CHIFFOLEAU, "Pour une économie de l'institution ecclésiale à la fin du Moyen Âge", *Mélanges de l'École française de Rome: Moyen Âge* 96 (1984), pp. 247-279, der forderte, dieses Wechselverhältnis von weltlichen Zahlungen und jenseitigem Nutzen als Richtschnur bei wirtschaftlichen Äußerungen kirchlicher Institutionen zu beachten.

dann erklärte, er wolle in derselben Kapelle wie dieser bestattet werden.[30] Die Grablegen der Ordenskardinäle waren zum überwiegenden Teil festgelegt, kehrten die Kardinäle doch im Tode räumlich zu ihrem Orden zurück, wenn sie nicht ausdrücklich von der Rückkehr befreit waren.[31] Ein anderer wesentlicher Bestandteil der erkennbaren Beziehungen betrifft die innegehabten Kirchen, mussten diese doch testamentarisch berücksichtigt werden, wie im Folgenden auszuführen ist.

4. Konfliktführung in den Testamenten

Einige Testamente lassen sich als Quelle für Konfliktlagen nutzbar machen, wobei diese vor allem als bloßes Faktum greifbar werden: Der Dominikanerkardinal Matteo Orsini (†1340) hatte sich zu Lebzeiten wohl mit den Testamentsvollstreckern des Pierre de Mortemart (†1335) über Schulden gestritten; dieser Streit war bis zu seinem Lebensende nicht beigelegt worden, und die Exekutoren sollten sich nun damit auseinandersetzen.[32] Es muss für die Beteiligten ohnehin schon unerfreulich gewesen sein, doch wurde die Situation noch deutlich problematischer, als während des Krieges der Otto Santi (1375-1378) und nach dem Ausbruch des Schismas Florentiner in die Testamentsvollstreckung involviert wurden, die auf der "falschen" Seite standen: Giacomo Orsini (†1379) testierte 1376, also während des Krieges der "Acht Heiligen". Weite Teile seines Testamentes beinhalten eine Aufstellung der zurückzuzahlenden Schulden, insbesondere gegenüber Florentiner Kaufleuten und Ban-

[30] DYKMANS, "Le cardinal", p. 282: "*Volumus, quod exequie nostre fiant in ecclesia Nostre Domine de Donis, tandem corpore nostro asportando et sepelliendo in ecclesia Sancti Petri de Roma, in capella, quam dominus noster, bone memorie dominus Jacobus, cardinalis, ordinavit ibi fieri pro seipso*".

[31] Dies traf beispielsweise für Guillaume de Peyre Godin O. P. zu (*Jean XXII*, *Lettres communes*, ed. G. MOLLAT, 16 vols. (Paris, 1904-1946), No. 41706). *Nota bene*: Alle im Folgenden zitierten Publikationen der Papstregister wurden nach der über apps.brepolis.net/litpa zugänglichen Datenbank *Ut per litteras apostolicas* verwendet; die Angabe des einzelnen Bandes, in dem die betreffende *littera* nachgewiesen wird, entfällt daher.

[32] FORTE, "Il cardinale Matteo Orsini", p. 252: "*De eo autem quod petitum fuit a me per reverendos patres et dominos cardinales executores testamenti olim domini Autissiodorensis cardinalis instanter peto quod fiat illud quod est iuris: credo enim secundum relata procuratorum meorum nichil debere, sed michi potius deberi plura centenaria florenorum*".

kiers. Der Papst möge die Rückzahlung der Schulden an die Gläubiger erlauben – "*non obstante, quod aliqui sint Florentini*", so heißt es hier.[33]

Nicht im Testament *expressis verbis* vermerkt, gleichwohl plausibel ist die Notwendigkeit, um Erlaubnis für die Testamentsvollstreckung nachzufragen im Falle von Pietro Corsini (†1405): Als Florentiner in der "falschen" – nämlich clementinischen – Obödienz (seine Heimatstadt gehörte der urbanistischen Obödienz an) dürften zahlreiche seiner testamentarischen Verfügungen durch die Situation des Schismas gefährdet gewesen sein.

Auf französischer Seite wird die Entfremdung zwischen Kardinälen und Papst bei Jean de La Grange (†1402) ersichtlich: Er setzte sein Testament während des Obödienzentzugs (1398-1403)[34] auf und verwies explizit darauf, dass auf Papst Benedikt XIII. angesichts der aktuellen Situation kein Verlass sei:

> *propter remotionem obedientie factam domino Benedicto ultimo in papam electo in factis cardinalium pro executione testamentorum suorum de presenti ad superiorem non potest haberi recursus, nec tenetur, exercetur, vel observatur justicia in Romana Curia*;

ja er geht auch davon aus, dass die Missgunst Benedikt dazu veranlassen werde, die Pfründen des Jean anderweitig zu besetzen oder ihn am Bezug der Einkünfte zu hindern.[35] Die Konsequenz ist daher, die Verantwortung für die ordnungsgemäße Testamentsvollstreckung dem obersten weltlichen Gericht im Königreich Frankreich zu übertragen. Guy de Malesec zog dieselbe Schlussfolgerung; er artikuliert dies lediglich in seinem Testament oder Codicill nicht ebenso deutlich.

Eingangs wurde bereits auf eine im Zusammenhang mit der Testamentserrichtung durch einen Kardinal wichtige Sondervollmacht verwiesen, der nun größere Aufmerksamkeit zukommen soll, da sie als Mittel der Verhandlungs- und Konfliktführung durch den Papst gegenüber dem Kardinal eingesetzt wer-

[33] Rom, Archivio Storico Capitolino, Archivio Orsini, II. A. VII. 16; künftig KISTNER, *Kirchenfürst und Würmerfraß*, 2: Giacomo Orsini, Testament, *Debita*.

[34] J. FAVIER, *Les papes d'Avignon* (Paris, 2006), pp. 665-669, pp. 674-687.

[35] *Histoire de tous les cardinaux françois*, ed. DUCHESNE, 2, pp. 467-475, hier p. 473. Künftig in KISTNER, *Kirchenfürst und Würmerfraß*, 2: Jean de La Grange, Testament, *Parlamentum Francie*.

den konnte, indem sie den Umfang des Nachlasses – und damit den Umfang der Möglichkeiten der Kontaktpflege – beeinflussen konnte.

Zu den Eigenarten des mittelalterlichen Erbrechts gehörte es, dass der Klerus – also auch die Kardinäle – eine Sondervollmacht benötigte(n), um testamentarisch legal über mobile Kirchengüter zu verfügen. Dies waren die sogenannten *licentiae testandi*, die seit dem 13. Jahrhundert belegt sind.[36] Während für das 13. Jahrhundert nicht klar ist, in welcher Form die Kardinäle um ihre Testierlizenz supplizierten,[37] können im 14. Jahrhundert, genauer im Pontifikat Urbans V., drei Kardinäle genannt werden, die eine registrierte Supplik eingereicht haben: Androin de la Roche, Anglic Grimoard und Guillaume de La Sudrie.[38] Zufälligerweise ist Urban V. auch der erste Papst des 14. Jahrhun

[36] Traditionell wird hier vom Spolienrecht gesprochen, doch wird hier, MEYER, "Päpstliches Spolienrecht", folgend, wegen der nicht belegbaren zeitgenössischen Verwendung des Ausdrucks und der kirchenrechtlichen Definition während des Mittelalters, von der Verwendung dieses Terminus abgesehen. Zur Nachlassreservation G. MOLLAT, "À propos du droit de dépouille", *Revue d'histoire ecclésiastique* 29.2 (1933), pp. 316-343, hier p. 316, n. 3, der als Erstbeleg ein Kameralschreiben aus dem Pontifikat Urbans IV. vom 18. März 1262 anführt, in dem die Nachlasseinforderung durch den Papst als alter Brauch bezeichnet wird: "*Bona clericorum ab intestato apud Sedem Apostolicam decedentium ad Romanam Ecclesiam de approbata consuetudine devolvuntur*" (*Les registres d'Urbain IV (1261-1264)*, ed. L. DOREZ, J. GUIRAUD und S. CLÉMENCET (Paris, 1899-1958), No. 2). Die heute wirksamsten Publikationen zur Entstehung des (akzeptierten) Anspruches des Papstes auf den Nachlass Geistlicher gehen auf eine Überlegung zurück von F. EHRLE, *Historia Bibliothecae Romanorum Pontificum tum Bonifatianae tum Avenionensis* (Rom, 1890), p. 186, der einen Konnex von Benefizien- und Nachlassreservation sah. Zur Entstehung der Testierlizenzen siehe *I testamenti*, ed. PARAVICINI BAGLIANI, pp. XLVI-XLVII. Paravicini Bagliani verweist seinerseits auf: Henricus de Segusio, *Summa aurea*, ed. N. SORANZO (Venedig, 1574), col. 1770 (lib. V: *De Penitentiis et remissionibus*) über die Kardinäle und ihre Fähigkeit, ein Testament aufzusetzen: "*Confiteri autem debent papae, sine cuius licentia non possunt testamentum condere, nec etiam mutationem facere secundum consuetudinem Romane ecclesie*". Dies ist der einzige Beleg dieses Sachverhaltes in der kanonistischen Literatur des 13. Jahrhunderts. Im 14. Jahrhundert änderte sich, so der aktuelle Forschungsstand, an der Notwendigkeit der Einholung einer Testierlizenz nichts. So schon J.B. SÄGMÜLLER, *Die Thätigkeit und Stellung der Cardinäle bis Papst Bonifaz VIII.* (Freiburg i. Br., 1896), p. 157. Beispiele für das Formular bei *Die päpstlichen Kanzleiordnungen von 1200-1500*, ed. M. TANGL (Innsbruck, 1894), p. 311; D. WILLIMAN, *The Right of Spoil of the Popes of Avignon: 1316-1415* (Philadelphia, 1988), p. 38, wobei letzteres Beispiel eine Lizenz für einen Bischof ist; siehe auch vor allem *I testamenti,* ed. PARAVICINI BAGLIANI, pp. LIII-LVI, mit den im 13. Jahrhundert gebräuchlichen Formularen. Dazu in Bälde KISTNER, *Kirchenfürst und Würmerfraß.*

[37] *I testamenti*, ed. PARAVICINI BAGLIANI, p. L.

[38] Androin de la Roche (No. 735, 14. April 1364), Anglic Grimoard (No. 1244, 23. Oktober 1366) und Guillaume de la Sudrie (No. 1296, 2. November 1366) (*Suppliken Urbans V.*, ed. A.-M. HAYEZ, J. MATHIEU und M.-F. YVAN, benutzt über die Datenbank *Ut per litteras apostolicas* (18.06.2015)). Das ist auch für einen einzelnen Pontifikat wenig, zumal Urban V. mindestens

derts, für den normative Quellen zu dieser Frage einige Gewissheit erlauben. Infolge einer Kanzleiregel durften zahlreiche höhere Kleriker auf eine einigermaßen einfache Behandlung ihres Anliegens hoffen, verfügte doch (wenigstens während dieses Pontifikats) der Vizekanzler über die Amtskompetenz, vom Bischofselekten bis zum Patriarchen die Lizenz zu gewähren und auf dem Wege der Kanzleiexpedition ausstellen zu lassen. Die Bewilligung der *licentiae testandi* für Kardinäle behielt sich dagegen der Papst vor.[39] Hier deutet sich also ein Spielraum an, die *licentiae testandi* sowohl zum Mittel als auch zum Gegenstand der Verhandlungs- und Konfliktführung zu machen, wie gleich exemplarisch ausgeführt werden soll. Zuvor jedoch gilt es zu klären, worin die Bedeutung der Testierlizenz lag und was genau sie gestattete. Dies lässt sich allerdings nur vor dem Hintergrund des Erbrechts des Geistlichen deutlich machen.

Exkurs: Das Erbrecht eines Kardinals im 14. Jahrhundert und die licentia testandi

Das übliche Erbrecht für Kleriker des 14. Jahrhunderts[40] sah vor, dass Geistliche über in das Amt eingebrachte, für gewöhnlich vom Vater oder anderen engen Verwandten ererbte, Güter bestimmen konnten. Gleichfalls war es gestattet, über Güter zu verfügen, die man als persönliche Gabe von Verwandten und Freunden erhielt, die ausdrücklich nicht wegen des Amtes, das der Beschenkte innehatte, sondern wegen der persönlichen Nähe gemacht wur-

16 Testierlizenzen für Kardinäle gewährt hat. Es stellt sich also die Frage, ob das an der Publikation der Suppliken lag oder auch andere Wege offenstanden.

[39] So lässt sich die Kanzleiregel 39 interpretieren (Urban V, *Regulae, ordinationes et constitutiones Cancellariae apostolicae* (Marburg, 2014) <http://www.uni-marburg.de/fb06/forschung/webpubl/magpubl/urban5e.pdf> (29.05.2015), No. 39). In den *Regulae cancellariae apostolicae: Die päpstlichen Kanzleiregeln von Johannes XXII. bis Nicolaus V.*, ed. E. von OTTENTHAL (Innsbruck, 1888), p. 22, ist es No. 35.

[40] Da Iohannes Andreae, *Novella Commentaria in quinque libros decretalium* (Venedig, 1581), p. 104, sich hier wesentlich auf Hostiensis bezieht, sei es gestattet, im Rahmen der Kommentarliteratur vor allem diesen heranzuziehen. Schon GLANVELL, *Verfügungen*, p. 39, betonte, dass "seit der Zeit des Decretalenrechtes […] das gemeine canonische Erbrecht zwischen Bischöfen und Priestern (sowie anderen Geistlichen höherer Weihegrade) keinen Unterschied mehr [machte]". Nach meinem Kenntnisstand ist er bislang nicht widerlegt worden. Zum Erbrecht der Geistlichen vor allem J. KAPS, *Das Testamentsrecht der Weltgeistlichen und Ordenspersonen in Rechtsgeschichte, Kirchenrecht und bürgerlichem Recht Deutschlands, Österreichs und der Schweiz* (Buchenhain vor München, 1958).

den.[41] Zwar hatte der Geistliche kein Eigentum an den Einkünften der Kirche, konnte also auch nicht testamentarisch darüber verfügen,[42] doch wurde ihm ein Nießbrauch im Sinne eines standesgemäßen Lebens eingeräumt, was auch für die Verfügungen angesichts des Todes galt;[43] die übrigen Einkünfte mussten dem Nachfolger zur Disposition stehen.[44] Hier setzte die Testierlizenz an, die in begrenztem Maße auch Zugriff auf diese Einkünfte erlaubte.

Eigentlich benötigte man nur einmal eine *licentia testandi*, da sie nicht mit dem Ableben des ausstellenden Papstes verfiel; andererseits scheint es so, als wäre sie nur einmal zu benutzen gewesen: Gemäß dem aktuellen Forschungsstand gilt die Faustregel "eine *licentia testandi* – ein Testament".[45] Inhaltlich versetzte die *licentia testandi* den kuriennahen Geistlichen – in diesem Fall den Kardinal – in die Lage, auch auf mobiles Kirchengut zuzugreifen.[46] Zieht man die von Gregor XI. seiner Kanzlei als Formular für Kardinäle vorgegebene, gleichwohl schon lange im Gebrauch befindliche, Lizenz als Maßstab heran,[47]

[41] Siehe GLANVELL (*Verfügungen*, pp. 5-6), der letztlich der Meinung des Hostiensis zustimmt. Henricus de Segusio, *Summa aurea*, cols. 1028-1030, führt aus, dass ein Geistlicher über Güter verfügen durfte, "*quae artificio, vel paterna successione, vel intuitu cognitionis, aut dono consanguineorum usque ad quartum gradum, aut amicorum intuitu personę, non ecclesiæ, clericis acquiritur* [...] *de isto testari possit clericus*". Damit kommentiert er X. 3.26.12 (FRIEDBERG, col. 541). Die Erlaubnis, dass Kardinäle durchaus über angesichts ihres Kardinalats erhaltene Güter verfügen durften (vgl. *Kanzleiordnungen*, ed. TANGL, p. 311), ist Endpunkt einer Entwicklung des 14. Jahrhunderts. Diese Formulierung scheint im früheren 14. Jahrhundert zwar häufiger auf, ist jedoch nicht standardisiert; die Standardisierung der Testierlizenzen für Kardinäle setzt eingeschränkt unter Benedikt XII., voll dann unter Clemens VI. ein.

[42] X. 3.26.7-9 (FRIEDBERG, col. 540), worauf sich Henricus de Segusio, *Summa aurea*, col. 1057, wesentlich bezieht. Das Schlagwort ist hier das *Peculium*, das bei Hostiensis ausführlich behandelt wird (Henricus de Segusio, *Summa aurea*, cols. 1028-1030).

[43] GLANVELL, *Verfügungen*, pp. 24-25; MOLLAT, "À propos", p. 317.

[44] GLANVELL, *Verfügungen*, p. 143; X. 3.26.12 (FRIEDBERG, col. 541).

[45] *I testamenti*, ed. PARAVICINI BAGLIANI, p. XLIX. Allerdings wäre zu überlegen, wie diese Vorschrift kontrolliert werden sollte.

[46] MOLLAT, "À propos", pp. 332-333, und ähnlich auch F. DE SAINT-PALAIS D'AUSSAC, *Le droit de dépouille (Jus spolii)* (Paris, 1930), p. 119, betrachten die grundsätzliche Tatsache einer Testamentsaufsetzung durch einen Geistlichen als Anomalie, da der Geistliche Verwalter, nicht aber Eigentümer der Kirchengüter war. Diese Anomalie ist auch nur auf die Kirchengüter zu beziehen, da die Patrimonialgüter ohnehin frei vererbbar waren. Es stellte sich zudem die Frage, ob der betreffende Geistliche einem besitzunfähigen Orden beigetreten war.

[47] Erst unter Gregor XI. wurde der schon länger beachtete Brauch, Kardinälen und Bischöfen je ein eigenes Formular zuzuweisen, in Form einer Kanzleiregel sanktioniert. Dazu *I testamenti*, ed. PARAVICINI BAGLIANI, p. LIV, und vor allem *Kanzleiordnungen*, ed. TANGL, p. 311. Die Edition der Kanzleiregeln von A. MEYER (http://www.uni-marburg.de/fb06/forschung/webpubl/magpubl/paepstlkanzl (18.06.2015)) kennt kein Formular von Testierlizenzen, was überrascht, waren in Kanzleiregeln doch alle "Arten von geistlichen Privilegien, Benefizien, Indulten und

so ergibt sich, dass die Inhaber dieser Sondervollmacht nicht nur über Güter, die rechtmäßig – aber nicht direkt von der Kirche – erlangt worden waren, verfügen durften,[48] was sie ohnehin konnten.[49] Außerdem durfte der Kardinal aus dem beweglichen Besitz seiner Kirchen, sofern dieser weder im Rahmen des Gottesdienstes benutzt wurde, noch dem Unterhalt der niederen Geistlichen diente, Begräbniskosten begleichen, sich gegenüber den ehemaligen Dienern mäßig finanziell erkenntlich erweisen und fromme Zwecke fördern.[50] Die Testierlizenzen sorgten somit dafür, dass die legal nachzulassenden Einkünfte wegen der Vielzahl der Pfründen und wegen der üblichen kurialen Einkünfte eines Kardinals exorbitant anwuchsen.[51]

5. *Testierlizenzen und das kardinalizische Wohlverhalten*

Für die Erörterung, ob und wie Testierlizenzen vom Papst eingesetzt wurden, um das Wohlverhalten des einzelnen Kardinals anzuregen, sind insbesondere Mehrfachaustellungen dieser Urkunden von Interesse. Die Beobachtung, dass für etwa 20 Kardinäle mindestens zwei Testierlizenzen bekannt sind, ist nicht allein mit der Befürchtung der Ungültigkeit durch den Tod des Ausstellers oder durch eine Beförderung zu einem höheren Kardinalsrang zu erklären. Wenn verschiedentlich derselbe Papst eine neue Lizenz ausstellte – sogar in-

Dispensen" festgehalten; sie "interpretier[t]en die päpstliche Signatur auf den Suppliken und bestimm[t]en die formale Gestaltung der päpstlichen littere. [...] Auf einer dritten, höheren Ebene interpretier[t]en die Kanzleiregeln die päpstliche Verfügungsgewalt über die Kirche, hauptsächlich in Bezug auf das Reservationsrecht [...]" (A. Meyer, "Emil von Ottenthal revisited: Unterwegs zu einer erweiterten Neuedition der spätmittelalterlichen *Regulae cancellariae apostolicae*", *Zeitschrift der Savigny-Stiftung für Rechtsgeschichte: Kanonistische Abteilung* 91 (2005), pp. 218-236, hier p. 218).

48 *Kanzleiordnungen*, ed. Tangl, p. 311: "*ut de bonis tuis undecunque non per ecclesiam seu ecclesias tibi commissas, alias tamen licite acquisitis, que ad te pertinere omnimode dinoscuntur, libere testari valeas* [...]".

49 Siehe oben, n. 42.

50 *Kanzleiordnungen*, ed. Tangl, p. 311: "*ac de bonis mobilibus ecclesiasticis tue dispositioni seu administracioni commissis, que tamen non fuerint altaris seu altarium ecclesiarum tibi commissarum ministerio seu alicui speciali earundem ecclesiarum divino cultui seu usui deputata, nec non de quibuscunque bonis mobilibus, a te per ecclesiam seu ecclesias licite acquisitis, pro decentibus et honestis expensis tui funeris et pro remuneratione illorum, qui tibi viventi serviverint, sive sint consanguinei, sive alii, iuxta servitii meritum moderate tamen disponere et erogare et alias in pios ac licitos usus convertere possis* [...]".

51 *I testamenti*, ed. Paravicini Bagliani, p. lviii; Kirsch, *Die Finanzverwaltung*.

nerhalb von sechs Wochen –, ohne dass eine Promotion erfolgt wäre,[52] bieten sich hierfür vor allem drei Erklärungsmöglichkeiten an:

1. Sofern obige Faustregel von einem Testament je Testierlizenz zutrifft, bedeutete eine neuerliche Lizenzausstellung, dass zwischenzeitlich ein Testament aufgesetzt worden war, das nun ersetzt werden sollte.
2. Der betreffende Kandidat hatte sich zwischenzeitlich bei der Erledigung ihm aufgetragener Aufgaben derart bewährt, dass er eine Auszeichnung in Form einer Formularbesserung gewährt bekam.
3. Der betreffende Kandidat hatte sich zwischenzeitlich mit dem Papst so sehr überworfen, dass die Testierlizenz widerrufen wurde.

Ad 1) Paravicini Bagliani sieht hier, bei dem Wunsch, ein neues Testament aufzusetzen oder auch nur Änderungen am bestehenden vorzunehmen, den Hauptgrund für die Neuausstellung einer Testierlizenz.[53] Der Nachweis ist indes nur selten zu erbringen, da die Lizenzen für gewöhnlich keinen Bezug auf eventuell vorgängige Lizenzen nahmen; da das gegebenenfalls vorhandene Testament mit Anfertigung des neuen Makulatur wurde, brauchte es nicht mehr aufbewahrt zu werden.

Ad 2)[54] Mögliche Formularbesserungen konnten die Rechtskraft der Urkunde, aber auch ihren materiellen Inhalt betreffen. Dazu gehörten zunächst die für päpstliche Privilegien allgemein relevanten Formularbestandteile des *motu proprio*, das schon im 14. Jahrhundert supplizierbar war,[55] und – jedoch erst im

[52] Gaucelme de Jean erhielt von Johannes XXII. am 8. März 1317 und am 24. April 1317 je eine Lizenz ausgestellt (*Jean XXII, Lettres communes*, ed. MOLLAT, No. 5124, No. 5215).

[53] *I testamenti*, ed. PARAVICINI BAGLIANI, pp. XLIX-XLX.

[54] Die folgenden Ausführungen sind als Werkstattbericht zu lesen und basieren auf der – für unsere Zwecke großteils überaus knappen – Registerpublikation der *École Française de Rome* und den im *Centre de la recherche sur la papauté d'Avignon* einsehbaren Vatikanregistern. Somit sind alle Lizenzen, die ausschließlich in den Avignon-Registern eingetragen wurden, hier außen vor, da sie für gewöhnlich zu knapp in den genannten Publikationen aufgenommen sind. Das entspricht dem Beginn des Pontifikats von Innozenz VI. Mit anderen Worten: Die folgenden Ausführungen beschränken sich auf die erste Hälfte der avignonesischen Epoche und nur auf eine von zwei Registerserien. Laurent Vallière danke ich für die freundliche Aufnahme am *Centre de la recherche* in Avignon und für seine Unterstützung.

[55] H. BRESSLAU, *Handbuch der Urkundenlehre für Deutschland und Italien*, 2 vols. (Leipzig, 1931), 2, p. 15; vgl. auch P. ZUTSHI, "The personal role of the pope in the production of papal letters in the thirteenth and fourteenth centuries", in: *Vom Nutzen des Schreibens: Soziales Gedächtnis, Herrschaft und Besitz*, ed. W. POHL und P. HEROLD (Wien, 2002), pp. 225-236, hier pp. 229-230. Suppliziert oder nicht kommen diese *littere* nach gegenwärtiger Datengrundlage aus-

ausgehenden 15. Jahrhundert – die Verewigungsformel *ad futuram rei memoriam*.[56] Beide versprachen Vorteile, die wohl eher bei einer möglichen Anfechtung des Testamentes, bzw. der *licentia testandi* selbst, zu suchen sind.[57] Verschiedentlich wurde in einer zweiten Lizenz der Passus aufgenommen, dass auch Güter, die eben *intuitu cardinalatus* eingenommen wurden, nachgelassen werden dürften, was eigentlich verpönt war.[58] Sollte es etwas zu bedeuten haben, wenn Guglielmo Longo zwei Lizenzen von Clemens V. ausgestellt bekam, von denen die ältere gleichsam Verwendungsvorschriften machte, während die jüngere das *votum libere* betonte und in der parallel die Einschränkung wegfiel, über dem Gottesdienst zugewiesene Güter nicht verfügen zu dürfen?[59] Bei Johannes XXII. findet sich erstmals die Formulierung, dass Schulden vor der Auskehrung der Vermächtnisse bezahlt sein müssen, jedoch ist bei ihm das erklärte Ziel noch ein anderes als unter Benedikt XII. und Clemens VI., als dieser Passus zum standardisierten Formularbestandteil wurde. Bei Johannes XXII. heißt es noch "*ere alieno deducto, ut ipse ecclesie non remaneant debitis obligate*", ab Benedikt XII. dann

> *ere alieno et hiis, que pro reparandis domibus, seu edificiis consistentibus in locis ecclesiarum vel beneficiorum tuorum culpa vel negligentia tua seu procuratorum tuorum destructis, seu deterioratis necnon restaurandis aliis iuribus eorundem*

schließlich bei Clemens VI. und seinem Neffen Gregor XI. vor. Es sind Lizenzen für Guillaume de la Jugié (Vatikanstadt, Archivio Segreto Vaticano, Reg. Vat. 152, f. 100r, No. 81, 6. Oktober 1342), Pierre Roger de Beaufort (*ibid.* 188, f. 31r, No. 20, 22. Juni 1348) und erneut für Guillaume de la Jugié (*Grégoire XI, Lettres communes*, ed. A.-M. HAYEZ, 3 vols. (Rom, 1992-1993), No. 28548). Auf der gegenwärtigen Datengrundlage entsteht so das Bild einer geschlossenen Verwandtschaftsförderung. Jüngste Darstellung des Verwandtschaftsverhältnisses der Dynastie der Roger bei FAVIER, *Papes d'Avignon*, p. 772.

56 A. MEYER, "Kirchenherrschaft im Angesicht des Todes: Johannes XXII., Benedikt XII. und die 'Regulae Cancellariae apostolicae'", in: *Papst Johannes XXII.: Konzepte und Verfahren seines Pontifikats*, ed. H.-J. SCHMIDT und M. ROHDE (Berlin, 2014), pp. 177-198, hier p. 181.

57 So war ein Stein des Anstoßes bei der Anfechtung des Testamentes des Nicolas de Fréauville dessen *licentia testandi*. Nicolaus de Freauvilla, "Testamentum", in: *Vitae Paparum Avenionensium*, ed. MOLLAT, 3, pp. 332-344, hier pp. 342-343, entspricht *Jean XXII, Lettres communes*, ed. MOLLAT, No. 30686.

58 Vgl. die Lizenzen, die Bérenger Frédol von Clemens V. (*Regestum Clementis papae V*, ed. L. TOSTI, 9 vols. (Rom, 1885-1888), No. 2489) und Johannes XXII. (*Jean XXII, Lettres communes*, ed. MOLLAT, No. 5113) ausgestellt bekam. Weitere Beispiele ließen sich unschwer finden.

59 *Regestum Clementis papae V*, No. 3397, No. 4633. PARAVICINI BAGLIANI, *I testamenti*, ed. ID., pp. LIII-LVI, unterstreicht die Vermutung, dass die Mehrfachausstellung für Guglielmo Longo ausschließlich auf die Änderung eines Testamentes zurückzuführen sei.

ecclesiarum vel beneficiorum ex culpa vel negligentia supradictis fuerint importuna deductis.[60]

Erstmals – zumindest in der Gruppe der Kardinäle – war das der Fall bei Napoleone Orsini.[61] Letztlich scheint die von Benedikt XII. zuvor in Einzelfällen getroffene Regelung, vor der Auskehrung der Vermächtnisse erst eine Untersuchung über den Zustand der innegehabten Pfründen anstellen und gegebenenfalls festgestellte Schäden an Baulichkeiten oder Rechten beheben zu lassen,[62] ausgeweitet und durch die Aufnahme ins Standardformular von Testierlizenzen allgemein angewendet worden zu sein. Das Formular der *licentiae testandi* wurde inklusive dieser Bestimmung unter Benedikt XII. und Clemens VI. in für den Leser der päpstlichen Register ermüdendem Ausmaß in Gestalt von *Cum nichil sit* standardisiert.[63] Die genannte Vorgabe, Reparaturgelder bereitzuhalten, fehlt verdächtigerweise in einigen Fällen.

Dass eine Formularbesserung wirklich vorkam, mag das Beispiel des Bertrand de la Tour (†1332/1333) verdeutlichen, das neben der leicht erkennbaren Verbesserung noch den Vorzug hat, dass der Papst auf die vorgängige Lizenz Bezug nimmt. So heißt es in der ersten Lizenz ganz nach dem klassischen *Cum nichil sit*-Formular, dass er über jedwede Güter, die ihm gehörten, verfügen dürfe, jedoch nur unter der Bedingung, dass die Bücher, die er vor seiner Erhebung zum Erzbischof von Salerno[64] vom Franziskanerorden, dem er angehörte, zur Verfügung gestellt bekommen hatte, dem Orden zurückerstattet würden.[65]

[60] Vatikanstadt, Archivio Segreto Vaticano, Reg. Vat. 129, f. 293r, No. 450, vgl. *Benoît XII. Lettres communes*, ed. J.M. VIDAL (Paris, 1905), No. 8771.

[61] Folgt man C.A. WILLEMSEN, *Kardinal Napoleon Orsini, 1263-1342* (Berlin, 1926), pp. 143-144, so wird Napoleone selbst aber nicht der Grund gewesen sein. Hier ist derzeit nur zu spekulieren, ob die bekannten Missstände, wie etwa bei Annibale da Ceccano, zu diesem Zeitpunkt sich auf einen Kollegen auswirkten. Zum Zustand der Pfründen des Annibale da Ceccano siehe DYKMANS, "Le cardinal Annibal de Ceccano", p. 279.

[62] FORTE, "Il cardinale Matteo Orsini", p. 194.

[63] Grundsätzlich standen drei Formulare zur Verfügung, die bis in das frühe 14. Jahrhundert auch für Kardinäle genutzt wurden. Dazu *I testamenti*, ed. PARAVICINI BAGLIANI, pp. LIII-LVI. *Cum nichil sit* ist dann das Formular, das unter Gregor XI. in den Kanzleiregeln für Kardinäle festgeschrieben wurde (*Kanzleiordnungen*, ed. TANGL, p. 310-311).

[64] Die bald erfolgte Promotion zum Kardinalat sorgte für eine sehr kurze Amtszeit: 3. September 1320-21. Oktober 1320 (C. EUBEL, *Hierarchia catholica medii aevi*, 9 vols. (Münster *et al.*, 1913-2002), 1, p. 429).

[65] Vatikanstadt, Archivio Segreto Vaticano, Reg. Vat. 80, f. 17v, No. 16 (22. September 1325), vgl. *Jean XXII, Lettres communes*, ed. MOLLAT, No. 23441: "*de omnibus bonis ad te pertinentibus cuiuscunque quantitatis, seu valoris fuerint, etiamsi illa ex proventibus ecclesiasticis, seu ecclesiis tibi commissis vel alias persone tue vel tui cardinalatus intuitu ratione ac contem-*

Später heißt es dann, dass Johannes XXII. ihm bereits unter bekanntem Wortlaut ("*dicti tenoris*") die entsprechende Lizenz ausgestellt habe, nun aber die Bitte erfüllen und noch übertreffen wolle und ihm gestatte, immerhin die Personen innerhalb des Ordens, denen die Bücher übergeben würden, auszusuchen. Überdies durfte er frei eine Ordenskirche zur Bestattung wählen und zuletzt – der vielleicht größte Vorzug – Angehörige seines Ordens zu Testamentsvollstreckern bestellen, wobei explizit die Konstitution *Exivi de Paradiso* außer Kraft gesetzt wurde, die verbot, dass Minderbrüder als Testamentsvollstrecker tätig wurden.[66] Somit wurden Bertrand innerhalb derselben *littera* mehrere Sondervollmachten eingeräumt, die über die vorherige hinausgingen; insbesondere diejenige, völlig frei seine engsten Vertrauten – und seien es Minderbrüder – zu Testamentsvollstreckern einzusetzen. Des Kardinals Möglichkeiten, seine Gefolgschaft innerhalb des Ordens zu festigen, wurde also durch diese Reihe der Zusatzbefugnisse gesteigert.

Ad 3) Ein Fall, der die Vermutung nahelegt, dass die Ausstellung oder Widerrufung einer *licentia testandi* durchaus auch Disziplinar-Charakter annehmen konnte, ist Androin de la Roche. Von Innozenz VI. kurz vor seinem Tod kreiert, bekam der ehemalige Abt von Cluny von Urban V. am 3. Oktober 1369 eine Testierlizenz ausgestellt.[67] Drei Wochen später, am 29. Oktober 1369, sollte Androin dann versterben – von der Pest dahingerafft.[68] Eventuell war sein Tod also schon am Tage der Gnadengewährung abzusehen.[69] Die

platione ad te pervenerunt et pervenient in futurum plenam et liberam [...] *facultatem – proviso, quod libri, quos habebas eo tempore, quo de ordine fratrum minorum, cuius professor eristis, in archiepiscopum salernitanum assumptus fuisti post obitum tuum penes dictum ordinem debeant remanere*".

[66] *Jean XXII, Lettres communes*, ed. MOLLAT, No. 50580. Vgl. Clem. V.11.1 (FRIEDBERG, col. 1098). Zur Diskussion der Verstrickung des Franziskanerordens in Erbangelegenheiten vor allem A. BARTOCCI, *Ereditare in povertà: Le successioni a favore dei frati minori e la scienza giuridica nell'età avignonese (1309-1376)* (Neapel, 2009) und weitere Arbeiten desselben. Mittelalterliche Diskussion dieser Problematik im Vorfeld des Konzils von Vienne vor allem bei F. EHRLE, "Zur Vorgeschichte des Concils von Vienne", *Archiv für Literatur- und Kirchengeschichte des Mittelalters* 3 (1887), pp. 1-195, hier bes. p. 69.

[67] *Urbain V, Lettres communes*, ed. M. HAYEZ, M.-F. YVAN und J. MATHIEU, 12 vols. (Paris und Rom, 1954-1989), No. 24259.

[68] G. MOLLAT, "Androin de la Roche", in: *Dictionnaire d'histoire et de géographie ecclésiastiques* 2 (Paris, 1914), cols. 1770-1773, hier cols. 1772-1773.

[69] P. ARIÈS (*Geschichte des Todes* (München, 2005), p. 243) betonte, dass das Testament unumgänglich war, um erlaubtermaßen auf geweihtem Boden bestattet zu werden. Ebenso A. VAUCHEZ, "Die Heilswege in der römischen Kirche", in: *Die Geschichte des Christentums: Religion – Politik – Kultur*, ed. M. MOLLAT DU JOURDAIN und A. VAUCHEZ, 14 vols. (Frei-

Lektüre der Lizenz gibt Anlass zur Vermutung, dass hier etwas im Sinne der Regeln der kurialen Konfliktführung zu gewinnen ist: Man verweist darauf, dass bereits Innozenz VI. eine solche Lizenz ausgestellt hatte, die Urban V. aber später revozieren sollte.[70] Weshalb hätte Urban sich die Mühe einer Widerrufung und einer erneuten Ausstellung machen sollen?

Der Papst und der Kardinal waren verschiedentlich uneins über die Italienpolitik. Urban V. war zum Zwecke der Rückführung der Kurie nach Rom an einer friedlichen Atmosphäre in Italien gelegen. In den späteren 1360ern war eines der Hauptprobleme das Söldnerunwesen.[71] Unter den päpstlichen Gesandten dieser Zeit war der Franziskanergeneral Marco da Viterbo, der sich um die Schaffung friedlicher Verhältnisse bemühte. In diesem Zusammenhang vermochte er es 1366 beinahe, eine Liga gegen die Söldnerkompanien Italiens zusammenzubringen; der Gründungsvertrag dieser Liga war aufgesetzt und zahlreiche Beteiligte hatten ihn schon ratifiziert. Marco wurde wegen seiner Erfolge am 18. September 1366 zum Kardinal kreiert.[72]

Dennoch scheiterte der Vertrag an mehreren Partikularinteressen, und es will so scheinen, als hätte an der Kurie Kardinal Androin de la Roche den größten Anteil daran gehabt. Während der "Friedensengel" Marco da Viterbo befördert wurde, wurde der ehemalige Abt von Cluny Androin Ziel scharfer Kritik und schneidender Befehle: Am 10. Oktober 1366 schrieb der Papst an Stephan, Abt des Klosters St-Victor in Marseille, er solle Androin die Amtsgewalt sowie die Erlaubnis entziehen, in Bologna und anderen Städten der Romagna Zölle und andere Abgaben zu erheben, wenn dieser nicht umgehend seine militärischen Verpflichtungen erfülle.[73] Eineinhalb Jahre später, am 4. März 1368, wurde Androin bei Strafe der Exkommunikation befohlen, Bologna zu verlassen und an die Kurie zurückzukehren;[74] am 9. März 1368 wurde ihm bei Strafe der Exkommunikation verboten, Gelder an Bernabò Visconti zu

burg i. Br., Basel und Wien, 2007), 6, *Die Zeit der Zerreißproben (1274-1449)*, pp. 412-444, hier pp. 438-439.

[70] Die von Innozenz VI. gewährte *littera* konnte noch nicht verifiziert werden.

[71] Vgl. N. HOUSLEY, "The mercenary companies, the papacy und the crusades (1356-1378)", *Traditio* 38 (1982), pp. 253-280.

[72] L. VONES, *Urban V. (1362-1370): Kirchenreform zwischen Kardinalkollegium, Kurie und Klientel* (Stuttgart, 1998), p. 240. Kurze Zeit später erhielt er auch eine Testierlizenz: *Urbain V, Lettres communes*, No. 20368 = G. AQUILINA, *Marco da Viterbo (1304-1369): Ministro generale dei Frati Minori, cardinale e nunzio apostolico* (Rom, 1971), pp. 186-187, No. 39.

[73] *Urbain V, Lettres secrètes et curiales se rapportant à la France*, ed. G. MOLLAT und P.C. LECACHEUX (Paris, 1954), No. 2426.

[74] *Ibid.*, No. 2719.

zahlen, und aufgetragen, bestimmte Festungen der Kirche von Ravenna zu übergeben.[75]

Zugleich sah sich Androin immer wieder wegen seiner Finanzverwaltung von Urban kritisiert.[76] In diese eher angespannte Phase fällt eine Reservation Urbans, die die vorher durch Innozenz gewährte Testierlizenz hinfällig machte:

> *dominus noster papa* [...] *reservavit omnia bona, que habet re*[*verendissimus*] *pater d*[*ominus*] *A*[*ndroinus*] *cardinalis Clun*[*iacensis*]. *Et voluit etiam, quod in vita sua non posset ea alienare, vel donare, nisi moderate.*

Der Kämmerer Arnaud Aubert sollte ihm in dieser Sache schreiben. Die Reservation erfolgte überdies öffentlich; anwesend waren der Kardinal Guillaume de La Jugié und der namentlich nicht genannte Abt eines Georgsklosters, wohl San Giorgio zu Venedig.[77] Wie oben dargestellt, wurde Androin dann kurz vor seinem Tod erneut die Erlaubnis eingeräumt, testamentarisch auch über Kirchengüter zu verfügen.[78] Nun macht ein Fall noch keine Regel, zeigt aber, dass es mindestens für den Grimoard-Papst im Bereich des Vorstellbaren war, mit solchen Privilegien nötigenfalls unbotmäßige Kardinäle zu disziplinieren. In dieser Perspektive wird die *licentia testandi* sowohl Verhandlungsziel für die Kardinäle als auch Mittel der (päpstlichen) Konfliktführung.

6. Resümee

[75] *Ibid.*, No. 2723.

[76] *Ibid.*, No. 2268. Die Finanzverwaltung Bolognas wurde schließlich *non obstante* der Zuständigkeit Androins an Anglic Grimoard übertragen (*ibid.*, No. 2522). Vgl. auch A. GARDI, "Il mutamento di un ruolo: I legati nell'amministrazione interna dello stato pontificio dal XIV al XVII secolo", in: *Offices et papauté (XIVe-XVIIe siècle): Charges, hommes, destins*, ed. A. JAMME und O. PONCET (Rom, 2005), pp. 371-437, hier p. 386, n. 20.

[77] Vatikanstadt, Archivio Segreto Vaticano, Reg. Av. 198, f. 451v (A. Jamme danke ich für die Zusendung des Registerauszuges). Mit leichten Abweichungen: *Die Ausgaben der Apostolischen Kammer unter Urban V. und Gregor XI.*, ed. K.H. SCHÄFER (Paderborn, 1937), p. 33. Die oben, n. 70, angeführte Supplik ist also spätestens hiermit nutzlos geworden. In San Giorgio in Venedig wurde eine von zwei päpstlichen Hauptkassen in Italien geführt. Damit war der für Fragen der Finanzverwaltung des päpstlichen Gesandten zuständige Beamte anwesend. Dazu A. JAMME, "Anges de la paix et agents de conflictualité: Nonces et légats dans l'Italie du XIVe siècle" (im Druck; ich danke für die Vorabzusendung).

[78] Da seine Vermögensverhältnisse bislang unbekannt sind, kann nur spekuliert werden, ob die kirchlichen Einkünfte den größten Teil seines Vermögens ausmachten, ob er also neben den kirchlichen Einkünften noch über Patrimonialgüter verfügen konnte.

Anders als die in diesem Band häufiger behandelten erzählenden Quellen lassen sich Testamente nur selten unmittelbar für die Erarbeitung der ungeschriebenen Regeln der Verhandlungs- und Konfliktführung an der Kurie heranziehen; wohl aber sind sie wegen der Rückbindung an das persönliche Umfeld des jeweiligen Kirchenfürsten in der Lage, den Hintergrund zu manchen Konflikten zu liefern: die grundsätzliche Parteizugehörigkeit vor allem eines Kardinals, aber auch eines Höflings, verraten sie durchaus. In seltenen Fällen wird der grundsätzliche Tatbestand eines Streites in Testamenten deutlich, weniger aber die Mittel und Wege, diesen beizulegen. Der in einem Testament feststellbare Streitfall erwuchs normalerweise aus finanziellen Meinungsverschiedenheiten; darüber hinaus konnte das Schisma der Hintergrund sein. Der Gabentausch ist ein wiederkehrendes Element der Testamente, nur ragt er über die Schwelle des Todes hinaus, da die Beschenkten entweder zu Lebzeiten des Erblassers in Vorleistung gegangen waren oder aber durch diesen nach dem Tod zu Gegenleistungen verpflichtet wurden.

Die Testamente teilen somit eine Eigenschaft, die vermutlich auch den Testierlizenzen eigen war: Sie eigneten sich als Mittel der Verhandlungs- und Konfliktführung. Mit der Aussicht auf einen erweiterten Zugriff auf Kirchengüter zur Finanzierung testamentarischer Wünsche konnten Kardinäle (und andere Geistliche) dazu angehalten werden, sich im Sinne des Papstes zu verhalten. Falls Streitigkeiten, vor allem über Finanzangelegenheiten, eskalierten, konnte die Verfügungsreichweite durch eine Güterreservation drastisch eingeschränkt werden, die ein erneutes Wohlverhalten und die Erteilung einer neuen Sondervollmacht nötig werden ließ.

Im Sumpf der Heterotopie: Die Kurie zwischen Sein und Sollen bei Matthäus von Krakau

KERSTIN HITZBLECK

Was heißt und zu welchem Zweck studiert man den *stilus curiae*? Die Frage zielt auf die Erforschung spezifischer Handlungs- und Verhandlungsnormen, diplomatischer und politischer Spielregeln der päpstlichen Kurie im Mittelalter, welche unter dem grundsätzlich zeitgenössischen, wenn auch normalerweise nicht explizit auf den päpstlichen Hof bezogenen Begriff[1] des *stilus curiae* herausgearbeitet und gebündelt werden sollen.

[1] Zum *stilus curiae* in der päpstlichen Kanzlei und zur Urkundenproduktion T. FRENZ, *Papsturkunden des Mittelalters und der Neuzeit* (Stuttgart, 2000²), pp. 43-49. Zur Frage des *stilus curiae* am frühneuzeitlichen Reichskammergericht S. WUNDERLICH, *Das Protokollbuch von Mathias Alber: Zur Praxis des Reichskammergerichts im frühen 16. Jahrhundert*, 2 vols. (Köln, Weimar und Wien, 2011), 1, pp. 136-142.Grundlegend zu Stilfragen im Recht H.-W. STRÄTZ, "Notizen zu Stil und Recht", in: *Stil: Geschichten und Funktionen eines kulturwissenschaftlichen Diskurselements*, ed. H.U. GUMBRECHT und K.L. PFEIFFER (Frankfurt am Main, 1986: *Suhrkamp-Taschenbuch Wissenschaft* 633), pp. 53-67.

Stilus – modus – usus: Regeln der Konflikt- und Verhandlungsführung am Papsthof des Mittelalters – Rules of Negotiation and Conflict Resolution at the Papal Court in the Middle Ages, ed. Jessika NOWAK and Georg STRACK, *Utrecht Studies in Medieval Literacy*, 44 (Turnhout: Brepols, 2019), pp. 235-254.

BREPOLS PUBLISHERS DOI 10.1484/M.USML-EB.5.117711

Es geht demnach nicht um bloße Hofgeschichte, um die politische, administrative und diplomatische Praxis an einer der zahlreichen Kurien des Mittelalters,[2] es geht um die Kurie als paradigmatischem Oberbegriff für die Gesamtheit des Verwaltungsapparats an der Spitze der römischen Kirche mit seinen unterschiedlichen Organisationen und Funktionen.

Der Begriff *stilus* evoziert dabei durchaus absichtsvoll den deutschen Begriff "Stil",[3] der die ganz grundsätzliche Frage nahelegt, worin denn nun das spezifisch Kuriale, Papsthöfische liegt im Unterschied zu dem, was an den anderen Kurien der Zeit zu beobachten ist. Gerichtsorte fanden sich auch am fürstlichen Hof, da bildet die Kurie grundsätzlich keine Ausnahme. Eine Finanzverwaltung fand sich im städtischen Kontext des Spätmittelalters,[4] auch hier also nichts Neues. Die päpstliche Kanzlei mag in anderem Maßstab gehandelt haben, aber Urkunden wurden auch am bischöflichen Hof ausgestellt. Die in Vergangenheit und Gegenwart gern beklagte Anfälligkeit für Nepotismus und Korruption mag im Falle der Vetternwirtschaft gesellschaftlich-institutionelle Ursachen haben,[5] ein Alleinstellungsmerkmal kirchlich-päpstlicher Organisationsstrukturen ist das eine so wenig wie das andere.[6] Wenn hier also

[2] W. Rösener, "Hof", in: *LdM* 5 (1991), cols. 66-67; T. Zotz, E. Bournazel, H. Vollrath, L. Vones, I. Hlaváček und I. Bertényi, "Curia", in: *LdM* 3 (1986), cols. 373-386; W. Maleczek, A.-M. Hayez und B. Hergemöller, "Kurie", in: *LdM* 5 (1991), cols. 1583-1589. Zur Hofgeschichte allgemein siehe auch die zahlreichen Bände der Residenzenkommission.

[3] Zum Stilbegriff einschlägig ist der vielfältige und erhellende Sammelband *Stil: Geschichten und Funktionen eines kulturwissenschaftlichen Diskurselements*, ed. Gumbrecht und Pfeiffer, vor allem der Beitrag von H.U. Gumbrecht, "Schwindende Stabilität der Wirklichkeit: Eine Geschichte des Stilbegriffs", *ibid.*, pp. 726-788.

[4] E. Isenmann, *Die deutsche Stadt im Mittelalter, 1150-1550* (Köln, Weimar und Wien, 2014²), pp. 516-560.

[5] W. Reinhard, *Freunde und Kreaturen: "Verflechtung" als Konzept zur Erforschung historischer Führungsgruppen. Römische Oligarchie um 1600* (München, 1979: *Schriften der Philosophischen Fakultät der Universität Augsburg* 14); id., "Nepotismus: Der Funktionswandel einer papstgeschichtlichen Konstanten", *Zeitschrift für Kirchengeschichte* 86 (1975), pp. 146-185.

[6] Siehe etwa den Sammelband *Nützliche Netzwerke und korrupte Seilschaften*, ed. A. Karsten und H. von Thiessen (Göttingen, 2006); S. Teuscher, *Bekannte – Klienten – Verwandte: Soziabilität und Politik in der Stadt Bern um 1500* (Köln, Weimar und Wien, 1998: *Norm und Struktur* 9); J. Schwarz, "Von der Mitte an den Rand: Johann Waldner (ca. 1430-1502) in den Netzwerken der Höfe Kaiser Friedrichs III. und Maximilians I.", in: *Die Grenzen des Netzwerks: 1200-1600*, ed. K. Hitzbleck und K. Hübner (Ostfildern, 2014), pp. 113-136; B. Walter-Bogedain, "Informelle Kontaktnetze in der Eidgenossenschaft und am Oberrhein im Kontext der Burgunderkriege (1468-1477)", *ibid.*, pp. 137-155; A. Bihrer, "Hofparteien – ein Konzept für die Mediävistik", *ibid.*, pp. 223-238. Prägnant erläutert P. Moraw, dass Korruption und Nepotismus in der Ämterbesetzung für die Territorialisierung des Spätmittelalters geradezu unverzichtbar waren, da sie diesen Prozess "seinerzeit erst wirksam werden ließen" (P. Moraw,

vom Stil gehandelt werden soll, dann ist die Frage nach dem Spezifikum der römischen Kurie zu stellen, das sie von allen anderen Kurien der Christenheit unterschied.

Denn es ist bis heute unzweifelhaft, dass vom päpstlichen Hof gesprochen wird, wenn von "der Kurie" die Rede ist, wie auch mit "Rom" meist die päpstliche Zentrale gemeint ist und nicht etwa der Sitz der italienischen Regierung. Doch deutet dies in erster Linie darauf hin, dass "die Kurie" wie auch "Rom" mehr sind als bloß geographische Bezeichnungen, dass vielmehr die zeitliche und überzeitliche Bedeutung wie die Gesamtheit der Eigenschaften der derart bezeichneten Institution die geographische oder administrative Bezeichnung des Ortes überlagern: Mit dem päpstlichen Hof tritt dem Betrachter ein Gebilde entgegen, das in seiner Art und Strahlkraft einzigartig und unverwechselbar ist. Und es wird im Folgenden zu zeigen sein, was diese Einzigartigkeit ausmacht und inwiefern deshalb sinnvoll von einem genuinen Stil dieses Ortes geredet werden kann. Dazu möchte ich zunächst einige Überlegungen des französischen Philosophen Michel Foucault aufgreifen, um dann anhand eines Beispiels aus der Kurienkritik der Schismazeit aufzuzeigen, welche hermeneutischen Möglichkeiten sich aus der Feststellung ergeben, dass es sich bei der päpstlichen Kurie um einen Ort ohnegleichen handle. Das Zugeständnis eines kurialen Stils fügt der Untersuchung dieses in der Form typischen spätmittelalterlichen Texttyps eine neue Perspektive hinzu, welche geeignet erscheint, die oft harsche Kritik am päpstlichen Hof auch mentalitätsgeschichtlich neu zu verorten.

Am Anfang steht ein Zitat von Michel Foucault, das – in der schillernden Diktion des französischen Philosophen formuliert – Anstoß gibt, über die so eigenartige wie einzigartige Natur der römischen Kurie nachzudenken. "Es gibt gleichfalls – und das wohl in jeder Kultur und jeder Zivilisation – wirkliche Orte, wirksame Orte, die in die Einrichtung der Gesellschaft hineingezeichnet sind, sozusagen Gegenplazierungen oder Widerlager, tatsächlich realisierte Utopien, in denen die wirklichen Plätze innerhalb der Kultur gleichzeitig repräsentiert, bestritten und gewendet sind, gewissermaßen Orte außerhalb aller Orte, wiewohl sie tatsächlich geortet werden können."[7] Auch wenn man die römische Kurie des Mittelalters sicherlich nur ungern als realisierte Utopie

Von offener Verfassung zu gestalteter Verdichtung: 1250-1490 (Berlin, 1985: *Propyläen Geschichte Deutschlands* 3), p. 190).

[7] M. FOUCAULT, "Andere Räume", in: *Aisthesis: Wahrnehmung heute oder Perspektiven einer anderen Ästhetik*, ed. K. BARCK *et al.* (Leipzig, 1992), pp. 34-46, hier p. 39.

bezeichnen möchte, so spricht doch einiges dafür, sich die Frage zu stellen, ob es sich bei der römischen Kurie um eine Heterotypie im Sinne von Michel Foucault handeln könnte, ob diese größte bürokratische Einrichtung des Mittelalters zumindest Züge dessen trägt, was mit dem französischen Philosophen einen "anderen Ort", einen "verschiedenen Raum"[8] ausmacht: Als politisches und auch juristisches Zentrum der Kirche war die Kurie ein einzigartiger Ort, der einerseits durch die Kopplung an den Papst als Petrusnachfolger und Stellvertreter Christi auf Erden epiphanische Züge trug; andererseits wirkte sie wegen ihrer religiösen Bedeutung wie wegen ihrer oft gerühmten administrativen Effizienz in die gesamte zeitgenössische Christenheit. In dieser in zwei Dimensionen allumfassenden und allzuständigen Qualität übertreffen die Kurie und das Papsttum nicht zuletzt ihren weltlichen Gegenpol, das Römische Kaisertum, das weder in politischer noch in ideeller Hinsicht eine vergleichbare Strahlkraft entfalten konnte.

Und auch in Bezug auf seine örtliche und räumliche Qualität war der Hof des römischen Bischofs im Mittelalter ohnegleichen, wie bereits der Sprachgebrauch augenfällig werden lässt: Denn der Papst als Bischof von Rom, als Oberhaupt der *curia romana*[9] und der römischen Kirche war hinsichtlich seines Amtssitzes nicht an seine Bischofsstadt gebunden. Bekanntlich hat der Pontifex immer wieder über längere Zeit fern des Tibers residiert, wenn die politische Lage dies erforderte oder diese ihn dazu zwang, ohne dass dies die "römische" Qualität des Hofes hätte beeinträchtigen können. Schon für die Zeit des Reformpapsttums kann Johannes Laudage deshalb lakonisch feststellen, "dass die Päpste sich keineswegs ständig in ihrer Bischofsstadt aufhielten und es deshalb schwerfällt, die spezifisch römischen Aspekte ihrer Pontifikate allein aus dem Blickwinkel der Ortsgeschichte zu erfassen".[10] Im 13. Jahrhun-

[8] FOUCAULT, "Andere Räume", p. 40.

[9] Ein Beispiel aus der später zu besprechenden Schrift möge hier genügen. Matthäus von Krakau erwähnt in seinem Reformtraktat *De squaloribus curiae Romanae* ganz selbstverständlich "*sedem apostolicam et curiam eius Romanam*" und lässt so keinen Zweifel daran, dass der Apostolische Stuhl und die römische Kurie untrennbar miteinander verknüpft sind, und dies unabhängig davon, wie viele Päpste es gerade gibt und wo diese sich befinden! (Matthäus von Krakau, "*De squaloribus curiae Romanae*", in: *Quellen zur Kirchenreform im Zeitalter der Großen Konzilien des 15. Jahrhunderts*, 1, *Die Konzilien von Pisa (1409) und Konstanz (1414-1418)*, ed. J. MIETHKE und L. WEINRICH (Darmstadt, 1995: *Ausgewählte Quellen zur Deutschen Geschichte des Mittelalters: Freiherr vom Stein Gedächtnisausgabe* 38a), p. 62.

[10] J. LAUDAGE, "Rom und das Papsttum im frühen 12. Jahrhundert", in: *Europa an der Wende vom 11. zum 12. Jahrhundert: Beiträge zu Ehren von Werner Goez*, ed. K. HERBERS (Stuttgart, 2001), pp. 23-53, hier p. 23.

dert prägte der Kardinal und berühmte Kanonist Hostiensis (Henricus de Segusia, †1271) das Bonmot "*ubi papa ibi Roma*",[11] das dann im 14. Jahrhundert die dauerhafte Ansiedlung des Papsttums in Avignon inklusive Papstpalast und Kardinalslivreen theoretisch stützen und rechtfertigen sollte. Um römischer Bischof zu sein, musste der Papst nicht in Rom anwesend sein, im Gegenteil, in seiner Person nahm er den Ort geradezu mit, transferierte ihn zum Beispiel vom Tiber an die Rhône. Rom als physische Stadt lässt sich genauso "orten", wie der Papst als Person sich "orten" und aufsuchen lässt. Doch das Beispiel zeigt, dass sich in Rom verschiedene Typen von Orten überlagern: ein realer, physischer, topographisch fassbarer Ort aus Staub und Stein sowie der immaterielle, geistige Ort Rom als Sitz des Papstes und Zentrum der katholischen Kirche. Allegorisch gewendet ginge es hier um das sinnlich erfahrbare Rom im literarischen Sinn, das sich räumlich im Idealfall mit Rom als Zentrum und Inbegriff der römischen Kirche im allegorischen Sinne in Deckung befindet.[12] In diesem Falle fällt die Diskrepanz zwischen den beiden Bedeutungsebenen nicht auf, sie wird nicht wirksam. Rücken der reale Ort Rom und der Papst als Ort des geistigen Roms jedoch auseinander, wird die besondere, zweifache Natur dessen deutlich, was unreflektiert als "Rom" bezeichnet wird: Man geht im Mittelalter nach Rom, wenn man zum Papst will. Und so kann es eben sein, dass wer nach Rom will, nach Avignon gehen muss.

[11] Hostiensis (Henricus de Segusia), *Lectura sive apparatus super quinque libris decretalium* (Straßburg, 1512), x, 2,24,4 (Ego), zu "*apostolorum limina*": "*et dic Apostolorum scilicet Petri et Pauli in curiam Romanam: nam ibi papa, ubi Roma. Et ex hoc patet, quod ubi papa est, ibi et apostoli esse intelliguntur, et quod haec expositio vera sit patet ex eo quod sequitur, 'nisi eorum absolvar licentia'. Quod constat de beatis Petro e Paulo, vel aliis ab hac luce subtractis non posse intelligi, nisi forsan speciale privilegium super hoc concessissent, unde dic, 'nisi eorum etcetera' id est 'nisi absolvar per papam', qui illis liminibus praeest et qui auctoritate eorum apostolorum fungitur et vices suas gerit*"; Hostiensis, *Lectura,* x 5,20,4 (*Dura saepe mandata*) zu "*apud sedem apostolicam*": "*hoc est in Curia Romana ubicunque sit, quia ubi Papa, ibi Roma. Alibi enim constitutus hac constitutione non ligatur*". Siehe auch Hostiensis (Henricus de Segusia), *Summa Aurea* (Venedig, 1570), x 1,8 (*De auctoritate et usu pallii*), "*Cui concedendum sit*": "*et sumitur* [*sc.* das Pallium] *de corpore beati Petri* [...] *de altari in honorem beati Petri consecrato, vel de quocunque velis de mandato domini Pape, quia non ubi Roma est ibi papa est, sed e converso. Locus enim non sanctificat hominem, sed homo locum*". Vgl. E. Kantorowicz, *Die zwei Körper des Königs* (München, 1990), pp. 215-216; M. Wilks, *The Problem of Sovereignty in the Later Middle Ages: Papal Monarchy with Augustinus Triumphus and the Publicists* (Cambridge, 1963), pp. 400-404; M. Maccarone, "*Ubi est papa ibi est Roma*", in: *Aus Kirche und Reich: Studien zu Theologie, Politik und Recht im Mittelalter: Festschrift für Friedrich Kempf zu seinem 75. Geburtstag und fünfzigjährigem Doktorjubiläum*, ed. H. Mordek (Sigmaringen, 1983), pp. 371-382.

[12] R. Peppermüller, "Schriftsinne", in: *LdM* 7 (1995), cols. 1586-1587.

Wenn Michel Foucault also sagt, dass eine von ihm gedachte Wissenschaft[13] der Heterotopologie sich eine zugleich mythische und reale Beschreibung des Raumes, in dem wir leben, zum Gegenstand nehmen müsse, dann bieten sich Rom und die römische Kurie für diese Sorte Untersuchung geradezu an, indem das eine wie das andere als Amalgamierung eines realen und eines ideellen Ortes stets in zwei Welten beheimatet ist. Und wer nach dem *stilus curiae* fragt, sollte diese real-ideelle Doppelnatur des Ortes Rom nicht außer Acht lassen. Die päpstliche Kurie ist als Ort eigener Art zu definieren, in dem sich unterschiedliche Interessen und unterschiedliche Bedeutungsebenen vermischen und an dem sich jede Handlung gleichzeitig vor einem realen wie vor einem ideellen Spiegel beweisen muss. Der Bezugsrahmen ist an der Kurie nie nur juristisch oder nur bürokratisch-administrativ – er reicht stets über das genuin Weltliche hinaus und in die Sphäre des Geistigen wie des Geistlichen hinein.

Im Folgenden wird es, wie angekündigt, um das zumal im Spätmittelalter immer bedeutender werdende Genre der Kurienkritik gehen, die vermeintliche und tatsächliche Missstände beklagte und zunehmend lauter auf eine Sanierung der römischen Unzulänglichkeiten drang. Die Ubiquität des Rufes nach einer *reformatio in capite et membris*, der Erneuerung der Kirche an Haupt und Gliedern, erklärt sich dabei nicht nur aus den tatsächlich vorhandenen Missständen und Disfunktionalitäten im kurialen Geschäft, sondern auch aus der doppelten Natur des römischen Hofes als einerseits administrativ-politisches und andererseits ideelles Zentrum der Christenheit, dessen Relevanz sich sowohl auf die weltlichen Dinge als auch auf die jenseitigen Belange des Seelenheils Aller erstreckte.

[13] In der älteren Radioversion des Vortrags findet sich noch die deutlich vorsichtigere Formulierung "*On pourrait supposer, je ne dis pas une science parce que c'est un mot qui est trop galvaudé maintenant, mais une sorte de description systématique qui aurait pour objet, dans une société donnée, l'étude, l'analyse, la description, la 'lecture', comme on aime à dire maintenant, de ces espaces différents, ces autres lieux, une espèce de contestation à la fois mythique et réelle de l'espace où nous vivons; cette description pourrait s'appeler l'hétérotopologie*". In der späteren Version lautet die Stelle "Ich träume nun von einer Wissenschaft – und ich sage ausdrücklich Wissenschaft –, deren Gegenstand diese verschiedenen Räume wären, diese anderen Orte, diese mystischen oder realen Negationen des Raumes, in dem wir leben". Für die deutsche Fassung siehe M. FOUCAULT, *Die Heterotopien: Der utopische Körper: Zwei Radiovorträge* (Berlin, 2005: *Suhrkamp-Taschenbuch Wissenschaft* 2071), pp. 7-22, hier p. 11; vgl. die dazugehörige französische Version in der Ausgabe von 2004, pp. 37-52, hier p. 41. Für die ältere Version des ursprünglich 1967 entstandenen Textes siehe M. FOUCAULT, "Des Espaces autres: Hétérotopie", *Architecture, Mouvement, Continuité* 5 (1984), pp. 46-49.

Die erste Dimension dieser Doppelnatur ist definiert durch den Charakter der Kurie als administratives Zentrum der Kirche, das der gesamten Christenheit als Ansprechpartner in den verschiedensten, meist juristischen Fragen zur Verfügung stand: Mit der Rota bot die Kurie Klerikern aus aller Herren Länder die Möglichkeit, Rechtsstreitigkeiten direkt am päpstlichen Hof zu lösen. Das päpstliche Benefizialwesen (besser: das päpstliche Provisionsangebot)[14] war Anziehungspunkt für pfründensuchende Kleriker aus der gesamten christlichen Welt – auch wenn die Attraktivität des Angebots mit wachsender Entfernung zum päpstlichen Sitz abnahm. Die Pönitentiarie schloss in ihr Angebot neben den typisch klerikalen Problemen – uneheliche Geburt, Blutvergießen und Klosterwechsel –[15] auch die Sorgen und Nöte der Laien ein, etwa die Befreiung von allzu harten Fastengeboten,[16] die Erlaubnis zur Nutzung eines Tragaltars oder die Dispens von zu naher Verwandtschaft unter Eheleuten.[17] Dazu kamen die Pflichtbesuche der Bischöfe.[18] Auf politischer Ebene sind die diplomatischen Gesandtschaften zu nennen, welche am päpstlichen Hof die Interessen ihrer Auftraggeber vertraten.[19]

[14] Zum päpstlichen Benefizialwesen siehe K. HITZBLECK, *Exekutoren: Die außerordentliche Kollation von Benefizien im Pontifikat Johannes XXII.* (Tübingen, 2009: *Spätmittelalter, Humanismus, Reformation* 48), pp. 1-16, mit weiterer Literatur.

[15] Zu Fragen der päpstlichen Pönitentiarie sei allgemein auf die unverzichtbaren Arbeiten von L. SCHMUGGE verwiesen. Zur unehelichen Geburt siehe etwa L. SCHMUGGE, *Kirche, Kinder, Karrieren: Päpstliche Dispense von der unehelichen Geburt im Spätmittelalter* (Zürich, 1995).

[16] M. KLIPSCH, "Vom Fasten bei Wasser und Brot bis zum Fleisch- und Buttergenuss: Spätmittelalterliche Buß- und Fastenpraxis im Spiegel kurialer Registerüberlieferung", in: *Friedensnobelpreis und historische Grundlagenforschung: Ludwig Quidde und die Erschließung der kurialen Registerüberlieferung*, ed. M. MATHEUS (Berlin und Boston, 2012), pp. 279-302.

[17] L. SCHMUGGE, *Ehen vor Gericht: Paare der Renaissance vor dem Papst* (Berlin, 2008).

[18] H. HOBERG, *Taxae pro communibus servitiis ex libris obligationibus ab anno 1295 usque ad annum 1455 confecti* (Vatikanstadt, 1949: *Studi e testi* 144); M.A. DENZEL, *Kurialer Zahlungsverkehr im 13. und 14. Jahrhundert: Servitien- und Annatenzahlungen aus dem Bistum Bamberg* (Stuttgart, 1991: *Beiträge zur Wirtschafts- und Sozialgeschichte* 43).

[19] F.J. FELTEN, *Avignon und Paris: Spielräume und Prinzipien politischen Handelns des frühen avignonesischen Papsttums* [Habilitationsschrift masch. FU Berlin, 1990]; ID., "Kommunikation zwischen Kaiser und Kurie unter Ludwig dem Bayern (1314-1347): Zur Problematik der Quellen im Spannungsfeld von Schriftlichkeit und Mündlichkeit", in: *Kommunikationspraxis und Korrespondenzwesen im Mittelalter und in der Renaissance*, ed. H.-D. HEIMANN und I. HLAVÁČEK (Paderborn, 1998), pp. 51-89; S. WEISS, *Die Versorgung des päpstlichen Hofes in Avignon mit Lebensmitteln (1316-1378): Studien zur Sozial- und Wirtschaftsgeschichte eines mittelalterlichen Hofes* (Berlin, 2002); A. SOHN, *Deutsche Prokuratoren an der römischen Kurie in der Frührenaissance (1431-1474)* (Köln, Weimar und Wien, 1997: *Norm und Struktur* 8); P.-M. BERTHE, *Les procureurs à la cour pontificale d'Avignon au XIVe siècle: Les procureurs des prélats français sous Urbain V et Grégoire XI à la chambre apostolique* (Paris, 2004); S. ZANKE,

Die Kurie zog also nicht nur eine Unzahl von Menschen aus den unterschiedlichsten Regionen der christlichen Welt an, sie bedurfte auch eines großen personellen Apparats, um die verschiedenen an sie herangetragenen Aufgaben überhaupt erfüllen zu können. Die Forschung steht bis heute mit einer Mischung aus Hochachtung, Staunen und Ratlosigkeit vor dieser größten bürokratischen Institution des Mittelalters, die offensichtlich funktioniert hat, sogar recht zuverlässig funktioniert hat – und deren Funktionieren doch bis heute und trotz aller Bemühungen ein "*inextricabilis curie labyrinthus*" bleibt, wie Francesco Petrarca im 14. Jahrhundert ebenso feststellte wie Patrick Zutshi im 20.[20] Einen so eindrucksvollen wie erhellenden Einblick in die spätmittelalterliche Kurie wie in das mit ihrer berüchtigten Undurchdringlichkeit verknüpfte Forschungsproblem bietet in jüngster Zeit einmal mehr ein Aufsatz von Brigide Schwarz, die in ihrer Arbeit über die kuriale Karriere des Leon Battista Alberti den Spuren des berühmten Humanisten auf den verschlungenen Pfaden der päpstlichen Kanzlei folgt.[21] Tatsächlich ist auch nach über 100 Jahren Forschung zur Organisation der römischen Kurie die Wissenschaft weit davon entfernt, die administrativen Abläufe am päpstlichen Hof tatsächlich und abschließend durchschaut zu haben.

Und es spricht wenig dafür, dass es den Menschen des Mittelalters anders ergangen wäre. Die Frage liegt nahe, ob die Kurialen mit ihren besonderen und oftmals engumrissenen Aufgaben[22] selbst überhaupt ein vollständiges Bild vom

Johannes XXII.*, Avignon und Europa: Das politische Papsttum im Spiegel der kurialen Register (1316-1334)* (Leiden und Boston, 2013: *Studies in Medieval and Reformation Traditions* 175); A. Willershausen, *Die Päpste von Avignon und der Hundertjährige Krieg: Spätmittelalterliche Diplomatie und kuriale Verhandlungsnormen (1337-1378)* (Berlin, 2014); H.-J. Schmidt, "*Pestilens domus Aragonum*: Papst Johannes XXII. und die Könige von Aragon", in: *Papst Johannes* XXII.*: Konzepte und Verfahren seines Pontifikats*, ed. H.J. Schmidt und M. Rohde (Berlin und Boston, 2014: *Scrinium Friburgense* 32), pp. 343-394; J. Röhrkasten, "Johannes XXII. und England", *ibid.*, pp. 395-424.

[20] P. Zutshi, "*Inextricabilis curiae labyrinthus*: The presentation of petitions to the Pope in the chancery and the penitentiary during the fourteenth and first half of the fifteenth century", in: *Päpste, Pilger, Pönitentiarie: Festschrift für Ludwig Schmugge zum 65. Geburtstag*, ed. A. Meyer, C. Rendtel und M. Wittmer-Butsch (Tübingen, 2004), pp. 393-410.

[21] B. Schwarz, "Die Karriere Leon Battista Albertis in der päpstlichen Kanzlei", *Quellen und Forschungen aus italienischen Archiven und Bibliotheken* 93 (2014), pp. 49-103.

[22] B. Schwarz, *Die Organisation kurialer Schreiberkollegien von ihrer Entstehung bis zur Mitte des 15. Jahrhunderts* (Tübingen, 1972: *Bibliothek des* DHI *in Rom* 37); ead., "Die Korporationen der Schreiberkollegien an der päpstlichen Kurie", in: *"Eure Namen sind im Buch des Lebens geschrieben": Antike und mittelalterliche Quellen als Grundlage moderner prosopographischer Forschung*, ed. R. Berndt (Münster, 2014), pp. 307-318; ead., "Der *corrector litterarum apostolicarum*: Entwicklung des Korrektorenamtes der päpstlichen Kanzlei von Inno-

Funktionieren der Kurie hatten. Oder ob sich dort nicht eher ein Sammelsurium von Posten, Funktionen und Hierarchien entwickelt hatte, in dem jeder einzelne seine Kontexte und seine Beziehungen pflegte und kannte und am Ende und aus der Vogelperspektive dabei das entstand, was "die Kurie" genannt wird. Die Kurie als Summe ihrer Teile – und gleichzeitig mehr als nur das.

Tatsache ist, dass das Mittelalter einen ähnlich gut organisierten und vergleichbar großen Hof nicht gekannt hat. Und wie Kafkas Held "vor dem Gesetz"[23] verkümmert, wie anderenorts das bürokratische Himmelfahrtskommando "Passierschein A 38" nur durch gallische List zu einem erfolgreichen Ende gebracht werden kann, so kann man sich vorstellen, dass der aus entfernten Regionen angereiste Besucher der römischen Kurie sich zunächst in einem Zustand nicht nur bürokratischer Überwältigung befunden haben muss. Die Kurie war für den Uneingeweihten schwer zu fassen und ebenso schwer zu bewältigen.[24] Dieses Gefühl bürokratisch-administrativer Überforderung, das sich leicht zum Eindruck administrativ-hinterzimmeriger Übervorteilung wenden konnte, verbunden mit dem Ruf, dass etwas daran geändert werden müsste, begleitet die Kirche und das Papsttum spätestens seit dem Moment, als mit Innozenz III. und der *plenitudo potestatis* der Allzuständigkeitsanspruch des römischen Bischofs formuliert und der päpstliche Hof zu einem europaweit ausstrahlenden Anziehungspunkt geworden war. Die Reformen eines Johannes XXII., der nach dem Umzug der Kurie nach Avignon sein administratives Geschick in den Dienst einer Einhegung der wildwuchernden kurialen Bürokratie stellte, waren zwar einerseits Meilensteine auf dem Weg zu einer effizienteren Organisation des römischen Hofes, konnten aber andererseits die

zenz III. bis Martin V.", *Quellen und Forschungen aus italienischen Archiven und Bibliotheken* 54 (1974), pp. 122-191; EAD., "*Abbreviature officium est assistere vicecancellario in expeditione litterarum apostolicarum*: Zur Entwicklung des Abbreviatorenamtes vom Großen Schisma bis zur Gründung des Vakabilistenkollegs der Abbreviatoren durch Pius II.", in: *Römische Kurie – Kirchliche Finanzen – Vatikanisches Archiv: Studien zu Ehren von Hermann Hobert*, ed. E. GATZ (Rom, 1979: *Miscellanea Historiae Pontificiae* 46), pp. 789-823; EAD., "Im Auftrag des Papstes: Die päpstlichen Kursoren von ca. 1200 bis ca. 1470", in: *Päpste, Pilger, Pönitentiarie*, ed. MEYER, RENDTEL und WITTMER-BUTSCH, pp. 49-71; EAD., "*Statuta sacri causarum apostolici palacii auditorum et notariorum*: Eine neue Quelle zur Geschichte der Rota Romana im späten Mittelalter", in: *Studien zum 15. Jahrhundert: Festschrift für Erich Meuthen*, ed. J. HELMRATH und H. MÜLLER, 2 vols. (München, 1994), 2, pp. 845-867.

23 F. KAFKA, *Der Proceß*, ed. M. PASLEY (Frankfurt am Main, 1990), pp. 292-295.

24 Einen so farbenfrohen wie kenntnisreichen Einblick in die zeitgenössischen Strategien, sich an der Kurie zurechtzufinden, bietet der Beitrag von A. FISCHER, "Die Grenzen der Verflechtung: Funktionsweisen und Reichweite kardinalizischer Beziehungen im 13. Jahrhundert", in: *Die Grenzen des Netzwerks*, ed. HITZBLECK und HÜBNER, pp. 93-112.

Mehrzahl der Probleme nicht beheben. Auch in der Folgezeit blieb die Kurie für den Uneingeweihten ein schwer durchschaubares Dickicht, dessen man mühsam mit Kuriengebrauchsanleitungen Herr zu werden versuchte.[25]

Ein zentraler, immer wieder angeführter Punkt der Kritik ist dabei das Pfründenwesen, also die zentrale Vergabe von kirchlichen Benefizien durch den Papst, auf das an dieser Stelle deshalb kurz eingegangen sei. Es gehörte im Spätmittelalter einerseits zu den wichtigsten Kontaktpunkten der päpstlichen Zentrale mit der christlichen Welt und ist andererseits auch das Hauptthema des hier zu behandelnden kurienkritischen Traktats. Die Erforschung der päpstlichen Provisionspraxis hat zwar eindeutig herausgearbeitet, dass die Ausstellung der Provisionsurkunden ausschließlich auf Anregung durch den Petenten erfolgte, dass es sich mithin um Reskripte handelte, also Antwortschreiben des Papstes auf externe Anfragen;[26] trotzdem war und blieb die Vergabepraxis der Kurie nicht nur den ordentlichen Kollatoren vor Ort, die den Eingriff in ihre Rechte nur ungern tolerierten, ein Dorn im Auge. Zwar konnte jeder Einzelfall juristisch angefochten werden, ließ die Bestellung von Exekutoren dem berechtigten Widerstand des ordentlichen Kollators explizit Raum, doch stand dem Anspruch des örtlichen Ordinarius eben oft genug das stärkere Recht des Papstes und damit des Petenten gegenüber. Und nicht zu vergessen: Gegen die einzelne Provision konnte der Ordinarius vorgehen, etwa mit dem

[25] L. SCHMITZ-KALLENBERG, *Practica cancellariae apostlicae saeculi XV. exeuntis* (Münster, 1904). Zum mit nicht weniger juristischen Untiefen gespickten Ablauf des Exekutionsprozesses siehe auch G. BARRACLOUGH, "Praxis Beneficiorum", *Zeitschrift der Savigny-Stiftung für Rechtsgeschichte: Kanonistische Abteilung* 58 (1938), pp. 94-134 sowie ID.; "*Modus et forma procedendi ad executionem seu protestationem gratiae alicui factae per dominum papam*", in: *Studi in onore di Enrico Besta*, 4 vols. (Mailand, 1939), 3, pp. 279-300.

[26] Auch wenn bereits G. Mollat und G. Barraclough in ihren grundlegenden Arbeiten über das päpstliche Provisionswesen immer wieder auf den Reskriptcharakter der päpstlichen Schreiben hinwiesen, bedurfte es noch einiger Jahrzehnte und einer Historikerfehde, bis dieser Umstand Allgemeingut der Forschung werden konnte. G. MOLLAT, *Lettres Communes de Jean XXII. (1316-1334): Introduction: La Collation des Bénéfices ecclésiastiques à l'époque des Papes d'Avignon* (Paris, 1921), bes. pp. 39-62; G. BARRACLOUGH, *Papal Provisions: Aspects of Church History Constitutional, Legal and Administrative in the Later Middle Ages* (Oxford, 1935 [ND Westport, 1971]); E. PITZ, *Papstreskript und Kaiserreskript im Mittelalter* (Tübingen, 1971: *Bibliothek des DHI in Rom* 36); P. HERDE, "Zur *Audientia litterarum contradictarum* und zur '*Reskripttechnik*'", *Archivalische Zeitschrift* 69 (1973), pp. 54-90; H. DONDORP, "Review of Papal Rescripts in the Canonists' Teachings", *Zeitschrift der Savigny-Stiftung für Rechtsgeschichte: Kanonistische Abteilung* 76 (1990), pp. 172-253 und 77 (1991), pp. 32-110. Zusammenfassend siehe auch K. HITZBLECK, "Besetzt! – Zum Umgang mit unrechtmäßigem Benefizienbesitz im Pontifikat Johannes' XXII.", in: *Papst Johannes XXII.: Konzepte und Verfahren*, ed. SCHMIDT und ROHDE, pp. 199 sqq.

Argument, dass der Petent in der Urkunde Unwahres behauptet hätte.[27] Gegen die Möglichkeit der päpstlichen Kollatur als solcher hatte der Ordinarius hingegen keine Handhabe: War ein päpstlicher Kandidat abgewehrt, bog mit Sicherheit alsbald der nächste um die Ecke. Erst die Einrichtung der Konkordate[28] sicherte den ordentlichen Kollatoren die Besetzung zumindest eines Teils der freiwerdenden Stellen.

Kritik fand die Möglichkeit der päpstlichen Kollatur auch von Seiten der ordentlich präsentierten Pfründenbewerber vor Ort, welche ihres Anspruchs durch die Präsentation eines päpstlichen Schreibens von seiten Dritter verlustig gehen konnten. Unwillen erntete das Vorgehen ferner bei den päpstlicherseits

[27] Die prägnanteste und sogar auf das Benefizialwesen bezogene Schilderung des Problems findet sich bei dem Theologen Wilhelm Ockham in dessen Dialog über den häretischen Papst: "*Causa quare super rescriptis et literis summi pontificis licite disputatur est quia litere sepe per subreptionem et falsas suggestiones impetrantur, quandoque etiam papa multis ex causis decipi potest. Ideo super talibus literis disputare licet*" (Guglielmo di Ockham, *Dialogo sul papa eretico: Prima traduzione in lingua moderna*, ed. A. Salerno (Mailand, 2015), p. 1610).

[28] A. Meyer, "Das Wiener Konkordat von 1448 – Eine erfolgreiche Reform des Spätmittelalters", *Quellen und Forschungen aus italienischen Archiven und Bibliotheken* 66 (1986), pp. 198-152; id., "Bischofswahl und päpstliche Provision nach dem Wiener Konkordat", *Römische Quartalschrift für christliche Altertumskunde und für Kirchengeschichte* 87 (1992), pp. 124-135; H. Müller, "Pragmatique sanction", in: *LdM* 7 (1995), cols. 166-167. In England griffen die königlichen Maßnahmen zur Eindämmung des päpstlichen Einflusses auf die Benefizienbesetzung schon seit der Mitte des 14. Jahrhunderts (C. Davies, "The Statute of provisors", *History* 38 (1953), pp. 116-133; F. Cheyette, "Kings, courts, cures and sinecures: The Statute of provisors and the common law", *Traditio* 19 (1963), pp. 295-349).

[29] Einen farbenprächtigen Einblick in das Problem gibt die Dekretale *Auctoritate Martini* Bonifaz' viii., die auch Eingang in den *Liber vi* gefunden hat (vi iii, 7,7): Für eine vakante Stelle haben sich drei päpstlicherseits Providierte eingefunden, wobei der erste eine Urkunde des Amtsvorgängers auf die erste Vakanz an der Kirche von Parma vorweisen kann. Der zweite legt ein identisches Reskript des amtierenden Papstes vor. Ein dritter präsentiert ebenfalls ein Reskript des amtierenden Papstes, allerdings mit der Prärogative, dass er allen Inhabern eines Reskripts der Amtsvorgänger dieses Papstes vorgezogen werden soll. Wer soll die Stelle bekommen? Der Papst entscheidet, dass der zweite Kandidat, also der mit der Expektanz des aktuellen Papstes auf die erste Vakanz, die Stelle bekommen soll. Die nächste Vakanz bekäme dann der dritte Kandidat, der den Providierten früherer Päpste vorgezogen werden soll. Erst die dritte Vakanz ginge dann an den Inhaber des ältesten Reskripts. Sein Pech und das Glück des zweiten Bewerbers ist dabei das Auftauchen des dritten Bewerbers: Da in dessen Urkunde steht, dass er allen Kandidaten der Amtsvorgänger vorgezogen werden solle, nicht jedoch den Bewerbern des aktuellen Papstes, geht der Fall nur auf, wenn der zweite Bewerber die erste Vakanz bekommt, da es anderenfalls nicht möglich wäre, dass der dritte Bewerber dem ersten vorgezogen würde. Der Inhaber des ältesten Reskripts verliert also sein Recht auf die Stelle, auf das er schon sehr lange hat warten müssen.

Providierten selbst, wenn das mühsam errungene Reskript durch ein anderes ausgestochen[29] oder durch den Tod des Papstes gar wertlos geworden war.[30]

Dies mochten primär juristische und administrative Ärgernisse sein. Dazu kam jedoch noch die stets ambivalente Bewertung der kurialen Pfründenvergabe, die auf der einen Seite geübte Praxis und für die Petenten auch oft genug wirtschaftliche Chance und Notwendigkeit gewesen sein mag. Auf der anderen, der religiösen Seite, war schon das Streben nach den mit dem kirchlichen Offizium verbundenen Einnahmen, dem Benefizium, in höchster Weise verdächtig, das Seelenheil des Pfründensuchers irreparabel zu beschädigen. Es lauerte der Vorwurf der Simonie allerorten: Wer nach einer Pfründe, gar nach mehreren Pfründen strebte, strebte implizit nach seiner Verdammnis.[31] Aus der Vergabe von Pfründen über den Papst, also der herrscherlichen Erfüllung der verderblichen Pfründenwünsche der Petenten durch den Stellvertreter Christi auf Erden, erwuchs eine Potenzierung des Verderbens, das in der Frage gipfeln musste, was denn aus der Kirche und den Christen würde, wenn der Papst selbst ein Simonist – also der schlimmsten aller Sünden[32] verdächtig – sei.

[30] Die große Anzahl der päpstlichen Providierten und die damit einhergehende Überlastung der Kirchen vor Ort hatte schon im 13. Jahrhundert dazu geführt, dass Papst Alexander IV. alle über eine festgelegte Zahl hinausgehenden Provisionen für eine Kirche für ungültig erklärte (G. BARRACLOUGH, "The constitution 'Execrabilis' of Alexander IV", *The English Historical Review* 49 (1934), pp. 193-218). Bonifaz VIII. hob dann kurz nach seinem Amtsantritt alle Provisionsreskripte seiner Vorgänger auf, welche noch nicht zum *ius in re* geführt hatten, was zu so viel Unruhe und Unsicherheit unter den Klerikern führte, dass er sich genötigt sah, seine Vorstellungen durch eine in den *Liber VI* aufgenommene Dekretale "*Quoniam ex constitutione*" (VI III, 7,8) zu spezifizieren.

[31] Helia Regnier bringt es in seinem novellenhaft gestalteten *Casus* zu Clem. 1.2.3. "*Litteras*" auf den Punkt: "*Quidam cupidus beneficiorum (et per consequens credo quod cupidus suae damnationis) ivit ad papam et eum requisivit, quod sibi provideret de beneficio*". Auch die Dekretale *Execrabilis* (Extr. Joh. 3,1) setzt sich, auch wenn sich eine deutlich eigennützigere, finanzielle Intention Johannes' XXII. kaum leugnen lässt, mit diesem Problem auseinander, wenn sie der Pfründenkumulation einen Riegel vorschieben will. Gesselinus de Cassanhis führt es in seiner Glosse zu *Execrabilis* aus: "*Et merito talis ambitio execrabilis dicitur, cum circa spiritualia versetur.* [...] *Et periculum anime inducitur in assecutione pluralitatis beneficiorum, sine dispensatione legitima*". Zu dem *Casus* des Helia Regnier siehe zukünftig K. HITZBLECK, "Geht ein Mann zum Papst – Humor und Ironie in der juristischen Kommentarliteratur des Spätmittelalters", in: *Eleganz und Performanz: Von Rednern, Humanisten und Konzilsvätern. Johannes Helmrath zum 65. Geburtstag*, ed. C. JASER *et al.* (Wien, Köln und Weimar, 2018), pp. 193-205.

[32] Laut Raymundus de Penaforte nimmt die Simonie unter den *crimina ecclesiastica* den ersten Platz ein, wobei ihm Johannes von Freiburg in der Glosse mit einer sehr plastischen Beschreibung sekundiert: "*caetera crimina ad comparationem simoniacae haeresis quasi pro nihilo reputantur*", dass also die übrigen Vergehen im Vergleich mit der Simonie geradezu für nichts gelten. Raymundus de Penaforte, *Summa de Poenitentia* (Rom, 1603), *De Simonia*, tit. 1, mit der

Wie die *päpstliche* Kurie in ihrer Verbindung von diesseitiger herrscherlicher und administrativer Zentralfunktion und jenseitiger Heilsorientierung präsentiert sich auch das Benefizialwesen aufgespannt zwischen diesseitig-weltlicher Notwendigkeit und jenseitiger Heilsrelevanz. Auch wenn diese Ambivalenz sicher nicht bei jedem Betroffenen in gleicher Weise präsent gewesen sein wird, wird doch deutlich, dass die Kritik an dem einen wie an dem anderen nicht nur eine Reaktion auf unmittelbar erfahrbare prozessuale Eigenheiten oder auch Missstände gewesen ist, sondern eben auch das Unbehagen bezüglich der dem einen wie dem anderen immanenten Jenseitsdimension artikuliert.

Der Theologe und spätere Bischof von Worms Matthäus von Krakau[33] artikuliert dieses Unbehagen am Provisionswesen wie an der kurialen Praxis in seinem berühmten und einflussreichen Traktat *De squaloribus curiae Romanae*, wobei im Kontext unserer Untersuchung stets die Frage nach dem spezifisch kurialen *stilus* im Hintergrund stehen soll, welcher sich aus der zweifachen Gebundenheit des päpstlichen Hofes ergibt. Matthäus fasst diese Diskrepanz zwischen moralischem Anspruch und kurialer Realität gleich zu Beginn seines Traktats in ein wirkungsvolles Bild, wenn er die der römischen Kirche – damit dem Apostolischen Stuhl und der Kurie – im Rahmen der lateinischen Christenheit zugedachte Rolle an den Anfang seiner Ausführungen stellt:

> [...] *ipsa sancta Romana ecclesia super omnes alias ecclesias principatum obtinet, utpote omnium mater christifidelium et magistra* [...]. *Et ob hoc debeat esse iurium conditrix, propagatrix spiritualium, correctrix malorum, directrix errancium, persecutrix viciorum, iusticie et virtutum prosecutrix, oppressorum defensio, relevatrix pauperum, rectificacio et reformacio deformiter inordinatorum, doctrix errancium, morum exemplar, magistra et ministra omnis boni, regula agendorum. Ipsa est enim, que supremam habet clavium potestatem et ad quam pro talibus, eciamsi diu alibi querantur, finaliter recurritur. Ibi namque queritur plena absolucio criminum, amocio scrupulorum, conscienciarum serenacio, discussio dubiorum, terminacio licium, declaracio et determinacio veritatum.*[34]

Glosse "*patet*".

[33] Zu Person und Werk von Matthäus von Krakau siehe M. Nuding, *Matthäus von Krakau: Theologe, Politiker, Kirchenreformer in Krakau, Prag und Heidelberg zur Zeit des Großen Abendländischen Schismas* (Tübingen, 2007: *Spätmittelalter und Reformation*, N. R. 38); zu seinem Reformtraktat *De squaloribus curiae Romanae*, bes. pp. 146-173.

[34] Matthäus von Krakau, *Squaloribus*, pp. 62-64.

Der päpstliche Stuhl und die Kurie verfügten über die Richtlinienkompetenz für die Christenheit, waren Letztentscheidungsinstanz in Zweifelsfällen aller Art und sollten diese Kompetenz im Sinne des Seelenheils aller Christen einsetzen. Umso dramatischer für eben dieses Seelenheil, die *consciencia*, der Christen musste es deshalb sein, wenn die Kurie die Orientierung an Gott und der Wahrheit aufgab und sich stattdessen dem Weltlichen und dem Bösen zuwandte, welches Matthäus im Streben der Kleriker nach Pfründen und Benefizien suchte und fand:

> *Tota siquidem curia et omnes officiales eius ac eorum ministri non apparent circa aliud occupari, sed dies ac noctes expendere, corda simul et corpora fatigare, diligentissime scrutando et inquirendo vacancias, propter quas studiosissime registra leguntur et releguntur* [...].[35]

Entsprechend hält Matthäus die "*toleracio et conservacio cleri* [...] *et preservacio eius a destruccione*"[36] für das größte aller göttlichen Wunder, "*omnium mirandorum eius operum mirabilissimum*", das seiner Meinung nach sogar den unverzehrt brennenden Dornbusch Moses' übertreffe.

Doch sind es nicht nur die Bediensteten der Kurie, die zur moralischen Verderbnis des Ortes beitragen. Auch die juristischen Abläufe am päpstlichen Hof sind dazu angetan, die Seelen der Kleriker weiter in Gefahr zu bringen. Zwar hatten die Päpste des 13. Jahrhunderts mit der Publikation der großen Dekretalensammlungen die Grundlage für einen zuverlässigen und dem Seelenheil zuträglichen Umgang mit dem Provisionsangebot der Kurie gelegt, doch wurde diese Grundlage permanent durch das juristische Tagesgeschäft von Kanzlei und Kammer gefährdet. Matthäus zielt besonders auf die Kanzleiregeln ab, die sich zum größeren Teil auf den Umgang mit den Benefizialreskripten beziehen:

> *Quantas autem et quot occupaciones, lites et involuciones efficiant hee gracie, ex hoc clarius ostenditur, quod ad amovenda vel forsan magis augenda dubia frequenter oportet novas cancellarie regulas concedere, prioribus addere, factas interpetrari, imitare vel revocare in tantum, ut, quod ante annum licitum fuit et iustum, iam sit illicitum et omnino dampnatum.*[37]

[35] *Ibid.*, p. 66.
[36] *Ibid.*, p. 60.
[37] *Ibid.*, p. 78.

Nicht nur, dass die päpstlichen Gratien Anlass zu Streit und Unfrieden geben – die ständig neu erlassenen Kanzleiregeln tragen zu dieser Verwirrung durch die Aufhebung jeglicher Rechtssicherheit noch bei: Was vor einem Jahr erlaubt war, ist nun verboten. Die daraus resultierende Unstetigkeit, ja Leichtfertigkeit der Kurialen steht freilich wiederum dem klerikalen Standesideal entgegen: "*ex quo arguitur magna instabilitas eorum qui regunt curiam, cum tamen in clericis maxime reprobetur inconstancia et levitas*".[38]

Die Habsucht, die sich nicht auf die Angehörigen der Kurie beschränkt, sondern auch die übrigen, nach einem Benefizium strebenden Geistlichen betrifft, gehört ebenfalls zu den Sünden, derer sich ein Kleriker unbedingt enthalten solle und welche nicht nur die Täter, sondern alle Christen in Gefahr brächten. Besondere Kritik findet die Praxis der Vergabe von Expektanzen, welche ein Recht auf ein noch nicht vakantes Benefizium schaffen und damit Anlass geben, auf den Tod eines Menschen zu hoffen "*magna sunt occasio sperandi in mortem hominum*", ja diesen bisweilen gar zu verursachen, "*forsan aliquando procurandi*", wie Matthäus verdammnisergriffen raunt.[39]

Man kann Matthäus hier mit gutem Recht vorwerfen, dass er seine Kritik auf einen Punkt kurialen Wirkens beschränkt, und er würde wohl darauf antworten, dass dies der Zweck seiner Klageschrift sei: Es geht ihm besonders um das Problem des päpstlichen Benefizialwesens und die verheerenden Auswirkungen auf das Ansehen der Kirche wie auf das Seelenheil der Betroffenen. Doch unterstreichen seine Ausführungen die obengenannte Qualität der Kurie als einem besonderen Ort, einer Heterotypie: Nicht nur geht es ihm mit dem päpstlichen Benefizialwesen um einen kirchlichen Service, den es in der Form ausschließlich an der Kurie gibt, auf den man sich entsprechend vor Ort kaum vorbereiten konnte und dem der supplizierende Kleriker wegen der spezifischen Verbindung von Herrschaftswissen und Undurchschaubarkeit ausgeliefert war. Die Kurie erscheint in der Darstellung des Matthäus von Krakau vielmehr als ein Ort, der eigenen und kaum durchschaubaren Gesetzen gehorcht, welche zudem im höchsten Maße von den an kirchliches Handeln zu stellenden Anforderungen abweichen, was angesichts der zumindest theoretischen moralischen Qualität und der ideellen Implikation des Ortes mehr als nur

[38] *Ibid.*, pp. 78-79. Zu den Interdependenzen zwischen Kirchenrecht, Urkundenformeln und Kanzleiregeln siehe B. HOTZ, "Von der Dekretale zur Kanzleiregel: Prärogativen beim Benefizienerwerb im 14. Jahrhundert", in: *Stagnation oder Fortbildung? Aspekte des allgemeinen Kirchenrechts im 14. und 15. Jahrhundert*, ed. M. BERTRAM (Tübingen, 2005: *Bibliothek des DHI in Rom* 108), pp. 197-219.

[39] Matthäus von Krakau, *Squaloribus*, p. 78.

verstörend scheint. In der Darstellung des späteren Bischofs von Worms dienen die kurialen Umtriebe, die er zwischen Kinderspiel und Verrücktheit angesiedelt sieht, zur spöttischen Erheiterung des ganzen Klerus, "*tocius cleri*". Er zieht damit eine Grenze zwischen den Klerikern der Christenheit und jenen, welche an der römischen Kurie agieren: Die kuriale Gesellschaft wirkt wie abgelöst von den Sorgen und Nöten der übrigen Christenheit und scheinbar unfähig, hinter die gläserne Wand zu blicken, welche sie von dieser trennt: "*Et mirum est, si curienses numquam hec recogitant ut causam ad pudorem, timorem vel horrorem. Ex tantis malis et scandalis moverentur*".[40]

Das Beschriebene bewegt sich bis dahin schwerpunktmäßig auf dem Gebiet des administrativ-juristischen Ärgernisses, das vor allem für die unmittelbar Betroffenen auch moralische Konsequenzen hat. Matthäus öffnet das Feld jedoch, wenn er im 7. Kapitel seiner Klage auf einen Vorwurf kommt, der Konsequenzen für alle, auch für unbeteiligte Kleriker und Laien, hat. Nach der Abrechnung mit den juristischen Besonderheiten des kurialen Geschäftsgangs wendet Matthäus sich einem Punkt zu, der in seinen Konsequenzen weitreichender nicht sein könnte. Es geht ihm um die kuriale Praxis, für die Datierung[41] der Supplik unter einem möglichst günstigen, da frühen Signaturdatum Geld zu verlangen und auch sonst die Erlangung eines besseren, mächtigeren Reskripts von entsprechenden und undurchschaubaren Zahlungen abhängig zu machen.[42] Diese Praxis ist ohne jede Diskussion mehr als ein einfaches Ärgernis: Es handelt sich dabei um die Sünde der Simonie, welche als das schwerste Verbrechen bezeichnet werden muss, das die Kirche kennt. In den Beichtsummen wird die Simonie seit dem Hochmittelalter[43] als eine Form der Häresie gehandelt. Auch Matthäus steht fest in dieser Tradition:

> *Symonia siquidem utpote quedam heresis est, unum de generibus mortalium, non levium, sed pregravium peccatorum ponencium quemlibet, qui ipsum commitit extra graciam et in statum damnacionis.*[44]

Strenggenommen befindet sich also der Papst mitsamt seinem Hof durch die andauernde Anwendung und Förderung der Simonie im Zustand der Verdamm-

[40] *Ibid.*, pp. 80-83.

[41] FRENZ, *Papsturkunden*, pp. 90-91; G.-R. TEWES, "Die päpstliche Datarie um 1500", in: *Stagnation oder Fortbildung?*, ed. BERTRAM, pp. 159-180.

[42] Matthäus von Krakau, *Squaloribus*, p. 92.

[43] R. SCHIEFFER, "Simonie", in: *LdM* 7 (1995), cols. 1922-1925.

[44] Matthäus von Krakau, *Squaloribus*, p. 92.

nis. Matthäus setzt hinzu, dass es sich dabei nicht um ein bloßes Versehen handelt, handeln kann:

> *Ipsam autem symoniam sic committere vel promovere vel servire, sicut in curia fit, non est causale vel subitum vel parvum dampnum, vel ex levitate fit, sed est deliberatum et ex intencione, quasi omni die consuetum.*[45]

Matthäus fährt schweres moralisches Geschütz auf, wenn er unterstreicht, dass die Sünde der Simonie in diesem Falle aus Überlegung und mit Absicht begangen werde, und er dem Papst und der Kurie damit die letzte Chance auf mildernde Umstände – Leichtsinnigkeit und Ahnungslosigkeit – nimmt. Und er steigert seine Klage noch, wenn er erkennt, dass die Bediensteten der römischen Kurie "*officii sui*", also allein aufgrund der Ausübung ihres Amtes und der damit verbundenen, habituellen und institutionalisierten Simonie, des Teufels sind, auch wenn sie sonst ein vorbildliches christliches Leben führen mögen;[46] wobei der Fehler im System liegt, denn auch ohne besondere eigene Mitwirkung sind die Kurialen der Simonie schuldig und damit der Verdammnis verfallen. Laut Matthäus ist bereits der Handel zwischen Petent und Papst simonistisch, indem der eine für etwas, was geistlich ist ("*quod est spirituale*"), etwas gibt, das der andere annimmt: "*Ergo quantum in eis est, ille vendit et iste emit spiritualia; ergo uterque est symoniacus*".[47] Und dabei geht es Matthäus gar nicht um die Trinkgelder und Schmiergeldzahlungen, welche zu einem höherwertigen Reskript führen sollen: Allein die Annatenzahlungen, also die Einkünfte des ersten Jahres, welche dem Papst nach erfolgreicher Provision zustehen, genügen, um den Tatbestand der Simonie zu erfüllen.[48] Der päpstliche Hof ist ihm deshalb vor allem ein geradezu beispielhaft verdorbener wie verderblicher Ort, der auch die reinen Seelen aufzehrt: "*Quia rarus est, qui ita purus exit curiam, ut intravit; sed precipue consumit ministros qui eam incendunt*".[49]

[45] *Ibid.*, p. 92.
[46] *Ibid.*, p. 94.
[47] *Ibid.*, p. 96.
[48] *Ibid.*, p. 106.
[49] *Ibid.*, p. 162: "*Hic itaque michi videtur esse ignis in furore Domini succensus, usque ad perdicionem devorans clerum et statum ecclesiasticum eradicansque omnia genimina devocionis et gracie in ipso clero et edificacionis in populo, cuius flamma cubitis quadraginta novem infunditur*, [...]; *erumpensque incendit omnes, quos iuxta fornacem reperit. Quia rarus est, qui ita purus exit curiam, ut intravit; sed percipue* [!] *consumit ministros, qui eam incendunt*". Mit dieser Gleichsetzung der Kurie mit dem berühmten, von Nebukadnezar erbauten Feuerofen (Dan. 3,48)

Matthäus' Folgerungen aus diesen Beobachtungen und Überlegungen laufen auf eine Überordnung der Gesamtkirche über den Papst hinaus, da dieser seine Macht von der Kirche erhalten habe: "*Et ideo, si ipse habet potestatem aliquam, multo magis ipsa, quia non habet, nisi a deo et ab ipsa et per ipsam*".[50] Seine Ausführungen und seine massive und oft polemische Kritik an der römischen Kurie dienen damit seinem Anliegen zu verdeutlichen, dass der Papst und die Kurie für die Kirche da sind und nicht die Kirche für Papst und Kurie. Matthäus präsentiert die römische Kurie als eigenen Kosmos, der nach anderen Regeln und anderen Werten funktioniert als seine mit ihm korrespondierende Umwelt. Dies hat zum einen mit den dort zu erwerbenden Gnaden zu tun, welche es an keinem anderen Ort der Christenheit in dieser Form gibt. Dazu kommt der besondere Charakter der kurialen Gesellschaft, welche sich vor allem aus Juristen und im weitesten Sinne mit der Produktion von Urkunden und dem Benefizialwesen beschäftigten Personen zusammensetzt. Gegen diese Beobachtung lässt sich sicherlich einwenden, dass Matthäus sein Augenmerk besonders auf die mit der Häresie der Simonie behafteten Kurialen legt, doch wird man andererseits sagen müssen, dass der "normale" Kurienbesucher es besonders mit diesen Leuten zu tun bekam, wenn er sich auf den Weg an die Kurie machte. Auch dies machte die Kurie in den Augen der Umwelt zu einem besonderen und einem Ort ohnegleichen, war dem gewöhnlichen, zumal mittel- und nordeuropäischen Christen eine derartige bürokratisch-juristische Gesellschaft doch schlicht unbekannt: Es war ein Ort, für den man Gebrauchsanleitungen erwerben konnte. Es war ferner ein Ort, für den es Regeln, Kanzleiregeln, gab, die aber gleichwohl durch interne und ungeschriebene Regeln durchkreuzt und aufgehoben werden konnten, etwa hinsichtlich der Gabe von Trinkgeldern oder der Akquise von einflussreichen Fürsprechern.

Zu dieser administrativ-bürokratischen Andersartigkeit trat der spirituelle Charakter des römischen Hofes als Zentrum der katholischen Kirche und Sitz des Papstes hinzu, der sogar noch dann Rom war, wenn tatsächlich die Rhône vor den Toren des Papstpalastes entlangfloss. Die farbig beschriebenen und intensiv beklagten Missstände finden also nicht einfach an einem Hof wie jedem anderen statt, sondern in typologischer Übertragung auch im ideellen Herzen der Kirche selbst. Georg Simmel hat in einem schönen Bild die Seele

lässt Matthäus seine Schrift über den Sumpf der römischen Kurie kulminieren und ruft in der Folge dazu auf, mit tatsächlich vereinten Kräften dem Brand Einhalt zu gebieten, auf dass nicht die "*auctoritas ecclesiae*" zu Asche, damit "*ad nihilum*" verbrannt werde, "*sicut Iudeis accidit, quando spiritualem potestatem temporali precio comparabant*" (*ibid.*, p. 164).

[50] *Ibid.*, p. 158.

des Menschen mit den Henkeln der Vase verglichen, und den Henkel als "Vermittler des Kunstwerkes zur Welt" bezeichnet, welcher damit als "Spiegelung des Schicksals unserer Seele" gelten kann, welche "die Heimat in zwei Welten hat".[51] In diesem Sinne wäre die Kurie angesiedelt zwischen der Welt der Menschen und der Welt Gottes, in Abwandlung des berühmten Diktums von Innozenz III.[52] mehr als ein menschlicher Ort, weniger als die Stadt Gottes. Und diese transzendente Bedeutung charakterisiert die päpstliche Kurie als Heterotopie, die ihren Platz im Bewusstsein der Zeit zwar in der Welt, aber doch nicht nur in der Welt hat.

Diese Vermischung von verschiedenen Naturen, der weltlichen, der administrativen, der geistlichen und der ekklesiologischen bildet die Grundlage dafür, im Falle des päpstlichen Hofes tatsächlich die Frage nach dem Stil, dem *proprium* dieses Ortes, stellen zu können, der diese Einrichtung von allen anderen ähnlichen Einrichtungen auf die eine oder andere Weise unterscheidet. Die römische Kurie ist als Konglomerat von politischen und diplomatischen Interessen – die hier nicht behandelt werden konnten –, administrativen und bürokratischen Aufgaben sowie spirituellen Funktionen und Qualitäten von grundsätzlich anderer Art. Der Vorteil dieser Perspektive liegt auf der Hand: Indem die spirituelle Dimension der Kurie nicht in anachronistischer Weise ausgeblendet wird, wie es etwa durch die allzu sehr am Beamtenstaat des 19. Jahrhunderts orientierte Bearbeitung kurialer Vorgänge leicht geschehen kann, erhält der Betrachter einen Eindruck von der zeitgenössischen Perspektive auf den päpstlichen Hof. In diesem Sinne kann auch die klassische, auf bürokratische Abläufe gerichtete Kurienforschung einen mentalitätsgeschichtlichen Zugang hinzugewinnen, der Verständnis für die zeitgenössische Kritik an der Kurie entwickelt, statt diese – letztlich unreflektiert – in die Termini heutiger Bürokratiekritik zu übersetzen. Die Kritik des Matthäus von Krakau richtet sich so weniger gegen das Benefizialwesen als solches, von dem er selbst profitiert hat, als gegen die Tatsache, dass diese am Hof des Stellvertreters Christi auf Erden stattfinden und damit Konsequenzen nicht nur für die unmittelbar

[51] G. SIMMEL, "Der Henkel", in: *Philosophische Kultur: Über das Abenteuer, die Geschlechter und die Krise der Moderne*, mit einem Vorwort von J. HABERMAS (Berlin, 1998: *Wagenbachs Taschenbuch* 324), pp. 111-117, hier p. 115, p. 117.

[52] "*Jam ergo videtis quis iste servus, qui super familiam constituitur, profecto vicarius Jesu Christi, successor Petri, Christus Domini, Deus Pharaonis: inter Deum et hominem medius constitutus, citra Deum, sed ultra hominem: minor deo, sed major homine: qui de omnibus iudicat, sed a nemine iudicatur*" (Innozenz III., "Sermo II", in: *PL* 217 (1889), col. 658A).

Involvierten, sondern für alle Christen haben. Die päpstliche Kurie ist eben niemals nur und so ganz die päpstliche Kurie. Sie ist immer auch “Rom”.

Kuriale Historiographie des 15. Jahrhunderts

CLAUDIA MÄRTL

Im 15. Jahrhundert entstand am Papsthof eine Reihe von historiographischen Werken zeitgeschichtlichen Inhalts, deren Verfasser – fast durchweg bekannte Humanisten mit vielfältigen literarischen Aktivitäten – in mehr oder weniger einflussreichen Positionen tätig waren und aus naturgemäß unterschiedlichen, doch immer gut informierten Perspektiven berichten. Zwar ist die kuriale Historiographie vor allem im Rahmen der Arbeiten zum römischen Humanismus[1] behandelt worden, und einzelne der Autoren und Texte können

[1] Grundlegend: M. MIGLIO, *Storiografia pontificia del quattrocento* (Bologna, 1975); ID., "Tradizione storiografica e cultura umanistica nel *Liber de vita Christi ac omnium pontificum*", in: *Bartolomeo Sacchi il Platina (Piadena 1421-Roma 1481). Atti del Convegno Internazionale di Studi per il V Centenario, Cremona, 14-15 novembre 1981*, ed. A. CAMPANA und P. MEDIOLI MASOTTI (Padua, 1986), pp. 63-89; vgl. auch R. FUBINI, "Papato e storiografia nel Quattrocento", in: ID., *Storiografia dell'umanesimo in Italia da Leonardo Bruni ad Annio da Viterbo* (Rom, 2003), pp. 211-248 (Erstveröffentlichung 1977); J.F. D'AMICO, "Papal history and curial reform in the Renaissance: Raffaele Maffei's *Brevis Historia* of Julius II and Leo X", in: ID., *Roman and German Humanism, 1450-1550. Collected Studies*, ed. P.F. GRENDLER (Aldershot, 1993), No. VI (Erstveröffentlichung 1980); C. MÄRTL, "Papstgeschichtsschreibung im Quattrocento. Vom 'Liber pontificalis' zu Platinas 'Liber de vita Christi ac omnium pontificum'", in: *Geschichts-*

Stilus – modus – usus: Regeln der Konflikt- und Verhandlungsführung am Papsthof des Mittelalters – Rules of Negotiation and Conflict Resolution at the Papal Court in the Middle Ages, ed. Jessika NOWAK and Georg STRACK, *Utrecht Studies in Medieval Literacy*, 44 (Turnhout: Brepols, 2019), pp. 255-268.

BREPOLS PUBLISHERS DOI 10.1484/M.USML-EB.5.117712

als gut erforscht gelten, doch ist der Forschungs- und Editionsstand insgesamt ungleichmäßig, teils sogar sehr unbefriedigend. Von den damals entstandenen Texten sollen hier jene betrachtet werden, in denen die zeitgenössischen Päpste den Gegenstand der Berichterstattung bilden und ein ganzer Pontifikat oder mehrere Pontifikate in den Blick genommen werden.[2] In ungefähr chronologischer Reihung sind folgende Werke zu nennen [in eckigen Klammern jeweils das Ende bzw. der Umfang des Berichtszeitraums]:

Poggio Bracciolini (1380-1459): *De varietate fortunae*, Buch II und III [bis Frühjahr 1447]; *Vitae quorundam pontificum* [bis Anfang 1459];[3]
Andrea Santacroce (1402-1473): *Effimerium curiale* (*De vita pontificum nostri temporis*) [bis 1468];[4]

entwürfe und Identitätsbildung am Übergang zur Neuzeit. 2: *Soziale Gruppen und Identitätspraktiken*, ed. U. Friedrich, L. Grenzmann und F. Rexroth (Berlin und Boston, 2018), pp. 240-254, hier pp. 248-253.

2 Ausgeklammert bleiben – neben Werken, die sich nur einzelnen Ereignissen widmen – die Diarien der päpstlichen Zeremonienmeister; zu diesen vgl. den Beitrag von I. Lazzarini in diesem Band.

3 Poggio Bracciolini, *De varietate fortunae*, ed. O. Merisalo (Helsinki, 1993), pp. 117-152; [Poggio Bracciolini], *Vitae quorundam pontificum*, in: *Le Liber Pontificalis*, ed. L. Duchesne, 2 vols. (Paris, 1886-1892), 2, pp. 527-560. Beide Texte sind in MS Vatikanstadt, Biblioteca Apostolica Vaticana, Ott. lat. 1863 enthalten, aus dem weitere historiographische Entwürfe Bracciolinis publiziert wurden durch M. Miglio, "La storiografia pontificia del Quattrocento", in: id., *Storiografia*, pp. 1-30, hier pp. 8-10 und pp. 175-177 (Erstveröffentlichung 1973), und M.C. Davies, "Poggio Bracciolini as rhetorician and historian. Unpublished pieces", *Rinascimento* 22 (1982), pp. 150-182. Vgl. C. da Capodimonte, "Poggio Bracciolini autore delle anonime *Vitae quorundam pontificum*", *Rivista di storia della Chiesa in Italia* 14 (1960), pp. 27-47; Fubini, "Papato", pp. 219-223; id., "Il 'Teatro del mondo' nelle prospettive morali e storico-politiche di Poggio Bracciolini", in: *Poggio Bracciolini 1380-1980: Nel VI centenario della nascita* (Florenz, 1982), pp. 1-135, hier pp. 7-10 (zu den *Historiae Florentini populi* und *De varietate fortunae*); zur Produktion Bracciolinis in den 40er Jahren des 15. Jahrhunderts vgl. J. Helmrath, "Poggio Bracciolini als päpstlicher Propagandist: Die *Invectiva in Felicem antipapam* (1447)", in: *Margarita amicorum: Studi di cultura europea per Agostino Sottili*, ed. F. Forner *et al.*, 2 vols. (Mailand, 2005), 1, pp. 541-584.

4 MS Florenz, Biblioteca Medicea Laurenziana, Gaddiano 48, ungedruckt. Vgl. C. Märtl, "Interne Kontrollinstanz oder Werkzeug päpstlicher Autorität? Die Rolle der Konsistorialadvokaten nach dem Basler Konzil", in: *Nach dem Basler Konzil: Die Neuordnung der Kirche zwischen Konziliarismus und monarchischem Papat (ca. 1450-1475)*, ed. J. Dendorfer und C. Märtl (Berlin, 2008), pp. 67-96, hier pp. 83-85, mit weiteren Literaturhinweisen; B. Schwarz, *Kurienuniversität und stadtrömische Universität von ca. 1300 bis 1471* (Leiden, 2013), pp. 535-536.

Eneas Silvius Piccolomini / Pius II. (1405/1458-1464): *De Europa*, LVIII, 229-245 [1434-1458]; *Commentarii* [bis Frühjahr 1464];[5]

Jacopo Ammannati Piccolomini (1422-1479): Fragmente eines *Diario concistoriale* [1461/1462]; *Commentarii* [Juni 1464 bis Dezember 1469]; *Diario concistoriale* [April 1472 bis Anfang 1479];[6]

Platina (Bartolomeo Sacchi, 1421-1481): *Liber de vita Christi ac omnium pontificum* [bis Oktober 1474];[7]

Sigismondo Conti (1432-1512): *Historiae suorum temporum* [1475 bis 1510];[8]

Jacopo Gherardi (1434-1516): *Diarium romanum* [September 1479 bis August 1484];[9]

Raffaele Maffei (Raphael Volaterranus, 1451-1522): *Commentarii urbani,* Buch XXII [*Liber pontificalis* bis 1503].[10]

[5] *Enee Silvii Piccolominei postea Pii PP. II De Europa*, ed. A. VAN HECK (Vatikanstadt, 2001), pp. 230-254; *Pii Secundi Pontificis Maximi Commentarii*, ed. I. BELLUS und I. BORONKAI, 2 vols. (Budapest, 1993). Hinweise auf Editionen und Forschungsliteratur (Stand: 2012) vgl. im *Repertorium Geschichtsquellen des deutschen Mittelalters* s. v. "Papst Pius II." (www.geschichtsquellen.de/repPers_11854702.html (07.08.2015)); siehe auch unten n. 21, n. 38 und n. 39.

[6] *Iacobi Cardinalis Papiensis Commentarii*, in *Epistolae et Commentarii Iacobi Picolomini Cardinalis Papiensis* (Mailand, 1506), ff. 337v-414v; Jacopo Ammannati Piccolomini, *Diario concistoriale*, in: *Il Diario Romano di Jacopo Gherardi da Volterra*, ed. E. CARUSI (Città di Castello, 1904: *RIS*² 23,3), pp. 141-150; C. MÄRTL, "Unbekannte Notizen Kardinal Jacopo Ammannati Piccolominis aus Konsistorien seiner Zeit", *Quellen und Forschungen aus italienischen Archiven und Bibliotheken* 88 (2008), pp. 220-243, mit Edition der Fragmente pp. 234-243. Zur Biographie Ammannati Piccolominis vgl. P. CHERUBINI, "Introduzione", in: *Iacopo Ammannati Piccolomini, Lettere (1444-1479)*, ed. P. CHERUBINI, 3 vols. (Rom, 1997), 1, pp. 120-186.

[7] *Platynae historici Liber de vita Christi ac omnium pontificum*, ed. G. GAIDA (Città di Castello, 1913-1932: *RIS*² 3,1) [zukünftig Platina, *Liber*]. Vgl. MIGLIO, "Tradizione"; zur Biographie Platinas und zur Entstehung des *Liber* vgl. S. BAUER, *The Censorship and Fortuna of Platina's Lives of the Popes in the Sixteenth Century* (Turnhout, 2006), pp. 1-103.

[8] Sigismondo de' Conti da Foligno, *Le storie de' suoi tempi dal 1475 al 1510*, 2 vols. (Rom, 1883). Vgl. E. LEE, *Sixtus IV and Men of Letters* (Rom, 1978), pp. 80-85; R. RICCIARDI, "Conti, Sigismondo", in: *Dizionario Biografico degli Italiani* 28 (Rom, 1983), pp. 470-473; P. PARTNER, *The Pope's Men: The Papal Civil Service in the Renaissance* (Oxford, 1990), p. 228.

[9] *Iacobi Volaterrani Diarium Romanum ab a. MCCCCLXXIX ad a. MCCCCLXXXIV*, ed. E. CARUSI (Città di Castello, 1904: *RIS*² 23,3), pp. 3-137 [zukünftig Gherardi, *Diarium*]. Vgl. LEE, *Sixtus IV*, pp. 74-80; S. CALONACI, "Gherardi, Jacopo", in: *Dizionario Biografico degli Italiani* 53 (Rom, 1999), pp. 573-576.

[10] *Commentariorum Vrbanorum Raphaelis Volaterrani octo et triginta libri* (Rom, 1506), ff. 302r-319v [zukünftig Maffei, *Commentarii*]. Vgl. D'AMICO, "Papal history", pp. 164-168; ID., *Renaissance Humanism in Papal Rome: Humanists and Churchmen on the Eve of the Reformation* (Baltimore und London, 1983), pp. 188-211; S. BENEDETTI, "Maffei, Raffaele", in: *Dizionario Biografico degli Italiani* 67 (Rom, 2006), pp. 252-256; R. ALHAIQUE PETTINELLI, "Raffaele Maffei e i *Commentarii Urbani*", in: *Metafore di un pontificato: Giulio II (1503-1513): Atti del Convegno, Roma, 2-4 dicembre 2008*, ed. F. CANTATORE (Rom, 2010), pp. 61-73.

Des Weiteren erhielten drei Päpste der Jahrhundertmitte eigenständige Biographien:

Nikolaus V. (1447-1455) von Michele Canensi (†1480)[11] und Giannozzo Manetti (1396-1459);[12]
Pius II. (1458-1464) von Giovanni Antonio Campano (1429-1477) und Platina;[13]
Paul II. (1464-1471) von Gaspare da Verona (†1474) und Michele Canensi.[14]

Die genannten Autoren standen den Zentren der Macht an der Kurie überwiegend recht nahe. Abgesehen von Piccolomini / Pius II. finden sich unter ihnen ein Kardinal (Ammannati Piccolomini), fünf päpstliche Sekretäre (Bracciolini, Conti, Gherardi, Manetti, Gaspare da Verona) und ein Konsistorial-

[11] Vgl. M. MIGLIO, "Una vocazione in progresso: Michele Canensi, biografo papale", in: ID., *Storiografia*, pp. 61-118, mit Abdruck der an Nikolaus V. gerichteten *Oratio ... de ipsius laudibus et divina electione* von 1451, pp. 203-243 (Erstveröffentlichung 1971); ID., "Canensi, Michele", in: *Dizionario Biografico degli Italiani* 18 (Rom, 1975), pp. 10-12; FUBINI, "Papato", pp. 224-228; M. ALBANESE, *Gli storici classici nella biblioteca latina di Niccolò V: Con edizione e commento degli interventi autografi di Tommaso Parentucelli* (Rom, 2003), pp. 25-35.

[12] *Iannotii Manetti De vita ac gestis Nicolai quinti summi pontificis*, ed. A. MODIGLIANI (Rom, 2005). Vgl. ALBANESE, *Gli storici*, pp. 25-35; S. FOÀ, "Manetti, Giannozzo", in: *Dizionario Biografico degli Italiani* 68 (Rom, 2007), pp. 613-617; jüngst G. ALBANESE und B. FIGLIUOLO, *Giannozzo Manetti a Venezia: 1448-1450: Con l'edizione della corrispondenza e del Dialogus in symposio* (Venedig, 2014), mit weiteren Literaturhinweisen.

[13] *Le vite di Pio II di Giovanni Antonio Campano e Bartolomeo Platina*, ed. G.C. ZIMOLO (Bologna, 1964: *RIS*² 3.3) [zukünftig Campano und Platina, *Vita Pii II*]; PLATINA, *Liber*, pp. 346-363 (leicht überarbeitete Form). Zu beiden Biographien vgl. G.C. ZIMOLO, "Il Campano e il Platina come biografi di Pio II", in: *Enea Silvio Piccolomini – Papa Pio II: Atti del convegno per il quinto centenario della morte e altri scritti*, ed. D. MAFFEI (Siena, 1968), pp. 401-411; K.A.E. ENENKEL, *Die Erfindung des Menschen: Autobiographik des frühneuzeitlichen Humanismus von Petrarca bis Lipsius* (Berlin, 2008), pp. 330-367; zu Platinas Pius-Biographie vgl. R. AVESANI, "Una fonte della *Vita* di Pio II del Platina", in: *Bartolomeo Sacchi il Platina*, pp. 1-7; S. BAUER, "Platina e le *res gestae* di Pio II", in: *Enea Silvio Piccolomini: Pius Secundus Poeta Laureatus Pontifex Maximus*, ed. M. SODI und A. ANTONIUTTI (Rom, 2007), pp. 17-32; C. MÄRTL, "*Pauca de origine Enee suaque vita*: Ein unbekanntes Selbstzeugnis Piccolominis, das erste Buch der *Commentarii* und Platinas *Vita Pii II*", *Deutsches Archiv* 71 (2015), pp. 149-174.

[14] *Le vite di Paolo II di Gaspare da Verona e Michele Canensi*, ed. G. ZIPPEL (Città di Castello, 1904: *RIS*² 3.16) [zukünftig Gaspare da Verona/Michele Canensi, *Vita Pauli II*]; A. ANDREWS, "The 'lost' fifth book of the Life of Pope Paul II by Gaspar of Verona", *Studies in the Renaissance* 17 (1970), pp. 26-45. Zu beiden Viten vgl. MIGLIO, "La storiografia", pp. 24-26; FUBINI, "Papato", p. 240; zu Michele Canensi siehe n. 11 und n. 16; zu Gaspare vgl. P. VITI, "Gaspare da Verona", in: *Dizionario Biografico degli Italiani* 52 (Rom, 1999), pp. 466-470; SCHWARZ, *Kurienuniversität*, p. 537; A. BISANTI und E. EMILI, "Gaspar Veronensis", in: *Compendium Auctorum Latinorum Medii Aevi* 4 (2014), pp. 79-80.

advokat (Santacroce); der *scriptor* Raffaele Maffei erwähnt als Gewährsmann seinen Vater Gherardo, der über 30 Jahre lang Kammernotar und ab 1457 auch päpstlicher Sekretär war;[15] Campano und Platina gehörten zur Zeit der Abfassung ihrer Papstbiographien zu den Protégés der Kardinäle Jacopo Ammannati Piccolomini und Francesco Todeschini Piccolomini; Michele Canensi hatte römische Pfründen inne,[16] wurde unter Paul II. Bischof von Castro und erhielt unter Sixtus IV. Aufgaben in der Verwaltung des Kirchenstaats. Die kurialen Historiographen des 15. Jahrhunderts kannten den Papsthof also nicht nur aus eigener Anschauung, sondern waren in der Mehrzahl an den täglichen Geschäften und auch an Vorgängen hinter den Kulissen beteiligt. Die Einschätzung, sie seien "usually passive witnesses to events" gewesen,[17] trifft nicht zu. Als Inhaber kurialer Ämter waren sie samt und sonders in die Ereignisse involviert; den päpstlichen Sekretären als der größten Statusgruppe unter ihnen kam ähnlich wie den Zeremonienmeistern eine zentrale Funktion für die "Außenwirkung" der Päpste zu, ganz zu schweigen von ihrer Verantwortung für die *expeditio per cameram*, aus der ein großer Teil der heutigen Vatikanischen Register hervorging.[18] Ihre historiographischen Werke geben daher die Sichtweise eines Personenkreises wieder, der in die Abläufe an der Kurie integriert war, und zwar in Positionen, die für die Wahrnehmung des *stilus curiae* durch auswärtige Besucher von maßgeblicher Relevanz waren.

[15] Maffei, *Commentarii*, f. 314v (zum Pontifikat Eugens IV.); zu Gherardo (di Giovanni) Maffei (1408-1466) vgl. A. PONTECORVI, "Maffei, Gherardo", in: *Dizionario Biografico degli Italiani* 67 (Rom, 2006), pp. 230-232.

[16] Da bisher keine Nachrichten zu Canensi aus dem Pontifikat Pius' II. bekannt waren, sei darauf aufmerksam gemacht, dass einige Pfründengeschäfte Canensis Integration in das römische Umfeld unter diesem Papst erhellen: am 25. April 1461 erhielt er die Pfarrei *S. Cecilia de Turre Campi in regione Parionis* (Vatikanstadt, Archivio Segreto Vaticano, Reg. Lat. 566, f. 158), am 15. März 1463 tauschte er eine Pfründe in der Peterskirche gegen die Kaplanei am Nikolausaltar in S. Maria Rotunda ein, mit Einwilligung der Patronatsherrin Giovanna Jacoboni (*ibid.*, Reg. Lat. 588, ff. 115v-116v), am 23. Oktober 1463 tauschte er drei Pfründen (*S. Cecilia de Turre Campi*, *S. Petrus de Corgnento*, Diöz. Orte, und die Kaplanei am Nikolausaltar in S. Maria Rotunda) mit Kanonikat und Pfründe in der Lateranbasilika, wobei der Tauschpartner *Paulus Laurentii* ein Familiar des Kardinals Latino Orsini war (Vatikanstadt, Archivio Segreto Vaticano, Reg. Lat. 588, ff. 148r-150v).

[17] D'AMICO, "Papal history", p. 159.

[18] Vgl. B. STUDT, "*Tamquam organum nostre mentis*: Das Sekretariat als publizistisches Zentrum der päpstlichen Außenwirkung", in: *Kurie und Region: Festschrift für Brigide Schwarz zum 65. Geburtstag*, ed. B. FLUG *et al.* (Stuttgart, 2005), pp. 73-92. Zur *expeditio per cameram* vgl. T. FRENZ, *Die Kanzlei der Päpste in der Hochrenaissance (1471-1527)* (Tübingen, 1986), pp. 132-140.

Ausweislich der erhaltenen Handschriften war die Zirkulation der Texte zum Teil erstaunlich gering, was verschiedene Gründe haben kann, sei es, dass die Autoren ihre Werke nicht als vollendet betrachteten (Bracciolinis Papstviten, Gherardi, Conti, Gaspare) oder dass sie ihren Zweck mit der Erstellung eines Widmungsexemplars erfüllt sahen (Canensi, Campano, Platinas *Vita Pii II*). Bracciolinis Opus *De varietate fortunae* und Manettis Vita Nikolaus' V. erreichten mit über 30 bzw. über 15 Handschriften eine recht ansehnliche Verbreitung; Piccolominis *Europa* und Raffaele Maffeis *Commentarii urbani* entfalteten in gedruckter Form rasch eine durchschlagende Wirkung. Vier Papstviten aus Maffeis Werk wurden ab 1511 in Auflagen von Platinas *Liber de vita Christi* als Ergänzung eingefügt, von dem noch vor 1500 drei Ausgaben im Druck erschienen waren. In einigen Fällen offenbart der Umgang mit der Veröffentlichung der Texte die potenzielle Brisanz der kurialen Historiographie. Es gibt zu denken, dass Andrea Santacroces *Effimerium* allein im Autograph überliefert ist, obwohl er selbst in seinem Testament verfügt hatte, dass der Papst und das Kardinalskolleg ein Exemplar bekommen sollten.[19] Die Publikation des Nachlasses Ammannati Piccolominis durch seinen ehemaligen Sekretär Gherardi wurde von Alexander VI. (1492-1503) verhindert und konnte erst nach dem Tod dieses Papstes verwirklicht werden.[20] Die *Commentarii* Pius' II., die von diesem für die Nachwelt geschrieben worden waren, wurden 1584 in einer vom Herausgeber zensierten Form gedruckt und waren bis zum 20. Jahrhundert nur in dieser Fassung breiteren Kreisen bekannt.[21] Platinas Bearbeitung des *Liber pontificalis* wurde nach der Schaffung des *Index librorum prohibitorum* in der zweiten Hälfte des 16. Jahrhunderts mehrfach zensiert.[22] Der Druck von Sigismondo Contis *Historiae* konnte erst 1883 im jungen italienischen Nationalstaat vollendet werden, nachdem ein erster Anlauf 1853 steckengeblieben war, da die Veröffentlichung einer Quelle zu den umstrittenen Pontifikaten Sixtus' IV., Alexanders VI. und Julius' II. auf Vorbehalte gestoßen war.[23]

[19] Vgl. MÄRTL, "Interne Kontrollinstanz", p. 84 mit n. 46.

[20] Zur Rolle Alexanders VI. vgl. CHERUBINI, "Introduzione", pp. 64-65.

[21] Vgl. S. HONEGGER CHIARI, "L'edizione del 1584 dei *Commentarii* di Pio II e la duplice revisione di Francesco Bandini (Analisi del libro primo)", *Archivio storico italiano* 149/549 (1991), pp. 585-612; zusätzlich wurde ein Gutachten im Auftrag der Indexkongregation von Francisco Peña erstellt, der ebenfalls vieles inakzeptabel fand; vgl. P. GODMAN, *The Saint as Censor: Robert Bellarmine Between Index and Inquisition* (Leiden, 2000), pp. 95-99, pp. 405-419.

[22] Vgl. BAUER, *The Censorship*, pp. 105-106.

[23] Vgl. C. DIONISOTTI, "Premessa a Sigismondo dei Conti", in: *Filosofia e cultura: Per Eugenio Garin*, ed. M. CILIBERTO und C. VASOLI (Rom, 1991), pp. 183-194.

Aufschlüsse zur Verhandlungs- und Prozessführung sind am ehesten in ausführlichen Schilderungen von Vorgängen zu erwarten, und so mag es zunächst enttäuschen, dass die Verfasser der Papstviten eher zu einem synthetisch wertenden Duktus neigen.[24] Trotzdem ist auch die nicht-narrative Historiographie nicht von vornherein auszuschließen. Gerade in den Wertungen, mit denen Charakter und Handlungsweisen von Päpsten versehen werden, können Kommentare zum *stilus curiae* unter dem jeweiligen Pontifex verborgen sein. Dies sei mit einigen Bemerkungen illustriert:

Bracciolini schildert die Päpste seiner Zeit meist kritisch; am negativsten sieht er Calixt III., dem er mangelnde Qualitätsstandards bei der Auswahl des Personals und die Aufblähung des kurialen Apparats vorwirft.[25] Piccolomini teilt hingegen mit, Calixt III. habe Rechtsangelegenheiten mit unübertrefflicher Gewandtheit erledigt und auf die Supplikensignatur gerne viel Zeit verwendet sowie Briefe an bedeutende Persönlichkeiten oft selbst verfasst.[26] Campano und Platina rühmen an Pius II. seine Zugänglichkeit, rastlose Tätigkeit und gute Zeitorganisation, die es ihm erlaubte, vieles zu erledigen.[27] Platina kritisiert Paul II. in genau diesen Punkten scharf, Maffei bemängelt seinen geringen Eifer bei der Erfüllung administrativer Amtspflichten.[28] Gaspare da Verona und Michele Canensi wiederum loben die Menschenfreundlichkeit Pauls II. und heben hervor, dass er nur Personen von einwandfreier Lebensführung in seiner Umgebung duldete.[29] Maffei, der den Niedergang der Kurie bei Paul II. beginnen sieht, bemerkt über Sixtus IV., die unheilvolle Einführung der Ämterkäuflichkeit sei ihm wahrscheinlich von seiner Umgebung eingeredet worden.[30]

[24] FUBINI, "Papato", pp. 247-248, stellt der Nachrichtenarmut der Papstviten die reiche archivalische Dokumentation gegenüber, die Kanzleien und Gesandte des 15. Jahrhunderts hinterlassen haben.

[25] [Bracciolini], *Vitae*, p. 559.

[26] Piccolomini, *De Europa*, pp. 249-253.

[27] Campano, *Vita Pii II*, pp. 62-63; Platina, *Vita Pii II*, p. 117. Zur Zeiteinteilung Pius' II. vgl. auch die Hinweise bei C. MÄRTL, "Alltag an der Kurie: Papst Pius II. (1458-1464) im Spiegel zeitgenössischer Berichte", in: *Pius II: 'El più expeditivo pontifice': Selected Studies on Aeneas Silvius Piccolomini (1405-1464)*, ed. Z. VON MARTELS und A. VANDERJAGT (Leiden und Boston, 2003), pp. 107-145, hier pp. 116-117 und pp. 120-122.

[28] Platina, *Liber,* p. 369, pp. 396-397; Maffei, *Commentarii*, f. 315r-v.

[29] Gaspare da Verona, *Vita Pauli II*, p. 3, p. 7, p. 10, p. 50; Michele Canensi, *Vita Pauli II*, pp. 83-84, p. 172. Für die *familia* äußert sogar Platina in seiner völlig negativen Vita Pauls II. ganz am Ende noch Lob (Platina, *Liber,* p. 398).

[30] Maffei, *Commentarii*, f. 316v.

Diese Beispiele zeigen bereits, dass die Einschätzung, die Papsthistoriographie des 15. Jahrhunderts sei vorwiegend enkomiastisch,[31] relativiert werden muss. Selbstredend sind bei der Interpretation stets die Standpunkte und Darstellungsabsichten der Verfasser zu berücksichtigen. Bracciolini hatte den Papsthof bereits 1453 verlassen und urteilt über Calixt III. (1455-1458) im Einklang mit anderen enttäuschten Humanisten. Piccolomini schreibt seine *Europa* noch zu Lebzeiten dieses Papstes, dem er seine Kardinalswürde verdankte, was seine bemüht positiven Wertungen beeinflusst; die Schwankungen von Piccolominis Urteilen über die zeitgenössischen Pontifices hat der Editor van Heck durch die Beigabe von Parallelstellen aus anderen Werken anschaulich dokumentiert. Als rückhaltloses Lob ist allein die Nikolaus V. gewidmete *Oratio* Canensis zu verstehen; in allen anderen Fällen verbirgt die positive Präsentation der Päpste defensive Hintergedanken der Autoren, die auf Kritik an der päpstlichen Amtsführung reagierten. Dies gilt bereits für Manettis Darstellung der Literaturförderung und Bautätigkeit Nikolaus' V. und wird bei den Viten Pius' II. und Pauls II. unübersehbar. Campano und Platina auf der einen, Gaspare da Verona und Canensi auf der anderen Seite ergreifen Partei in den "*battaglie di memoria*",[32] die am Anfang des Pontifikats Pauls II. um dessen Vorgänger Pius II. ausbrachen, von dem sich der neue Pontifex absetzen wollte; Maffei stand der von Paul II. verfolgten Römischen Akademie nahe und ist überdies sichtlich durch Platinas *Liber de vita Christi* beeinflusst, was sein äußerst negatives Urteil über diesen Papst erklärt. Die Auseinandersetzungen um die *memoria* Pius' II. gingen einher mit aufkommender Unzufriedenheit über die Amtsführung Pauls II. Vor diesem Hintergrund müssen die von den Biographen entworfenen Papstbilder in allen wertenden Aspekten aufeinander bezogen werden. So erweisen sich die Bemerkungen über Zugänglichkeit und Zeitmanagement Pius' II. nicht nur als Verteidigung gegen Kritik an der Reiselust dieses Papstes, sondern darüber hinaus als versteckte Seitenhiebe gegen Paul II., über dessen verquere Tageseinteilung schon bald Klagen laut wurden.[33]

[31] D'AMICO, "Papal history", pp. 158-161, betont die Nähe zu *laudatio* und Hagiographie.

[32] Vgl. A. DE VINCENTIIS, *Battaglie di memoria: Gruppi di intellettuali, testi e la discontinuità del potere papale alla metà del Quattrocento: Con l'edizione del Regno di Leodrisio Crivelli* (Rom, 2002).

[33] In den Berichten der italienischen Gesandten an der Kurie finden sich bereits wenige Wochen nach dem Amtsantritt Pauls II. nostalgische Äußerungen über die Effizienz Pius' II., vgl. MÄRTL, "Alltag", pp. 144-145.

Des Weiteren ist hervorzuheben, dass die Papstviten des 15. Jahrhunderts häufig Mitglieder des Personenkreises, mit dem sich die Pontifices umgaben oder den sie besonders förderten, aufzählen, kurz charakterisieren und so vor allem die 'grauen Eminenzen' identifizieren. Abgesehen vom Vorbild antiker Biographien, etwa der Kaiserviten Suetons, in denen die "Freunde" der Hauptfigur auftreten, zielt dieses *name dropping* auf die Darstellung der im päpstlichen Rollenmodell des 15. Jahrhunderts erforderlichen *pietas* und Kulturförderung, die sich in der Begünstigung von Freunden, Verwandten und verdienstvollen Männern zu äußern hat.[34] Nebenbei sollen dadurch vermutlich auch persönliche Beziehungen des Autors demonstriert und gestärkt werden. Gleichwohl sind die Ausführungen über Günstlinge und Mitarbeiter des Papstes bisweilen eindeutig als Kritik zu verstehen. Bracciolini kritisiert mehrfach Päpste wegen ihrer Personalauswahl und nennt bei einer zentralen Position, dem Kämmerer der römischen Kirche, die päpstliche Willkür als Grund für Fehlentscheidungen.[35] Piccolomini bemängelt an Eugen IV., dass er seinen Vertrauten allzu freie Hand gelassen habe, und wundert sich darüber, dass Nikolaus V. Flavio Biondo vernachlässigte, doch sei dies daraus zu erklären, dass kein Papst die Günstlinge des Vorgängers schätze.[36] Etwas gewunden bemerkt Gaspare da Verona nach einer für Pius II. negativ ausfallenden Kontrastierung seiner Entourage mit der Papst*familia* seines Nachfolgers, dass er davon den Sekretär Gregorio Lolli Piccolomini ausnehme, der sich in seiner Amtstätigkeit zwar ein Vermögen erworben habe, aber auf legale Weise![37]

Verlässt man die im engeren Sinn biographische Literatur zu den Päpsten, so fällt bei genauer Betrachtung auf, dass ein beachtlicher Anteil der kurialen Geschichtsschreibung des 15. Jahrhunderts durch Autoren aus demselben Klientelverband gestaltet wurde. Die fortlaufende Berichterstattung in Form von *Commentarii* und Diarien, die für die Jahre 1458 bis 1484 vorliegt, nimmt ihren Ausgang bei den historiographischen Interessen Pius' II.; durch sie angeregt, widmete sich sein Nepot Jacopo Ammannati Piccolomini der Zeit-

[34] Vgl. W. REINHARD, "Papa Pius: Prolegomena zu einer Sozialgeschichte des Papsttums", in: *Von Konstanz nach Trient: Beiträge zur Kirchengeschichte von den Reformkonzilien bis zum Tridentinum: Festgabe für August Franzen*, ed. R. BÄUMER (Paderborn, 1972), pp. 261-299; J.M. MCMANAMON S.I., "The ideal Renaissance pope: Funeral oratory from the papal court", *Archivum Historiae Pontificiae* 14 (1976), pp. 9-70.

[35] Bracciolini, *De varietate*, p. 130.

[36] Piccolomini, *De Europa*, p. 234, pp. 243-244.

[37] Gaspare da Verona, *Vita Pauli II*, p. 50; zur Biographie Lollis (1415-1478) vgl. M. PELLEGRINI, "Loli (Lolli), Gregorio", in: *Dizionario Biografico degli Italiani* 65 (Rom, 2005), pp. 438-441.

geschichtsschreibung, und von diesem ließ sich wiederum Jacopo Gherardi inspirieren.

Die *Commentarii* Pius' II. besitzen als vermutlich einzige Beschreibung eines Pontifikats durch den amtierenden Papst eine absolute Sonderstellung.[38] Sie verfolgen die Absicht, Piccolominis Eignung für sein päpstliches Amt zu erweisen und seine Durchsetzungskraft als Pontifex zu zeigen. Für Schilderungen von internen Diskussionen, diplomatischen Verhandlungen und symbolischen Inszenierungen[39] bieten sie reiches Material, da diese Themen einen ausgesprochenen Schwerpunkt in der Selbstdarstellung des Papstes bilden. Den Aussagen der *Commentarii* lassen sich vielfach andere Quellen, wie Briefe und Gesandtenberichte,[40] an die Seite stellen, wodurch die unterschiedlichen Perspektiven und zumal die Darstellungsabsichten Piccolominis deutlich hervortreten. Es liegt auf der Hand, dass dieses Werk vor allem die persönlichen – auch literarischen – Strategien des Autors dokumentiert, doch sind diese in die kurialen Rahmenbedingungen eingebunden. Die *Commentarii* zeigen den Papst gerne bei mündlichen Interaktionen mit Kardinälen, Gesandten und Besuchern der Kurie sowie bei seinen Auftritten als Akteur vor großem Publikum. Es sind also Audienzen, Konsistorien, Prozessionen, Einzüge und ähnliche Situationen, die im Vordergrund stehen. Die abgestuften Grade der Öffentlichkeit bei diesen Gelegenheiten verstärken den jeweils intendierten Charakter der Kommunikation, wobei dem geringsten Grad – der Unterredung unter vier Augen –

[38] Zum Folgenden vgl. A. ESCH, "Enea Silvio Piccolomini als Papst Pius II.: Herrschaftspraxis und Selbstdarstellung", in: *Lebenslehren und Weltentwürfe im Übergang vom Mittelalter zur Neuzeit*, ed. H. BOOCKMANN *et al.* (Göttingen, 1989), pp. 112-140; ID., "Pius II. im Selbstbildnis seiner *Commentarii*", in: *Gelehrte zwischen Humanismus und Reformation: Kontexte der Universitätsgründung in Basel 1460*, ed. M. WALLRAFF (Berlin und Boston, 2011), pp. 1-20; MÄRTL, "Alltag"; EAD., "Wie schreibt ein Papst Geschichte? Zum Umgang mit Vorlagen in den *Commentarii* Pius' II.", in: *Die Hofgeschichtsschreibung im mittelalterlichen Europa*, ed. R. SCHIEFFER und J. WENTA (Toruń, 2006), pp. 233-251; EAD., "Pius II. (1458-1464). Offensive und defensive Strategien seiner Selbstdarstellung als Papst", in: *Eigenbild im Konflikt: Krisensituationen des Papsttums zwischen Gregor VII. und Benedikt XV.*, ed. M. MATHEUS und L. KLINKHAMMER (Darmstadt, 2009), pp. 63-87; EAD., "Les *Commentarii* d'Enea Silvio Piccolomini (Pie II, 1405/1458-1464)", in: *Autobiographies souveraines*, ed. P. MONNET und J.-C. SCHMITT (Paris, 2012), pp. 221-245. Zu antiken Mustern vgl. neuerdings C. GUERRA, *Der erzählte Papst. Enea Silvio Piccolomini-Pius II. und die römische Historiographie in den* Commentarii de rebus a se gestis (Basel, 2018).

[39] Eine dieser Inszenierungen ist jüngst eingehend analysiert worden durch A.T. HACK, "Pius II. und der Empfang des heiligen Andreas 1462 in Rom (mit einem editorischen Anhang)", *Frühmittelalterliche Studien* 48 (2014), pp. 325-387.

[40] Zu den mailändischen Gesandtenberichten vgl. den Beitrag von D. HENDERSON in diesem Band.

und dem höchsten Grad – dem Auftritt vor tausendköpfiger Menge – die deutlichsten Signalwirkungen zukommen. Bei den Empfängen von Gesandten zeichnet sich meist ein typisches Ineinandergreifen von in einer kurialen Öffentlichkeit vorgetragenen Reden und Gesprächen im kleinen Kreis ab. Als Beispiel für kommunikative Strategien seien nur die letztlich im Sande verlaufenen Verhandlungen der französischen Gesandtschaft während des Kongresses von Mantua herausgegriffen, bei denen Pius II. die Rolle von Gerüchten, seine als Druckmittel eingesetzte Verweigerung einer Audienz, die Konsultation der Kardinäle vor einer päpstlichen Rede, die unwilligen Reaktionen der Franzosen in einem öffentlichen Konsistorium, eine Intervention der französischen Kardinäle zu Gunsten der Gesandtschaft, eine stundenlange Debatte im kleinen Kreis und schließlich die ausweichenden Taktiken der Franzosen nach ihrem Misserfolg darstellt.[41]

Glaubt man seiner Schilderung, so nützte der Papst die in persönlichen Interaktionen stets gegebene Asymmetrie bisweilen bewusst aus, um unerwünschte Einlassungen oder fruchtlose Diskussionen abzubrechen, indem er autoritativ einen Schlussstrich zog. Eine Gegenprobe an anderen Quellen zeigt, dass die in den *Commentarii* dem Stilideal energischer *brevitas* verpflichteten Antworten Pius' II. in der Realität durchaus umfangreicher und bisweilen wohl konzilianter ausgefallen waren.[42] Die *Commentarii* geben auch keine Auskunft darüber, dass der Papst Mittelsmänner einsetzte, um Druck auszuüben, Vorschläge vermeintlich von außen an sich herantragen zu lassen oder seinen Willen mit verteilten Rollen zu inszenieren; über derartige Manöver muss man sich anderweitig, meist in Gesandtenberichten und Briefwechseln, informieren.[43]

Wichtige, viel Zeit verschlingende Teile des Alltagsgeschäfts, wie Supplikensignatur und Vergabe von Konsistorialpfründen, kommen im Vergleich zu den politischen Angelegenheiten, den symbolisch-liturgischen Inszenierungen und den Reisen des Papstes relativ selten vor. Bezeichnenderweise beschreibt Pius II. unter der Überschrift *Curialium constitutio*,[44] wie er zu Beginn

[41] Pius II, *Commentarii*, book III, c. 36-40, pp. 179-184.

[42] Beispiele vgl. bei C. MÄRTL, "Bartolomeo Vitelleschi (†1463): Ein italienischer Rat Friedrichs III.", in: *König, Fürsten und Reich im 15. Jahrhundert*, ed. F. FUCHS *et al.* (Köln *et al.*, 2009), pp. 3-19, hier p. 13; EAD., "Les *Commentarii*", pp. 238-239.

[43] Beispiele vgl. bei D.S. CHAMBERS, "The housing problems of Cardinal Francesco Gonzaga", in: ID., *Renaissance Cardinals and their Worldly Problems* (Aldershot, 1997), No. II, bes. pp. 28 sqq. (Erstveröffentlichung 1976); C. MÄRTL, *Kardinal Jean Jouffroy (†1473): Leben und Werk* (Sigmaringen, 1996), pp. 121-129; EAD., "Interne Kontrollinstanz", pp. 77-80.

[44] Pius II, *Commentarii*, book II, c. 6, pp. 95-96.

seines Pontifikats erkennen musste, dass ihm durch Geldzahlungen korrumpierte Sekretäre Suppliken unterschoben, die er im Gedränge der ersten Wochen wider seine Absicht signierte. Daraufhin habe er Konsequenzen gezogen, indem er nur noch Ammannati und Lolli Piccolomini als Sekretäre einsetzte, die Einreichung von Suppliken allein über die Referendare laufen ließ und die Annahme von Suppliken aus der Hand von Kardinälen ablehnte. Dadurch seien die Abläufe vereinfacht worden ("*expeditio facilis*"), zur Erleichterung für alle Kurienbesucher, die nun nicht mehr die Fürsprache eines Kardinals erringen mussten. Auch eine Rechnungsprüfung findet Erwähnung, doch andere Verwaltungsmaßnahmen, die sich in den vatikanischen Archivalien niedergeschlagen haben, werden nicht thematisiert, ebenso wenig die großen Reformpläne, die in die nicht publizierte Bulle *Pastor aeternus* mündeten. Die *Commentarii* lassen somit die intensive Beteiligung des Papstes an der kurialen Verwaltung nur andeutungsweise erkennen.[45]

Die Perspektive der Kardinäle ist insgesamt besser als der päpstliche Blickwinkel dokumentiert, da sich aus dem 15. Jahrhundert zahlreiche Briefe erhalten haben. Als Zeitgeschichtsschreiber hat sich nach Eneas Silvius Piccolomini aber nur Jacopo Ammannati Piccolomini betätigt, und von dessen Werken sind wiederum besonders die Fragmente eines *Diario concistoriale* aufschlussreich, das er im Jahr seiner Kardinalskreation und womöglich noch vor dieser zu führen begann. Die Bruchstücke des Jahres 1461/1462 werfen neue Schlaglichter auf die von Pius II. geschilderte Ebene politischer Verhandlungen, indem sie Interventionen von Kardinälen über die Vergabe französischer Pfründen nach der Aufhebung der Pragmatischen Sanktion thematisieren.[46] Die Wortmeldungen der Kardinäle in den Geheimkonsistorien sind dabei durchaus kontrovers, werden manchmal sogar gegen erkennbare Absichten des Papstes vorgebracht, doch dieser trifft – jedenfalls nach der Darstellung Ammannati Piccolominis – seine Entscheidungen nicht einseitig, sondern sucht den Konsens des Kardinalskollegs. In schwierigen Fällen wird deshalb eine Kardinalskommission mit weiteren Untersuchungen oder der Formulierung einer päpstlichen Verlautbarung beauftragt. Ammannati Piccolomini war anscheinend zunächst hauptsächlich an Situationen interessiert, in denen er Beiträge hatte beisteuern können, sodass der Anfang seines *Diarium* unter Pius II. der Rollen-

[45] Vgl. MÄRTL, "Alltag", pp. 118-119; zur Entwicklung der Finanzverwaltung vgl. EAD., "Der Papst und das Geld: Zum kurialen Rechnungswesen unter Pius II. (1458-1464)", in: *Kurie und Region*, ed. FLUG, pp. 175-195, zur Rechnungsprüfung p. 184.

[46] Vgl. MÄRTL, "Unbekannte Notizen", bes. pp. 229-231; zum historischen Hintergrund G.-R. TEWES, "Dekonstruktion eines Mythos: Das Papsttum und Frankreich von Ludwig XI. bis Franz I.", in: *La papauté à la Renaissance*, ed. F. ALAZARD und F. LE BRASCA (Paris, 2007), pp. 639-661.

findung des frischgebackenen Kardinals diente. Als er mit Paul II. aber zunehmend in Konflikt geriet, scheinen seine *Commentarii*, die er nach dem Tod Pius' II. begonnen hatte, im weiteren Verlauf eher vom Wunsch motiviert gewesen zu sein, sich gegen einen ungnädigen Pontifex zu behaupten. Ammannati Piccolominis Zerwürfnis mit Paul II. könnte für die auffällige Lücke seiner Berichterstattung in den letzten zwei Jahren dieses Pontifikats (1470-1471) verantwortlich sein, nachdem der Papst durch seine Verfolgung der Römischen Akademie 1468 auch andere kuriale Humanisten, u. a. seine Biographen Gaspare da Verona und Michele Canensi, in eine Schaffenskrise gestürzt hatte.[47] Unter Sixtus IV., der ihm wiederholt Aufgaben übertrug, nahm Ammannati Piccolomini sein *Diarium* zu Konsistorialangelegenheiten wieder auf und führte es in wesentlich ausgefeilterer Form als zuvor weiter, wobei er bevorzugt Nachrichten und Diskussionen zu (kirchen-)politischen und zeremoniellen Angelegenheiten mitteilt, die er hin und wieder mit historischen Verweisen auf frühere Pontifikate unterfüttert.

Nach dem Ableben seines Dienstherrn im September 1479 begann Ammannati Piccolominis Sekretär Jacopo Gherardi ein *Diarium romanum*, das er nach seiner eigenen Ernennung zum päpstlichen Sekretär mit verstärktem Einsatz führte. Als Motivation gibt er in humanistischer Manier an, er wolle sich eine nützliche Beschäftigung für seine Mußestunden suchen.[48] E. Lee bezeichnet sein Werk als "the most complete, precise, and objective source to illuminate life at the curia".[49] Gherardi legt überaus großen Wert auf liturgische und zeremonielle Anlässe, sodass sein Text vielfach mit den Diarien der päpstlichen Zeremonienmeister vergleichbar ist. In seinen oft recht ausführlichen Beschreibungen richtet er sein besonderes Augenmerk auf die Kardinäle und den Papst. Viele interessante Details sind bei ihm zu kommunikativen Aspekten, wie Reden und Predigten,[50] Geschenken, Rangkonflikten sowie generell öffentlichkeitswirksamen Inszenierungen, zu finden. Zur Illustration sei nur exemplarisch auf die Woche vom 2. bis zum 10. Juni 1481 verwiesen, in der Gherardi differenziert von den römischen Freudenfeiern nach dem Tod Mehmeds des Eroberers, einer Prozession Sixtus' IV. nach S. Maria del Popolo in diesem Zusammenhang, den reichen Ehrungen, die der venezianische Gesandte

[47] Das Ereignis wurde bereits des Öfteren im Zusammenhang mit einer Krise der kurialen Historiographie im Jahr 1468 und mit Platinas Vita Pauls II. im *Liber de vita Christi* thematisiert; vgl. MIGLIO, "La storiografia", pp. 24-26; FUBINI, "Papato", pp. 240-245; BAUER, *The Censorship*, pp. 32-26, pp. 61-67.

[48] Gherardi, *Diarium*, p. 5.

[49] LEE, *Sixtus IV.*, p. 78.

[50] Zu diesem Aspekt vgl. C. MÄRTL, "*Actio* und *aemulatio*: Zur Wirklichkeit der Rede an der Kurie des 15. Jahrhunderts", in *Aemulatio: Kulturen des Wettstreits in Text und Bild (1450-1620)*, ed. J.-D. MÜLLER *et al.* (Berlin und Boston, 2011), pp. 733-767, hier pp. 746-761.

für die Überbringung der Nachricht erhielt (u. a. eines der 12 weißen Pferde, die dem Papst auf Umzügen voranschritten), und dem geradezu theatralisch gestalteten Ablauf der Messe am Pfingstsonntag berichtet, vor deren Beginn es einen Sitzstreit zwischen dem Venezianer und einem neu eingetroffenen Gesandten gegeben hatte.[51] Eine umfassende Auswertung dieser Aspekte steht für Gherardis *Diarium* ebenso wie für die zum Teil zeitlich parallel laufenden *Historiae* Contis noch aus.

Zusammenfassend gesagt, ist der Quellenwert der kurialen Historiographie des 15. Jahrhunderts für die Fragestellung des Netzwerks unterschiedlich einzuschätzen. Briefe, Gesandtschafts- und Rechenschaftsberichte sowie *modi expediendi* bieten häufig umfangreichere, detailliertere und leichter erschließbare Informationen zum *stilus curiae*. Die Aussagekraft der historiographischen Quellen tritt oft nicht beim ersten Augenschein zutage, sondern erfordert Kenntnisse des Hintergrunds, die sich nur aus der Auswertung anderer Textsorten gewinnen lassen. Trotzdem sollten die hier behandelten historiographischen Texte kurialer Provenienz bei der Erforschung des *stilus curiae* nicht übergangen werden. Dabei ist zwischen den Papstviten einerseits und den stärker narrativ angelegten Werken andererseits zu differenzieren. *Commentarii* und Diarien kurialer Autoren verdienen zweifelsohne einen näheren Blick, da sie auf jeden Fall eine Innenperspektive transportieren, wie sie sich ähnlich nur aus Briefen desselben Verfasserkreises – und das heißt angesichts der breiten Streuung und schlechten Erschließung solcher Dokumente: mit mehr Mühe – eruieren ließe. Aber auch die Papstviten können einzelne Aufschlüsse bieten. So finden wir bei Campano die Mitteilung, Pius II. habe kurz nach seinem Antritt geplant, die sprachliche Form kurialer Schriftstücke "*ad castigatiorem elegantioremque stilum*" zu redigieren, sie also dem humanistischen Stilempfinden anzunähern, doch habe er mit der Umsetzung des Vorhabens gezögert, aus Furcht, die neu stilisierten Schreiben könnten den Verdacht der Fälschung auf sich ziehen.[52] Außer in diesem sprachlichen Sinn kommt der Begriff *stilus* in den hier gesichteten Quellen sonst nicht vor, in denen stattdessen bei der Suche nach dem *stilus curiae* im Sinn des Netzwerks eher nach Vokabeln aus dem Wortfeld von *mores* oder Bezeichnungen für Tugenden und Laster zu fahnden wäre.

[51] Gherardi, *Diarium*, pp. 53-56.

[52] Campano, *Vita Pii II*, p. 55; vgl. C. Märtl, "Amtsautorität und Individualisierung in der päpstlichen Repräsentation der Frührenaissance", *SFB 573: Pluralisierung und Autorität in der Frühen Neuzeit, 15.-17. Jahrhundert, Mitteilungen 2/2007*, pp. 33-42, hier p. 34.

Early Renaissance Diplomacy at the Roman Curia: Forms, Rhythms, and Rituals of Diplomatic Negotiation According to Johannes Burckard's *Liber notarum*[*]

ISABELLA LAZZARINI

On the eve of his departure to Spain in 1512 Francesco Guicciardini was given a detailed instruction ("*commissione*") by the Signoria about his diplomatic mission. It was an unusually long and careful text, as the political position of the Florentine regime and its relationship with a powerful and potentially dangerous king like Ferdinand of Aragon were far from being unambiguous at the time. In such an unchartered territory, Guicciardini should

[*] I would like to warmly thank Jessika Nowak and Georg Strack for their invitation to the conference in Munich, and the other members of the seminar and invited speakers for the discussions and debates that accompanied the conference. My heartfelt thanks also go to Maria Antonietta Visceglia and Agostino Paravicini Bagliani for their comments on the written version of this paper. In order to allow the more possible space to the sources, the historiographical footnotes will be minimal.

Stilus – modus – usus: Regeln der Konflikt- und Verhandlungsführung am Papsthof des Mittelalters – Rules of Negotiation and Conflict Resolution at the Papal Court in the Middle Ages, ed. Jessika Nowak and Georg Strack, *Utrecht Studies in Medieval Literacy*, 44 (Turnhout: Brepols, 2019), pp. 269-291.

BREPOLS PUBLISHERS DOI 10.1484/M.USML-EB.5.117713

diligently gather and transmit daily all information, favour the many Florentines in Spain, and protect the name, reputation and interests of his home city. As an ambassador, he was also supposed to perform the usual acts and rituals of diplomacy: that is, to perform what they called the "*cerimonie consuete*". In dealing with all the normal issues related to a diplomatic mission that had to be done in a new and unknown context, therefore, Guicciardini should act in two different ways: on the one hand, he had to perform the usual – and necessary – sequence of the formal acts of the embassy; on the other, he should be adaptable in dealing with current events, play for time, and improvise – that is, he had to "*andare*[*te*] *pigliando regola del procedere et maneggiarvi*". The ambassador thus should be able to create a set of what Chris Wickham in a different context has defined as "regular improvisations of practice".[1]

Rituals in medieval political societies have been at the heart of much recent research: in particular, highly public ceremonial moments have been interpreted as an arena in which rulers and subjects positioned and repositioned themselves through the language of ritual, at the same time translating such a confrontation into a variable set of recognisable practices.[2] As for late medieval and early modern diplomacy, research in the nineteenth century prided itself on attentively describing the formal steps that articulated the arrival and the leaving of ambassadors: the idea was to present the slow but distinct process of the creation of modern diplomacy through the formalisation of a rigid ceremonial.[3] More recent research approached what we know about all these steps in a more nuanced and sophisticated way, putting it within a more comprehensive reconsideration of civic, princely or royal ritual,[4] although the

[1] The Florentine Signoria to Francesco Guicciardini, Florence, 23 January 1512, in: Francesco Guicciardini, *Le Lettere*, 1, *1499-1513*, ed. P. Jodogne (Rome, 1986), libro 19, pp. 49-55; C. Wickham, "Gossip and resistance among the medieval peasantry", *Past and Present* 160 (1998), pp. 3-24, here p. 17.

[2] G. Althoff, *Die Macht der Rituale: Symbolik und Herrschaft im Mittelalter* (Darmstadt, 2003); G.G. Koziol, *Begging Pardon and Favor: Ritual and Political Order in Early Medieval France* (Ithaca and London, 1992); P. Buc, *Dangereux rituel: De l'histoire médiévale aux sciences sociales* (Paris, 2003); *Medieval Concepts of the Past: Ritual, Memory, Historiography*, ed. G. Althoff, J. Fried, and P.J. Geary (Cambridge, 2002).

[3] A. von Reumont, *Della diplomazia italiana dal secolo xiii al xvi* (Florence, 1857), pp. 158 sqq.; R. de Maulde la Clavière, *La diplomatie au temps de Machiavel,* 3 vols. (Paris, 1892), 1, pp. 86-118, pp. 155-201, pp. 337-380.

[4] In the Italian case, see for Florence, R.C. Trexler, *Public Life in Renaissance Florence* (Ithaca and London, 1980). For Venice, E. Muir, *Civic Ritual in Renaissance Venice* (Princeton, 1981); E. Crouzet Pavan, "Sopra le acque salse"*: Espace, pouvoir et société à Venise à la fin du Moyen Âge* (Rome, 1992). For Naples, G. Vitale, *Ritualità monarchica: Cerimonie e pratiche*

theme of diplomatic ritual has not yet been systematically investigated *in se.*[5] In recent research, moreover, the performative potential of collective reactions to ritualised moments – like the "*larmes de joye*" described by the chroniclers of the Hundred Years War – has taken centre-stage.[6]

This paper will adopt a different point of view: the potentially ritualised character of daily practices will be taken into account within the concrete process of adaptation imposed by circumstances.[7] This approach, to borrow Peter Burke's words, aims at "studying the making, survival and breaking of stereotypes".[8] In order to clarify in which way ritual and practice, rigidity and flexibility, and their reciprocal interaction will be intended here, Lévi Strauss's concept of *bricolage* – that is, the amalgamation of pre-existing elements in new settings – combined with an adaptation of Bourdieu's *habitus* – that is,

devozionali nella Napoli aragonese (Salerno, 2006); F. Delle Donne, *Alfonso il Magnanimo e l'invenzione dell'Umanesimo monarchico: Ideologia e strategie di legittimazione alla corte aragonese di Napoli* (Rome, 2015). For Milan, G.P. Lubkin, *A Renaissance Court: Milan under Galeazzo Maria Sforza* (Berkeley, 1994); M.N. Covini, "Feste e cerimonie milanesi tra città e corte: appunti dai carteggi mantovani", *Ludica: Annali di storia e civiltà del gioco* 7 (2001), pp. 122-150 (and on the ducal funerals, ead., "Tra Visconti e Sforza: Note sulle cerimonie funebri dei duchi di Milano nel xv secolo", forthcoming in: *Les cérémonies des funerailles à la Renaissance (xve-xviie siècle)*, ed. M. Gaude-Ferragu, M. Chatenet, and G. Sabatier (I wish to thank Nadia Covini for letting me read the paper); and F. Del Tredici, *Un'altra nobilità: Storie di (in)distinzione a Milano: Secoli xiv-xv* (Milan, 2017), pp. 111-148). For Savoy, N. Pollini, *La mort du Prince: Rituels funéraires de la Maison de Savoie (1343-1451)* (Lausanne, 1994); *L'affermarsi della corte sabauda: Dinastie, poteri, élites in Piemonte e Savoia fra tardo medioevo e prima età moderna*, ed. P. Bianchi and L.C. Gentile (Turin, 2006: in particular, the essays by L.C. Gentile, E. Pibiri, and L. Ripart) and T. Brero, *Rituels dynastiques et mises en scène du pouvoir: Le cérémonial princier à la cour de Savoie* (Florence, 2017: *Micrologus Library* 84). For Ferrara, T.J. Tuohy, *Herculean Ferrara. Ercole d'Este (1471-1505) and the Invention of a Ducal Capital* (Cambridge, 1996); M. Folin, *Rinascimento estense. Politica, cultura, istituzioni di un antico stato italiano* (Rome and Bari, 2001); L. Turchi, "*Liberalitas Estensis*: Le declinazioni del linguaggio politico di un dominio signorile", in: *Linguaggi politici dell'Italia del Rinascimento*, ed. A. Gamberini and G. Petralia (Rome, 2007), pp. 215-243. For a methodological overview, M. Azzolini, "Ritual", in: *Italian Renaissance Diplomacy: A Sourcebook*, ed. M. Azzolini and I. Lazzarini (Toronto, 2017), pp. 150-172; for a broad range of other cases, *Late Medieval and Early Modern Ritual: Studies in Italian Urban Culture*, ed. S. Cohn, M. Fantoni, F. Franceschi, and F. Ricciardelli (Turnhout, 2013).

5 In a very recent synthesis by J.-M. Moeglin and S. Péquignot on *Diplomatie et 'relations internationales' au Moyen Âge (ixe-xve siècle)* (Paris, 2017), although diplomatic rituals surface here and there, not a chapter is specifically devoted to them.

6 N. Offenstadt, *Faire la paix au Moyen Âge* (Paris, 2007).

7 E. Muir, *Ritual in Early Modern Europe* (Cambridge, 1997), pp. 1-12.

8 P. Burke, *The Historical Anthropology of Early Modern Italy: Essays on Perception and Communication* (Cambridge, 2004), p. 6.

beliefs and assumptions expressed through gestures and repeated actions that integrate past experiences and apply them to daily functions, perceptions, and actions – proves to be useful.[9] 'Ritual' will consequently be used here to refer to a group of acts that for the Renaissance men and women became strong, although not necessarily unambiguous, signs of a sequence of interactions which made visible a system of relations of power. Rigidity must be avoided, though: by talking about systems of power becoming visible I allude here to the provisional result of conflicting and potentially variable political hegemonies that were defined and redefined also through ritualised interactions in front of an audience composed by the broader civic community and / or the narrower political elite surrounding the ruler. In this sense, 'ritual' will denote the widely recognisable nature of the many segments of diplomatic interactions rather than their overall formalised character.[10] In this period, in fact, Italian diplomacy accommodated change and flexibility within highly public performances: this paper will therefore deal with the forms and actions of diplomacy and with its rituals, but the focus will be on the tension between them, that is, between the increasingly defined sequence of formal steps, concrete acts, and public rituals of diplomatic interaction, and the distinctive and persistent adaptation of diplomatic practices and diplomatic hierarchies to context, circumstances, and change.[11]

This paper will analyse the representation of diplomatic ritual in a given – and very distinctive – text such as Johannes Burckard's *Liber notarum* by focussing on the place taken in the *Liber* by diplomats and diplomatic practices, and on the adaptation of the Roman ritual frame to the many changes in the political and diplomatic context of the end of the fifteenth century.[12] History of diplomacy usually works on diplomatic correspondences: Burckard's narrative tells the story in a different way and gives to the reader at the same time less and more than a diplomatic correspondence. In particular, it reveals the dynamics of reciprocal influence that arise between a multilayered set of rules and a changing and multipolar system of political actors. In this sense,

[9] C. Lévi-Strauss, *La pensée sauvage* (Paris, 1966); P. Bourdieu, *Esquisse d'une théorie de la pratique* (Geneva, 1972).

[10] I. Lazzarini, *Communication and Conflict*: *Italian Diplomacy in the Early Renaissance* (Oxford, 2015), p. 157.

[11] The following introduction owes much to Lazzarini, *Communication and Conflict*, pp. 146-166.

[12] Johannis Burckardi *Liber notarum ab anno* MCCCLXXXIII *usque ad annum* MDVI, ed. E. Celani (Città di Castello, 1911: *RIS*[2] 32.1-3).

Burckard frames the sequences of predictable actions that made possible a negotiation, together with the exceptions that naturally interfered with it, within a very complex ritual world, the Roman curia.

Finally, the increasing standardisation of sequences of predictable acts went together with a growing documentary emphasis on them: facts and narrative cooperated in putting the *mise en scène* of diplomatic interaction on centre-stage at least from the 1420s. While in the correspondences, the bare mention of the arrival and departure of ambassadors was gradually substituted by more vivid accounts of the ceremonial aspects of their activity, and such narrativity steadily increased over time, the blossoming of texts such as the *diarii*, *libri*, *ordines*, or treaties on ambassadors written by the papal masters of ceremonies shows the growing emphasis on narrativity both about rituals and diplomacy (at least some aspects of it) in rituals. The change in describing the forms and passages of diplomatic interaction not only corresponded to a change *in re*, but also revealed a change in perception and in narrative.

1. Rituals and Protocol in Early Renaissance Italian Diplomatic Practice

Once formally appointed, a diplomatic envoy was supposed to go through a sequence of acts both in arriving at, and in leaving his destination: in between these two key moments his ordinary diplomatic activity developed through a set of negotiating contexts that involved both public and private meetings, more or less open talks, and a variable degree of local sociability. The arrival and the first public audience were the most evident and recognisable way to activate a negotiation; their publicity, on different scales, was therefore crucial, and was meant to mark a point in the political relation between Y and X, and / or to make a statement on the internal political context of the host. Highly ritualised circumstances allowed the whole machinery of the host government to be put on display in one single moment, with all its ranks, orders, and hierarchies. The ambassador, meanwhile, was offered the opportunity to become integrated into the picture in a spectacular and unquestionable way. Different states developed different welcoming strategies in order to emphasise the self-representation of their power and authority. Republics usually built a static and collective imagery, while princes emphasised their respective styles and personalities, ranging from *domesticheza* ('familiarity') to distance, from ostentation to confidence, and playing these different registers according to situation and individual character.[13] In between ambassadors' arrival and departure, public audiences and private talks were the currency of the diplomatic job, and again the constitutional frame of the host country influenced their nature. Republican regimes were inclined – by tradition and rules – to keep the audiences public and collective, and to perform them in highly ceremonial spaces that could sometimes be intimidating. Kings and princes, on the contrary, frequently and willingly employed the double register of public collective or individual meetings, as suited them best.[14] Diplomatic rituals were also framed by sequences of non-verbal communicative acts: the ambassadors' arrival and their first audience were the moments in which a whole grammar of established and recognisable gestures performed both by the ambassador and his host punctuated the diplomatic interaction. When the prince was not a single man but a plural ruler – as in republics – gestures became not only ritualised but choral.

All these events had a highly ritualised content: their style combined a given number of unavoidable acts with a distinctive tone in performing them. The acts would publicly show that a diplomatic interaction was going on, while the tone would be used as both a mark of singularity and a pattern for comparison elsewhere, and as a show addressed to a more or less broad public (the court, the councils, the city, and, through letters and chronicles, the wider world).[15]

A last element must be taken into account. For an ambassador (and his masters), being present (and being represented) at great ceremonial and ritualised events became paramount: the emphasis on presence went together with a growing attention towards a significantly visible language of pre-eminence, which is what in the following century would come to be called protocol. Pre-

[13] LAZZARINI, *Communication and Conflict*, pp. 153-156; for Milan, COVINI, "Feste e cerimonie"; on the different registers and behavioural codes between republics and principalities, M.N. COVINI, B. FIGLIUOLO, I. LAZZARINI, and F. SENATORE, "Pratiche e norme di comportamento nella diplomazia italiana: I carteggi di Napoli, Firenze, Milano, Mantova e Ferrara tra fine XIV e fine XV secolo", in: *De l'ambassadeur: Les écrits relatifs à l'ambassadeur et à l'art de négocier du Moyen Âge au début du XIXe siècle*, ed. S. ANDRETTA, S. PÉQUIGNOT, and J.-C. WAQUET (Rome, 2015), pp. 113-161 (in particular M.N. COVINI, "Milano, Venezia e il 'canone italico' dell'ambasciatore nel Quattrocento", pp. 138-150).

[14] For an example of the different style between republics and principalities in a very formal royal context, see the negotiations to include King Alfonso the Magnanimous of Aragon and Naples into the Italic League in 1455, commented in I. LAZZARINI, "The conduct of the embassy", in: *Italian Renaissance Diplomacy*, ed. AZZOLINI and LAZZARINI, pp. 42-56.

[15] LAZZARINI, *Communication and Conflict*, pp. 154-155 (also for other examples).

cedence and hierarchies fed what Toby Osborne – for a later period – calls "surrogate wars", by opening a new scenario for confrontation and a stage for exhibiting the political language of pomp and fashion.[16] Chancery lists relating to the political hierarchies of lay and ecclesiastical rulers – and therefore how to deal with their representatives on public occasions – or proper *libri cerimoniali* undoubtedly matched both the intensifying of negotiation and the hard concentration of the geography of power.[17]

2. The Papal Curia: Rites and Ceremonies, Masters and Texts at the End of the Middle Ages

To the general picture, Rome adds a very peculiar tone, and requires a cautious approach. As Maria Antonietta Visceglia pointed out, a research on ritual in Rome is inevitably approached by a political historian with "*una certa apprensione, dovuta alla consapevolezza del fondamento liturgico del cerimoniale romano* [...], *nonché al timore dei rischi di una lettura riduttiva e funzionalista della complessità del rituale*".[18] After all, popes were – according to Peter Burke – "ambiguous, amphibious creatures, not really flesh or fish, princes or priests".[19] Notwithstanding such ambiguity and complexity, the significance, nature and forms of diplomatic agency within the immensely vast and multilayered world of Roman ritual should be approached, as Richard Trexler said about his attempt at working on ritual in Florence, "with caution, but with no apologies".[20]

I will therefore cautiously focus on Burckard's *Liber notarum* with the aim of putting it into context both as a source on Rome, and as a mirror for other situations. However, few preliminary issues must be raised. Diplomatic rituals

[16] T. OSBORNE, "The surrogate wars between the Savoy and the Medici: Sovereignty and precedence in early modern Italy", *International History Review* 29 (2007), pp. 1-21.

[17] LAZZARINI, *Communication and Conflict*, pp. 162-164: on these themes in the early modern age, M.A. VISCEGLIA, "Il cerimoniale come linguaggio politico: Su alcuni conflitti di precedenza alla corte di Roma tra Cinquecento e Seicento", in: *Cérémoniel et rituel à Rome (XVIe et XVIIe siècle)*, ed. C. BRICE and M.A. VISCEGLIA (Rome, 1997), pp. 117-176 (reprinted in EAD., *La città rituale: Roma e le sue cerimonie in età moderna* (Rome, 2002), pp. 119-190: I quote from the reprint); D. FEDELE, *Naissance de la diplomatie moderne (XIIIe-XVIIe siècle): L'ambassadeur au croisement du droit, de l'éthique et de la politique* (Baden Baden and Zürich, 2017), pp. 461-522.

[18] VISCEGLIA, *La città rituale*, p. 10.

[19] BURKE, *Historical Anthropology*, p. 158.

[20] TREXLER, *Public Life in Renaissance Florence*, p. XX.

– that is, both the rituals of formal diplomacy, and the role of diplomatic agents in public ceremonies – should in general be put in context within the whole ritual sphere characteristic of the polity in which they were enacted and performed. The need of keeping the 'diplomatic rituals' together with the overall ritual system – everywhere a must – is even more necessary in Rome, where the sovereign was both spiritual and temporal, and where the whole year was particularly marked and determined by a succession of rites (that is liturgical events) and ceremonies (every other celebration, from the election and consecration or death of the pope, and / or of any eminent member of the curia, to the carnival, from the entry of illustrious hosts to the privately organised public ceremonies).[21] Even though other cities such as Venice or Florence or Milan or Naples may have built over time a similar display of ceremonies strictly related to cult and the spiritual sphere (all ritual has a deep anchorage in religion), Rome was the heart of Christianity: the scale of liturgy was without comparison and the city hosted an apparently uninterrupted flow of rites and ceremonies so ancient and codified as to defy change and dwarf any attempt at specific analysis or shorter chronologies. Finally, such a scale and chronological depth meant also that the translation of uses and *consuetudines*, traditions and innovations into written *ordines* was an extremely complex and multilayered process, whose influence on ritual itself was far from minimal.

In the final decades of the twentieth century a critical and systematic approach to texts has facilitated the task of working on the ritual world of late medieval Rome. On the documentary side, in the 1970s and 1980s, Bernhard Schimmelpfennig and Marc Dykmans among others have extensively worked on the texts regulating rites and ceremonies and on the *libri*, *diarii*, and various texts written by the late fifteenth century masters of ceremonies. In 2013, Philipp Stenzig devoted an imposing research to Paride de Grassi's *De oratoribus Romanae curie*, which has been published and carefully commented and whose antecedents (such as Burckard's *Liber notarum*) and complementary sources (such as diplomatic correspondences and chronicles) have been attentively retraced and reordered.[22] Such work reordered and made available to scholars a wealth of sources whose composition and transmission were problematic, and whose nature as a system of texts still awaits an overall reconsid-

[21] The distinction is in the sources: in 1588 a *Congregatio pro sacris ritis et ceremoniis* unified various previous congregations to regulate both rites and ceremonies (VISCEGLIA, *La città rituale*, pp. 129-131).

[22] P. STENZIG, *Botschafterzeremoniell am Papsthof der Renaissance: Der* Tractatus de oratoribus *des Paris de Grassi: Edition und Kommentare*, 2 vols. (Frankfurt am Main, 2013).

eration.[23] On the historical side, Agostino Paravicini Bagliani and Maria Antonietta Visceglia have analysed this monumental system for the Middle Ages and for the early modern age, with a specific focus on the rituals connected to the election and consecration / coronation, and to the death and funeral of the pope, while Catherine Fletcher has published a book on diplomacy at the papal court in the early sixteenth century in which she digs deep particularly on de Grassi's treatise.[24]

According to Bernhard Schimmelpfennig, the process of formalisation of a core of rites and ceremonies through the definition of a specific function, monopolised by a little number of officials rather than scattered among many different offices, evolved in the papal curia before anywhere else in Europe: at the end of the fourteenth century, a small group of *clerici cerimoniarum* appeared and gradually took over all the ceremonial tasks.[25] By mid-fifteenth century, those two or three clerics styled themselves as *magistri cerimoniarum*,[26]

[23] F. TAMBURINI, *Le Cérémonial apostolique avant Innocent VIII: Texte du manuscrit Urbinate latin 469 de la Bibliothèque Vaticane*, with an introduction by J. NABUCO (Rome, 1966); M. DYKMANS S.J., "Le cérémonial de Nicolas V", *Revue d'Histoire ecclésiastique* 53 (1967), pp. 365-378, pp. 785-825; B. SCHIMMELPFENNIG, *Die Zeremonienbücher der römischen Kurie im Mittelalter* (Tübingen, 1973); M. DYKMANS S.J., *Le cérémonial papal de la fin du Moyen Âge à la Renaissance*, 1, *Le cérémonial papal du XIIIe siècle* (Rome, 1977); 2, *De Rome en Avignon, ou le cérémonial de Jacques Stefaneschi* (Rome, 1981); 3, *Les textes avignonnais jusqu'à la fin du Grand Schisme d'Occident* (Rome, 1983); 4, *Le retour à Rome ou le cérémonial du patriarche Pierre Ameil* (Rome, 1985); ID., *L'œuvre de Patrizi Piccolomini ou le cérémonial papal de la première Renaissance*, 2 vols. (Vatican City, 1980).

[24] A. PARAVICINI BAGLIANI, *Morte ed elezione del papa: Norme, riti e conflitti: Il medioevo* (Rome, 2013); M.A. VISCEGLIA, *Morte ed elezione del papa: Norme, riti e conflitti: L'età moderna* (Rome, 2013); C. FLETCHER, *Diplomacy in Renaissance Rome: The Rise of the Resident Ambassador* (Cambridge, 2015); however, Fletcher seems to ignore De Grassi's edition by Stenzig. I will rely on these authors and texts for framing the following analysis of Burckard's *liber*.

[25] SCHIMMELPFENNIG, *Zeremonienbücher*, p. 134 and p. 139; ID., "Die Organisation der päpstlichen Kapelle in Avignon", *Quellen und Forschungen aus italienischen Archiven und Bibliotheken* 50 (1971), pp. 80-111, here p. 100, p. 105.

[26] DYKMANS, "Le cérémonial de Nicholas V", rub. II, pp. 792-793 (*De pecunia minutorum serviciorum describenda inter assistentes, sacristam, magistrum palacii, acolitos et magistros cerimoniarum*: at this age (1451-1453), the masters of ceremonies were two, and if a third was appointed, he had no share); SCHIMMELPFENNIG, *Zeremonienbücher*, rub. CLI, p. 364 (*De officio clerici capelle sive magistri cerimoniarum*: the last note here says "*Et quia multa et diversa habet agere eodem tempore, non erit superfluum ymo necessarium, quod sint duo*"). Dykmans considers that around the 1450s the urge to reform rites and ceremonies was circulating among the Roman prelates: Domenico de Dominicis wrote in his *Tractatus de reformationibus Romanae curiae* (published in 1495, but composed in 1458), that "*Nunc ad particularia* [...] *divina officia et solemnitates et serimonias ac ritus a sanctis patribus et predecessoribus suis institutos et si sequenda sunt vel aliud innovandum. In hoc videtur dandum esse advisamentum ut videatur liber*

and Agostino Patrizi Piccolomini (master of ceremonies between 1466 and 1488), described in detail their duties, which were indeed many.[27] According to Richard Trexler, at the papal court the preservation of ceremonials and ritual's rules was accomplished in a systematic way since the mid-fifteenth century.[28] In the 1480s, the masters' duties therefore started to include the redaction and constant upgrading of the ancient *ordines*, which became *libri cerimoniales*. In 1487, Agostino Patrizi and his second in command, Johannes Burckard (who, between 1484 and 1485, had already written together a pontifical for the bishops[29]), received from Innocent VIII eight *libros ceremoniales antiquos* in order to "*ceremonias omnes, quibus nostro tempore uti consueverunt Romani pontifices, pretermissis superfluis et antiquatis, in ordinem redigerem*":[30] the result was the famous *Caeremoniale Romanum*, consigned to

ceremoniarum et recenseatur que deserventur et que non" (DYKMANS, *L'œuvre de Patrizi Piccolomini*, 1, p. 31, n. 7).

[27] A. Patrizi Piccolomini, *Sacrarium ceremoniarum sive rituum ecclesiasticorum S. Romanae Ecclesiae libri tres* (published in DYKMANS, *L'œuvre de Patrizi Piccolomini*, 2, *Livres II et III*), liber III, rub. IV, *De clericis cerimoniarum*: "*non est mediocre onus clericorum ceremonialium, qui pro omnibus vigilant in capella, et quibus omnium defectus ascribuntur* [...] *Antequam vadant ad capellam, maxime in solemnitatibus et actibus non frequentatis, conveniant, simul prevideant quae sunt agenda, dividant inter se onera, et concordent de occurrentibus, ne postea in capella oporteat contendere* [...] *cum ducunt aut preducunt prelatos aut nobiles ad data sibi loca, vel ad aliquos actus, modeste et reverenter incedant et genuflexiones atque inclinationes doceant: similiter ministros altaris. Et quando aliquem actum facere debeant (ac omnes magni et parvi ab cerimoniario deducuntur) quiete et modeste ducunt* [...] *Cerimonias omnes, et maxime in missa papali, et quae ad personam papae pertinent, graviter, modeste et cum congruenti mora peragant*"), quoted also in R.C. TREXLER, *The* Libro cerimoniale *of the Florentine Republic by Francesco Filarete and Angelo Manfidi: Introduction and text* (Geneva, 1978), p. 19.

[28] TREXLER, *The* Libro cerimoniale, p. 18. Agostino Paravicini Bagliani rightly pointed out to me that the in later Middle Ages the organisation of rituals shifted from the popes to the *magistri*, that is to some papal official; such a shift remembers me of the same process in diplomacy: diplomatic agents took on a growing role while princes and rulers slowly lost their personal diplomatic agency.

[29] M. DYKMANS S.J., *Le pontifical Romain revisé au XVe siècle* (Vatican City, 1985): Patrizi Piccolomini wrote in his introduction to the *liber ceremoniarum*: "*absoluta nuper satis feliciter divino munere libri pontificalis emendatione, explicationem ordinationemque sacrarum ceremoniarum, quibus Romani pontifices uti consueverunt, tuo iussu tuisque auspiciis, beatissime pater, aggredior*" (DYKMANS, *L'œuvre de Patrizi Piccolomini*, 1, p. 5).

[30] SCHIMMELPFENNIG, *Zeremonienbücher*, pp. 137-139, and DYKMANS, *L'œuvre de Patrizi Piccolomini*, 1, pp. 6-7. Patrizi's passage deserves to be analysed: due to the scarcity of traces surviving from the past, the innumerable changes and travels of the Holy See, and finally the confusion of the many records, "*ceremoniis non tam scriptis quam iam pridie consuetis hactenus magna ex parte usi sumus. Hinc varie aliquando inter patres de peragendis sacris opiniones, hinc contentiones indecentes interdum inter ministros cerimoniarum, cum memoria hominum labilis*

the pope in 1488 and printed for the first time by Cristoforo Marcello in Venice in 1516.[31] Another papal ceremonial genre began in these years: Burckard started the first of the famous Roman ceremonial diaries by telling his readers "*res meo tempore gestas que ad cerimonias pertinere videbuntur, etiam forsitan quedam extra, inferius annotabo, ut facilius de commisso mio officio rationem reddere possim*".[32]

Actually, things were more complicated than this: if we enter into a closer analysis of the various *ordines*, *libri* and *diarii* they seem rather multilayered texts, whose redaction underwent integration and amendments many times, and by many hands. For instance, while discussing the edition by Nabuco of Iacopo Stefaneschi's *ordo*, and listing the main interventions made after the fourteenth century original redaction by François de Conzié in 1412, and most of all by Pedro Gonzalez da Burgos in the age of Nicholas V, Marc Dykmans presents the commented edition of another fragment of *liber*, copied by Burckard himself in one of his registers, and probably written by Pedro da Burgos in the early 1450s. The text covers the years 1450-1453, and relates about some main events, such as the coronation of Frederick III and the arrival of the Constantinopolitan patriarch in Rome in 1452.[33] The brief ceremonial, copied by Burckard, is not only scattered with later notes by Paride de Grassi, but is also a composite narrative, halfway between a prescriptive and a descriptive text: narrative paragraphs devoted to some single, significant events are preceded and followed by short chapters on daily curial procedures and protocols. Patrizi Piccolomini and Burckard themselves wrote many different texts which only partly can be easily defined as belonging to one or the other genre: even Burckard's *Liber notarum*, although organised as a diary, maintains inevitably to some extent the character of a *liber ceremonialis*. As for the work of Burckard's successor, Paride de Grassi, apart from his interventions on the *Caeremoniale* by Patrizi and Burckard, and on Burckard's diary, he wrote several other *libri* or treaties on specific topics related to ceremonial, such as

sit et fluxa, sepeque alia pro aliis succurrant, et quid certi tenendum sit, fixa regula ostendi non possit". In such a confused situation, and in order to "*decus et ordo debite servetur*", the pope ordered to him to collect and reorder all the ceremonies and rites "*tam ex libris maiorum, quos ex archivis Romane ecclesie complures deprompsit, quam ex quotidiano usu capelle apostolice, in quo annis supra viginti non sine labore assiduo versatus sum*".

[31] On the story of such a controversial editorial enterprise, DYKMANS, *L'œuvre de Patrizi Piccolomini*, 1, pp. 33*-42*.

[32] Burckardi, *Liber notarum*, 1, p. 4.

[33] DYKMANS, "Le cérémonial de Nicholas V".

the *De oratoribus Romanae curiae*, written between 1505 and 1509, and refined and amended until at least 1516. The *tractatus* is literally filled by examples taken from Burckard's diary and mainly concerned with the order of precedences at the curia.[34]

The fifteenth century corpus of ancient *ordines* rewritten and renovated and of a number of texts such as the *libri ceremoniales* and the *diarii*, or of a composite version of the three, represents an extremely interesting cluster – better: a system – of texts. In this sense, and despite Patrizi's words and the clear and systematic nature of his *liber ceremoniarum*, the process of producing a *corpus* of rules seems in the fifteenth century more a work in progress depending on the initiative of a small group of men whose collaboration rested on practice than a homogeneous and coherent trend towards the deliberately systematic reordering of ancient uses, as Trexler argued. Although obviously imposed by a change in the way of politics and power, it was a process concretely determined by the daily response to events that needed to be organised according to a flexible interpretation of tradition and innovation, of old models and new emergencies rather than planned by a systematic approach to new patterns of ritual.

3. Burckard's Liber notarum

These considerations are particularly relevant for the *Liber notarum*, which covers – with some interruption – the years between 1483 and 1506, but whose tradition has been extremely complicated.[35] Burckard' *Liber* not only has been

[34] For the complex and multilayered nature of de Grassi's *tractatus*, and its reworking of Burckard's materials and episodes of conflicts of precedence, see now STENZIG, *Botschafterzeremoniell*, pp. 98-128 and pp. 309-836 (*Kommentar*). De Grassi's successor, Biagio Martinelli (1518-1540), wrote in turn his diary, still unpublished; on de Grassi and Martinelli, FLETCHER, *Diplomacy in Renaissance Rome*.

[35] The only fragment remaining of Burckard's autograph, written in his characteristically tiny and difficult hand (Vatican City, Archivio Segreto Vaticano, Arm. XII, vol. 13: Paride de Grassi commented about Burckard's handwriting that "*credo ipsum habuisse diabolum pro copista*"), covers the years 1503-1506: the various editions of the *liber*, mainly partial until the one made by Celani for the *RIS*, have therefore been made on different copies, most of which are later or uncomplete ones (except MS Vatican City, Biblioteca Apostolica Vaticana, Vat. lat. 5632, encompassing the years 1492-1496, written under Burckard's direct supervision). I have used not the Thuasne (Iohannis Burckardi Argentinensis ... *capellae pontificiae sacrorum rituum magistri Diarium sive rerum urbanarum commentarius,* Paris 1883-1885), but the Celani edition.

defined as the first diary written by a Roman master of ceremonies (a typology that will know an immense fortune after Burckard), but it is massively disproportional if compared to the previous attempts at diaries. It is not a rigid text: Burckard progressively increased his attention to the events surrounding the rituals, and although his personal comments are scarce and attentively controlled, his personal tone became more and more visible. The juxtaposition of the *liber ceremonialis* and the *diarium* that was already recognisable in previous texts such as the short ceremonial of the 1450s became in Burckard a *fait accompli*: in this sense, his *Liber notarum* represents a perfect source to test the constant effort of adapting and modelling patterns and forms of ritualised sequences of acts to a dynamical reality made by the daily confrontation of political and social actors on the magnificent and multi significant scene of Rome, and vice versa. Conversely, this hybrid text mirrors in its composite textual form the same tension between different contents.

This paper will take into account only the years between 1483 and early 1495, that is from the beginning of the diary to Charles VIII's triumphal entrance in Naples. In about 550 pages of the Celani edition, the *Liber notarum* covers slightly more than 10 years, with two significant interruptions corresponding to the periods between early June and early December 1492 (the death of Innocent VIII and the election of Alexander VI are missing) and between the end of June and the end of October 1493. For a month (from 20 April to 20 May 1494), moreover, Burckard had been sent to Naples, to organise the ceremonies related to the coronation of Alfonso II and the marriage of Jofré Borja, son of the pope, and Sancha of Aragon, illegitimate daughter of the king.[36] The length of Burckard's attention to events and his narrative vein increasingly expand from the very first years in charge: not only more 'historical events' find their space into the narrative, but the ceremonial events undergo a 'narrative' transformation, and acquire more flesh and blood. Moreover, he starts using and copying into his text letters or other records,[37] describing the formal nature of some records that have been read or shown in consistory,[38] and including since 1493 several lists of curial offices and officials.[39]

[36] On these well known passages, VITALE, *Ritualità*, pp. 14-80 (in particular pp. 19-37).

[37] Such as the patent letter emanated by Charles VIII in Florence in November 1494 (Burckardi, *Liber notarum*, 1, p. 542) or the *informatio* that Ludovico Bruni, ambassador on behalf of Maximilian I, was asked to write in 1493 to justify his pretension to precede any other ambassador after Maximilian's succession to his father Frederick (*ibid.*, 1, p. 422).

[38] Such as the patent letters sent by Blanche of Savoy to Alexander VI in June 1493, during the Sabaudian *obedientia* to the new pope: "*in publico concistorio pro obedientia ducis Sabaudie*

Such a narrative turn in Burckard originates mainly from history itself: single remarkable events and the mounting of the crisis of the Italian system triggered by the death of King Ferrante impacted heavily on Burckard's tale of ordinary ceremonial in the same way it impacted on other chancellors, secretaries, state persons, intellectuals or even ordinary people that experienced in the same years an increasing tension towards what Gary Ianziti calls "contemporary history" (the likes of Sanudo, Corio, Porzio, Notar Giacomo, Caleffini or even Machiavelli and Guicciardini).[40] However, the increasing presence of diplomats derived from the frantic course of events, and the consequent intrusion of the practices of diplomacy, and the problem of precedence and diplomatic status in the papal ceremonial calendar, had a strong influence on it. Burckard's *liber* is the first text in which such emergence acquires a significant visibility: the slightly later urge by Paride de Grassi to thematise this phenomenon in a proper treatise on ambassadors in which precedence has a huge role does not come as a surprise.

Ambassadors (that is, both occasional, formal ambassadors sent to Rome for a specific reason, and 'resident' ambassadors in Rome for longer periods)[41] act as first characters on the scene at their arrival (when they are welcomed into the city and accompanied to their residence), and if and when we see them being allowed into consistory and public audiences for the *obedientia* to a newly elected pope or for a specific reason. They come into view also as supporting actors every time they participate to a ceremony: the major issue is then precedence. For the sake of clarity, the first group of occurrences will be referred to as 'practice', that is as every sequence of practical acts related to diplomacy and the reciprocal recognition of the various *reges*, *principes et potestates* on the Roman scene. The second group of occurrences will be included into the broad field of 'precedence', meaning by this term the conflicting ordering of powers in front of the pope – that is, in front of the most sacred and highest authority in the Christian West. Such a hierarchical reordering of

pridie habito lecte fuerunt littere credentiales sub nomine illius domine Blance ducisse scripte et deinde patentes littere manu secretarii et pendente sigillo ducatus segnate huiusmodi thematis: '*Blancha ducissa Sabaudie etc.*'" (*ibid.*, 1, p. 426).

[39] *Ibid.*, 1, pp. 428-438.

[40] G. IANZITI, *Writing History in Renaissance History: Leonardo Bruni and the Uses of the Past* (Cambridge, MA, 2012), p. 3: these were the eventful years of what Lauro Martines calls the "crisis in the generation of 1494" (L. MARTINES, *Strong Words: Writing and Social Strain in the Italian Renaissance* (Baltimore and London, 2001), pp. 249-263).

[41] FLETCHER, *Diplomacy in Renaissance Rome*, pp. 39-41.

the political international society is not given, but is rather conquered day by day by trying and adapting, modifying and adjusting tradition and innovation, persistence and change. Of course, it is not a distinctive papal affair: every polity experienced in those decades an increasing interest in protocol and hierarchy, as well as a growing number of precedence incidents. However, the papal curia was by far the biggest, and the most regulated public space in Europe since the early Middle Ages: introducing lay rulers and their representatives into the omnipresent ritual frame of the papal curia was more complicated and – in a sense – more disruptive than anywhere else.

4. Practice

In the ten and something years between the end of 1483 and the very beginning of 1495, Burckard mentions 50 arrivals of ambassadors in Rome (35 for the age of Innocent VIII and 15 for the first less than two years of Alexander VI's papacy). Among those arrivals, 35 (19 and 16 respectively) were embassies *ad obedientiam*, that is, to swear obedience in consistory to the new elected pope, and 19 (16 and 3) were missions with openly political goals.[42] Apart those very public and very formal occasions, Burckard talks much less (only four times) about public audiences granted to ambassadors, and not at all about less public *entretiens*, which represented on the contrary the main content of the ambassadors' letters.[43]

The embassies being scrupulously divided in *pro obedientia* and *pro particularibus negociis*, Burckard always notes the rare cases in which an embassy comes to Rome in order to do both,[44] and he also feels compelled to specify if one of the ambassadors in Rome for the obedience was already there

[42] Patrizi Piccolomini distinguishes between embassies "*ad prestandam obedientiam summo pontifici sive ob aliquam rem magne importantie et spectantem ad bonum publicum*", and missions "*ob res private suorum dominorum*" (DYKMANS, *L'œuvre de Patrizi Piccolomini*, liber I, rub. VIII [*De receptione oratorum sive legatorum regum et principum*], 1, p. 204, quoted and commented also in FLETCHER, *Diplomacy in Renaissance Rome*, pp. 40 sqq.).

[43] On the ritual spaces of all these embassies and ceremonies, see A. PARAVICINI BAGLIANI, *Il bestiario del Papa* (Turin, 2016) and T. WEDDIGEN, *Raffaels Papageienzimmer: Ritual, Raumfunktion und Dekoration im Vatikanpalast der Renaissance* (Berlin, 2006).

[44] For instance, when a Neapolitan ambassador came to Rome in March 1494 "*pro particularibus negociis prefati regis et etiam ad prestandam obedientiam*" (Burckardi, *Liber notarum*, 1, 463).

– as a resident ambassador, for instance, or for another matter.[45] Such attention is justified by the different nature of the welcome and introduction of the ambassadors, and thus the different ceremonies needed: yet it shows an attentive eye on the various practices of diplomacy and it is mirrored – with some interesting nuances – by the attention to the moment of the audiences, both in public consistory or in specific rooms at the Vatican.

An ordinary embassy *pro obedientia* followed a traditional pattern: in December 1484 six Florentine ambassadors "*recepti in consistorio publico in tertia aula palatii apostolici apud Sancto Petro habito, egregio domino Bartholomeo Scala cancellario florentino, inter eos tertium locum obtinente, orante, prestiterunt prefato nn. ss. nomine eorum dominorum obedientiam debitam et consuetam*".[46] However, sometimes things went wrong. On 21 November 1487, two Venetian ambassadors arrived in Rome (for unspecified reasons), and three days later were given public audience:

> *omnes cardinales in Urbe presentes, de mandato nn. ss. pape, venerunt ad palatium; quibus unam cum ss. nn. d. in camera papagalli congregatibus, venerunt duo oratores supradicti, qui ibidem a ss. nn. d. consistorialiter, secreto tamen, recepti sunt et propter quod missi essent generaliter esposuerunt; quo facto, recesserunt omnes cardinales, dimissis ibidem oratoribus supradictis.*

But a secret consistory without any of the clerics of ceremonies was not appropriate in such a public and formal occasion, in which state matters – and not *negocia particularia* – were discussed: many were displeased by a *receptio*, "*quam inhonesta et incoveniens videtur et esset*" because "*nullus nostrum ad huiusmodi receptionem vocati fuit aut interfuit*"; yet, it has been done ("*sed sine nobis facta est*").[47]

The second case in which Burckard explicitly told all the events unfolding during a first public audience was during the visit of Quasim Bey, ambassador of Bayazed II, who arrived in Rome in June 1493 openly in order to assess the well-being of prince Djem, the exiled brother of the Sultan, but actually to try

[45] On 27 May 1493 four ambassadors entered in Rome to swear obedience to Alexander VI on behalf of the duke of Savoy, but Burckard specifies that the fourth of them, the protonotary and doctor Giovanni Orioli, was already in Rome, and joined on horseback his colleagues to make clear to all that he was acting in that occasion as ambassador *pro obedientia* (*ibid.*, 1, p. 422).

[46] *Ibid.*, 1, p. 90.

[47] The entry was solemn: Burckard notes also that a Neapolitan ambassador arriving at the same time decided to turn back "*recessit et noluit amplius in comitiva huiusmodi equitare*", probably to save his own *entrée* from going unnoticed (*ibid.*, 1, p. 211).

to convince the pope to let the prince to be taken back to Istanbul. In that case, the importance and probably even more the exceptional nature of the embassy justify Burckard's attention: the welcome was proportionate to the occasion, but no high prelates were sent to greet a Muslim dignitary; instead, this duty was assigned to the highest lay authorities in Rome and to all the foreign ambassadors by then in the city; all the many steps and events related to Quasim Bey's embassy were attentively described, with a vivid attention to material details and linguistic nuances.[48]

5. *Precedence*

Precedence is a continuous *fil rouge* along the whole *liber*: precedence – or, better, order – is one way of describing ritual, and it increasingly takes a crucial role in it. Of course, it is first and foremost a matter of the order of the Church: the omnipresent reference to everyone's place in the complex and multilayered world of the Roman curia involves firstly and mainly the *ecclesia*, the curia, and the officials of the papal city. In such an articulated and nuanced world, lay princes and their representatives were outsiders that should therefore be included in an orderly way.[49] According to Burckard, and since the beginning of his diary, the ambassadors who were in Rome at the moment were

[48] *Ibid.*, 1, pp. 441-443. The peculiarity of this embassy – and of the whole story of an Ottoman prince coming to Rome – made this event important also for Paride de Grassi, who wrote at length about it in his *tractatus* (at rub. 39 [*De oratoribus non christiani nec a principe christiano venientibus ad papam*]). De Grassi's passage deserves to be fully quoted, because it reveals both de Grassi's use of Burckard's *liber*, and the very nature of these masters' work: "*quoniam de oratoribus non christianis nec a principe christiano ad papam venientibus 'nullibi quid cerimoniarum observandum sit reperii, sed tamen quid in similibus casibus observatum fuerit legi', ideo 'ad longum, prout factum fuerit, ad verbum hic expressi', et primo* ...", followed by the extracts from Burckard's *liber* concerning the arrival, consistory, audience of Djem, Quasim Bey, and the "Indian" and "Chaldean" ambassadors sent by the "*imperatore qui a nobis vulgo presbiter Janus dicetur*" (Stenzig, *Botschafterzeremoniell*, 1, pp. 229-239 [commented, contextualised and compared with other sources such as the diary by Stefano Infessura, in 2, pp. 496-503]).

[49] In the older ceremonial books the mention of the emperor, kings, and princes, and their representatives, was first of all linked to their coronation (and then, to honours such as the ceremony of the Golden Rose, pilgrimages and visits): in these occasions the lay rulers were given a hierarchical *ordo* from which stemmed the much more detailed late medieval system of precedence. In the Codex Avignon 1706, for instance, a group of chapters is devoted to the coronation of the king of France (taken, the text says, "*de libris gallicorum, non in rubricis ecclesie romane, cum essemus in Avinione*" (Schimmelpfennig, *Zeremonienbücher*, pp. 174-178, and Dykmans, *Le cérémonial papal*, 2, pp. 437-457).

expected to take part to almost every ritual ceremony because they were increasingly integrated into the papal political society. They were outsiders in the hierarchical world of the Church, but became increasingly part of the political world turning around the papacy. Such a process was twofold: the political and diplomatic system of powers and polities increasingly recurred to diplomatic negotiation, and the pope in turn played a more and more political role in the international context. These two trends meant concretely that ambassadors arrived to, stayed in, and left Rome more frequently, therefore multiplying the occasions for displaying the ceremonial hierarchies and the incidents potentially related to them.[50]

The task of organising and disciplining the growing intrusion of lay princes and ambassadors in the already complex curial world was not at all easy: not only the worldly greats had their proper hierarchies, that were all but fixed for good, but they were variously linked – by blood, marriage, nationality, interest, and alliances – to the cardinals and the prelates in Rome, who could – and often did – try to subvert the order of precedence. Titles and hierarchies required also constant redefinition: individually, the kings of Castile and Aragon were less powerful than the king of France and even the king of England, but after the dynastic union of Ferdinand and Isabella, redefining the place of Spain became a huge – and long-lasting – problem; similarly, the obstinate reference made by the English ambassadors to their king as king of England *and* France, and the subsequent claim to priority over the French ambassadors always caused a stir with them; again, when the Este became dukes of Modena and Reggio, their ambassadors insisted on preceding the marquises of Montferrat and Mantua, but when they became – by papal appointment – also dukes of Ferrara, their status became blurred (as subjects, they should not have sent ambassadors, but proctors to their suzerain, the pope), and others tried to take advantage of that. The simultaneous presence in Rome not only of ambassadors, but also of princes and aristocrats who were in town for various reasons and insisted to blur the order of precedence did not simplify the situation, and things became even more complicated when the ambassadors of a king were princes or high aristocrats themselves, not to mention the frequent case in which such ambassadors were prelates. Such a fluid and dangerous crossing of

[50] *Roma capitale (1447-1527)*, ed. S. GENSINI (Pisa, 1994); C. SHAW, "The papal court as a centre of diplomacy: From the Peace of Lodi to the Council of Trent", in: *La papauté à la Renaissance*, ed. F. ALAZARD and F. LA BRASCA (Paris, 2007), pp. 621-638; LAZZARINI, *Communication and Conflict*, pp. 170-173, pp. 220-225.

many levels, interests and reasons increasingly became a problem and caused conflict after conflict between those who took part to the daily Roman ritual life.

For the eleven something years that went from 1483 to early 1495, 18 precedence disputes are recorded by Burckard (3 of them in Alexander VI's first year and a half). To those open conflicts should be added four more events in which one ambassador refused to participate to a ceremony or delayed his entry in Rome in order to avoid to be involved in a dispute and therefore to weaken his and his master's position by fighting with someone else's representative. On three more occasions, Burckard discusses about precedence and protocol without being called to sort out a specific conflict. Disputes and conflicts exploded on almost every level of the political ladder, involving the imperial commonwealth (bishops and princes), the Italian peninsula (princes and cities), and the highest continental rulers such as the European kings and princes, and the emperor.

In general, Burckard appeals directly to the pope to find a solution to a precedence conflict: he seems to limit his initiative to preparing a protocol on the basis of the ancient uses,[51] and invariably leaves to the pope or some higher member of the curia the task of deciding on sudden interferences to the old ways. For instance, when, in 1485, a dispute arose between the ambassadors of the dukes of Milan and Savoy – a dispute that Burckard defines "*diuturnal*" – the pope himself ordered that "*pro hoc mane orator ducis Mediolani locum dare debeat Sabaudiensi, et quod deinceps alternatis vicibus venirent, una die oratores Mediolani, alia Sabaudienses*". A week later, the Sabaudian ambassador took his precedence on the Milanese one, who vehemently protested (it was his day); but the Savoyard (a bishop) replied that he deserved to go first because that day he had celebrated the Mass, and the pope agreed with him. A long-lasting quarrel among equals is sorted out not by law, but by common sense; and even when an agreement has been accepted, there is always room for occasional change.[52]

Moreover, the disputes that were generated by the clash of different hierarchical systems (not only the *ordo regum* / *ordo principum* generally adopted in

[51] When in April 1492 Luigi of Aragon was expected in Rome for his wedding with Innocent VIII's daughter Battistina Cybo, Burckard writes that he based the protocol of the whole ceremony on "*antiquis libris ceremoniarum*" (Burckardi, *Liber notarum*, 1, p. 354).

[52] When, in 1493, the kings of Spain sent to Rome a new ambassador to replace Carvajal and Medina, and to swear obedience to the new pope, Alexander VI (a Spaniard himself), political convenience suggested to honour him more than usual (*ibid.*, 1, p. 424).

Rome, but also the many different hierarchies that each system of powers had produced over time) provoked in turn conflicts of competencies within the papal officials and functions. While Burckard generally referred to the pope in every situation, the pontiff did not interfere when disputes concerned the officials of the Roman curia. Finally, sometimes an ambassador himself intervened and sorted out the occasional dispute. A complicated superposition of expertise and authority is revealed in a conflict between the ambassadors of two prince-electors, the archbishops of Mainz and Cologne. In February 1492, the two Germans were disputing their respective right to enter first the main chapel: alerted, Burckard recurred to the pope, and Innocent VIII ordered him to tell the two men that they would not participate to the ceremony without making peace with each other. Once told, they went to the chapel, but started quarrelling again: "*quod ego videns*" – says Burckard – "*de mandato ss. dd. n. mandavi ambobus ut capella exirent, quod statim fecerunt*". However, at that point, Filiberto Naturelli, ambassador of Philip of Habsburg, duke of Austria and Burgundy and son of Maximilian I, intervened and assigned their place to the two ambassadors affirming that "*se in mandatis haberet ne cum oratoribus electorum imperii contenderet eos absque contentione procedere permitteret*"; that said, he followed them, still preceding "*oratores Venetorum, Mediolanenses at alios, absque illorum contradictione aliqua*". In this case, the imperial system of precedence interfered with the papal dispositions (we should remember that the problem was caused by the ambassadors of two bishops), and a brand-new hierarchy was temporarily implemented for the occasion.[53]

When the status of a prince changed and needed to be redefined accordingly, the previous order was troubled, and finding a solution could become difficult: it is the recurrent case of the ambassadors of Maximilian of Habsburg in the two delicate moments in which he was formally elected *rex Romanorum* (in 1486) and was actually confirmed by the imperial diet as such when Frederick III died in 1493. A first problem arose in 1486, as soon as the news of Maximilian's election as king of the Romans in Frankfurt arrived in Rome, because his ambassador immediately "*voluit aliorum regum oratores in Urbe existentes precedere, sed illi non premiserunt*". The matter was discussed in consistory among the pope and the cardinals, and the final decision was to wait for the official communication of the election, and then to approve it by the pope; only then "*daretur locus petitus*". The interest here lies in the fact that precedent made the rule: the whole procedure was chosen "*ad instar Caroli IIII,*

[53] *Ibid.*, 1, p. 336.

cuius litere cum pendenti imperiali sigillo fuerunt adducte".[54] This solution was repeatedly challenged though: in 1488, Maximilian's ambassadors had disputes on precedence with the Spanish ambassadors in March, and again in June. In this last occasion, the dispute involved also the Neapolitan ambassadors, and had a distinctive theatrical quality: it was the feast of the Saint Trinity, and Giorgio della Torre, Maximilian's ambassador, entered in the Sistine chapel during the solemn mass and "*posuit se ad primum locum inter oratores laicos et non prelatos*" taking advantage of the fact that the Spanish and Neapolitan ambassadors "*prius erant in capellam et genuflexi*". Those last ones immediately went looking for Burckard, told him that "*dominus Georgius super eos staret indebite*", and asked him to force della Torre to exit the chapel. Burckard did not agree "*quod tamquam illicitum facere*": he was then asked to talk to the vice-chancellor, and therefore went to him, who in turn answered that he could not deliberate on that matter. Not wanting to accept a situation that they saw as intolerable, but equally unwilling to create a scandal during the mass, Bernardino de Carvajal, bishop of Badajoz, and the Neapolitans left the chapel. The mass going on, the order was naturally restored and the ambassadors of France, Spain (a second one, the protonotary Juan Ruiz de Medina), and Maximilian's had been given the peace in the original order established by the pope ("*juxta ordinationem ss. dd. p. facta die XI aprilis*").

Sometimes verbal disputes could spiral out of control or degenerate: in May 1490, the day before the Ascension and during the *vespri*, in the Sistine chapel a general dispute on their respective positions in the chapel involved the ambassadors of the kings of Naples and Scotland, Venice, Milan, and Florence, and the dukes of Bavaria: due to this dispute, the Venetian, Milanese and Florentine ambassadors left the chapel. The pope, after the Vespers, summoned the cardinals and Burckard to discuss the matter and decided "*quod die veneris proxima Sanctitas sua factura est verbum in consistorio super huiusmodi precedentia*": in the meanwhile, the ambassadors were ordered to come to the chapel in turns to avoid them to meet. However, few days later the pope realised that the Neapolitan ambassador "*pararet arma pro veniendo ad vesperas in vigilia Pentecostes et armata manu loco suo accipiendo*": he then summoned a secret emergency meeting with the cardinals and Burckard and banned all the ambassadors from the chapel; having heard that, they finally accepted to submit to the pope's will. Peace was short, though: as the pope proclaimed *indulgentie* and *quadragesime* and wrote to all the Christian

[54] *Ibid.*, 1, p. 152.

princes inviting them to send to Rome their ambassadors for that reason, a general crisis exploded again. We will not go through all the phases of the following negotiations: what is interesting here is the apparently uncontrollable broadening of a first dispute and the potentially dangerous intersection of extremely intricate different layers of rank and self-representation.

Burckard has often to explain and articulate his decisions in front of two ambassadors resolutely refusing to give the other any precedence over him. In January 1487, a dispute arose between the Spanish ambassador, don Iñigo López de Mendoza y Quiñones, count of Tendilla, and Roberto of Sanseverino, prince of Salerno: the Spaniard affirmed his superior rank based on the fact that he was personally more powerful than Sanseverino, and the ambassador of a king. Burckard did not accept this version because "*nos divitias et potentiam non attendere oportere, sed titulos dignitatis*", and, according to titles, a prince should always precede a count. When the *vicecancellarius* and the cardinal of Angers took the part of the Spaniard and suggested to ask the pope, Burckard for once had a sudden surge of professional pride and answered "*si papa pro comite, quis pro iustitia erit?*"[55] An orderly protocol on precedence was based on a sophisticated evaluation of the nature and meaning of rank and the final hierarchy was therefore a matter of justice: even the pope should not go against justice.

6. *Some Conclusive Remarks*

Burckard does not talk about what – for a traditional political historian – is the flesh and blood of diplomacy and fills *ad abundantiam* the ambassadors' letters, that is the proper *entretien*, which is confidential and non-ritualised *per se*: the negotiation performed after the ritual part was done, the dialogue between the diplomatic agents, the pope and eventually few other officials or loyal servants of the pope about the reasons that prompted a prince or a city to send an ambassador to the Roman curia are missing. Diplomatic correspondences and diaries written by the papal masters of ceremonies were clearly different texts, focussing on – or writing in different way of – different matters

[55] *Ibid.*, 1, p. 179. On fallibility and the difficulty of dealing with divergent instructions, see A. Paravicini Bagliani, "Le pape peut-il tomber dans l'erreur? À propos du rituel de canonisation au Moyen Âge", in: *Errors and Mistakes: A Cultural History of Fallibility*, ed. M. Cadebusch Bondio and A. Paravicini Bagliani (Florence, 2012: *Micrologus Library* 49), pp. 147-162, in particular pp. 159-160.

related to diplomacy. What is crucial is that they were both trying to cope with change in diplomatic practices and political reality. According to Fletcher, the main point is residency: resident ambassadors' permanent stay at the curia forced Burckard and Grassi to give them an increasing space in Roman rituals. Actually, if we move the focus from the – maybe overestimated – figure of the resident ambassador to the general picture – that is the process by which an inclusive communication and negotiation network increasingly established itself as the main way of dealing peacefully with conflicts – it looks plausible to say even more than this. The Roman ritual system adapted itself to the new Roman political society made of international actors continuously arriving and gathering around the pope and the curia, and to the growing need to deal with a multilayered and changing system of polities and powers. The process of political decision-making was increasingly dealt with by discussing news and events in an enlarged political elite including not only the inner circle of cardinals, the palatine prelates and the officials of the curia, but also what I have labelled above as 'outsiders' (princes, aristocrats, and ambassadors). Such an innovative way of dealing with expected and unexpected events implied the massive increase in interactions among diverse actors in front of the pope, and consequently the need for more effective and comprehensive instruments to regulate, order and discipline them. Such an effort could explain the high experimentalism both of texts and rituals in the final decades of the fifteenth and the early decades of the sixteenth century.

In this sense, the *Liber notarum* is a precious source for investigating the change in diplomacy and in ritual, and in recording and ordering both. The mixed nature of Burckard's text allows him not only to enunciate a rule but also to seize the process of the dynamic building of a formal order out of a constant dialectic between tradition and disorder.[56] The flexible and hybrid genre of the diary, which appears in its first, broad form with Burckard in the same years in which the reordering of the ancient uses, rules, and books for the papal rites and ceremonies took the terse, concise and organised form of Patrizi Piccolomini's *Caeremoniale Romanum*, replaced the *ordines* or *libri ceremoniarum* as the written space in which the tension between reality and rule could freely express itself.[57]

[56] Visceglia, *La città rituale*, p. 10.

[57] Such tension traverses the whole period and resurfaces also in other texts: for instance, in de Grassi's treatise on ambassadors, in which the systematic frame is stretched here and there by the insertion of real cases and historical episodes.

Die Berichte der Generalprokuratoren des Deutschen Ordens an der Kurie des 14. und 15. Jahrhunderts: Überlegungen zu den Quellen

GABRIELE ANNAS

Ende des 12. Jahrhunderts war mit dem Deutschen Orden (*Ordo fratrum domus Sanctae Mariae Teutonicorum Ierosolimitanorum*) der dritte der großen geistlichen Ritterorden im Heiligen Land – nach den Templern und den Johannitern – gegründet worden.[1] Offenbar schon im frühen 13. Jahr-

[1] Nicht zuletzt aufgrund der insgesamt ausgesprochen günstigen Quellensituation gehört die mittelalterliche Geschichte des Deutschen Ordens zu jenen Forschungsfeldern, die vor allem in der deutsch- und polnischsprachigen Forschung intensiv erschlossen und ausgeleuchtet wurden. Aus dem breiten Spektrum an Einzelstudien und Gesamtdarstellungen zu diesem Themenkomplex seien daher nur einige allgemeine Publikationen vor allem der jüngeren Zeit genannt, die zugleich weiterführende Literaturhinweise enthalten: M. TUMLER, *Der Deutsche Orden im Werden, Wachsen und Wirken bis 1400 mit einem Abriß der Geschichte des Ordens von 1400 bis zur neuesten Zeit* (Wien und Montreal, 1955); H.H. HOFMANN, *Der Staat des Deutschmeisters: Studien zu einer Geschichte des Deutschen Ordens im Heiligen Römischen Reich Deutscher Na-*

Stilus – modus – usus: Regeln der Konflikt- und Verhandlungsführung am Papsthof des Mittelalters – Rules of Negotiation and Conflict Resolution at the Papal Court in the Middle Ages, ed. Jessika NOWAK and Georg STRACK, *Utrecht Studies in Medieval Literacy*, 44 (Turnhout: Brepols, 2019), pp. 293-314.

BREPOLS PUBLISHERS DOI 10.1484/M.USML-EB.5.117714

hundert (vielleicht bereits um 1220) ist an der römischen Kurie ein bevollmächtigter Vertreter des Deutschen Ordens nachzuweisen, während der Titel eines Generalprokurators (*procurator generalis*) des Deutschen Ordens selbst erstmals 1257 – für Johannes von Capua († wohl 1270) – quellenmäßig belegt

tion (München, 1964: *Studien zur bayerischen Verfassungs- und Sozialgeschichte* 3); *Acht Jahrhunderte Deutscher Orden in Einzeldarstellungen: Festschrift zu Ehren Sr. Exzellenz P. Dr. Marian Tumler O. T. anlässlich seines 80. Geburtstages*, ed. K. Wieser O. T. ([Bonn-]Bad Godesberg, 1967: *Quellen und Studien zur Geschichte des Deutschen Ordens* 1); *Von Akkon bis Wien: Studien zur Deutschordensgeschichte vom 13. bis zum 20. Jahrhundert. Festschrift zum 90. Geburtstag von Althochmeister P. Dr. Marian Tumler O. T. am 21. Oktober 1977*, ed. U. Arnold (Marburg, 1978: *Quellen und Studien zur Geschichte des Deutschen Ordens* 20); U. Arnold, "Entstehung und Frühzeit des Deutschen Ordens: Zu Gründung und innerer Struktur des Deutschen Hospitals von Akkon und des Ritterordens in der ersten Hälfte des 13. Jahrhunderts", in: *Die geistlichen Ritterorden Europas*, ed. J. Fleckenstein und M. Hellmann (Sigmaringen, 1980: *Vorträge und Forschungen* 26), pp. 81-107; *Der Deutschordensstaat Preußen in der polnischen Geschichtsschreibung der Gegenwart*, ed. U. Arnold und M. Biskup (Marburg, 1982: *Quellen und Studien zur Geschichte des Deutschen Ordens* 30); K. Neitmann, *Die Staatsverträge des Deutschen Ordens in Preußen 1230-1449: Studien zur Diplomatie eines spätmittelalterlichen deutschen Territorialstaates* (Köln und Wien, 1986: *Neue Forschungen zur brandenburg-preußischen Geschichte* 6); *800 Jahre Deutscher Orden: Ausstellung des Germanischen Nationalmuseums Nürnberg in Zusammenarbeit mit der Internationalen Historischen Kommission zur Erforschung des Deutschen Ordens. Germanisches Nationalmuseum 30.6.-30.9.1990. Ausstellungskatalog*, ed. G. Bott und U. Arnold (Gütersloh und München, 1990); H. Boockmann, *Der Deutsche Orden: Zwölf Kapitel aus seiner Geschichte* (München, 1994^{4}); id., *Ostpreußen und Westpreußen* (Berlin, 1995^{3}: *Deutsche Geschichte im Osten Europas* [1]), bes. pp. 11-254; M. Biskup und G. Labuda, *Die Geschichte des Deutschen Ordens in Preußen: Wirtschaft – Gesellschaft – Staat – Ideologie* (Osnabrück, 2000: *Deutsches Historisches Institut Warschau: Klio in Polen* 6); *Der Deutsche Orden in Europa*, mit Beiträgen von U. Arnold, O. Engels, H. Houben, K. Militzer, S. Weinfurter, D.J. Weiss (Göppingen, 2004: *Schriften zur staufischen Geschichte und Kunst*, ed. Gesellschaft für staufische Geschichte e. V. 23); K. Militzer, *Die Geschichte des Deutschen Ordens* (Stuttgart, 2005); D. Buschinger und M. Olivier, *Les Chevaliers teutoniques* (Paris, 2007); S. Gouguenheim, *Les Chevaliers teutoniques* (Paris, 2007); D.J. Weiss, "Deutscher Orden: Politische Geschichte (Mittelalter)" (publiziert am 01.03.2010), in: *Historisches Lexikon Bayerns*, URL: <http://www.historisches-lexikon-bayerns.de/Lexikon/Deutscher Orden: Politische Geschichte (Mittelalter)> (30.04.2017); J. Sarnowsky, *Der Deutsche Orden* (München, 2012^{2}); K. Militzer, *Zentrale und Region: Gesammelte Beiträge zur Geschichte des Deutschen Ordens in Preussen, Livland und im Deutschen Reich aus den Jahren 1968 bis 2008* (Weimar, 2015: *Quellen und Studien zur Geschichte des Deutschen Ordens* 75. *Veröffentlichungen der Internationalen Historischen Kommission zur Erforschung des Deutschen Ordens* 13). Zu den Beziehungen des Deutschen Ordens zur römischen Kurie in der Frühen Neuzeit: B. Demel, "Das Verhältnis des Deutschen Ordens zu den Päpsten und zur römischen Kurie vom 16. bis zum Beginn des 19. Jahrhunderts", in: id., *Der Deutsche Orden einst und jetzt: Aufsätze zu seiner mehr als 800jährigen Geschichte*, ed. F. Vogel (Frankfurt am Main *et al.*, 1999: *Europäische Hochschulschriften: Reihe III. Geschichte und ihre Hilfswissenschaften* 848), pp. 212-302.

ist.[2] Unmittelbar dem Hochmeister des Deutschen Ordens unterstellt, übernahm der mit einem allgemeinen *mandatum* oder *procuratorium* ausgestattete Generalprokurator nicht nur die Vertretung der Interessen des Ordens in seiner Gesamtheit, sondern auch der persönlichen Anliegen einzelner Ordensangehöriger.[3] Verschiedentlich ist darüber hinaus die diplomatische Tätigkeit weiterer Gesandtschaften des Hochmeisters oder anderer Ordensmitglieder am päpstlichen Hof zu beobachten, die bisweilen auch – wie im Falle des Deutschmeisters geschehen – in Konkurrenz zum kurialen Auftreten des Generalprokurators stehen konnte.[4]

Als kundige und erfahrene Vermittler zwischen Papsttum und Deutschem Orden waren die Generalprokuratoren nicht nur mit den kurialen Behörden und

[2] Zu Johannes von Capua O. T. und seiner Tätigkeit für den Deutschen Orden: *Die Berichte der Generalprokuratoren des Deutschen Ordens an der Kurie*, vol. 1: *Die Geschichte der Generalprokuratoren von den Anfängen bis 1403*, ed. K. FORSTREUTER (Göttingen, 1961: *Veröffentlichungen der Niedersächsischen Archivverwaltung* 12), pp. 52-62, pp. 164-167 (Exkurs I), p. 401 s. v. Capua, Johann; F. DELLE DONNE, "Giovanni da Capua", in: *Dizionario Biografico degli Italiani* 55 (2000), pp. 759-761 (mit weiterführender Literatur).

[3] Grundlegend zu den Generalprokuratoren des Deutschen Ordens: *Die Berichte der Generalprokuratoren des Deutschen Ordens an der Kurie*, 1, pp. 7-169 (für die Jahrzehnte bis 1403); J.-E. BEUTTEL, *Der Generalprokurator des Deutschen Ordens an der römischen Kurie: Amt, Funktionen, personelles Umfeld und Finanzierung* (Marburg, 1999: *Quellen und Studien zur Geschichte des Deutschen Ordens* 55). Hierzu auch: K. FORSTREUTER, *Der Deutsche Orden am Mittelmeer* (Bonn[-Bad Godesberg], 1967: *Quellen und Studien zur Geschichte des Deutschen Ordens* 2), bes. pp. 157-187; W. URBAN, "The diplomacy of the Teutonic Knights at the curia", *Journal of Baltic Studies* 9 (1978), pp. 116-128. Zu den Generalprokuratoren (auch anderer Orden) an der römischen Kurie allgemein: A. SOHN, "Mittler zwischen Papsttum und Orden: Zu den Generalprokuratoren in Rom", in: *Rom und das Reich vor der Reformation*, ed. N. STAUBACH (Frankfurt am Main, 2004: *Tradition – Reform – Innovation: Studien zur Modernität des Mittelalters* 7), pp. 71-90. Mit exemplarischen Studien zu einzelnen Generalprokuratoren: H. KOEPPEN, "Peter von Wormditt, Gesandter des Deutschen Ordens am päpstlichen Hof 1403-1419", in: *Das Preußenland als Forschungsaufgabe: Eine europäische Region in ihren geschichtlichen Bezügen. Festschrift für Udo Arnold zum 60. Geburtstag gewidmet von den Mitgliedern der Historischen Kommission für ost- und westpreußische Landesforschung*, ed. B. JÄHNIG und G. MICHELS (Lüneburg, 2000: *Einzelschriften der historischen Kommission für ost- und westpreußische Landesforschung* 20), pp. 17-36; ID., "Peter von Wormditt und die Edition der Berichte der Generalprokuratoren des Deutschen Ordens an der Kurie", in: *Die Berichte der Generalprokuratoren des Deutschen Ordens an der Kurie: Personen- und Ortsindex sowie Ergänzungen zum 4. Band (1429-1436)*, ed. B. JÄHNIG. Personen- und Ortsindex bearbeitet von J.-E. BEUTTEL (Köln, Weimar und Wien, 2006: *Veröffentlichungen aus den Archiven Preußischer Kulturbesitz* 58), pp. 28-52; C. SCHUCHARD, "Rom und die päpstliche Kurie in den Berichten des Deutschordens-Generalprokurators Jodocus Hogenstein (1448-1468)", *Quellen und Forschungen aus italienischen Archiven und Bibliotheken* 72 (1992), pp. 54-122.

[4] Vgl. SCHUCHARD, "Rom und die päpstliche Kurie", pp. 60-61.

dem dortigen Geschäftsgang im engeren Sinne eines regelgebundenen *stilus curiae* bestens vertraut, sondern kannten (und bedienten – sofern möglich) gewiss auch die spezifischen (informellen) "Spielregeln" einer erfolgreichen Konflikt- und Verhandlungsführung am päpstlichen Hof des späteren Mittelalters. Eine derartige Annahme legen zumindest die spätestens seit dem ausgehenden 14. Jahrhundert vermehrt überlieferten, das kuriale Geschehen nicht selten detailreich dokumentierenden Berichte der Generalprokuratoren an die Hochmeister des Deutschen Ordens nahe. In den insgesamt mehr als 1000 aus dem 13. bis frühen 16. Jahrhundert erhaltenen Schriftstücken entfaltet sich ein reiches Quellenmaterial zur Geschichte dieses geistlichen Ritterordens am päpstlichen Hof des späteren Mittelalters, das in den betreffenden prokuratorischen Schilderungen vielfältige Hinweise auf das "Setting" kurialer Wissensordnungen im Sinne des *stilus curiae* enthält. Die Jahrzehnte des avignonesischen Papsttums werden ebenso erfasst wie die Zeit des Großen Abendländischen Schismas (Bologna, Rom), die Jahre der Generalkonzilien in Konstanz und Basel ebenso wie die Frühzeit des römischen Renaissance-Papsttums. Entsprechend konstituiert der weite zeitliche und räumliche Horizont des hier breit aufgefächerten kurialen Lebens ausgesprochen günstige Rahmenbedingungen nicht nur für die makrohistorische Untersuchung struktureller Konstanten und längerfristiger Wandlungen kurialer "Spielregeln", sondern auch für die mikrohistorische Betrachtung kommunikativer und sozialer Praktiken einzelner Akteure im Kontext ausgewählter Fallstudien.[5]

1. Überlieferungssituation – Editionen – Forschungsansätze

Die Berichte der Generalprokuratoren des Deutschen Ordens werden heute im Geheimen Staatsarchiv Preußischer Kulturbesitz Berlin-Dahlem unter der Signatur "XX. HA (Hauptabteilung) Historisches Staatsarchiv Königsberg"[6] im

[5] Zum Vergleich – mit einem guten Überblick über die gesandtschaftliche Korrespondenz in der Habsburgermonarchie des 16. bis 18. Jahrhunderts: *Quellenkunde der Habsburgermonarchie (16.-18. Jahrhundert): Ein exemplarisches Handbuch*, ed. J. PAUSER, M. SCHEUTZ und T. WINKELBAUER (Wien und München, 2004: *Mitteilungen des Instituts für Österreichische Geschichtsforschung*, Ergänzungsband 44), vor allem die Beiträge von J.P. NIEDERKORN (pp. 94-107), B. BASTL (pp. 801-812), T. WALLNIG (pp. 813-827) sowie F. EDELMAYER (pp. 849-859).

[6] Zum Preußischen Staatsarchiv in Königsberg als dem ursprünglichen und langjährigen Aufbewahrungsort der Berichte der Generalprokuratoren des Deutschen Ordens immer noch grundlegend: K. FORSTREUTER, *Das Preußische Staatsarchiv in Königsberg: Ein geschichtlicher Rückblick mit einer Übersicht über seine Bestände* (Göttingen, 1955: *Veröffentlichungen der Niedersächsischen Archivverwaltung* 3), zum Deutschordensarchiv bes. pp. 11-22.

Bestand "Ordensbriefarchiv" (OBA) aufbewahrt.[7] Im Wesentlichen die Korrespondenz der Ordensleitung mit auswärtigen Mächten sowie mit Personen und Stellen im Landesinnern umfassend,[8] enthält der Bestand mehr als 29000 chronologisch geordnete Schriftstücke – insgesamt 29448 Verzeichnungseinheiten (VE) – aus den Jahren 1198 bis 1525, die über das von Erich Joachim und Walther Hubatsch in den Jahren 1948 bis 1973 publizierte einschlägige Regestenwerk entsprechend erschlossen sind.[9] Diese *Regesta historico-diplomatica Ordinis Sanctae Mariae Theutonicorum* bilden die zunächst wichtigste Grundlage für eine systematische Erfassung der Berichte der Generalprokuratoren an der päpstlichen Kurie. Die Gegenüberlieferung – mit den ausgefertigten Schreiben des Hochmeisters an den Generalprokurator – ist hingegen "mit dem größten Teil des Archivs der Deutschordens-Vertretung in Rom verloren gegangen".[10] Neben den im Ordensbriefarchiv verschiedentlich überlieferten Konzepten kann sie jedoch nicht zuletzt über die im Berliner Geheimen Staatsarchiv Preußischer Kulturbesitz im Bestand "Ordensfolianten Hochmeisterkanzlei" (OF HMK) aufbewahrten älteren Briefregister der Hochmeisterkanzlei bzw. Hochmeister-Registranten zumindest teilweise erschlossen werden: für die Jahre 1389 bis 1409 (OF 2a, 2c und 3), 1412 bis 1413 (OF 6), 1433 bis

[7] Zu den einzelnen Beständen der XX. Hauptabteilung des Geheimen Staatsarchivs Preußischer Kulturbesitz in Berlin-Dahlem: H. Koeppen, "Das Archiv des Deutschen Ordens in Preußen, seine Bestände und seine wissenschaftliche Bedeutung", *Jahrbuch der Stiftung Preußischer Kulturbesitz Berlin* 4 (1966), pp. 172-187; J. Sarnowsky, "Die Quellen zur Geschichte des Deutschen Ordens in Preußen", in: *Edition deutschsprachiger Quellen aus dem Ostseeraum (14.-16. Jahrhundert)*, ed. M. Thumser, J. Tandecki und D. Heckmann (Toruń, 2001), pp. 171-199, hier pp. 173-184; id., "Das Historische Staatsarchiv Königsberg und die Erschließung seiner Bestände", in: *Das "Virtuelle Archiv des Deutschen Ordens": Beiträge einer internationalen Tagung im Staatsarchiv Ludwigsburg am 11. und 12. April 2013*, ed. M.M. Rückert (Stuttgart, 2014), pp. 93-105.

[8] Darüber hinaus enthält der betreffende Bestand Verwaltungsschriftgut des Deutschen Ordens (sofern nicht als Amtsbuch verortet), insbesondere Aufzeichnungen zu finanziellen und wirtschaftlichen Angelegenheiten der Ordensgemeinschaft.

[9] *Regesta historico-diplomatica Ordinis S. Mariae Theutonicorum 1198-1525*, Pars I: *Index Tabularii Ordinis S. Mariae Theutonicorum: Regesten zum Ordensbriefarchiv*, ed. E. Joachim und W. Hubatsch, 3 vols. (Göttingen, 1948-1973); *Regesta historico-diplomatica Ordinis S. Mariae Theutonicorum 1198-1525*, Pars II: *Regesta Privilegiorum Ordinis S. Mariae Theutonicorum: Regesten der Pergament-Urkunden aus der Zeit des Deutschen Ordens*, ed. E. Joachim und W. Hubatsch (Göttingen, 1948); *Regesta historico-diplomatica Ordinis S. Mariae Theutonicorum 1198-1525*, ed. E. Joachim und W. Hubatsch, Register zu Pars I und Pars II (Göttingen, 1965).

[10] H. B[oockmann]., in: *800 Jahre Deutscher Orden*, ed. Bott und Arnold, p. 90 (II.5.5. Brief des Hochmeisters Konrad von Jungingen an den Generalprokurator des Ordens); vgl. Schuchard, "Rom und die päpstliche Kurie", p. 56, n. 6.

1438 (OF 13), 1446 bis 1452 (OF 16 und 17) sowie 1473 bis 1498 (OF 18b und 18d).[11]

[11] Gemäß den Überlegungen Kurt Forstreuters war die mittelalterliche Tradition der (Brief-)Registerführung des Deutschen Ordens allerdings in der Mitte des 15. Jahrhunderts "allmählich" ausgeklungen und schließlich "kurz nach Beginn des Jahres 1452" abgerissen. Erst am Übergang zum 16. Jahrhundert – unter Hochmeister Friedrich von Sachsen (1498-1510) – sollte eine geordnete neue Registerführung in der zentralen Kanzlei des Deutschen Ordens einsetzen; K. FORSTREUTER, "Zur Frage der Registerführung in der zentralen Deutschordenskanzlei", *Archivalische Zeitschrift* 52 (1956), pp. 49-61, bes. pp. 59-61 (Zitate: p. 59). Zu den älteren Briefregistern der zentralen Kanzlei des Deutschen Ordens mit Abschriften der ausgehenden Schreiben: Berlin, Geheimes Staatsarchiv Preußischer Kulturbesitz, XX. HA, OF HMK, Nr. 2a (Registrant: 1389 April bis 1393 Juli [Nachtrag 1395]), Nr. 2c (Registrant: [1382] 1394 Oktober bis 1401 März), Nr. 3 (Registrant der Hochmeister Konrad und Ulrich von Jungingen: [1396] 1401 Februar bis 1408 November [1409]), Nr. 6 (Registrant des Hochmeisters Heinrich von Plauen: 1412 November bis 1413 Dezember [1414]), Nr. 13 (Registrant des Hochmeisters Paul von Rusdorf: [1426] 1433 Januar bis 1438 September [1439]), Nr. 16 (Registrant des Hochmeisters Konrad von Erlichshausen: 1446 Februar bis 1448 September), Nr. 17 (Registrant des Hochmeisters Konrad von Erlichshausen: 1448 September bis 1452 Februar [1455]), Nr. 18b (Allerlei Missive: 1473 bis 1498 mit Entwürfen von Briefen) und Nr. 18d (Fragment eines Registranten aus der Zeit des Hochmeisters Heinrich von Richtenberg: 1473-1474). Zur editorischen Erschließung der älteren Briefregister des Deutschen Ordens: *Regesten zu den Briefregistern des Deutschen Ordens: die Ordensfolianten 2a, 2aa und Zusatzmaterial. Mit einem Nachdruck von Kurt Lukas: Das Registerwesen der Hochmeister des Deutschen Ritterordens, maschinenschriftl. Phil. Diss. Königsberg 1921*, ed. S. KUBON und J. SARNOWSKY (Göttingen, 2012: *Beihefte zum Preußischen Urkundenbuch* 1), pp. 13-77 mit umfassenden einleitenden Ausführungen. Zu den Hochmeister-Registranten Nr. 5 (1410 bis 1414), Nr. 8 (1414 Januar bis 1417 Juli [1418]), Nr. 9 ([1321] 1414 bis 1416), Nr. 10 (1417 September bis 1419 Dezember) und Nr. 11 ([1419] 1420 Januar bis 1422 März) aus der Zeit der Hochmeister Heinrich von Plauen (1410-1413) und Michael Küchmeister (1414-1422), die zu den Verlusten des Zweiten Weltkriegs gehören und – abgesehen von wenigen edierten Stücken – heute vor allem durch Kurzregesten in den Findbüchern 65 und 66 der XX. Hauptabteilung (Historisches Staatsarchiv Königsberg) des Geheimen Staatsarchivs Preußischer Kulturbesitz in Berlin-Dahlem dokumentiert sind: *Regesten zu den Briefregistern des Deutschen Ordens II: die Ordensfolianten 8, 9 und Zusatzmaterial. Mit einem Anhang: Die Abschriften aus den Briefregistern des Folianten APG 300, R/Ll, 74*, ed. S. KUBON, J. SARNOWSKY und A. SOUHR-KÖNIGHAUS (Göttingen, 2014: *Beihefte zum Preußischen Urkundenbuch* 2), mit den einleitenden Bemerkungen pp. 9-27; M. PELECH, "Der verlorene Ordensfoliant 5 (früher Hochmeister-Registrant II) des Hist. Staatsarchivs Königsberg, mit Regesten (nach Rudolf Philippi und Erich Joachim)", in: *Beiträge zur Geschichte des Deutschen Ordens*, ed. U. ARNOLD, vol. 1 (Marburg, 1986: *Quellen und Studien zur Geschichte des Deutschen Ordens* 36. *Veröffentlichungen der Internationalen Historischen Kommission zur Erforschung des Deutschen Ordens* 1), pp. 123-180; vgl. hierzu: SARNOWSKY, "Quellen zur Geschichte des Deutschen Ordens", pp. 176-177. Ergänzend zur Überlieferung der verschollenen Ordensfolianten 8, 9, 10 und 11 (und weiteren Archivalien vor allem aus dem Staatsarchiv Königsberg): S. EKDAHL, "Archivalien zur Geschichte Ost- und Westpreußens in Wilna, vornehmlich aus den Beständen des Preußischen Staatsarchivs Königsberg", *Preußenland* 30 (1992), pp. 41-55, hier pp. 46-47.

In diesem Zusammenhang ist zugleich auf die vor knapp zwei Jahrzehnten einsetzenden Bemühungen um eine auch digitale Erschließung der archivalischen Überlieferung des Deutschen Ordens zu verweisen. Beispielhaft seien an dieser Stelle nur drei Projekte genannt: (1) die Digitalisierung der Urkunden des Zentralarchivs des Deutschen Ordens (DOZA) in Wien;[12] (2) das in den Jahren 2008 bis 2014 unter der Leitung von Jürgen Sarnowsky an der Universität Hamburg durchgeführte DFG-Projekt zur *Erschließung und virtuelle*[*n*] *Rekonstruktion der älteren Register der Kanzlei des Deutschen Ordens*;[13] (3) *Das virtuelle Preußische Urkundenbuch. Regesten und Texte zur Geschichte Preußens und des Deutschen Ordens* – ein Projekt der Arbeitsstelle für die digitale Edition mittelalterlicher Quellen des Zentrums *Geisteswissenschaften in der digitalen Welt* an der Universität Hamburg in Kooperation mit der Historischen Kommission für ost- und westpreußische Landesforschung. Als eine virtuelle Fortsetzung des bislang nur bis 1371 geführten Preußischen Urkundenbuchs konzipiert, werden hier bereits seit 1999 gedruckte und ungedruckte Quellen zur Geschichte Preußens und des Deutschen Ordens (bis 1525) digital erschlossen.[14]

[12] Die betreffenden Urkunden können über das Internetportal "monasterium.net" eingesehen werden: http://monasterium.net/mom/AT-DOZA/Urkunden/fond (30.04.2017). Zu den Beständen des Zentralarchivs des Deutschen Ordens in Wien allgemein: U. ARNOLD, "Das Zentralarchiv des Deutschen Ordens in Wien: Entstehung, Urkundenbestände, Forschungsgrundlage", in: *Das "Virtuelle Archiv des Deutschen Ordens"*, ed. RÜCKERT, pp. 57-65.

[13] Mit entsprechenden Angaben zu diesem Forschungsprojekt: https://www.geschichte.uni-hamburg.de/arbeitsbereiche/mittelalter/forschung/projekte/dfg3.html (30.04.2017).

[14] Zu diesem bereits seit 1999 laufenden Projekt: http://www.spaetmittelalter.uni-hamburg.de/Urkundenbuch/ (30.04.2017). Siehe hierzu auch: B. JÄHNIG, "Die Fortführung des Preußischen Urkundenbuchs – Neue Überlegungen", in: *Quellenvielfalt und editorische Methoden*, ed. M. THUMSER und J. TANDECKI (Toruń, 2003: *Publikationen des Deutsch-Polnischen Gesprächskreises für Quellenedition* 2), pp. 207-216; J. SARNOWSKY, "Das virtuelle Preußische Urkundenbuch – neue Wege der Kooperation für Internet-Editionen", *Beiträge zur Geschichte Westpreußens* 19 (2004), pp. 257-266; J. LACZNY, "Das 'Virtuelle Preußische Urkundenbuch': Eine Zwischenbilanz", in: *Das "Virtuelle Archiv des Deutschen Ordens"*, ed. RÜCKERT, pp. 106-112. Zu den Quellen und Quelleneditionen zur Geschichte des Deutschen Ordens allgemein: *Edition deutschsprachiger Quellen aus dem Ostseeraum (14.-16. Jahrhundert)*, ed. THUMSER, TANDECKI und HECKMANN, hier vor allem die Beiträge von J. SARNOWSKY (pp. 171-199), J. TANDECKI (pp. 201-212), R. CZAJA (pp. 213-227), K. NEITMANN (pp. 259-280) und C. SCHUCHARD (pp. 281-287). Zur Idee eines "Virtuellen Archivs des Deutschen Ordens" mit der Zusammenführung von Archivalien zur Geschichte des Deutschen Ordens im Internet: M.M. RÜCKERT, "Das 'Virtuelle Archiv des Deutschen Ordens'", in: *Das "Virtuelle Archiv des Deutschen Ordens"*, ed. RÜCKERT, pp. 6-14.

Unter der Leitung der niedersächsischen Archivverwaltung, zu deren Zuständigkeitsbereich das Staatliche Archivlager in Goslar (ab 1953 in Göttingen) mit den erhaltenen Beständen des Staatsarchivs Königsberg gehörte, war nach dem Zweiten Weltkrieg – zu Beginn der fünfziger Jahre – mit den Planungen zu einer Edition der Berichte der Generalprokuratoren des Deutschen Ordens begonnen worden.[15] Bereits zuvor hatte Erich Weise im Rahmen eines 1949 vorgelegten Gutachtens über "Das Staatsarchiv Königsberg, seine Bedeutung für die deutsche und europäische Wissenschaft", das im Zusammenhang mit den von Deutschland erhobenen Ansprüchen auf die dortigen archivalischen Bestände erarbeitet worden war, nochmals die historiographische Bedeutung der Prokuratorenberichte eindrücklich hervorgehoben: "Die Beziehungen zur römischen Kurie spiegeln sich in unvergleichlicher Weise in den Berichten der Ordensprokuratoren aus Rom, der ersten ständigen Gesandten Europas. Dieser Quellenstoff ist also einzigartig in jener frühen Zeit und noch nicht im Entferntesten ausgeschöpft".[16] In den Jahren 1960 und 1961 konnten schließlich die beiden ersten von Kurt Forstreuter und Hans Koeppen bearbeiteten Bände zu den *Berichte*[*n*] *der Generalprokuratoren des Deutschen Ordens an der Kurie* im Druck vorgelegt werden: Während Band 1 die *Geschichte der Generalprokuratoren von den Anfängen bis 1403* thematisiert und eine Auswahledition dokumentarischer Quellen aus den Jahren 1220 bis 1403 über den Deutschen Orden an der päpstlichen Kurie präsentiert, dokumentiert Band 2 den Briefwechsel des Generalprokurators Peter von Wormditt (1403-1419), der am Beginn einer bis in die zweite Hälfte des 15. Jahrhunderts intensiv geführten Korrespondenz zwischen den Vertretern des Deutschen Ordens am päpstlichen

[15] Zu diesem Editionsprojekt und seiner Geschichte ausführlich: B. JÄHNIG, "Die Berichte der Generalprokuratoren des Deutschen Ordens an der Kurie – Geschichte einer Edition", in: *Die Berichte der Generalprokuratoren des Deutschen Ordens an der Kurie: Personen- und Ortsindex sowie Ergänzungen zum 4. Band (1429-1436)*, ed. JÄHNIG, pp. 1-27; C. SCHUCHARD, "Die Berichte der Generalprokuratoren des Deutschen Ordens an der Kurie", in: *Edition deutschsprachiger Quellen aus dem Ostseeraum (14.-16. Jahrhundert)*, ed. THUMSER, TANDECKI und HECKMANN, pp. 281-287; KOEPPEN, "Das Archiv des Deutschen Ordens in Preußen", pp. 180-181; ID., "Peter von Wormditt, Gesandter des Deutschen Ordens", pp. 19-20.

[16] E. WEISE, "Das Staatsarchiv Königsberg, seine Bedeutung für die deutsche und europäische Wissenschaft", in: *Zwei Gutachten über die Archive des Deutschen Ordens sowie des altpreußischen Herzogtums: Völkerrechtliches Gutachten*, vorgelegt von H. KRAUS. *Historisch-archivalisches Gutachten*, vorgelegt von E. WEISE (Göttingen, 1949: *Akademie der Wissenschaften in Göttingen*), pp. 13-32, hier p. 21. Vgl. *Die Berichte der Generalprokuratoren des Deutschen Ordens an der Kurie*, vol. 2: *Peter von Wormditt (1403-1419)*, ed. H. KOEPPEN (Göttingen, 1960: *Veröffentlichungen der Niedersächsischen Archivverwaltung* 13), p. 27, n. 2; KOEPPEN, "Peter von Wormditt, Gesandter des Deutschen Ordens", pp. 19-21.

Hof und der Ordensleitung stehen sollte.[17] Mit den 1966/1971 bzw. 1973/1976 in jeweils zwei Teilen erschienenen Bänden 3 und 4, die den Briefwechsel der Generalprokuratoren Johann Tiergart (1419-1428) und Kaspar Stange von Wandofen (1429-1433) sowie des als Substitut 1433 (bis 1437) eingesetzten Johann Niklosdorf enthalten, wurde diese materialreiche Quellenedition zumindest bis 1436 fortgeführt.[18] Für das spätere Mittelalter insgesamt ist zudem auf das bis 1914 in zwei Abteilungen mit insgesamt 15 Bänden erschienene *Liv-, est- und kurländische Urkundenbuch* hinzuweisen, das die einschlägigen Quellen – Urkunden und Briefe – zur livländischen Geschichte (und damit auch zur Geschichte des dortigen einflussreichen Ordenszweigs) vom ausgehenden 12. Jahrhundert bis 1510 erschließt, darunter auch eine Reihe bemerkenswerter Berichte der römischen Generalprokuratoren aus den Jahren nach 1436.[19]

[17] Für die 17-jährige Amtszeit des Peter von Wormditt konnten beispielsweise insgesamt 195 Schreiben – 136 tatsächlich überlieferte sowie weitere 59 durch Erwähnungen erschlossene – nachgewiesen werden; allein aus der Zeit des Konstanzer Konzils (1414-1418) sind insgesamt 127 Berichte dokumentiert, darunter 41 aus dem Jahr 1418; vgl. *Die Berichte der Generalprokuratoren des Deutschen Ordens an der Kurie*, 2, p. 45; KOEPPEN, "Peter von Wormditt, Gesandter des Deutschen Ordens", p. 20, p. 24; H. B[OOCKMANN], in: *800 Jahre Deutscher Orden*, ed. BOTT und ARNOLD, p. 90 (II.5.5. Brief des Hochmeisters Konrad von Jungingen an den Generalprokurator des Ordens).

[18] *Die Berichte der Generalprokuratoren des Deutschen Ordens an der Kurie*, vol. 3.1-2: *Johann Tiergart (1419-1428)*, ed. H. KOEPPEN (Göttingen, 1966-1971: *Veröffentlichungen der Niedersächsischen Archivverwaltung* 21 und 29); *Die Berichte der Generalprokuratoren des Deutschen Ordens an der Kurie*, vol. 4.1-2: *1429-1436*, ed. K. FORSTREUTER und H. KOEPPEN (Göttingen, 1973-1976: *Veröffentlichungen der Niedersächsischen Archivverwaltung* 32 und 37). Ergänzend: *Die Berichte der Generalprokuratoren des Deutschen Ordens an der Kurie: Personen- und Ortsindex sowie Ergänzungen zum 4. Band (1429-1436)*, ed. JÄHNIG.

[19] Zu den bis 1914 im Druck vorgelegten Bänden des *Liv-, est- und kurländischen Urkundenbuchs*: Abt. I, 12 vols. (1093-1471), 1-6 (1093-1423), ed. F.G. VON BUNGE (Reval, 1853-1873); 7-9 (1423-1443), ed. H. HILDEBRAND (Riga und Moskau, 1881-1889); 10-11 (1444-1459), ed. P. SCHWARTZ (Riga und Moskau, 1896-1905); 12 (1460-1471), ed. A. VON BULMERINCQ (Riga und Moskau, 1910); Abt. II, 3 vols. (1494-1510), ed. L. ARBUSOW (Riga und Moskau, 1900-1914); ND der genannten Bände 1967-1981. Unter der Leitung von Matthias Thumser und Klaus Neitmann wird gegenwärtig am Friedrich-Meinecke-Institut der Freien Universität Berlin an einer Fortführung des *Liv-, est- und kurländischen Urkundenbuchs* gearbeitet, um die noch bestehende Lücke für die Jahre 1472 bis 1494 (Bände 13-16) zu schließen (vgl. http://www.geschkult.fu-berlin.de/e/fmi/institut/arbeitsbereiche/ab_thumser/lub.html [30.04.2017]). Bd. 13 – für die Jahre 1472 bis 1479 – ist zwischenzeitlich erschienen: *Liv-, est- und kurländisches Urkundenbuch*, Abt. I, vol. 13 (1472-1479), ed. M. MAHLING, K. NEITMANN und M. THUMSER (Köln, Weimar und Wien, 2017). Siehe zu diesem Editionsprojekt auch (mit weiterführender Literatur): K. NEITMANN, "Editionsprinzipien und Editionsprobleme des 'Liv-, est- und kurländischen Urkundenbuches' in Vergangenheit und Gegenwart", in: *Edition deutsch-*

Vereinzelt wurden darüber hinaus bislang ungedruckte Berichte der Generalprokuratoren des Deutschen Ordens aus der zweiten Hälfte des 15. Jahrhunderts im engeren Kontext thematisch gebundener Editionen und Einzelstudien publiziert: So dokumentieren beispielsweise die Bände XIX.1 und XIX.2 der *Deutschen Reichstagsakten* die in den Jahren 1453 bis 1455 geführte Korrespondenz des Hochmeisters Ludwig von Erlichshausen mit dem römischen Generalprokurator Jodocus Hogenstein (1448-1468), sofern diese im Zusammenhang mit den langjährigen Auseinandersetzungen zwischen dem Deutschen Orden und dem Preußischen Bund entstanden war; denn der "Konfliktherd" Preußischer Bund / Polen wurde im Rahmen der drei sogenannten "Türkenreichstage" der Jahre 1454/1455 als "Reichs(tags)angelegenheit" thematisiert, bildete zeitgleich aber auch den Gegenstand intensiver und schwieriger Verhandlungen des Generalprokurators am päpstlichen Hof.[20] Als Mitglied eines einflussreichen "deutschen" Freundeskreises an der römischen Kurie[21] war in diesem Zusammenhang Nikolaus von Kues (†1464) ein gewichtiger kurialer Gesprächs- und Ansprechpartner für den Deutschen Orden – ein Umstand, der sich nicht zuletzt in der Korrespondenz des Generalprokurators niederschlagen sollte. Entsprechende Berichte des Jodocus Hogenstein – sofern

sprachiger Quellen aus dem Ostseeraum (14.-16. Jahrhundert), ed. THUMSER, TANDECKI und HECKMANN, pp. 259-280. Mit einer instruktiven Auswertung der im *Liv-, est- und kurländischen Urkundenbuch* dokumentierten Berichte der Generalprokuratoren – hier mit Blick auf die Ordensprotektoren: A.A. STRNAD, "Die Protektoren des Deutschen Ordens im Kardinalskollegium (*Protectores Ordinis Teutonici S. Mariae in Ierusalem*)", in: *Acht Jahrhunderte Deutscher Orden in Einzeldarstellungen*, ed. WIESER, pp. 269-320, bes. pp. 302-310; SCHUCHARD, "Rom und die päpstliche Kurie", p. 63, n. 44.

[20] Mit dem entsprechenden Briefwechsel zwischen der Ordensleitung und dem Generalprokurator: *Deutsche Reichstagsakten unter Kaiser Friedrich III.*, Fünfte Abteilung, Erste Hälfte: 1453-1454, ed. H. WEIGEL und H. GRÜNEISEN (Göttingen, 1969: *Deutsche Reichstagsakten* XIX.1), No. 42, b 1b, p. 421 (Jodocus Hogenstein an Ludwig von Erlichshausen, 1453 März 18); No. 42, b 3a-c, pp. 425-426 (Korrespondenz des Hochmeisters mit Jodocus Hogenstein, 1453 Februar 9 und März 28; 1453 Mai 27 und Juni 12); No. 42, e 4, pp. 440-441 (1453 August 28 und November 10; 1453 Oktober 7); *Deutsche Reichstagsakten unter Kaiser Friedrich III.*, Fünfte Abteilung, Zweiter Teil: Reichsversammlung zu Frankfurt 1454, ed. J. HELMRATH (München, 2013: *Deutsche Reichstagsakten, Ältere Reihe* XIX.2), No. 21,2, pp. 702-704, und No. 22,1, pp. 706-713 (Jodocus Hogenstein an Ludwig von Erlichshausen, 1455 Mai 3).

[21] Grundlegend hierzu: E. MEUTHEN, "Ein 'deutscher' Freundeskreis an der römischen Kurie in der Mitte des 15. Jahrhunderts: Von Cesarini bis zu den Piccolomini", in: *Synodus: Beiträge zur Konzilien- und allgemeinen Kirchengeschichte. Festschrift für Walter Brandmüller*, ed. R. BÄUMER *et al.*, 2 vols. (Paderborn *et al.*, 1997: *Annuarium Historiae Conciliorum* 27-28 [1995-1996]), 1, pp. 487-542.

diese den Kardinal von San Pietro in Vincoli und Bischof von Brixen betrafen – wurden in den zwischenzeitlich bereits bis Ende Mai 1455 reichenden *Acta Cusana* dokumentiert.[22] Mit Blick auf "möglichst prägnante und / oder ausführliche Aussagen über Rom, die päpstliche Kurie und über Hogensteins persönliche Situation" hat schließlich Christiane Schuchard insgesamt fünf weitere, bislang ungedruckte Schreiben des Jodocus Hogenstein aus den Jahren 1450 und 1456 ausgewählt und diese im Anhang zu ihrer instruktiven Studie über *Rom und die päpstliche Kurie in den Berichten des Deutschordens-Generalprokurators Jodocus Hogenstein* im Druck präsentiert.[23] Und tatsächlich gehört

[22] Vgl. *Acta Cusana: Quellen zur Lebensgeschichte des Nikolaus von Kues*, I, Lief. 2: 1437 Mai 17-1450 Dezember 31, ed. E. MEUTHEN (Hamburg, 1983: *Acta Cusana* I.2), No. 866, pp. 614-615 (1450 Februar 20); No. 884, pp. 622-623 (1450 April 17); No. 909, p. 636 (1450 Juli 3); No. 928, pp. 642-643 (1450 August 28); No. 929, p. 643 (1450 August 28); No. 933, p. 645 (1450 September 9); No. 935, pp. 646-647 (1450 September 9); No. 949, p. 655 (1450 Dezember 6); I, Lief. 3a: 1451 Januar-September 5, ed. E. MEUTHEN (Hamburg, 1996: *Acta Cusana* I.3a), No. 982, p. 681 (1451 Januar 6); No. 987, p. 683 (1451 Januar 18); No. 988, p. 684 (1451 Januar 21); I, Lief. 3b: 1451 September 5-1452 März, ed. E. MEUTHEN (Hamburg, 1996: *Acta Cusana* I.3b), No. 1876, pp. 1209-1210 (1451 Oktober 10); No. 2102, pp. 1361-1362 (1451 Dezember 15); No. 2103, p. 1362 (1451 Dezember 15); No. 2104, pp. 1362-1363 (1451 Dezember 15); II, Lief. 1: 1452 April 1-1453 Mai 29, ed. H. HALLAUER und E. MEUTHEN, ergänzt und zum Druck gebracht von J. HELMRATH und T. WOELKI (Hamburg, 2012: *Acta Cusana* II.1), No. 2466, p. 7 (1452 April 11); No. 3346, p. 401 (1453 März 28); No. 3468, pp. 445-446 (1453 Mai 27); No. 3470, pp. 446-447 (1453 Mai 28); II, Lief. 2: 1453 Juni 1-1454 Mai 31, ed. J. HELMRATH und T. WOELKI nach Vorarbeiten von H. HALLAUER und E. MEUTHEN (Hamburg, 2016: *Acta Cusana* II.2), No. 3485, p. 455 (1453 Juni 12); No. 3486, p. 456 (1453 Juni 12); No. 3487, p. 456 (1453 Juni 12); II, Lief. 3: 1454 Juni 1-1455 Mai 31, nach Vorarbeiten von H. HALLAUER und E. MEUTHEN, ed. J. HELMRATH und T. WOELKI (Hamburg, 2017: *Acta Cusana* II.3), No. 4096, pp. 772-774. Zur Korrespondenz des Nikolaus von Kues in den Angelegenheiten des Deutschen Ordens: *Cusanus-Texte. IV: Briefwechsel des Nikolaus von Kues. Vierte Sammlung: Nikolaus von Kues und der Deutsche Orden. Der Briefwechsel des Kardinals Nikolaus von Kues mit dem Hochmeister des Deutschen Ordens*, ed. E. MASCHKE (Heidelberg, 1956: *Sitzungsberichte der Heidelberger Akademie der Wissenschaften: Philosophisch-Historische Klasse* 1956.1). Vgl. SCHUCHARD, "Rom und die päpstliche Kurie", p. 63, n. 44.

[23] Siehe SCHUCHARD, "Rom und die päpstliche Kurie", pp. 98-116. Zu Jodocus Hogenstein (Hoenstein) (* um 1415; † 17. Januar 1471), der den Deutschen Orden – mit Unterbrechungen – in den Jahren 1448 bis 1468 als Generalprokurator an der römischen Kurie vertreten hatte und nach zunächst vergeblichen Bemühungen um die baltischen Diözesen Kurland und Reval schließlich 1458 mit dem Bistum Ösel betraut wurde, allgemein: H. BOOCKMANN, *Laurentius Blumenau: Fürstlicher Rat – Jurist – Humanist (ca. 1415-1484)* (Göttingen, Berlin und Frankfurt am Main, 1965: *Göttinger Bausteine zur Geschichtswissenschaft* 37), p. 262 s. v. Jodokus Hogenstein; K. FORSTREUTER, "Hogenstein, Jodocus", in: *Neue Deutsche Biographie* 9 (1972), pp. 474-475 [Onlinefassung]; URL: http://www.deutsche-biographie.de/pnd13766219X.html (30.04.2017); SCHUCHARD, "Rom und die päpstliche Kurie"; A. SOHN, *Deutsche Prokuratoren an der römischen Kurie in der Frührenaissance (1431-1474)* (Köln, Weimar und Wien, 1997: *Norm und Struktur* 8), pp. 193-201; BEUTTEL, *Der Generalprokurator des Deutschen Ordens*, p. 685 s. v. Jodocus Hogenstein.

die Fortführung einer kritischen Quellenedition mit den Berichten der Generalprokuratoren – und hier namentlich des Jodocus Hogenstein[24] – zu den einschlägigen Desideraten der modernen Deutschordensforschung.

Die Berichte der Generalprokuratoren des Deutschen Ordens an der päpstlichen Kurie waren spätestens seit dem Beginn des 19. Jahrhunderts in das Blickfeld geschichtswissenschaftlicher Forschungen gerückt: als gewichtiges Quellencorpus zur allgemeinen Geschichte des Deutschen Ordens und der Generalprokuratoren an der spätmittelalterlichen Kurie einerseits, das andererseits bemerkenswerte Einblicke in die römischen Verhältnisse – in der Stadt und am päpstlichen Hof – gewähren sollte. Bereits 1833 hatte der Direktor des Königsberger Geheimen Archivs und ausgewiesene Kenner der älteren preußischen Geschichte Johannes Voigt auf dieser Grundlage eine umfangreiche Abhandlung veröffentlicht, die unter dem Titel *Stimmen aus Rom über den päpstlichen Hof im funfzehnten Jahrhundert* zahlreiche ("mehre[!] Hunderte") Originalschreiben der Generalprokuratoren des 15. Jahrhunderts mit Blick auf "das Wesen und den Charakter des römischen Hofes" auswertete und damit erstmals einer breiteren Öffentlichkeit zugänglich machte.[25] Die Berichte wurden dabei als zuverlässige "Stimmen von Männern" betrachtet, die im Unterschied zu kirchenkritischen Gelehrten wie Wilhelm von Ockham und John Wyclif "noch keinen Gegensatz gegen die Kirche bildeten", und die dortigen Schilderungen daher als bewährte und wirklichkeitsgetreue Quellenzeugnisse für das "tiefgesunkene und ausgeartete Leben" der vorreformatorischen Kirche behandelt.[26] Mit Nachdruck hat demgegenüber schon 1992 Christiane Schu-

[24] So sind aus der Zeit des Jodocus Hogenstein bislang 149 Schreiben bekannt geworden – mit einer stark variierenden Frequenz zwischen einem Bericht pro Jahr (1457, 1460 und 1465) und 28 Briefen (1450 und 1453); vgl. SCHUCHARD, "Rom und die päpstliche Kurie", pp. 63-64. Der spätere Bischof von Ösel (ab 1458/1462) ist im Übrigen zugleich der letzte Generalprokurator des Deutschen Ordens an der römischen Kurie, "von dem noch eine größere Anzahl an Berichten und anderen Briefen überliefert ist" (*ibid.*, p. 63).

[25] J. VOIGT, "Stimmen aus Rom über den päpstlichen Hof im funfzehnten Jahrhundert", in: *Historisches Taschenbuch*, ed. F. VON RAUMER, Vierter Jahrgang (Leipzig, 1833), pp. 45-184 (Zitate: pp. 47-48 und p. 48). Hierzu auch: *Die Berichte der Generalprokuratoren des Deutschen Ordens an der Kurie*, 2, p. 27, n. 2; *Die Berichte der Generalprokuratoren des Deutschen Ordens an der Kurie*, 1, p. 7; SCHUCHARD, "Rom und die päpstliche Kurie", pp. 54-57; BEUTTEL, *Der Generalprokurator des Deutschen Ordens*, p. 10.

[26] Zitate: VOIGT, "Stimmen aus Rom", p. 49 und p. 48. Mit einer entsprechenden historiographischen Einordnung: SCHUCHARD, "Rom und die päpstliche Kurie", pp. 56-57; BEUTTEL, *Der Generalprokurator des Deutschen Ordens*, p. 10; KOEPPEN, "Peter von Wormditt, Gesandter des Deutschen Ordens", p. 19.

chard auf den Umstand hingewiesen, dass "aus heutiger Sicht [...] vieles von dem, was die ältere Forschung lediglich als 'Mißstände' anprangerte, in einem anderen Licht [erscheint], nämlich als Ausdruck seinerzeit weitgehend akzeptierter gesellschaftlicher und politischer 'Spielregeln'".[27]

Obgleich mit der erwähnten Edition der *Berichte der Generalprokuratoren des Deutschen Ordens* bereits in den Jahren 1960 bis 1976 eine entscheidende Grundlage für die weitere wissenschaftliche Erforschung des Prokuratorenamtes an der päpstlichen Kurie geschaffen worden war, sollte es noch einmal mehr als zwanzig Jahre dauern, bis schließlich 1999 Jan-Erik Beuttel unter dem Titel *Der Generalprokurator des Deutschen Ordens an der römischen Kurie* eine umfangreiche und bis heute grundlegende Monographie vorlegte, die sich "Amt, Funktionen, personelle[m] Umfeld und Finanzierung" des Deutschordensvertreters am päpstlichen Hof vornehmlich des 15. Jahrhunderts widmete.[28] Bereits zuvor waren die Berichte einzelner Generalprokuratoren in gesonderten Studien intensiv ausgewertet und auf dieser Grundlage bemerkenswerte Lebensbilder der betreffenden Amtsträger geschaffen worden – mit ihren Sorgen und Nöten, finanziellen und gesundheitlichen Belastungen auch jenseits der jeweiligen Amtsgeschäfte, die naturgemäß im Mittelpunkt der Korrespondenz mit der Ordensleitung standen.[29] Zu verweisen ist in diesem Zusammenhang vor allem auf die materialreichen Studien Hans Koeppens und Christiane Schuchards zu Peter von Wormditt (1403-1419) bzw. Jodocus Hogenstein (1448-1468),[30] die zu den profiliertesten Amtsinhabern des 15. Jahrhunderts gehörten und durch eine vergleichsweise dichte quellenmäßige Überlieferung ausgewiesen sind.[31] Fragestellungen zu den "Spielregeln" der Konflikt- und

[27] SCHUCHARD, "Rom und die päpstliche Kurie", p. 57. Zu weiteren älteren Studien siehe die Forschungen von P. NIEBOROWSKI, *Peter von Wormdith: Ein Beitrag zur Geschichte des Deutsch-Ordens. Mit Regesten und ungedruckten Archivalien* (Breslau, 1915). Eine Neuauflage unter dem geänderten Titel *Der Deutsche Orden und Polen in der Zeit des größten Konfliktes* (Breslau, 1924²). Vgl. *Die Berichte der Generalprokuratoren des Deutschen Ordens an der Kurie*, 2, pp. 27-29; KOEPPEN, "Peter von Wormditt und die Edition", bes. pp. 29-30; BEUTTEL, *Der Generalprokurator des Deutschen Ordens*, pp. 11-12.

[28] BEUTTEL, *Der Generalprokurator des Deutschen Ordens*.

[29] Gemäß dem mit Blick auf Jodocus Hogenstein formulierten Resümee Christiane Schuchards waren die Prokuratorenberichte hingegen "als Quelle für die italienischen oder auch nur römischen Verhältnisse [...] wenig ergiebig" (SCHUCHARD, "Rom und die päpstliche Kurie", p. 76); *ibid.*, p. 71: "Der Anteil sonstiger, allgemein interessierender Nachrichten *(czeitungen)* aus Rom ist daneben [neben den "geschäftlichen" Mitteilungen] außerordentlich gering".

[30] KOEPPEN, "Peter von Wormditt, Gesandter des Deutschen Ordens"; ID., "Peter von Wormditt und die Edition"; SCHUCHARD, "Rom und die päpstliche Kurie".

[31] Siehe hierzu die Angaben in n. 17 (Peter von Wormditt) und n. 24 (Jodocus Hogenstein).

Verhandlungsführung werden dort zwar nicht explizit aufgenommen, doch thematisieren die beiden Autoren zentrale Aspekte und Praktiken politischer Kommunikation am päpstlichen Hof des späteren Mittelalters, die von maßgeblicher Bedeutung auch für die analytische Betrachtung des *stilus curiae* sind und hier entsprechend berücksichtigt werden: seien es Erfahrungen mit dem kurialen Geschäftsgang oder Fragen eines standesgemäßen Auftretens, sei es die komplexe soziale Praxis eines angemessenen Gabentauschs oder die damit verbundene Pflege eines kurialen Netzwerks. Mit Blick auf die Berichte des Jodocus Hogenstein allerdings hatte bereits Christiane Schuchard hervorgehoben, dass "vieles, was heute interessiert, [...] absichtslos, beiläufig und eher zufällig mitgeteilt [wird], vieles muß 'zwischen den Zeilen' herausgelesen werden".[32]

2. Quellenkritische Überlegungen

Neben Urkunden und Akten gehören auch Briefe zu den medialen Grundformen schriftlicher Kommunikation zwischen räumlich voneinander getrennten Gesprächspartnern, die in einem komplexen dialogischen Wechselspiel von Fragen und Antworten Informationen über geschichtliche Ereignisse zeitnah zur Verfügung stellen sollten.[33] Doch obgleich – wie bereits Jörg Schwarz

[32] SCHUCHARD, "Rom und die päpstliche Kurie", p. 57.

[33] Zu Briefen als medialen Grundformen schriftlicher Kommunikation im späteren Mittelalter siehe beispielhaft: S. RACHOINIG, *"Wir tun kund und lassen dich wissen": Briefe, Urkunden und Akten als spätmittelalterliche Grundformen schriftlicher Kommunikation, dargestellt anhand der Lebenszeugnisse Oswalds von Wolkenstein* (Frankfurt am Main, 2009: *Mediävistik zwischen Forschung, Lehre und Öffentlichkeit* 2), bes. pp. 95-123; *Diplomatische Berichte und Denkschriften des päpstlichen Legaten Angelo Geraldini aus der Zeit seiner Basel-Legation (1482-1483)*, ed. J. PETERSOHN (Stuttgart, 1987: *Historische Forschungen* 14); *Kommunikationspraxis und Korrespondenzwesen im Mittelalter und in der Renaissance*, ed. H.-D. HEIMANN und I. HLAVÁČEK (Paderborn, München, Wien und Zürich, 1998); J. HEROLD, "Empfangsorientierung als Strukturprinzip: Zum Verhältnis von Zweck, Form und Funktion mittelalterlicher Briefe", in: *Medien der Kommunikation im Mittelalter*, ed. K.-H. SPIESS (Stuttgart, 2003: *Beiträge zur Kommunikationsgeschichte* 15), pp. 265-287; *Text – Bild – Schrift: Vermittlung von Information im Mittelalter*, ed. A. LAUBINGER, B. GEDDERTH und C. DOBRINSKI (München, 2007: *MittelalterStudien des Instituts zur Interdisziplinären Erforschung des Mittelalters und seines Nachwirkens, Paderborn* 14). Zur Quellengattung "Brief" allgemein: M. MAURER, "Briefe", in: *Aufriß der Historischen Wissenschaften*, ed. M. MAURER, vol. 4: *Quellen* (Stuttgart, 2002: *Universal-Bibliothek* 17030), pp. 349-372; I. SCHMID, "Briefe", in: *Die archivalischen Quellen: Mit einer Einführung in die Historischen Hilfswissenschaften*, ed. F. BECK und E. HENNING (Köln, Weimar und Wien, 2012^{5}: *UTB* 8273), pp. 125-134. Mit weiterführenden Überlegungen zur Rolle und

konstatierte – "Gesandtenberichte eine wichtige Rolle in allen Fragen nach dem rituellen oder situationsbedingten Handeln der Vertreter der Mächtegruppen auf dem diplomatischen Parkett [spielten und spielen]", "ist die Frage nach dem konkreten Funktionieren dieser Texte, ihrer – literaturwissenschaftlich ausgedrückt – Diegese, ihren Erzähltechniken, ihren Schichtungen, ihren Hierarchisierungen, nach dem Verhältnis von Haupt- und Nebenhandlungen"[34] bislang noch nicht hinreichend beantwortet. Die bei Briefen geläufige quellenkundliche Unterscheidung zwischen "amtlich / geschäftlich" und "privat" zumindest vermag mit Blick auf die Berichte der Generalprokuratoren des Deutschen Ordens analytisch nicht zu überzeugen.[35]

Als einem gegenüber den geläufigen Formen mündlicher Sprachkontakte "subsidiäre[n] Kommunikationsmittel"[36] gelten auch für den Brief jene kommunikationstheoretischen Überlegungen, die eine erfolgreiche menschliche

Bedeutung spätmittelalterlicher Gesandtenberichte für die Geschichtswissenschaft: J. SCHWARZ, "Mittelalter-Rezeption in der deutschen Geschichtswissenschaft des 19. und 20. Jahrhunderts: Die Aufnahme der Quellengattung der Gesandtenberichte in den Diskurs der Mediävistik", in: *Das Mittelalter zwischen Vorstellung und Wirklichkeit: Probleme, Perspektiven und Anstöße für die Unterrichtspraxis*, ed. T.M. BUCK und N. BRAUCH (Münster, New York, München und Berlin, 2011), pp. 111-126. Instruktiv für das Verständnis der "janusköpfigen" – individuelle Eigenarten und typologische Gemeinsamkeiten verbindenden – Quellengattung "Brief": B. BASTL, "Formen und Gattungen frühneuzeitlicher Briefe", in: *Quellenkunde der Habsburgermonarchie (16.-18. Jahrhundert)*, ed. PAUSER, SCHEUTZ und WINKELBAUER, pp. 801-812.

[34] Beide Zitate: SCHWARZ, "Mittelalter-Rezeption in der deutschen Geschichtswissenschaft", p. 122 und p. 123.

[35] In einschlägigen historischen Quellenkunden wird zunächst zwischen dem amtlichen bzw. geschäftlichen Schriftgut und dem privaten Charakter von Briefen als – so Irmtraut Schmid – "eine[r] schriftliche[n] Mitteilung persönlichen Inhalts" unterschieden, "gewechselt zwischen Partnern, die in rein persönlicher, nicht amtlich oder geschäftlich bedingter Beziehung zueinander stehen". "Tritt auch nur eine korrespondierende Seite – Absender oder Empfänger – in amtlicher Funktion auf, so handelt es sich nicht um einen Brief, sondern um ein zur Gattung der Urkunden oder Akten gehöriges Schriftstück, das dann im entsprechenden Rahmen genauer zu klassifizieren ist" (alle drei Zitate: SCHMID, "Briefe", pp. 125-126). In einem ähnlichen Sinne argumentiert auch Michael Maurer: "Der Brief [ist] in erster Linie Privatbrief; nicht nur, weil er das Privatleben zum Gegenstand hat, sondern auch deshalb, weil er im Regelfall einen individuellen Autor hat, dessen Perspektive und Stil sich im Brief spiegeln" (MAURER, "Briefe", p. 349). Tatsächlich verfügt eine derartige quellentypologische Einordnung jedoch über ein vergleichsweise geringes quellenkritisch-analytisches Potential, sind doch die Berichte der Generalprokuratoren des Deutschen Ordens demnach als Aktenschriftstücke zu betrachten – obgleich diese nicht als *litterae* im urkundentechnischen Sinne angelegt waren, sondern entsprechend der antiken *ars rhetorica* als *epistolae* gestaltet wurden.

[36] J. HEROLD, "Computerphilologie als Methode für die historisch-quellenkundliche Erschließung spätmittelalterlicher Briefe", in: *Ad Fontes! Quellen erfassen – lesen – deuten: Was ist Computerphilologie? Ansatzpunkte und Methodologie – Instrumente und Praxis. Contributions to the Conference "Computerphilologie", November 5-8, 1998, Ernst-Moritz-Arndt-Universität Greifswald*, ed. C. HARDMEIER, W.-D. SYRING, J.D. RANGE und E. TALSTRA (Amsterdam, 2000: *Applicatio* 15), pp. 129-148, hier p. 133.

Kommunikation als geschicktes Zusammenspiel inhaltlicher Mitteilungen und non- bzw. paraverbaler Ausdrucksmittel beschreiben. Die formalen – performativen – Aspekte der menschlichen Kommunikation (Tonfall der Stimme, Gestik und Mimik), die das zentrale Interpretationsraster für die inhaltlichen Aspekte vorgeben, werden im Brief durch die innere und äußere Gestaltung, das Briefformular und die Briefoptik, nachvollzogen und ausgestaltet.[37] Im Sinne dieser Intersubjektivität aber kann der Brief zugleich ein "Medium symbolischer Kommunikation" sein.[38] Entsprechendes gilt nicht zuletzt auch für die Berichte der Generalprokuratoren des Deutschen Ordens, die sich – wie Jan-Erik Beuttel zutreffend bemerkte – "kaum von anderen diplomatischen Schriftwechseln des Spätmittelalters"[39] unterscheiden.

In Verbindung mit kulturalistischen Fragestellungen zum *stilus curiae* und der Bereitstellung entsprechender Analyseparameter ist in diesem Zusammenhang auf die systematisierend-konstruktivistischen Forschungsansätze der Historischen Textlinguistik und die sogenannte Textsortenforschung hinzuweisen, die – an pragmatischen Prinzipien orientiert – vor allem die unterschiedlichen sozialen, zeitlichen und räumlichen Bedingungen kommunikativer Situationen akzentuiert.[40] Ursprünglich als "synchroner Begriff [...] für Texttypen gesprochener deutscher Standardsprache eingeführt", bezeichnet der linguistische Begriff der "Textsorte" inzwischen allgemein "nichtliterarische Texttypen mehrerer Bereiche geschriebener und gesprochener Kommunikation. Er wird

[37] Gemäß den zusammenfassenden Überlegungen von HEROLD, "Computerphilologie als Methode", pp. 133-134; vgl. ID., "Empfangsorientierung als Strukturprinzip", bes. pp. 268-270; ID., "Die Interpretation mittelalterlicher Briefe zwischen historischem Befund und Medientheorie", in: *Text – Bild – Schrift*, ed. LAUBINGER, GEDDERTH und DOBRINSKI, pp. 101-126, bes. pp. 118-120, pp. 123-125.

[38] Um den Titel eines instruktiven Beitrags von Heiko Droste über die frühneuzeitliche Briefkultur aufzunehmen: H. DROSTE, "Briefe als Medium symbolischer Kommunikation", in: *Ordnung und Distinktion: Praktiken sozialer Repräsentation in der ständischen Gesellschaft*, ed. M. FÜSSEL und T. WELLER (Münster, 2005: *Symbolische Kommunikation und gesellschaftliche Wertesysteme: Schriftenreihe des Sonderforschungsbereichs 496* 8), pp. 239-256.

[39] BEUTTEL, *Der Generalprokurator des Deutschen Ordens*, p. 192.

[40] Mit einem knappen Überblick über die germanistische Textsortenforschung aus geschichtswissenschaftlicher Perspektive und einer Skizzierung der einschlägigen Positionen: A. SCHIRRMEISTER, "Was sind humanistische Landesbeschreibungen? Korpusfragen und Textsorten", in: *Medien und Sprachen humanistischer Geschichtsschreibung*, ed. J. HELMRATH, A. SCHIRRMEISTER und S. SCHLELEIN (Berlin und New York, 2009: *Transformationen der Antike* 11), pp. 5-46, hier pp. 7-11. Grundlegend zu der breit geführten Diskussion zur Textsortenlinguistik: K. ADAMZIK, *Textsorten – Texttypologie: Eine kommentierte Bibliographie* (Münster, 1995: *Studium Sprachwissenschaft* 12). Vgl. *Textsorten: Reflexionen und Analysen*, ed. K. ADAMZIK (Tübingen, 2000: *Textsorten* 1).

für Typen alltags- und fachsprachlicher Texte aller Art (institutionelle, technische, wissenschaftliche), aber auch für Typen von Vermittlungstexten, z. B. der Medien-, der Werbe- und ähnlicher Kommunikation angewendet".[41] Für die Wahrnehmung der linguistischen Komplexität eines Kommunikationsbereichs sind darüber hinaus die sogenannten "Textmuster" von zentraler Bedeutung.[42] Mit diesem textanalytischen Begriff werden textliche Einheiten auf der Ebene des Textstrukturellen – auch jenseits und bisweilen "quer" zu den geläufigen Einteilungen einzelner Textsorten – beschrieben, die sich auf vielfältige Weise modifizieren und miteinander kombinieren lassen. Entsprechende makrostrukturelle Prototypen können beispielsweise einen registrativen, protokollierenden oder narrativen Charakter besitzen – Analysekategorien, die auch für die Berichte der Generalprokuratoren des Deutschen Ordens zu berücksichtigen sind. Resümierend konstatiert Jörg Meier:

> Es kann davon ausgegangen werden, dass die zugrunde liegenden Textmuster den Kommunikationspartnern in einem konkreten historisch-gesellschaftlichen Diskurs bekannt sind und dass sie vor jeder Entscheidung, die eine Textgestaltung betrifft, zunächst aus dem Angebot der kommunikativen Möglichkeiten das für einen entsprechenden Anlass geeignete Muster wählen. Insofern scheinen besonders textarchitektonische Muster geeignet, Rückschlüsse auf diskursive kommunikative Wissensbestände einer Gesellschaft zu ermöglichen. Die Textproduzenten und -rezipienten einer Kommunikationsgemeinschaft entscheiden sich durchaus bewusst für oder gegen eine bestimmte Textform, wohingegen sprachliche oder gar grammatikalische Entscheidungen, die den Text betreffen, eher sekundär sind.[43]

[41] Beide Zitate: H. STEGER, "Sprachgeschichte als Geschichte der Textsorten, Kommunikationsbereiche und Semantiktypen", in: *Sprachgeschichte: Ein Handbuch zur Geschichte der deutschen Sprache und ihrer Erforschung*, 2., vollständig neu bearbeitete und erweiterte Auflage, ed. W. BESCH, A. BETTEN, O. REICHMANN und S. SONDEREGGER, vol. 1 (Berlin und New York, 1998: *Handbücher zur Sprach- und Kommunikationswissenschaft* 2.1), pp. 284-300, hier p. 286; *ibid*., pp. 298-300 mit reicher Literaturauswahl. Zu verweisen ist in diesem Zusammenhang exemplarisch auf die soziopragmatischen und textlinguistischen Forschungen von Jörg Meier und Sigrid Rachoinig: J. MEIER, *Städtische Kommunikation in der Frühen Neuzeit: Historische Soziopragmatik und Historische Textlinguistik* (Frankfurt am Main *et al.*, 2004: *Deutsche Sprachgeschichte: Texte und Untersuchungen* 2); RACHOINIG, *"Wir tun kund und lassen dich wissen"*. Mit Blick insbesondere auf die Textform "Brief" grundlegend: K. ERMERT, *Briefsorten: Untersuchungen zu Theorie und Empirie der Textklassifikation* (Tübingen, 1979).

[42] Zu den nachfolgenden Ausführungen siehe J. MEIER, "Städtische Kommunikation im Spätmittelalter und in der Frühen Neuzeit", in: *Text – Bild – Schrift*, ed. LAUBINGER, GEDDERTH und DOBRINSKI, pp. 127-145, bes. pp. 144-145.

[43] *Ibid*., p. 132.

Inhalt und Form verbinden sich auf diese Weise eng miteinander – auch in den Berichten der Generalprokuratoren des Deutschen Ordens.

Grundsätzlich orientieren sich die Prokuratorenberichte bei der Gestaltung des epistolographischen Formulars an den geläufigen zeitgenössischen, durch die antike *ars rhetorica* geprägten Brieflehren (der *ars dictandi / dictaminis*), verzichten in diesem Zusammenhang jedoch wiederholt auf einzelne, immer wieder miteinander verwobene Kernelemente des traditionellen fünfteiligen Briefaufbaus.[44] Eingeleitet wurde das Schreiben zunächst durch eine *Salutatio*, die in der Regel aus einer Ergebenheitsformel ("*Meynen undirtanigen getreuwen gehorsam und fleißigen dienst stets zuvor*" / "*Meynen undirtanigen gehorßam und steten getreuwen dienst stets zuvorn*")[45] und einer vokativischen Anrede ("*Gnediger lieber here*") bestand, nicht selten unmittelbar gefolgt von einer bisweilen mehrere Seiten umfassenden *Narratio*, die zumeist von einem in der zeitgenössischen Korrespondenz geläufigen Hinweis auf den früheren Schriftverkehr begleitet wurde.[46] Im Anschluss wurden dann sorgfältig – Punkt

[44] Grundlegend zu den nachfolgenden Ausführungen: BEUTTEL, *Der Generalprokurator des Deutschen Ordens*, pp. 191-195 (nach PETERSOHN, *Diplomatische Berichte und Denkschriften*, pp. 26-27). Vgl. H. BOOCKMANN, "Die Briefe des Deutschordenshochmeisters", in: *Kommunikationspraxis und Korrespondenzwesen*, ed. HEIMANN, pp. 103-111. Mit einer nochmaligen Differenzierung der fünf traditionellen *partes* der mittelalterlichen Brieflehren und ihrer einzelnen Elemente, die darüber hinaus zudem *Inscriptio*, *Intitulatio* und Datumszeile als weitere *partes* berücksichtigt: HEROLD, "Computerphilologie als Methode", pp. 134-137. Hierzu auch – mit einer exemplarischen formalen Briefanalyse und weiterführender Literatur: ID., "Die Interpretation mittelalterlicher Briefe", bes. pp. 101-103, pp. 108-111.

[45] Die betreffenden Zitate sind den in diesem Zusammenhang durchaus prototypischen Berichten des Generalprokurators Jodocus Hogenstein an Hochmeister Ludwig von Erlichshausen vom 2. und 3. Mai 1455 entnommen (Berlin, Geheimes Staatsarchiv Preußischer Kulturbesitz, XX. HA, OBA, Nr. 13678; vgl. *Regesta historico-diplomatica Ordinis S. Mariae Theutonicorum 1198-1525*, I.2, No. 13678, p. 20. Die beiden eigenhändigen Schreiben selbst bestehen aus einem insgesamt zwölf Seiten umfassenden Heft, das von 1 bis 6 jeweils recto foliiert ist. Während f. 1r die Adresse vermerkt und rote Siegelspuren enthält, folgt ff. 2r-3v zunächst der 1. Teil eines vom 3. Mai datierten Schreibens des Generalprokurators, das dann ff. 5r-6v nahtlos fortgesetzt wird. Eingeschoben ist hier mit f. 4rv ein zweites Schreiben des Jodocus Hogenstein an den Hochmeister vom 2. Mai 1455 mit Berichten über den Tod Papst Nikolaus' V. (24. März 1455), die am 8. April 1455 erfolgte Wahl des Nachfolgers Calixt III. sowie seine persönlich schwierige Lage in Rom. Jeweils als Teildruck – mit unterschiedlichen Auszügen: *Deutsche Reichstagsakten*, XIX.1, No. 43c 13c-d, pp. 489-490; *Deutsche Reichstagsakten, Ältere Reihe*, XIX.2, No. 21,2, pp. 702-704, sowie No. 22,1, pp. 706-713; *Acta Cusana*, II.3, No. 4096, pp. 772-774 (jeweils mit weiterführender Literatur).

[46] Im Falle des zitierten Prokuratorenberichts mit dem Hinweis, man habe "*euwer gnode* [den Hochmeister Ludwig von Erlichshausen] *nicht mogen scriftlich undirrichten gebrechens wegen treuwer boten, den ich* [Jodocus Hogenstein] *brife und scrifte hette darn glouben*". Es folgt

für Punkt – die anstehenden "geschäftlichen" Angelegenheiten des Deutschen Ordens an der päpstlichen Kurie besprochen. Mit den detailreichen Schilderungen der prokuratorischen Amtstätigkeit, die nicht selten von persönlich gehaltenen Kommentaren und sorgenvollen Klagen durchdrungen waren, sollte die *Narratio* zugleich den weitaus größten Teil der betreffenden Berichte einnehmen. Dass demgegenüber ein allgemeines *Exordium* bzw. eine auf das zu erwerbende Wohlwollen des Adressaten direkt abgestimmte *Captatio benevolentiae* verschiedentlich unberücksichtigt blieb, mag dabei nicht zuletzt der spezifischen Absender-Adressaten-Situation geschuldet sein.[47]

Gemeinhin ohne Zwischenschaltung einer *Peroratio* bzw. *Petitio* (Bitte / Forderung) und zumeist auch einer abschließenden *Conclusio* (Bitte um Antwort)[48] endeten die Berichte der Generalprokuratoren schließlich mit einer häufig knapp gehaltenen Schlussformel zum Trost und erhofften Wohlergehen des Adressaten ("*Mehe weis ich uff disse czeit euwer gnoden nicht zu schriben, die ich gote dem almechtigen befeel*" / "*Got der almechtige fugs gnediglich zum besten und troste euwer gnode yn dissem grosen qual und yomer*") sowie der Datierung mit Angaben zum Ausstellungsort, zum Tag, Monat und Jahr ("*Geben zu Roem am dritten tagen maij anno etc. lv^{to}*" / "*Geg[eb]en zu Roem am andern tage maij anno etc. lv^{to}*"; die Jahresangabe aber konnte bisweilen auch fehlen). Im Anschluss an die vom eigentlichen Text abgehobene Unterzeichnung des Generalprokurators mit Namen und Amtsbezeichnung ("*Jodocus Hogensteyn, procurator jm hoffe zu Roem deutsches ordens*" / "*Jodocus Hogensteyn procurator deutschs ordens ym hoffe zu Roem*") folgten verschiedent-

ein längerer Absatz über den Briefwechsel des Generalprokurators mit dem Deutschmeister, der hier offenbar als Vermittler der Korrespondenz mit der Ordenszentrale auftreten sollte (Berlin, Geheimes Staatsarchiv Preußischer Kulturbesitz, XX. HA, OBA, Nr. 13678, f. 2r).

[47] Zur *Captatio benevolentiae* als Teil einer personalen Empfangsorientierung sowie zur Funktion der *Salutatio* im Rahmen einer situativen Empfangsorientierung: HEROLD, "Empfangsorientierung als Strukturprinzip", bes. pp. 270-274.

[48] Verschiedentlich allerdings verbanden sich – wie im erwähnten Bericht des Jodocus Hogenstein vom 2. Mai 1455 sehr detailreich geschehen – mit der *Conclusio* zugleich Bitten um weitere Weisungen durch den Adressaten: "*und was ich hoffen sal adder moge adder was ich thun adder lasen sal, darumb ruffe ich euwer gnode an zo meynen gnedigen lieben heren und bitte demuttiglich myt fullem fleiß, wellet mych gnediglich undirrichten, wie ich meyn wesen soll anslan*(?), *wie ich mich schutzen sol sulcher schulde, was ich thun solle adder lasen, woran ich meyn hoffenunge befesten moge, ab ich etwas von wegen unsers ordens unserm heilgen vater soll forbrengen und wie ich mich alsist an meym wesen und leben und an allen sachen solle und moge haben, das ich mich darnoch moge wissen zu richten, das ich sehen konne und irkennen, was ich angheen solle und fulbrengen* [...]" (Berlin, Geheimes Staatsarchiv Preußischer Kulturbesitz, XX. HA, OBA, Nr. 13678, f. 4v).

lich Postscripta,[49] die in manchen Fällen einen größeren Umfang annehmen konnten und entsprechend der allgemeinen zeitgenössischen Briefpraxis auf eigenen Zetteln gesondert beigelegt wurden.

Die Adresse selbst ("*Dem großwirdigen gnedigen her*[*e*]*n her*[*e*]*n Ludwigen von Erlichßhusen homeister deutschs ordens seynem gnedigen obersten*") war jeweils auf der Außenseite des mehrfach gefalteten und mit einem aufgedrückten Prokuratorensiegel verschlossenen Schreibens mittig vermerkt. Beim Eintreffen in der preußischen Ordenszentrale wurden die Berichte der Generalprokuratoren im Allgemeinen mit einem auch in anderen fürstlichen und städtischen Kanzleien geläufigen Präsentationsvermerk versehen, der neben Angaben zum Eingangsdatum sowie – knapp gehalten – zum Inhalt des Schreibens bisweilen Hinweise auf den Absender und / oder Überbringer des Schriftstücks umfassen konnte. Nicht wenige Prokuratorenbriefe enthalten darüber hinaus Randvermerke der hochmeisterlichen Kanzlei, die sich auf den jeweiligen Inhalt und dessen Bedeutung für Ordensangelegenheiten beziehen.[50]

Seit dem ausgehenden 14. Jahrhundert haben sich die Generalprokuratoren bei der Abfassung der Berichte nach Preußen gemeinhin der "Amtssprache des Deutschen Ordens [bedient], ein[em] auf mitteldeutscher Grundlage aufruhende[n] Idiom, das in Preußen angesichts der heterogenen Herkunft der Ordensbrüder ausgebildet worden war".[51] Der Briefwechsel mit Gelehrten und Geistli-

[49] Im Falle des hier exemplarisch herangezogenen Schreibens des Generalprokurators vom 2. Mai 1455 mit einer insgesamt 6-zeiligen Nachschrift zu den bislang vergeblichen Bemühungen des Jodocus Hogenstein bei verschiedenen Ordensmitgliedern um eine finanzielle Unterstützung (Berlin, Geheimes Staatsarchiv Preußischer Kulturbesitz, XX. HA, OBA, Nr. 13678, f. 4v).

[50] Vgl. BEUTTEL, *Der Generalprokurator des Deutschen Ordens*, pp. 195-196, n. 242.

[51] Vgl. H. BOOCKMANN, "Die Vertretung des Deutschen Ordens auf den spätmittelalterlichen Reichstagen", in: *Nord und Süd in der deutschen Geschichte des Mittelalters: Akten des Kolloquiums veranstaltet zu Ehren von Karl Jordan, 1907-1984, Kiel, 15.-16. Mai 1987*, ed. W. PARAVICINI (Sigmaringen, 1990: *Kieler Historische Studien* 34), pp. 97-108, hier p. 98; ID., "Die Briefe des Deutschordenshochmeisters", p. 107; BEUTTEL, *Der Generalprokurator des Deutschen Ordens*, pp. 191-192. Zum Gebrauch der deutschen und lateinischen Sprache in der Korrespondenz allgemein des Deutschen Ordens: K. FORSTREUTER, "Latein und Deutsch im Deutschen Orden", in: *Studien zur Geschichte des Preussenlandes: Festschrift für Erich Keyser zu seinem 70. Geburtstag dargebracht von Freunden und Schülern*, ed. E. BAHR (Marburg, 1963), pp. 373-391. Mit Blick auf einzelne Generalprokuratoren: *Die Berichte der Generalprokuratoren des Deutschen Ordens an der Kurie*, 4.1, p. 5; KOEPPEN, "Peter von Wormditt, Gesandter des Deutschen Ordens", pp. 21-22. Zu verschiedenen lateinischen Schreiben sind darüber hinaus deutsche Übersetzungen überliefert, die offenkundig in der Kanzlei des Hochmeisters angefertigt wurden (wie überhaupt die geläufige zeitgenössische Praxis der lateinisch-volkssprachlichen Übersetzungen nicht unterschätzt werden sollte); siehe hierzu – mit Beispielen aus den Jahren 1453 und 1455: *Liv-, est- und kurländisches Urkundenbuch*, 11, No. 293, p. 257, sowie No. 294, pp. 257-

chen hingegen wurde – keineswegs ungewöhnlich für die Korrespondenz jener Zeit – auch weiterhin in lateinischer Sprache geführt.[52] Bislang nur für den in den Jahren 1403 bis 1419 amtierenden Generalprokurator Peter von Wormditt ist darüber hinaus die Benutzung eines vor allem im italienischen Vergleich einfachen, auf Schlüsselbegriffe und kurze Textabschnitte beschränkten Chiffrierungssystems nachzuweisen, das vornehmlich "auf der Verwendung normaler Schrift mit Umkehrung der Buchstabenfolge oder der Silbenfolge [beruht], wobei am Wortanfang und -ende jeweils ein Konsonant hinzugefügt wird".[53]

Gegenüber den detailreich protokollierenden venezianischen *relazioni* mit ihrem "elaborierte[n] System der Beobachtung und Information"[54] sind die Berichte der Generalprokuratoren des Deutschen Ordens weitaus stärker durch die persönliche Erzählperspektive und den narrativen Charakter der Darstellung geprägt, die "geschäftliche" Mitteilungen und "private" Nachrichten – Freude und Klagen, Krankheit und Trauer – zu einem dichten "Informationsgewebe" verbanden:[55] stets empfängerorientiert auf die Person des Ich-Erzählers verweisend, dessen persönlichen Notlagen regelmäßig breiter Raum eingeräumt wurde. Der Generalprokurator – so Christiane Schuchard mit Blick auf Jodocus Hogenstein – war "als hauptberuflicher Interessenvertreter des Deutschen Ordens eben kein unparteiischer Beobachter, sondern selbst Teilnehmer eines Geschehens, bei dem er auf der Verliererseite stand, im Interessenwettbewerb häufig unterlag, persönliche Niederlagen erlebte. Dies prägt seine Be-

259 (jeweils 1453 August 6); Berlin, Geheimes Staatsarchiv Preußischer Kulturbesitz, XX. HA, OBA, Nr. 13666, f. 2r (1455 April 28); *Regesta historico-diplomatica Ordinis S. Mariae Theutonicorum 1198-1525*, I.2, No. 13666, p. 19.

[52] Vgl. KOEPPEN, "Das Archiv des Deutschen Ordens in Preußen", p. 184; BOOCKMANN, "Die Briefe des Deutschordenshochmeisters", p. 107. Zu dieser Unterscheidung im Sprachgebrauch – mit Blick auf Jodocus Hogenstein: SCHUCHARD, "Rom und die päpstliche Kurie", pp. 64-65. So sind beispielsweise auch die Berichte des Jodocus Hogenstein an den Hochmeister-Kanzler Andreas Santberg in lateinischer Sprache abgefasst worden (vgl. Berlin, Geheimes Staatsarchiv Preußischer Kulturbesitz, XX. HA, OBA, Nr. 13666 [1455 April 28] und Nr. 13681 [1455 Mai 4]; *Regesta historico-diplomatica Ordinis S. Mariae Theutonicorum 1198-1525*, I.2, No. 13666, p. 19, und No. 13681, p. 20); vgl. SCHUCHARD, "Rom und die päpstliche Kurie", p. 64.

[53] *Die Berichte der Generalprokuratoren des Deutschen Ordens an der Kurie*, 2, No. 197, pp. 387-391, hier p. 390, n. 30; *ibid.*, p. 41; KOEPPEN, "Peter von Wormditt, Gesandter des Deutschen Ordens", p. 22; BEUTTEL, *Der Generalprokurator des Deutschen Ordens*, p. 195. Zum Chiffrierungssystem des Deutschen Ordens auch: BOOCKMANN, "Die Briefe des Deutschordenshochmeisters", p. 106.

[54] PETERSOHN, *Diplomatische Berichte und Denkschriften*, p. 29.

[55] Vgl. KOEPPEN, "Peter von Wormditt, Gesandter des Deutschen Ordens", p. 22.

richte in hohem Maße".[56] Manche Schilderung mag dem drängenden Rechtfertigungs druck gegenüber der Ordensleitung geschuldet sein, wenn – wieder einmal – potentielle Konkurrenten des Deutschen Ordens im kurialen Interessenwettbewerb erfolgreicher waren, manches Detail ergebnisorientiert ausgewählt. Ob aus den hier beschriebenen Handlungen tatsächlich ein *stilus curiae* im Sinne kurialer Verhaltensmuster abgeleitet werden kann, bedarf daher einer genaueren quellenkritischen Überprüfung.

3. *Abschließende Bemerkungen*

Mit Blick auf den Deutschen Orden hat zuletzt Andreas Sohn auf den bemerkenswerten Umstand hingewiesen, dass "bei keinem anderen Orden – Ritterorden wie die Templer oder Johanniter eingeschlossen – [...] die Archivalien der Generalprokuratoren bislang so gut erfaßt, so weit ediert, ihre Geschichte so erhellend aufgearbeitet [sind]".[57] Neben der bislang bis 1436 geführten und in vier Bänden vorgelegten Edition der *Berichte der Generalprokuratoren des Deutschen Ordens an der Kurie* ist in diesem Zusammenhang zugleich auf die in den letzten Jahren wieder aufgenommenen Bemühungen um eine Fortführung bzw. Ergänzung älterer Editionen zur Geschichte Preußens und des baltischen Raumes in "analoger" ebenso wie in "digitaler" Form hinzuweisen. Eingebunden in ein epistolographisches Formular und durch narrative Textmuster ausgewiesen, bieten die Berichte der Generalprokuratoren des Deutschen Ordens vielfältige Einblicke in kuriale Geschehenszusammenhänge aus einer dezidiert persönlichen Erzählperspektive, die mit reichem (Anschauungs-) Material auf die spezifischen Fragen nach dem *stilus curiae* antworten: sei es im Bereich der Begrifflichkeit und der (verfahrens-)rechtlichen Dimensionen eines mittelalterlichen *stilus curiae*, sei es mit Blick auf die "Spielregeln" der Politik an der päpstlichen Kurie des 14. und 15. Jahrhunderts.

[56] SCHUCHARD, "Rom und die päpstliche Kurie", p. 57.

[57] SOHN, "Mittler zwischen Papsttum und Orden", p. 74; vgl. KOEPPEN, "Peter von Wormditt, Gesandter des Deutschen Ordens", pp. 18-19.

The *stilo de corte* in Late Medieval Diplomatic Correspondence

DUANE HENDERSON

On 22 July 1458, Francesco Sforza, duke of Milan, issued a set of instructions for Antonio da Trezzo, his ambassador at the court of Ferdinand I (Ferrante) of Naples, delineating his duties in terms both general and specific. Ferrante, the illegitimate son of King Alfonso V of Aragon († 27 June 1458), had not been recognised as heir to the throne of Naples by Pope Callixtus III and was thus heavily reliant on the support of his ally in the north. For his part, the ex-condottiere Francesco Sforza was also seeking to bolster his legitimacy through close relations with the powerful kingdom of Naples. Francesco Sforza saw his resident ambassador in Naples as an important factor in cementing this bond of mutual interest. Writing to Antonio da Trezzo, he impressed the following guidelines upon him:

> Since, as you realise, we are very closely bound to the King of Naples and every day strive to show him more love and respect, therefore you must observe the situation most carefully and be sure to govern yourself with discretion and matur-

Stilus – modus – usus: Regeln der Konflikt- und Verhandlungsführung am Papsthof des Mittelalters – Rules of Negotiation and Conflict Resolution at the Papal Court in the Middle Ages, ed. Jessika NOWAK and Georg STRACK, *Utrecht Studies in Medieval Literacy*, 44 (Turnhout: Brepols, 2019), pp. 315-334.

BREPOLS PUBLISHERS DOI 10.1484/M.USML-EB.5.117715

ity, informing us of everything – be it great, small or middling – which you consider useful in order to maintain and further these good relations. Take care to observe such manners in your relations with his majesty and with all his subjects that every day they will be the more pleased to see you, while at the same time concealing all things which might be bothersome to the king's state of mind. Speak or hold your tongue as you think fitting, since we believe that you will best know how to behave in order to retain the love and thankfulness of his Majesty which you are sure to enjoy.[1]

According to these instructions, the ambassador's main task was to cultivate good relations between the duke of Milan and the king of Naples, using prudence, courtesy and secrecy to gain the favour of the king and his court. At the same time, Sforza continued, his man in Naples was to investigate such matters as Ferrante's financial situation and the marriage plans of the late king's mistress, Lucretia d'Alagno – in short, he was also to spy. The ambassador was to report everything in letters addressed exclusively to the duke himself, writing discretely, treating separate subjects separately and using a secret code for particularly sensitive material.

Taking this as a general outline of Francesco Sforza's understanding of the function and role of his resident ambassadors at the courts of important allies – including those at the papal curia –, one might say that it entailed not only the gathering and relaying of information but also the task of analysing, practicing and reporting on the codes of behaviour at court for the purpose of furthering Milanese interests. This obviously makes the correspondence of such diplomats at the papal court an invaluable source for the study of formal and informal business practices at the curia.[2] Indeed, the Milanese ambassadors at the

[1] F. SENATORE, *Uno mundo di carta: Forme e strutture della diplomazia sforzesca* (Naples, 1998), pp. 429-432, Appendice 1: F. Sforza to Antonio da Trezzo (Milan, 22 July 1458): "*Sì come vede che siamo più coniuncti et intrinsecati con la maiestà de quello serenissimo signore re et ogni dì ne sforziamo monstrarli più amore et reverentia, così el bisogna che tu intendi le cose più inante, et che te sapii governare con discretione et maturità, et avisarci de ogni cosa, et grande et meczana et picola che te para habii ad mantenere et crescere questo amore et benevolentia. Et servare tale continentia et modestia con sua maiestà et tutti li suoy che ogni dì te vedano più voluntieri, et schivare tutte quelle cose che poriano essere moleste ad l'animo et mente sua, et parlare et tacere quando bisogna, che crediamo però lo saperay fare per mantenerte in lo amore et gratia sua, como vedemo siamo certi tu debbia essere. Al presente el ne accade recordarte alcune cose, quale te diremo qui de sotto circa el modo hay ad servare in el scrivere*".

[2] See, for example, A. MODIGLIANI, "I carteggi dei Gonzaga per la storia di Roma nel Quattrocento: Primi risultati e prospettive", in: *I Gonzaga e i Papi: Roma e le corte padane fra Umanesimo e Rinascimento (1418-1620)*, ed. R. SALVARANI (Vatican City, 2013), pp. 353-360; C.

papal court knew, as few others did, how to access and influence the inner circles of bureaucracy and government, which rules of etiquette applied, which hurdles stood in the way and how to circumnavigate them. As trained observers, their detailed letters furnished not only the duke with vital strategic information but also offer modern historians a privileged insider's view of how everyday business was conducted at the curia.

1. Quattrocentesque Diplomacy and Diplomatic Correspondence

Fifteenth-century Italian diplomatic correspondence is a rich source of historical information which differs in many ways from comparable earlier source material. This qualitative and quantitative difference is linked to changes in the function and practice of diplomacy in late medieval Italy, the most notable of which was the development of permanent or resident embassies.[3] While earlier historians hailed this innovation as a precursor of modern

MÄRTL, "Alltag an der Kurie: Papst Pius II. (1458-1464) im Spiegel zeitgenössischer Berichte", in: *Pius II, "el piu expeditivo pontefice": Selected Studies on Aeneas Silvius Piccolomini (1405-1464)*, ed. Z. VON MARTELS (Leiden, 2003), pp. 107-146.

[3] For the history of Renaissance diplomacy still fundamental (but in many aspects outdated): G. MATTINGLY, *Renaissance Diplomacy* (London, 1955) and N.S. ANDERSON, *The Rise of Modern Diplomacy 1450-1919* (London, 1993). Of particular importance are the numerous publications by Isabella Lazzarini and Riccardo Fubini, among which I. LAZZARINI, "Renaissance diplomacy", in: *The Italian Renaissance State*, ed. A. GAMBERINI and I. LAZZARINI (Cambridge, 2012), pp. 425-443 and R. FUBINI, "Diplomacy and government in the Italian city-states of the fifteenth century (Florence and Venice)", *ibid.*, pp. 25-48 offer good summaries of the state of research. See also I. LAZZARINI, *Communication and Conflict: Italian Diplomacy in the Early Renaissance, 1350-1520* (Oxford, 2015) and most recently M. AZZOLI and I. LAZZARINI, *Italian Renaissance Diplomacy: A sourcebook* (Durham, 2017); R. FUBINI, *Italia quattrocentesca. Politica e diplomazia nell'età di Lorenzo il Magnifico* (Milan, 1994); ID., "La 'résidentialité' de l'ambassadeur dans le mythe et dans la réalité: Une enquête sur les origines", in: *L'invention de la diplomatie: Moyen Âge – Temps modernes*, ed. L. BÉLY (Paris, 1998), pp. 27-35; D. FRIGO, *Politics and Diplomacy in Early Modern Italy: The Structure of Diplomatic Practice, 1450-1800* (Cambridge, 2000); *Aus der Frühzeit europäischer Diplomatie: Zum geistlichen und weltlichen Gesandtschaftswesen vom 12. bis zum 15. Jahrhundert*, ed. C. ZEY and C. MÄRTL (Zurich, 2008); C. FLETCHER, *Diplomacy in Renaissance Rome: The Rise of the Resident Ambassador* (Cambridge, 2015); M.N. COVINI, B. FIGLIUOLO, I. LAZZARINI, and F. SENATORE, "Pratiche e norme di comportamento nella diplomazia italiana: I carteggi di Napoli, Firenze, Milano, Mantova e Ferrara tra fine XIV e fine XV secolo", in: *De l'ambassadeur: Les écrits relatifs à l'ambassadeur et à l'art de négocier du Moyen Âge au début du XIXe siècle*, ed. S. ANDRETTA, S. PÉQUIGNOT, and J.C. WAQUET (Rome, 2015), pp. 113-162. On humanism and diplomacy, see D. BIOW, *Doctors, Ambassadors, Secretaries: Humanism and Professions in Renaissance Italy* (Chicago and

diplomacy and statehood,[4] more recent studies do not support the concept of a lineal evolution of diplomatic institutions.[5] Nevertheless, it is generally acknowledged that the diplomatic practices developed in the Quattrocento entailed significant changes in the nature and function of political relations. In general terms, whereas medieval embassies were functionally limited by specific *ad hoc* mandates restricting the scope of activity of the ambassador to that of a 'living letter' (*nuntius*) or a personal representative (*proctor*),[6] their later fifteenth-century counterparts resided more or less continuously at their host courts, held a not specifically delineated mandate, and were invested with the status of a public official.[7] This new type of embassy was, however, not universally employed: it was first practiced on a reciprocal basis between certain principalities in the 1460s before being adopted later by the larger republics in the 1480s.[8] During this time and also thereafter, permanent or semi-permanent embassies continued to co-exist with traditional medieval ambassadorial models. Perhaps the most central development in the evolution of the office of ambassador, the acquisition of public official status, took place first towards the end of the Quattrocento.[9]

Regarding the origins of the new diplomatic practice, modern research has modified the previous theory of a causal link between its development and the institution of the Italian League (1455-1495), seeing now the transformation of the office of ambassador as a reflection of the need for internal and external legitimation which arose from the profound structural changes in the political

London, 2002), pp. 101-127. A useful repertory on late medieval diplomacy online is T. Duranti, *La diplomazia bassomedievale in Italia* <http://rm.univr.it/repertorio/rm_duranti.html> (19.04.2018).

4 See Mattingly, *Renaissance Diplomacy*, p. 55: "What we see when we look at Italy between 1300 and 1450 is the rise of a number of new institutions and modes of behaviour, among them a new style of diplomacy, all leading to something like a new concept of the state". Similarly, Anderson, *The Rise*.

5 Lazzarini, "Renaissance diplomacy"; Fubini, "Diplomacy and government".

6 See Mattingly, *Renaissance Diplomacy*; D. Queller, *The Office of the Ambassador in the Middle Ages* (Princeton, 1967).

7 Lazzarini, "Renaissance diplomacy", pp. 425-426.

8 Fubini, "La 'résidentialité'"; Lazzarini, *Communication*, p. 33: "The habit of sending envoys abroad for more or less prolonged periods had multiple rather than single origins … and different types of envoys for different purposes continued to be dispatched in many various ways to deal with a wide spectrum of tasks".

9 Fubini, "Diplomacy and government", pp. 31-32. See also D. Frigo, "Onore e ragion di stato: Il ruolo dell'ambasciatore in età moderna", in: *Ambasciatori e nunzi: Figure della diplomazia in età moderna*, ed. D. Frigo (Rome, 1999), pp. 13-55.

landscape of Italy since the fourteenth century.[10] The establishment of more or less permanent and official diplomatic institutions was furthermore personally and structurally closely connected to the evolution of the chancery apparatus as part of the development of early modern statehood in Italy.[11] Taking all this into consideration, it is not surprising that Francesco Sforza, a condottiere who had seized power in Milan and was vitally interested in stabilising and legitimising his position, was one of the first Italian potentates to employ resident ambassadors at the courts of other major powers. He is indeed considered to have been the leading proponent of this practice,[12] while nevertheless, also continuing to make use of traditional forms of diplomacy.[13]

While the duties of *ad hoc* ambassadors were usually clearly delineated according to the specific reason for their being sent, as was set down in their instructions or mandates,[14] the duties of resident ambassadors may be more generally subsumed under three major functions: information, negotiation, and communication.[15] Arguably the most innovative of these tasks in comparison to previous forms of diplomacy was that of gathering and transmitting information. This diplomatic function was apparently particularly important for Francesco Sforza, who is said to have had a literal "obsession with information".[16] The spectrum of information to be gathered was conceivably broad: As the letter to Antonio da Trezzo clearly states, Francesco Sforza wished his

[10] R. FUBINI, "La figura politica dell'ambasciatore negli sviluppi dei regimi oligarchici quattro-centeschi", in: *Forme e tecniche del potere nella città (secoli 14-17)* (Perugia, 1980: *Annali della Facoltà di scienze politiche* [1979-1980] 16: *Materiali di storia* 4), pp. 33-59; ID., "Diplomacy and government"; some continue to see the Peace of Lodi as the turning point, for example, P.M. DOVER, "Deciphering the diplomatic archives of fifteenth-century Italy", *Archival Science* 7.4 (2007), pp. 297-316, here p. 299.

[11] Already recognised by MATTINGLY, *Renaissance Diplomacy*, p. 101.

[12] FUBINI, "Diplomacy and government", p. 29; LAZZARINI, "Renaissance diplomacy", p. 431.

[13] For studies on the Milanese chancery and diplomacy, F. LEVEROTTI, *Diplomazia e governo dello stato: I "famigli cavalcanti" di Francesco Sforza (1450-1466)* (Pisa, 1992) and SENATORE, *Uno mundo*.

[14] See, for example, B.E. DE MANDROT, *Dépêches des ambassadeurs milanais en France sous Louis XI et François Sforza*, 4 vols. (Paris, 1916-1923), 2, pp. 369-372 (Instructions from Francesco Sforza for Tommaso de Riete, Pietro de Pusterla and Lorenzo de Pesaro, 15 November 1461).

[15] LAZZARINI, "Renaissance diplomacy", p. 430: "At the end of the fifteenth century, the ambassador was supposed to represent his masters, gather information, negotiate alliances, keep open vital communication networks as alternative to war and eventually (but not mainly) settle conflicts." See also EAD., *Communication*, pp. 69-119.

[16] LAZZARINI, "Renaissance diplomacy", pp. 431-433.

ambassador to inform him of everything which might be favourable to his interests, a mandate which did not stop short of spying.[17] Incidentally, this led some courts to view the installation of a residential ambassador not as a sign of close relations between the states – as Sforza suggested – but rather as a latently hostile act.[18] In the service of their mandate, Milanese ambassadors gleaned information from their networks of informants and personal connections, from audiences and official meetings as well as from second-hand reports, 'news' relays and rumor.[19] They were to file written reports (*litterae clausae, dispacci*) on a regular – sometimes daily or even hourly – basis of that which they had done and heard, making clear from which sources and in which way they had been informed.[20] Because of its strategic importance, the diplomatic communication was to be held confidential and particularly delicate information was protected by the use of secret codes.[21] Despite this, the diplomatic correspondence was not essentially private, but also, at least partly, intended to be read to and even shown to other persons.

Milanese diplomatic communication had the form of a more or less closed communication system between the Milanese chancery (*cancelleria politica*) and the chanceries of the duke's ambassadors with regular messengers transporting written instructions from the duke to his agents and returning with letters from the ambassadors to their lord. Since both chanceries archived the correspondence, the result was a more or less complete parallel documentation of the written communication.[22] It is thanks to this archival practice that such a large volume of Milanese diplomatic correspondence, addressed both from and to the ambassadors, is preserved today.

[17] Espionage activities were not restricted to the Milanese ambassadors: see, for example, P. PRETO, "L'ambassadeur vénétien: diplomate et 'honorable espion'", in: *L'invention*, ed. BÉLY, pp. 151-166.

[18] *Ambasciatori e nunzi*, ed. FRIGO, p. 18.

[19] LAZZARINI, "Renaissance diplomacy", pp. 155-239.

[20] LAZZARINI, "Renaissance diplomacy", p. 433, n. 36: "*l'uficio degli imbasciatori ... è giorno per giorno, hora per hora, secondo che intendono, et da chi et in che modo, dare notitia a chi gli manda*".

[21] SENATORE, *Uno mundo*, p. XX; LAZZARINI, *Communication*; for some Milanese codes, L. CERIONI, *La diplomazia sforzesca nella seconda metà del Quattrocento e suoi cifrari segreti*, 2 vols. (Rome, 1970).

[22] SENATORE, *Uno mundo*, p. XX. Francesco Sforza required that his ambassadors in Rome send back his "*manu propria*" written or signed instructions. See, for example, Milan, Archivio di Stato di Milano, Sforzesco, potenze estere [in the following cited as: ASMi, Sforz., p. e.], Roma 51, 20 (Francesco Sforza to Ottone del Carretto, 20 June 1461).

2. Source Material, Editions and Research

The *litterae clausae* or *dispacci* of Milanese diplomats were composed according to standard letter structure. Beginning with the *intitulatio*, a formalised address to the recipient, the dispatch relates its content in the following *narratio*, usually structuring the material in thematically separate paragraphs, and ends with the *recommendatio* (the recommendation of the sender to the recipient), *datatio* (date and place) and finally the *infrascriptio* (naming the sender), sometimes followed by an additional *post scripta*.[23] With the exception of the formal Latin elements in the intitulation, recommendation, date and infrascription, the text was generally written in Italian *volgare*.[24] The language use is typically unadorned and contains few stylised phrases. The letters may be characterised as either responsive, responding and explicitly referring to received instructions, or informative, often referring to preceding information. Regarding the content, ambassadors were instructed to observe the rule of treating separate topics separately, distinguishing between letters on political matters, *miste* – 'mixed subjects' –, and personal requests.[25]

Writing with a frequency of sometimes several letters per day, Quattrocento diplomats produced an enormous quantity of correspondence.[26] The density of documentation generally reflects the developing intensity of diplomatic relations and the establishment of resident embassies. While there are considerable quantities of documents prior to 1450, not however amounting to a sufficiently homogeneous basis for systematic research, the volume thereafter increases greatly, reaching its peak in the years 1450-1470 and maintaining thereafter a more or less constant level.[27] The Milanese material, which we will be dealing with here, is one of the richest collections of Quattrocentesque diplomatic correspondence. It is largely preserved in the Milanese State Archive (*Archivio di Stato di Milano*) in the collection *Carteggio Sforzesco*. Addition-

[23] I. LAZZARINI, "Materiali per una didattica delle scritture pubbliche di cancelleria nell'Italia del Quattrocento", *Scrineum* 2 (2004), pp. 155-239, here p. 171.

[24] *Ibid.*, p. 171.

[25] SENATORE, *Uno mundo*, p. xx; LAZZARINI, *Materiali*, p. 172.

[26] The most comprehensive survey of Renaissance diplomatic source material offers V. ILARDI, "The Ilardi microfilm collection of Renaissance diplomatic documents, ca. 1450-ca. 1500", in: *The French Descent into Renaissance Italy, 1494-95: Antecedents and Effects*, ed. D. ABULAFIA (Ashgate, 1995), pp. 405-483 (also available online under: http://www.library.yale.edu/Ilardi/il-toc.htm with the relevant materials for Milan under http://www.library.yale.edu/Ilardi/iltextB.htm#Milan1). See also DOVER, "Deciphering the diplomatic archives", pp. 297-316.

[27] LAZZARINI, "Renaissance diplomacy", pp. 427-428.

ally, a small but important collection is also to be found in the Biblioteca Ambrosiana in Milan.[28] The diplomatic correspondence in the State archive is ordered under the title *Carteggio estere* or simply *Potenze estere* (foreign powers) and sorted according to the place of origin, i.e. from whence the reports were sent. Thus, source material on the papal curia is mostly to be found under *Potenze estere, Roma*, a collection of 77 cartularies (*cartulari*), each containing the diplomatic correspondence between the ambassadors in Rome and the court in Milan over a period of time between four or six months and up to a year or more, depending on the volume of correspondence.[29] However, when the pope happened to travel outside Rome, the ambassadors and thus also their documentation sometimes followed him. For example, as Pius II went to Mantua 1459-1460, the Milanese ambassadors travelled with him writing *dispacci* on the way. These were filed under the collections of Rome, Siena, Florence and Mantua.[30] The series of diplomatic correspondence from Rome runs from 1450 to 1495 (with three additional *cartulari* reaching to 1513) and reflects in its varying density the intensity of relations and diplomatic activities between the papal curia and Milan.[31]

Although there have been a number of editorial projects to publish fifteenth-century diplomatic correspondence,[32] by far the largest part of this source material of the fifteenth century remains unedited. This is also the case of the Milanese *dispacci* from the papal curia.[33] This editorial activity – or lack of it – is closely related to dominant research patterns which have tended to focus on the one hand on classical political history and, on the other, on the

[28] MS Milan, Biblioteca Ambrosiana, Cod. Z. 219 sup. The collection is better known than that in the Archivio di Stato and has been extensively used by historians.

[29] On early inventarisation: LAZZARINI, *Materiali*, pp. 210-235; on the history and structure of the State Archive of Milan see: http://www.lombardiabeniculturali.it/archivi/complessi-archivistici/MIBA002400/.

[30] ASMi, Sforz., p. e., Roma 48 (to Perugia); *ibid.*, Siena 258; *ibid.*, Firenze 270 and *ibid.*, Mantova 392.

[31] The material contains for the pontificates of Nicholaus V (1450-March 1455): 2 cartularies; Callixtus III (March 1455-August 1458): 6 cartularies; Pius II (August 1458-August 1464): 11 cartularies; Paul II (August 1464- July 1471): 11 cartularies; Sixtus IV (August 1471-August 1484): 29 cartularies; Innocence VIII (August 1484-July 1492): 10 cartularies and Alexander VI (August 1492-December 1495): 9 cartularies.

[32] See the list of editorial publications in LAZZARINI: *Materiali*, pp. 161-162, n. 11 and DURANTI, *La diplomazia.* Additionally: MANDROT, *Dépêches.*

[33] G. BATTIONI, *Carteggi degli oratori sforzeschi alla corte pontificia, I. Niccolò V (27 febbraio 1447-30 aprile 1452)*, 2 vols. (Rome, 2013).

study of diplomacy itself.[34] While the Roman curia has been variously described as the "hub" of early modern diplomatic activity,[35] there has been curiously little research done on the real function of the papacy in the networks of international relations.[36] Studies of diplomatic history have generally concentrated on the networks and structures of states such as Milan and Venice and similarly tend to view the papacy separately as the centre of its own diplomatic system, not as part of others.[37] Although the focus of research has recently turned to communication networks and the practices of intelligence-gathering, negotiation and communication,[38] it remains largely restricted to individual systems.

The value of diplomatic correspondence as a source material to supplement the traditional sources for the history of the late medieval papacy such as chronicles, inventories, and papal bulls, was early recognised by Leopold von Ranke and Ludwig von Pastor who used them extensively in their classic studies.[39] Although the increasing volume and quality of diplomatic records since the 1450s make them a prime source material for the reconstruction of the political and cultural history of the papacy in the latter half of the Quattrocento, their full potential still remains to be realised.[40] Besides their contribu-

[34] See LAZZARINI, "Renaissance diplomacy", p. 426.

[35] For example, FLETCHER, *Diplomacy*, p. 25.

[36] C. SHAW, "The Papal court as a centre of diplomacy from the Peace of Lodi to the Council of Trent", in: *La Papauté à la Renaissance*, ed. F. ALAZARD and F. LA BRASCA (Paris, 2007), pp. 621-638. Shaw disputes that Rome was indeed a "centre of diplomacy".

[37] For a fundamental study of the papal diplomacy in the later fifteenth century, W. UNTERGEHRER, *Die päpstlichen* nuntii *und* legati *im Reich (1447-1484). Zu Personal und Organisation des kurialen Gesandtenwesens*, Dissertation, Ludwig-Maximilans-Universität München: Fakultät für Geschichts- und Kunstwissenschaften 2012, <https://edoc.ub.uni-muenchen.de/15862/1/Untergehrer_Wolfgang.pdf> [19.04.2018]; impulses for a synthesis or a synoptic view of papal and secular diplomacy: ZEY and MÄRTL, *Frühzeit*.

[38] LAZZARINI, "Renaissance diplomacy", p. 426.

[39] L. VON RANKE, *Die römischen Päpste*, 3 vols. (Berlin, 1834-1836) making use of Venetian *relazioni*; L. VON PASTOR, *Geschichte der Päpste seit dem Ausgang des Mittelalters*, 16 vols. (Freiburg i. Br., 1886-1933). For his reconstruction of the history of the popes of the fifteenth century, Pastor used Milanese diplomatic records extensively.

[40] Drawing on diplomatic sources, G.B. PICOTTI, *La dieta di Mantova e la politica dei Veneziani* (Venice, 1912); G. SORANZO, *Pio II e la politica italiana nella lotta contro i Malatesta 1457-1463* (Padua, 1911); M. GATTONI, *Sisto IV, Innocenzo VIII e la geopolitica dello stato pontificio (1471-1492)* (Rome, 2010); B. BALDI, *Pio II e le trasformazioni dell'Europa Cristiana (1457-1464)* (Milan, 2006); F. SENATORE, "Callisto III nelle corrispondenze diplomatiche italiane: La documentazione sui Borgia nell'Archivio di Stato di Siena", *Revista Borja* 2 (2009), pp. 141-186. Although there is a wealth of diplomatic source material documents, for example on the history of Pope Pius II, his biographies have thus far concentrated largely on the pope's

tions to papal history, these records also contain a wealth of information on other members of the late medieval curia, such as cardinals, and are an invaluable source for biographical studies.[41] Given the large numbers of people with whom the ambassadors spoke and did business, their correspondence would furthermore be an excellent source for prosopographic studies and network analyses. As we will see, they are also very informative on unofficial forms and modes of doing business at the Roman curia, another largely neglected field of research.

3. Source Criticism: Dispatches as an Historical Source for the Curia!

For many reasons, diplomatic correspondence enjoys a good reputation as a highly reliable historical source for the objective reconstruction of facts and events. Firstly, the representatives of the major political actors in Italian affairs had good connections with many persons at the curia and were privy to many of their secrets. Secondly, because their information was the basis of political, diplomatic and in some cases military action, the question of its reliability was very relevant and taken seriously. According to a much cited maxim, it was the office of the ambassador to "report daily and hourly to him who had sent him, recording what he had heard, from whom and in what form".[42] Francesco Sforza's ambassadors had express instructions to also differentiate and evaluate the reliability of their information, naming their sources and distinguishing between "*cose certe*" and "*cose dubie*".[43] Their treatment of this question effectively differentiates between information from named sources and that from unnamed sources. Information of the first class could include direct conversations with the pope[44] and cardinals, the relation of official communications, or

autobiographical *Commentarii*; see MÄRTL, "Alltag".

[41] Good examples are J. NOWAK, *Ein Kardinal im Zeitalter der Renaissance: Die Karriere des Giovanni di Castiglione (ca. 1413-1460)* (Tübingen, 2011); M. PELLEGRINI, *Ascanio Maria Sforza: La parabola politica di un cardinale-principe del Rinascimento*, 2 vols. (Rome, 2002); D.S. CHAMBERS, "The housing problems of Cardinal Francesco Gonzaga", *The Journal of the Warburg and Courtauld Institutes* 39 (1976), pp. 21-58.

[42] See n. 20.

[43] SENATORE, *Uno mundo*, pp. 262-263.

[44] Forms of private communication with the pope – the *dispacci* contain many examples – could be juxtaposed with formal or public forms of communication (see, for example, P. GODMAN, "Pius II in the bath: Papal ceremony and cultural history", *English Historical Review* 129 (2014), pp. 808-829.

the opinions and confidences of leading members of the court. Information from unnamed sources could come from external networks or information channels or even conspirative communications.[45] All this diligence would seem to make diplomatic correspondence an ideal source of factual information.

However, it would be too narrow to conceive of diplomatic correspondence as simply a record of the information which the ambassadors had gathered. Rather, they are in great part accounts of the dealings of the ambassadors documenting their authors' accountability to their lord in representing him, negotiating for him and gathering useful information for him. In this regard, there is some measure of caution to be applied, since accountability also implies being held responsible in a negative sense. We see thus some attempts on the part of diplomats to justify themselves, to emphasise their achievements, and even to cover up for their colleagues in case of criticism. For example, in 1463 the Milanese ambassadors Ottone del Carretto and Agostino Rosso (*de Rubeis*) saw themselves accused of negligence in failing to uncover the covert dealings of the pope. They apologised that the pope shared his secrets with few people, and those "*pochi*" didn't tell the ambassadors, unless they had the express order to do so. The Milanese had, however, – as they attested – found out more than most.[46] In particular, they insisted that the duke should not believe the things which Bernardo Justiniano, the Venetian ambassador to the curia, had related to his *Signoria*, because he had attributed himself praise for things which he had not done.[47] The same suspicion might also occasionally be raised against the Milanese colleagues. Their fear of losing the confidence of their lord was apparently prompted in part by detractors who reported their failures to the duke and sought to undermine their position.[48] There is, then, some

[45] LAZZARINI, *Materiali*, pp. 178-180

[46] L. VON PASTOR, *Acta inedita historiam pontificum Romanorum ... illustrantia* (Freiburg i. Br., 1904), 1, No. 171, pp. 245-254; Ottone del Carretto and Agostino Rosso to Francesco Sforza (Rome, 16 November 1463), p. 246: "*ma se pure qualche cosa facesse la Sanctità de Nostro Signore secretamente e con pochi di suoy, non saria da imputare a noy se non lo sapessemo; perchè quelli pochi, che Sua Sanctità usa a tale cose, non si dano intendere havere tal obligo con noy, che ce dicessero, se non quanto intendessero volesse il papa esserci manifesto ... tuttavia crediamo havere saputo et inteso le pratiche se sono fatte, quanto pochi altri ...*".

[47] *Ibid.*, p. 247: "*ma perchè Vostra Excellentia fa coniectura per quello, che da diversi luochi è avisata ... ardiremo dire, che la cosa non sia cossì, come li è persuasa, et non faci fondamento in qualche parole, che sarano forse ditte a Venezia, dove questo messer Bernardo Justiniano, lo qual è molto glorioso et attribuisse qualche volta a sua industria quello, in che sua opera non fece mai frutto, forsi harà scritto le maraveglie ...*".

[48] ASMi, Sforz., p. e., Siena 260, 11, Ottone del Carretto to Francesco Sforza (Rome, 6 June 1460): "*Illustrissimo Signore mio: Ho recevute lettere de vostra Excellentia de* XXVII

amount of caution to be used in reading their reports where self-interest was involved.

Furthermore, since the correspondence was sometimes intended to be shown to others, it did not necessarily always contain the whole truth and could even be deliberately misleading. For example, the ambassadors Ottone del Carretto and Bartolomeo Riveria wrote on 18 December 1461 asserting that they had honestly done all they could to gain the cardinals' hat for the bishop of Modena, Jacopo Antonio della Torre, but unfortunately all their efforts had not availed to convince the pope.[49] Indeed, in a letter written on 2 December they had been instructed to support della Torre's candidacy.[50] At the same time, however, they received a coded instruction expressly telling them not to pursue the bishop's cause with great fervour.[51] Thus, the letter of December 18 was obviously intended to be shown to the bishop to assure him that both the duke and his ambassadors had done their best, while the reverse was actually the case. In the case of another 'Milanese' candidate for the cardinalate, Giovanni Castiglione, it has been shown that Francesco Sforza's ambassadors even worked against the wishes of their duke to promote his unwanted client.[52] Here again, the diplomats' own interests and loyalties were at stake. Nonetheless, this caution being taken into consideration, diplomatic correspondence may be generally accorded a high level of factuality and reliability.

4. Milanese dispacci *as Sources of Information on the* stilus curiae

The question of whether and to what extent diplomatic records may be used to decipher the unwritten codes of conducting business at the Roman curia is dependent less on their factual reliability than on their specific perspec-

de magio piene de benignita et clementia, le quale me hano tanto consolato, che me parso resuscitare da morte a vita intendando per quelle essermi salva la desiderata gratia de vostra Illustrissima Signoria, la qual altri emuli forsi cerchaveno de maculare".

[49] *Ibid.*, Roma 52, 235, Ottone del Carretto and Bartolomeo Riveria an Francesco Sforza (Rome, 18 December 1461): "... *quanto circa il fatto del reverendo vescuo di Modena, per lo quale vostra illustrissima signoria ha scritto con tanta instantia ... Ben volemo che sapi vostra illustrissima signoria esserli fatta ogni opera e diligentia possibile e non li havemo manchato in cosa alcuna, tandem non è valuta instantia nè diligentia, che al tutto fia impossibile obtenere adesso questa gratia*".

[50] *Ibid.*, Roma 52, 149-50.

[51] *Ibid.*, Roma 52, 148.

[52] NOWAK, *Ein Kardinal*.

tives. This can, in turn, be formulated in terms of the questions: What could the ambassadors know? and: What did their masters want to know? Firstly, taking the Milanese ambassadors as an example, the question of what they could know of the curial 'style' of doing things is related to their status. As has been pointed out, the Milanese ambassadors represented one of the most powerful and influential states in the Italian peninsula. Under Pope Pius II, the *Milanesi* had highly privileged access to the upper echelons of curial decision making because of the close alliance between the pope and the duke. Ambassadors of lesser or unfriendly powers will have seen the curia somewhat differently. Being privileged, the Milanese diplomats did not have to concern themselves with many of the problems of getting access to important persons which subaltern curial visitors had: They were received by the pope in private audiences at all hours of the day or night and spoke routinely with cardinals and curial functionaries. They were admittedly excluded from secret consistories (*consistoria secreta*) between the pope and the cardinals, but could often nevertheless find out what had been said and done there. Theirs was thus an insider perspective on curial affairs. Although they were probably aware of the ordinary rules of getting business done, they had other ways and means.

Secondly, Francesco Sforza's information requirement was almost exclusively focused on his own political agenda and spheres of interest. He wished to know about and influence financial and political decision making where it concerned Milanese interest, to exercise control over Milanese benefices, to obtain important posts for his clientele and receive relevant breaking news etc. He was, however, not particularly interested in the diplomats' peripheral contacts or the forms of etiquette used. Thus, since diplomatic communication was highly regulated by ceremony,[53] we must generally assume that the Milanese ambassadors followed these rules closely, even if they did not usually reflect on them in their correspondence. Ambassadors of other principalities sometimes had quite different perspectives. For example, under Pius II, Mantuan envoys to the curia were involved in dealings with the pope and the cardinals in connection with the congress of Mantua (1459-60) and in particular worked to attain the cardinals' hat for the margrave's son Francesco Gonzaga. Like the Milanese, they also had good connections and were closely involved in the discussion of business related to their interests and instructions. They wrote often dry technical accounts of these conversations to the margrave, Lodovico Gonzaga, but in their letters to the marchioness Barbara, they took pains to

[53] LAZZARINI, *Communication*, p. 159.

describe for her the scenery, clothing and other cultural details – things they would certainly not have written to her husband.[54]

Taking these perspectival factors into consideration, on the one hand it would seem that we cannot expect to find very much direct information on the curial modes of doing business in the *dispacci* of Milanese diplomats, although they were almost constantly engaged in them. We can see the ambassadors almost daily at the feet of the pope, but usually not how they got there. On the other hand, however, their correspondence is saturated with the *stilus curiae*. For example, the contacts and channels of information and influence employed by the ambassadors offer a wealth of information on networks and hierarchies at the curia. It is well known that networks and clientele relations were one of the most important ways of doing business in Rome.[55] While such network analyses are often reliant on indirect proof and reasoning to establish causal links between personal connections and decision making, diplomatic correspondence clearly articulates how this type of networking functioned in getting all kinds of business done: from obtaining benefices[56] to obtaining a *condotta* in the papal service,[57] from influencing political decisions to requesting a dis-

[54] For example, writing to the marchioness Barbara Gonzaga from Siena, the Mantuan ambassador Antonio Donato dispensed with writing about political events but included an anecdote on the pride the Sienese took in their women: Archivio di Stato di Mantova, Archivio Gonzaga, Busta 1099, 336, Antonio Donato to Barbara Gonzaga (Siena, 20 April 1459): "*Illustris princeps et excellentis domina domina mea singularissima: la excellentia vostra vedera per le mie che drizo alo illustre signore nostro quanto è accaduto ... pero non me extendero più oltra in scrivere ala signoria vestra. ... Questi cortesani non si laudano de loro se non de una cosa sola, ch'è ge hanno lassato vedere le done sue, che da ogni hora del zorno ne è stato piena la chiesa e le strate, e certo el gè ne de belle e manierose molto; tuto 'l di hanno assai adomandarmi come sono belle le nostre, gli facio risposta chel non gliè comperatione*".

[55] See, for example, W. Reinhard, *Freunde und Kreaturen: Verflechtung als Konzept zur Erforschung historischer Führungsgruppen: Römische Oligarchie um 1600* (Munich, 1979).

[56] For example, ASMi, Sforz., p. e., Roma 47, 244-245: Thomas Reatinus, Petrus de Bonani and Ottone del Carretto to Francesco Sforza (Rome, 2 October 1458), 245 (relating that Cardinal Colonna had ceded the abby of Castiglione for Ludovico de' Ludovisi on the grounds that Ludovico was Sforza's "*creatura*": "*Del fatto de l'abbatia da Castiglione il prefato reverendissimo cardinal de Colona dice havera caro sia compiaciuto al reverende domino Ludovico de Ludovisiis ... Ludovico ce ha monstrate molte lettere de vostra excellencia per le quale li è promissa ditta abbatia et dice che per me, Otto, et per Zohane Caymo li è sta promissa per parte de vostra excellencia, cedendoli lo reverendissimo cardinal de Colona, et che li ha fatta spesa grande in le bolle et in l'annata et che ogniuno il tene et reputa creatura de vostra excellencia et troppo li seria grande infamia oltra el damno che adesso li bisognasse lassare questa abbatia ...*".

[57] For example, the Milanese ambassadors attempted to obtain a papal *condotta* for two mercenaries who had obviously requested Francesco Sforza to support their bid: ASMi, Sforz., p. e., Siena 260, 274, Ottone del Carretto to Francesco Sforza (Siena, 10 July 1460): "*Hebi questi*

pensation.[58] Another aspect of the Roman *stilus curiae* which is well documented in the *dispacci* is the practice of *do, ut des*. The biblical maxim "give that you may receive" (Luke 6.38) was fittingly enough one of the most important rules of conduct at the curia and was applied not only to paying formal fees to obtain privileges and benefices, but also to informal steps of procedure. Since the duke of Milan exercised considerable control over the benefices in his duchy, his ambassadors traded often in this coin to gain influence in the inner circles of papal decision making. For example, the *dispacci* show how the Milanese supported the ecclesiastical career of the papal secretary, Jacopo Ammannati, who received numerous benefices in Milanese territory,[59] includ-

di lettere de vostra Excellentia per le quale mi commetteva, ch'io dovessi ricommandare a la Santita del Papa Bollero e Jacomo di Marchesi de Ancisa et pregare sua Santita per parte di vostra illustrissima Signoria si dignasse accettarli a soldo de la chiesa etc. In questa ho fatta ogni opera e diligentia me sia stata possibile et usatali ogni cura come elli hano possuto cognoscere".

[58] For example, in 1459, the Milanese ambassadors were engaged in trying to obtain a divorce for a daughter of Filippo Borromeo. Pope Pius II found that there were insufficient grounds for an annulment of the marriage and could not therefore consciously grant it himself, but agreed to entrust the decision to a "*homo probato et integro*", namely Jacopo Ammannati (ASMi, Sforz., p. e., Siena 258, 147, Ottone del Carretto to Francesco Sforza [Siena, 21 April 1459]): "*Per lettere mie de XII de questo vostra excellencia deve intendere la speranza ch'io haveva de dare bona expedicione ala cosa del divortio de la fiola del conte Philipo. Ora per la gratia de Dio havemo obtenuta la bolla de la commissione in lo reverendo vescuo de Luca de quella conclusione, che intendera vostra excellencia per l'ultima parte de la bolla qual mando qui inclusa. Et perche ala santita de nostro signore pareva troppo strano per le casone allegate per la parte del conte Philippo fare tal dispensatione, come per meno legittime, maxime che l'altra parte li faceva intendere che il figliolo de conte Franchino fusse non molto diforme ne extenuato, non se trova altra via ad inducerlo salvo che sua beatitudine discharichi sua conscientia et remetta ala conscientia d'uno homo probato et integro, del cui sapere et bonta sua santita confidi [...] et cosi sua beatitudine ha ellecto il reverende vescuo de Luca homo doctissimo et de bona conditione et fama [...]. Esso vescuo monstra d'essere molto affetto a vostra illustrissima signoria et credo per quella fara quanto cum honesta potra*".

[59] For example, ASMi, Sforz., p. e., Mantova 392, 142-144, Ottone del Carretto and Antonio Guidobono to Francesco Sforza (19 July 1459), 143-144: "*Et domando* [Pius II] *el vescho de Spoleto e dissilli che 'l mandasse per questo abbate et lo confortasse volesse renuntiare in mane sue ad questa abbadia, la quale esso papa intendera de dare ad uno de li sui, e paremo dicesse ad meser Jacobo da Lucha suo primo secretario ... Circha el dare l'abadia ad questo meser Jacobo da Lucha primo secretario credo che vostra excellentia l'haria bene inpigliata, perche asay po cum la sanctita de nostro signore e molto meglio è ad compiacere ad nostro signore de una cossa picolla como questa cha de una grande*". Ammannati became later bishop of the Milanese dependency of Pavia and was shortly thereafter made cardinal in Francesco Sforza's name, see G. CALAMAI, *Il confidente di Pio II, cardinale Iacopo Ammannati Piccolomini*, 2 vols. (Rome, 1932).

ing the bishopric of Pavia, and was finally made cardinal in Francesco Sforza's name. In return, Ammannati was an influential friend and informant at the curia and even offered to take over the ambassadors' duties in their absence.[60] Together with the information in the *registra supplicationum*,[61] the records would offer revealing insights into the backroom practices of influencing papal politics.

In the following, I will restrict myself to briefly considering the question of how the ambassadors themselves viewed the 'curial style', descending from the few explicit mentions made of it in their correspondence to more general observations on curial practices as an experience of alterity.

5. Stilus curiae *as an Experience of Alterity*

The term *stilus curiae* or *stilo de corte* was occasionally used by Milanese ambassadors to describe the bureaucratic and technical rules of business at the papal curia. For example, the Milanese resident ambassador in Rome, Ottone del Carretto, wrote to Francesco Sforza on 11 December 1458 – shortly after the election of Pius II –, explaining that the expedition of a papal bull regarding Balbiano, a town near Milan, required written legal proof of Sforza's contract with the duke of Modena on which the bull was to be based, either in the form of the original documentation or an authentic transumpt. The ambassador had promised that the duke of Milan would attest to the fact that the bishop of Terni had seen the document, but unfortunately this did not the fulfil the requirements of the *stilo de corte* which demanded that documents mentioned in bulls be personally inspected by the secretary or a delegated person, particularly when third party interests were at stake. Furthermore, the "*stilo de la cor-*

[60] ASMi, Sforz., p. e., Roma 51, 35, Ottone del Carretto to Francesco Sforza (Rome, 2 September 1461): The ambassador had spoken with Ammannati about his plans to go to Milan and Ammannati offered to do his duties in his absence: "*Ma, perche vostra illustrissima signoria forsi si renderia difficile, non havendo qua alcuno di suoy al qual drizasse le sue facende, aviso quella come, havendo participato qualche cosa del mio venire col reverendo vescuo di Pavia, me ha confortato che sia expediente il venire mio, dicendomi ancora che, se in mia absentia vostra illustrissima signoria non havera qua alcuno suo ambasiatore, non li sara grave pigliare cura de le cose che vostra excellentia li scrivera, dicendo quello che li parera de dire et tacendo quello che li parera tacere secundo le conditione de tempi con quella sincera fede che a fidele et a vero servitore si convene*".

[61] E. CONNOBI and B. DEL BO, *Documenti relativi alle diocesi del Ducato di Milano: I "regista supplicationum" di Pio II (1458-1464)* (Milan, 2007).

te" demanded the express consent of the third party, the duke of Modena.[62] In another case, the ambassador reported to the duke on the developments regarding his plans for the Ospedale Maggiore in Milan, which, being a church institution, required papal authorisation. Ottone del Carretto announced that he was doing everything possible to satisfy his lord's wishes. However, Sforza was going to have to drop his plan to give Luca Vernazza – a member of Sforza's *concistorio ducale* – a seat in the hospital's conservatory, because it was the apostolic *stilo de corte* (and also a rule of the *ius commune*) that laymen not be placed in charge of ecclesiastical institutions.[63]

Common to these situations in which the term *stilo de corte* was directly used is that the formal requirements of the curial way of doing business were seen or portrayed as being a hindrance to the wishes of the duke of Milan. Although Pius' II insistence on formalities was initially praised by the Milanese orator as being an indication of his justness,[64] it seems to have later contradicted the expectations of the duke and his ambassadors that no exception to

[62] ASMi, Sforz., p. e. Roma 47, 168, Ottone del Carretto to Francesco Sforza (Rome, 11 December 1458): "*Scrissi gia piu di fa a vostra excellencia come era spazata la bolla circa le cose de Balbiano, ma bisognava che havessemo qua per tutto questo mese lo contracto fatto tra la illustrissima signoria vostra et lo illustre duca de Modena et altre scritture, de quale in le bolle se fa mentione in forma autentica; se non le altre, al meno quello instrumento del contracto, o vero el sumpto autentico. Et cosi havea promisso al papa, che infra il tempo io faria vostra excellencia risponde che l'ha vedute autentiche il reverendo vescuo Interamnense etc. Questo illustrissimo signore non basta perche il stillo de corte è, quando de tali instrumenti in bolle se fa mentione, se sole commettere la executione de tale bolle in partibus ad alcuno, qui si ita sit auctoritate apostolica sic faciat o vero, se pur il papa ex se deve confirmare o approbare tali instrumenti o per vigore de quelli inducersi ad altro disponere, bisogna che il secretario apostolico o altri deputati a questo vedeno ditti instrumenti, et rimagneno in camera apostolica, et maxime quando agitur de preiudicio tercii, et dico piu, che oltra questo, bisognava secundo il stilo de la corte havere il consenso del prelibato illustre duca, chi consentisse de novo a questa concessione, et non basta la testimonianza del vescuo de Terrani ne d'altri, che dicheno havere vedute ditte bolle o instrumenti*".

[63] ASMi, Sforz., p. e., Mantova 393, 136, Ottone del Carretto to Francesco Sforza (Mantua, 1 December 1459): "*Ho intesso quanto vostra excellentia dice et comanda se fazi pro l'hospitale novo et mi ingegnero cum ogni studio che in tutte qualle cose che scrive vostra excellentia sia satisfatta ad votum. Ma circa la conservatoria bisogna in loco del magnifico domino Lucha Vernaza dare un altro che sia persona ecclesiastica, per che il stillo de corte non patisce che la sede apostolica in similibus daghi iudici layci; et cosi he ancora de iure comuni. Si che vostra excellentia in questo po provedere come li pare*".

[64] *Ibid.*, Roma 47, Ottone del Carretto to Francesco Sforza (Rome, 26 August 1458): "*Questo pontifice in ogni sua cosa procede fin a qui cum grande austerita et cum grande ordine in modo che a posta de cardinali ne d'altri non se fa, se non questo he conveniente, del che ognuno dice bone asay, et sperasi haveremo iustissimo pontifice*".

the rules was being made for him as the pope's most important ally. However, not just the fastidiousness of legal procedure at the curia but also its ponderously slow expedition irritated the Milanese ambassadors. For example, having obtained from the pope a secret mandate to collect and use the annates of all benefices in the duchy of Milan in October 1459 and being eager to ensure that no vacant benefices slip through their fingers, the ambassadors were annoyed to report that the bishop of Spoleto, Bernardo Eruli, had not given the bull precedence over all other business, although it was a highly unusual and important matter. Excusing themselves to the duke, the ambassadors complained that it was the "*usanza de corte*" to proceed so slowly, especially in the case of important business.[65] Once again, the diplomats seem to have expected, that an exception to this rule should have been made.

Besides their repeated complaints of the chronic slowness of curial procedure,[66] a more general criticism of the curial regiment shimmers through in other contexts. In the critical situation following the defeat of the papal and Milanese forces at Sarno (7 July 1460), the Milanese ambassadors were urgently attempting to organise support for their joint ally, king Ferrante of Naples: The pope, they wrote on 18 July 1460, was well disposed, but owing to the fact that he now had no commander for his forces and no ready money, and because "*questi signori preti*" had no understanding of such things and were therefore "*longissimi a le executioni*", the aid could well be too slow in coming.[67] The "*preti*" were thus not just slow but also incompetent in military

[65] *Ibid.*, Mantova 393, 164, Giacomo della Torre and Ottone del Carretto to Francesco Sforza (Mantua, 19 October 1459): "*Havemo fatte ordinare le minute de le bolle opportune si per l'annata si per l'absolutione et habilitatione de tuti li preti, quali hanno havuti per lo passato beneficii per favore de vostra excellentia etc. in bona forma ... Et perche la santita de nostro signore ha voluto che il vecuo de Spolito examini et veda queste cose, et pure le cose sono asay insolite et sono molto importante, havendo esso Spoletano molte facende non ha cosi presto examinate et ordinate queste minute hoghi ... Ma preghamo vostra excellentia ce habbi scusati, se non se fa cossi presto per che questa he usanza de corte de Roma maxime in le cose importante. Tegneremo pero modo che per questa tardita non se perdera alchuna cosa de l'annate*".

[66] *Ibid.*, Roma 53, 245, Ottone del Carretto to Francesco Sforza (Rome, 2 May 1462): "*Le gente d'arme de la chiesa hanno havuto parte de la prestanza et fasi il possibile per spazarle. Si trova pur qualche via de rechatare denari, ma se li mette tempo et longheza piu che non bisognaria, nec est possibile solicitare tanto questi signori preti che sapino fare una cosa presta*".

[67] *Ibid.*, Siena 260, 19-20, Ottone del Carretto to Francesco Sforza (Siena, 18 July 1460) "*Signore illustrissimo, la Santita de nostro Signore monstrasi de bona voglia a fare per lo Signore Re* [king Ferrante of Naples]. *Ma tra che non ha alcuno capo a le sue gente, de che molto si sconforta, tra che non ha cossi il denaro presto, tra che in queste cose per non intenderle bene sono longissimi a le executioni questi signori preti, dubito de troppo longeza, pur non mancharo de solicitare a mia possanza*".

affairs. In the following year, as the pope was engaged in suppressing insurgencies in the papal state, the resident ambassador complained that, due to their inexperience, the clerical rulers were not even able to conduct their own affairs of state as the duke of Milan would have wished: thus similar disturbances occurred on a daily basis and hindered the pursuit of greater causes (such as the war in Naples).[68] The list of such plaints was long. Altogether, the resident ambassador wrote another time in disgust, there was little or nothing of good at all in the priestly regiment in Rome with the sole exception of his papal Holiness himself "*la qual in se è bona ita, ut nihil melius*".[69]

Regardless of whether this criticism was valid or not, it can be read as an expression of the (often negative) alterity experienced by the ambassadors in doing business at the curia. In comparison with the court in Milan and Francesco Sforza's regiment, the *stilus curiae* seemed to the ambassadors often inept, slow and poorly suited to running the affairs of a worldly state. Besides the apparently ineluctable slowness of papal bureaucracy, one central aspect of this alterity seems to have been the fact that the pope could not – or perhaps did not wish to – rule as autocratically as the Milanese expected. Assuming that the pope was "*de bona voglia*", the execution of his good will was often hampered by procedural, legal and institutional instances which he was not prepared to set aside even to please his most important ally. This adhesion to the rules of procedure may have been at times simply the pope's strategy in order to deflect Milanese demands, but it seems that papal rule was genuinely bound in many ways which the ambassadors had not expected. Apparently not even the much proclaimed *plenitudo potestatis* prevailed against the rules: As Ottone del Carretto requested of the pope in 1460 that, according to Francesco Sforza's wish, he simply depose the renitent bishop of Parma *de potestate absoluta*, he

[68] *Ibid.*, Roma 51, 18-19, Ottone del Carretto to Francesco Sforza (Rome, 19 June 1461), 19: "*Queste cose ho voluto significare a vostra excellentia perche intenda come stano solevati questi populi et baroni de santa chiesa et non se maravegli, se in la pocha experientia de governare, che hano questi chi governano, non si fano le cose con quello ordine et felici progressi che vorria vostra signoria, per che ogni di ce occorre simili disordini, li quali impedisseno et turbano l'altre magiore cose che non posseno procedere come pareria conveniente*". To the charge of inexperience came also the lack of mature thought: *Ibid.*, Roma 51, 205-207 (Ottone del Carretto to Francesco Sforza, Rome, 15 August 1461), 207: "*Ma come per altre mie scrivero a vostra excellentia, qui se fano le cose sepissime bello levato senza molta maturita*".

[69] *Ibid.*, Roma 51, 18-19, Ottone del Carretto to Francesco Sforza (Tivoli, 27 August 1461), 18: "*Illustrissimo signore mio: perche mi pare uno gran fundamento del stato vostro sia posto in la santita de nostro signore et suo governo, mi son deliberato piu volte scrivere a vostra excellentia lo modo et lo stilo de questo suo regimento, in lo quale c'è pocho o niente di bono, se non la sua santita, la qual in se è bona ita, ut nihil melius*".

was obviously surprised to hear that at the moment this was impossible.[70] Observing procedure in fact seems to be one of the characteristic traits of doing business at the late medieval curia, valid even for influential ambassadors. This probably will have changed towards the end of the century. However, not only this proceduralism at the curia seemed strange to the Milanese diplomats: In a broader sense, their reports reflect in some ways a clash of court cultures. One envoy complained, for example, that he had never seen such freedom to openly slander and spread false news without fear of punishment, the way it existed in Rome.[71] The ambassadors however viewed the Roman rumour mill with mixed feelings, since they often made use of it as a source of information. Other aspects of curial business, such as the practice of holding ornate speeches in the formal proceedings of the public consistory, occurred to them as positive elements of the Roman *stilo de corte*.[72] Altogether, whether they criticised them, admired them or simply made use of them, the Milanese ambassadors experienced certain aspects of the curial way of ruling and doing business as strange or different from those of other courts. Their diplomatic correspondence offers many insights into these practices and can contribute important information for recognising and understanding the peculiarities of the papal *stilo de corte*.

[70] *Ibid.*, Siena 258, 35, Ottone del Carretto to Francesco Sforza (Siena, 20 February1460): "*Io replicay che questuy era de tanta dureza che per parole ne per menaze may se ridurebbe, ma che bisognava che sua santita de potestate absoluta lo fecesse. Tandem sua santita mi disse che al presente non saria possibile per le rasone preditte, ma che facendo novi cardinali forsi haria meglio il modo, et che tentaria de farlo, pur non mi promisse de certo alcuna cosa*".

[71] *Ibid.*, Roma 49, 19-22, Benedictus Reguardatus de Nursia (Sforza's personal physician) to Francesco Sforza (Rome, 19 January 1461), 21-22: "*Io ho voluto investigare la origine de questa novella* [rumours of Sforzas poor health] *et de altre simili fictioni essere generata per divertere la mente del papa dal impresa del regame, avendo facta la sua sanctita fondamente in uno homo che overo è morto overo è stato in pericolo de morire. Non se vidde mai più libera terra che Roma ad podere dire bosie et ficte et false novelle senza reprensione*".

[72] *Ibid.*, Roma 49, 19-20: "*La sequente matina del venerdi fo facto concistorio publico ... et per uno advocato concistoriale, misser Andrea figliolo de magistro Ugho da Sena, fo proposto contra el signore Sigismondo con una oratione la più elegante et luculenta che mai se recorde in simile locho. Ad tucte persone intendenti parve che lo stile et la eloquentia fosse della sanctita de nostro signore, el quale nella nostra etate è ornatissimo et excellentissimo oratore. No fo may de homo alcuno dicti ne scripti tanti scelerati peccati et abominevili errari, quanti in quella oratione dove ogne homo stava stupefacto ad intendere. El papa respose secondo lo stilo de corte nelli concistorii con una picchola et ornatissima oratione et commise la causa al cardinale de San Piero in Vincolo* [Nicolaus of Cues] *et cosi ordinariamente se procedera secondo lo stile de corte de Roma*". Significantly, this was a letter written by an *ad hoc* envoy, not the resident ambassador for whom this procedure would have been routine.

Modus expediendi litteras apostolicas: Pragmatische Schriftlichkeit und *stilus curiae* am Ende des 15. Jahrhunderts

CLAUDIA MÄRTL

Soziale, kommunikative und symbolische Praktiken mittelalterlicher Verhandlungs- und Konfliktführung, die nach ungeschriebenen Spielregeln abliefen, können am besten durch eine Analyse deskriptiv-narrativer Texte, von Historiographie, Briefen und Berichten, erfasst werden. Es gibt allerdings eine Grauzone zwischen geschriebenen und ungeschriebenen Regeln, die sich dort ausbreitet, wo es um die Vermittlung von Normen und Praktiken geht. Dies ist in den herkömmlichen Definitionen des Begriffs *stilus curiae* im Sinn von "Gerichtsgebrauch" durchaus bedacht. So bemerkt eine im Jahr 1670 vorgelegte Dissertation, der *stilus curiae* umfasse als *consuetudo* die an einem bestimmten Gericht üblichen Formen der Prozessführung; er sei seiner Natur nach ein *ius non scriptum*; würden derartige Regeln autoritativ schriftlich niedergelegt, so handle es sich nicht um einen *stilus*, sondern um eine *ordinatio curiae*; schriftliche Formulierungen eines *stilus curiae* könnten

Stilus – modus – usus: Regeln der Konflikt- und Verhandlungsführung am Papsthof des Mittelalters – Rules of Negotiation and Conflict Resolution at the Papal Court in the Middle Ages, ed. Jessika NOWAK and Georg STRACK, *Utrecht Studies in Medieval Literacy*, 44 (Turnhout: Brepols, 2019), pp. 335-351.

BREPOLS PUBLISHERS DOI 10.1484/M.USML-EB.5.117716

daher nur zur Gedächtnisstütze als private Beschreibungen herrschender Gewohnheiten existieren.[1] Woher wussten also Petenten und Geschäftsträger, was sie an der Kurie erwartete und welcher Kunstgriffe sie sich zu bedienen hatten, um ihre Anliegen erfolgreich zu vertreten?

Tatsächlich gibt es im Spätmittelalter im Umfeld der Kurie einige Texte und Textsammlungen, die als *modus*, *stilus* oder *practica* betitelt sind und sich damit als Kodifizierung eines Handlungswissens zu erkennen geben, das sich auf die Erlangung päpstlicher Urkunden, die Prozessführung vor kurialen Gerichten und die Durchsetzung des erworbenen Rechts *in partibus* bezieht. In unserem Zusammenhang ist davon vor allem ein Text bemerkenswert, der zwischen 1481 und 1525/1526 in leicht unterschiedlichen Fassungen überliefert ist und hier als "Anleitung" (zum Erwerb einer kurialen Urkunde) bezeichnet werden soll.[2] Formelsammlungen und Kanzleihandbücher hatten an der Kurie eine sehr lange Tradition, deren spätmittelalterliche Entwicklung noch wenig erforscht ist.[3] Möglicherweise sind die Ursprünge der "Anleitung" bereits in den Jahren um 1400 zu suchen, doch erfuhr sie erst in den letzten

[1] S. STRYK (C. GROSS), *Dissertatio Juridica de Stylo Curiae* (Frankfurt/Oder, 1691), p. 11 und p. 25. Der Jurist Samuel Stryk (1640-1710) leitete das Promotionsverfahren. Vgl. F. RANIERI, "Gerichtsgebrauch", in: *Handwörterbuch zur deutschen Rechtsgeschichte*, 2., völlig überarbeitete und erweiterte Auflage, ed. F. HESS *et al.*, 1- (Berlin, 2008-), 2 (2012), cols. 155-157. Zum *stilus curiae* im Sinn von "Form kurialer Schriftstücke" vgl. T. FRENZ, *Papsturkunden des Mittelalters und der Neuzeit* (Stuttgart, 2000²), pp. 44-49.

[2] Editionen: J. HALLER, "Die Ausfertigung von Provisionen: Ein Beitrag zur Diplomatik der Papsturkunde des 14. und 15. Jahrhunderts", *Quellen und Forschungen aus italienischen Archiven und Bibliotheken* 2 (1899), pp. 1-40; *Practica Cancellariae Apostolicae saeculi* XV. *exeuntis: Ein Handbuch für den Verkehr mit der päpstlichen Kanzlei*, ed. L. SCHMITZ-KALLENBERG (Münster, 1904). Vgl. W. VON HOFMANN, *Forschungen zur Geschichte der kurialen Behörden vom Schisma bis zur Reformation*, 2, *Quellen, Listen und Exkurse* (Rom, 1914), pp. 136-138. Zur Überlieferung siehe unten pp. 345-346.

[3] Vgl. als Überblick FRENZ, *Papsturkunden*, pp. 51-53. G. BARRACLOUGH, *Public Notaries and the Papal Curia: A Calendar and a Study of the* Formularium notariorum Curie *from the Early Years of the Fourteenth Century* (London, 1934), verortet die von ihm untersuchte Formelsammlung an der Kurie Johannes' XXII.; vgl. dazu K. HITZBLECK, *Exekutoren: Die außerordentliche Kollatur von Benefizien im Pontifikat Johannes' XXII.* (Tübingen, 2009), pp. 135-137. Zum "offiziellen" Handbuch der päpstlichen Kanzlei ab etwa 1350 vgl. als jüngsten Überblick A. MEYER, "Der spätmittelalterliche *Liber Cancellariae apostolicae* als Formelbuch anhand der Beichtbriefe von Gregor XI. bis Alexander VI.", *Archiv für Diplomatik* 62 (2016), pp. 227-273, hier pp. 227-229; zu Formelsammlungen aus dem Besitz einiger Abbreviatoren der ersten Hälfte des 15. Jahrhunderts vgl. H. DIENER, "Ein Formularbuch aus der Kanzlei der Päpste Eugen IV. und Nicolaus V.", *Quellen und Forschungen aus italienischen Archiven und Bibliotheken* 42/43 (1963), pp. 371-411.

Jahrzehnten des 15. Jahrhunderts jene Ausgestaltung, die sie von anderen Handreichungen deutlich unterscheidet und für uns interessant macht.

Der Titel *Modus expediendi litteras apostolicas*, der sich in der von Johannes Haller abgedruckten Überlieferung findet, ordnet die "Anleitung" einem Texttyp zu, der im 14. Jahrhundert auftaucht und von Geoffrey Barraclough, allerdings ohne Scheidung der Überlieferungsstadien, herausgegeben wurde.[4] Im fortgeschrittenen 15. Jahrhundert ist neben dem von Barraclough edierten Text, der jetzt häufig *Modus servandus in executione seu prosecutione gratie expectative* heißt, auch ein *Modus vacandi et acceptandi beneficiorum* in Handschriften verbreitet.[5] Diese *Modi*, die Inhalte des Benefizialrechts mit strikter Reduktion auf das Wesentliche erklären, wenden sich an Exekutoren päpstlicher Mandate sowie an Petenten und deren Rechtsvertreter. Beide fanden den Weg in den Inkunabeldruck; der *Modus servandus* wurde zwischen 1470/1471 und 1510 25 Mal in Rom und einmal an anderem Ort gedruckt, der *Modus vacandi et acceptandi* im selben Zeitraum 25 Mal in Rom und vier Mal an anderen Orten publiziert.[6] Zwar sind von jeder dieser Auflagen nur geringe Zahlen erhalten, doch insgesamt kommen der *Modus servandus* auf fast 120 und der *Modus vacandi et acceptandi* auf fast 140 Exemplare. Dass der geringe Umfang von nur wenigen Blättern die Überlieferungschancen des einzelnen Drucks beeinträchtigt haben könnte, zeigt die 1476 in Augsburg bei Johann Wiener gedruckte Inkunabel der Kanzleiregeln Pauls II., an die weitere Texte zum Benefizialrecht, darunter die beiden *Modi*, angehängt sind: von diesem Band sind 39 Exemplare überliefert.[7]

[4] G. BARRACLOUGH, "*Modus et forma procedendi ad executionem seu protestationem gratiae alicui factae per dominum papam*", in: *Studi di storia e diritto in onore di Enrico Besta per il XL anno del suo insegnamento*, 4 vols. (Mailand, 1937-1939), 3 (1939), pp. 279-300, hier pp. 290-300, aus Überlieferungen der Jahre 1362 bis 1486. SCHMITZ-KALLENBERG, *Practica*, pp. 76-80, edierte den Text aus der Handschrift Krakau, Biblioteka Jagiellońska, Rkp. 326, ff. 139-140 (Mitte 15. Jahrhundert?). Vgl. HITZBLECK, *Exekutoren*, p. 133, n. 1.

[5] Abschriften des "*Modus vacandi et acceptandi beneficiorum*" (oder *beneficia*) lassen sich unter diesem Titel in Handschriftenkatalogen und Datenbanken wie www.manuscripta-mediaevalia.de leicht aufspüren.

[6] Die jeweils älteste Auflage wurde bei Ulrich Han (Rom, 1470/1471) gedruckt (GW M25037 und M25088; ISTC im00777600 und im00785300). Zwei Auflagen enthalten beide "*Modi*" gemeinsam (GW M25019 und M25035; ISTC im00780500 und im00777950). Alle Zahlenangaben zu Inkunabeldrucken in diesem Beitrag folgen dem Gesamtkatalog der Wiegendrucke (www.gesamtkatalogderwiegendrucke.de) und dem Incunabula Short Title Catalogue (www.bl.uk/catalogues/istc/).

[7] GW M29936; ISTC ip00159000.

Der von Ludwig Schmitz-Kallenberg gewählte Titel *Practica cancellariae apostolicae* ist in keiner Überlieferung der "Anleitung" belegt und kann allenfalls indirekt aus dem Text erschlossen werden. Unter ebendiesem Titel erschien jedoch 1493 in Rom eine umfassende Einführung in das kuriale Urkunden- und Gerichtswesen, die mit zahlreichen Fall- und Textbeispielen sowie juristischen Belegen unterfüttert ist. Der Kolophon des Erstdrucks weist die Autorschaft an dem gesamten Werk dem Juristen Hieronymus Paulus zu, der von 1479 bis 1492 als Abbreviator tätig war, obwohl ein ziemlich großer Teil, der dem Formelwesen kurialer Schreiben gewidmet ist, in der Überschrift eines Abschnitts als "*excerpta ex notulis Anthonii de Corthesiis et aliorum abbreviatorum*" deklariert wird. Jedenfalls entstammten die Vorlagen dieses Drucks Arbeitsunterlagen, die von Bediensteten der Kanzlei gesammelt worden waren; Verleger des 16. Jahrhunderts verkauften das Werk als unentbehrliches Hilfsmittel für alle, die an der Kurie zu tun hatten.[8] Die *Practica*, von deren Erstauflage 36 Exemplare erhalten sind, löste ein umfangreiches älteres Werk mit dem Incipit "*Duplex est modus devolvendi beneficia*" ab, das sowohl juristische Traktate, darunter eine Prozessordnung der Kurie, als auch viele Urkundenformulare enthält. Dieses *Formularium procuratorum* (so das Explicit) wurde zwischen 1478/1479 und 1493 fünf Mal in Rom, drei Mal an anderen Orten gedruckt und auch nach 1500 noch aufgelegt.[9] Die Überschrift über dem ersten Traktat kündigt eine Darstellung des Prozessgangs an der

[8] GW M30181; ISTC ip00161000, mit Link zu einem digitalisierten Exemplar in München, Bayerische Staatsbibliothek, 4 Inc. c.a. 1028 m; Beschreibung: BSB-Ink P-112; Hieronymus Paulus wird hier f. 16v und f. 143r, Antonio Cortesi f. 74r erwähnt. Zu Antonio Cortesi (†1474) und Hieronymus Paulus (†1497) vgl. T. FRENZ, *Die Kanzlei der Päpste der Hochrenaissance (1471-1527)* (Tübingen, 1986), No. 198, p. 285 und No. 967, p. 349; zu Antonio Cortesi auch P. PASCHINI, "Una famiglia di curiali nella Roma del Quattrocento: I Cortesi", *Rivista di storia della Chiesa in Italia* 11 (1957), pp. 1-48, hier pp. 3-5; zu Hieronymus Paulus J.M. ANGUITA JAÉN, "Hieronymus Paulus Barchinonensis", in: *Compendium Auctorum Latinorum Medii Aevi* 6 (Florenz, 2018), pp. 119-123, mit Aufzählung der Auflagen der *Practica* p. 123; zur *Practica* auch C. MÄRTL, "Zwischen Reformdiskurs und Finanzbedarf: Zur Organisation der römischen Kurie des 15. Jahrhunderts", in: *Die Päpste: Amt und Herrschaft in Antike, Mittelalter und Renaissance*, ed. B. SCHNEIDMÜLLER *et al.* (Regensburg, 2016), pp. 403-430, hier pp. 420-421.

[9] Älteste Auflage: GW 10117; ISTC if00264000. Der Titel "*Formularium procuratorum et advocatorum Curiae Romanae*" tritt erst ab der Auflage Basel 1489 auf. Vgl. R. STINTZING, *Geschichte der populären Literatur des römisch-kanonischen Rechts in Deutschland am Ende des fünfzehnten und im Anfang des sechszehnten Jahrhunderts* (Leipzig, 1867), pp. 256-258; A. SOHN, *Deutsche Prokuratoren an der römischen Kurie in der Frührenaissance (1431-1474)* (Köln *et al.*, 1997), pp. 167-168 (Hinweise auf Handschriften eines "*Formularium procuratorum*" im Besitz deutscher Kurienprokuratoren um die Mitte des 15. Jahrhunderts) und pp. 176-177 (Inhaltsangabe nach einer Inkunabel der Vatikanischen Bibliothek).

Kurie "*secundum ... veram practicam*" an. Ein dem ersten Teil des *Formularium* eng verwandter Text erlebte zwischen 1471/1474 und 1500 unter dem Titel *Stilus Romanae Curiae* 13 römische Auflagen.[10] Während das *Formularium procuratorum* in 267 Exemplaren erhalten ist, finden sich vom *Stilus Romanae Curiae* noch 74 Exemplare. Wahrscheinlich führte Dietrich von Niem mit seiner Darstellung des Geschäftsgangs der Rota, dem *Stilus palatii abbreviatus*, am Ende des 14. Jahrhunderts als erster diesen Terminus für die Titelgebung ein.[11] Praxiserfahrung nahm auch Alphonsus de Soto in seinem Kommentar zu den Kanzleiregeln Innozenz' VIII. für sich in Anspruch, indem er auf Gewährsleute und Gespräche in der Kanzlei verwies.[12] Leider ist im Zweiten Weltkrieg eine Gruppe von Handschriften untergegangen, die exemplarisch hätte zeigen können, welchen "Sitz im Leben" diese Handreichungen hatten: die gesammelten Materialien von zwei Bremer Domherren, die im 15. Jahrhundert an der Kurie tätig waren, überlieferten unter anderem protokollartige Notizen zu Diskussionen, die in der Kanzlei über einzelne Urkunden geführt worden waren.[13]

[10] Älteste Auflage (als "*Stylus Romanae Curiae*" verzeichnet): GW S44033; ISTC is00805500. Eine Untersuchung der *Rota romana*, die den archivalischen Niederschlag mit normativen Quellen wie dem "*Stilus*" in Beziehung setzt, unternimmt K. SALONEN, *Papal Justice in the Late Middle Ages: The Sacra Rota Romana* (London und New York, 2016).

[11] Edition: *Der Liber Cancellariae Apostolicae vom Jahre 1380 und der Stilus palatii abbreviatus Dietrichs von Nieheim*, ed. G. ERLER (Leipzig, 1888), pp. 215-234; vgl. die Einleitung, p. XXVIII: im 15. Jahrhundert galt Dietrich von Nieheim als "*primus inventor stili cancellarie*". Zur Biographie Dietrichs vgl. jüngst B. SCHWARZ, "Die Korporationen der Schreiberkollegien an der päpstlichen Kurie", in: *"Eure Namen sind im Buch des Lebens geschrieben": Antike und mittelalterliche Quellen als Grundlage moderner prosopographischer Forschung*, ed. R. BERNDT (Münster, 2014), pp. 307-318, hier p. 317-318.

[12] Alphonsus de Soto, Dr. iur. utr., kommentierte sukzessive mehrere Publikationen von Kanzleiregeln Innozenz' VIII. (1484-1492). Sehr persönlich ist vor allem sein Kommentar zu einer Regel, an deren Formulierung er selbst mitgewirkt hatte ("*Mare magnum*"; GW M12403, mit Link zu einem digitalisierten Exemplar der Universitätsbibliothek München, 4 Inc. lat. 406#5; ISTC is00635500). Eine korrigierte und erweiterte Version seiner "*notabilis et subtilissima glossa*" zu den Regeln Innozenz' VIII. wurde mehrfach neu aufgelegt; von der Auflage Straßburg um 1500 (GW ; ISTC is00153000) sind über 40 Exemplare erhalten. Vgl. FRENZ, *Kanzlei*, pp. 47-48; zu de Soto vgl. E. GÖLLER, "Die Kommentatoren der päpstlichen Kanzleiregeln vom Ende des 15. bis zum Beginn des 17. Jahrhunderts", *Archiv für katholisches Kirchenrecht* 85 (1905), pp. 443-460; S. POLIDORI, "Alphonsus de Soto", in: *Compendium Auctorum Latinorum Medii Aevi* 1 (Florenz, 2003), p. 190.

[13] Zu den 13 Bänden vgl. O. MEINARDUS, "Formelsammlungen und Handbücher aus den Bureaux der päpstlichen Verwaltung des 15. Jahrhunderts in Hannover", *Neues Archiv für ältere deutsche Geschichtskunde* 10 (1885), pp. 35-79.

Die Grenze zwischen handschriftlicher und gedruckter Überlieferung war fließend. Bisweilen passten Benutzer Inkunabeldrucke durch handschriftlich nachgetragene Formulare und Notizen an ihre Bedürfnisse an; manche Besitzer ließen ähnliche Texte zusammenbinden und schufen dadurch thematisch orientierte Kompendien. Exemplarisch seien zwei Bände aus dem Besitz des Dr. decr. Georg Erlbach (†1521)[14] genannt. Dieser hatte sich folgende Inkunabeln zusammenbinden lassen: das so genannte *Formularium instrumentorum* in einer Auflage von 1494,[15] Kanzleiregeln Innozenz' VIII. und Alexanders VI., ein Verzeichnis der *Termini causarum in Romana curia servari soliti*, einen *Stilus Romanae Curiae*, einen *Modus vacandi et acceptandi beneficia* sowie einen *Modus servandus in executione seu prosecutione gratie expectative*. Mit einem eigenhändig beschrifteten Schild auf dem Vorderdeckel subsumierte er alle diese Texte unter *Stilus Romane Curie*.[16] Zu einem früheren Zeitpunkt (nach 1477/1478) hatte er sich bereits Abschriften von drei Terminlisten kurialer Gerichte, den beiden *Modi* und einzelnen Urkundenformularen sowie Exzerpte aus päpstlichen Kanzleiregeln beschafft.[17] Die Zusammenstellung zeigt, dass auch ein im Kirchenrecht promovierter Jurist, wie es Georg Erlbach war, die kurzgefassten *Modi* zur Hand haben wollte. Leider sind viele aus Handschriften und Inkunabeln bestehende Miszellanbände oder Sammelbände von frühen Drucken im 19. und noch im 20. Jahrhundert im Zuge bibliothekarischer Maßnahmen aufgelöst worden, so dass Hinweise auf Interessen der Sammler verloren gingen.

Das vorgestellte Segment der kirchenrechtlichen Inkunabelproduktion könnte man als Ratgeberliteratur bezeichnen, da diese Werke mit der Erläuterung des Prozedere explizit oder implizit Handlungsempfehlungen verbinden.

[14] Zu ihm, dessen Bücher in die Bibliothek von St. Emmeram in Regensburg gelangten, vgl. K.-F. KRIEGER und F. FUCHS, "Ehemalige Amtsträger als Feinde ihrer Heimatstadt: Problematische Folgen innerstädtischer Machtkämpfe am Beispiel der Auseinandersetzungen Heinrich Erlbachs mit der Reichsstadt Augsburg", in: *Regensburg, Bayern und Europa: Festschrift für Kurt Reindel zu seinem 70. Geburtstag*, ed. L. KOLMER und P. SEGL (Regensburg, 1995), pp. 335-364, hier p. 337, n. 8.

[15] Hierbei handelt es sich um eine Sammlung von Formularen zu den verschiedensten weltlichen und geistlichen Themen, die nach Betreffen in alphabetischer Reihenfolge geordnet sind; zwischen 1474 und 1500 erfuhr sie 20 Auflagen. Älteste Auflage: GW 10197; ISTC if00253000. Vgl. STINTZING, *Geschichte*, pp. 315-317; BARRACLOUGH, *Public Notaries*, p. 23, n. 1; SOHN, *Deutsche Prokuratoren*, p. 177-178.

[16] München, Bayerische Staatsbibliothek, 4 Inc. c.a. 1093, vgl. die Beschreibung auf der website der Bibliothek: BSB-Ink F-215, mit Link zu den digitalisierten Texten.

[17] München, Bayerische Staatsbibliothek, Clm 14533 (Digitalisat: http://daten.digitale-sammlungen. de/bsb00085181/image_1 [25.2.2019]).

Im letzten Drittel des 15. Jahrhunderts verging kein Jahr, ohne dass ein oder mehrere dieser Titel, meist in Rom, gedruckt oder neu aufgelegt wurden.[18] Dem Publikum wurde Wissensliteratur von und für Experten geboten. Mit ihrer Hilfe konnten der Aufbau einer kurialen Urkunde und die Bedeutung der einzelnen Formeln interpretiert sowie ein Überblick zu den kirchenrechtlichen Sachverhalten gewonnen werden. Aber allein auf ihrer Grundlage war es kaum möglich, an der Kurie erfolgreich tätig zu werden. Juristische Kenntnisse waren schon allein zur Entschlüsselung der Abkürzungen und der verwendeten Fachsprache unabdingbar, und auch die relativ simplen *Modi*, die in das Benefizialrecht einführten, waren ohne Hintergrundwissen oder Beratung nicht umsetzbar.

Die von Haller und Schmitz-Kallenberg entdeckte "Anleitung" unterscheidet sich von den erwähnten *Modi* dadurch, dass sie die sprachliche Komplexität reduziert und als praxisorientierte Einführung für Anfänger auftritt. Zudem legt sie das Gewicht nicht allein auf die Formulierung von Suppliken oder Urkunden und die dahinterstehenden kirchenrechtlichen Vorschriften, sondern vollzieht die Erwerbung einer Pfründenprovision Schritt um Schritt nach – im wörtlichen Sinn, denn es geht darum, den Leser auf seinem Gang durch die kurialen Büros zu begleiten. Eine erste Version der "Anleitung", die bereits durchgehend als Anweisung in der 2. Person Singular formuliert ist, entstand im Pontifikat Bonifaz' IX.[19] Die Fassung des ausgehenden 15. Jahrhunderts weitet diesen Kern durch Textbeispiele, die Nennung von Namen kurialer Bediensteter sowie Erläuterungen von Wörtern, Begriffen und Sachverhalten aus.

Schmitz-Kallenberg fand die umfangreichste Form der "Anleitung" in einer aus dem Antiquariatshandel nach Münster gelangten Handschrift, die vermutlich aus einer bayerischen Bibliothek stammt und sich vielleicht zuletzt

[18] Zum Anteil der mit dem Geschäftsgang der Kurie zusammenhängenden Drucke an der römischen Inkunabelproduktion (mehr als 12%) vgl. G. Castoldi *et al.*, "Materiali e ipotesi per la stampa a Roma", in: *Scrittura, biblioteche e stampa a Roma nel Quattrocento: Aspetti e problemi: Atti del seminario 1-2 giugno 1979*, ed. C. Bianca *et. al.* (Vatikanstadt, 1980), pp. 213-244, hier p. 224.

[19] *Modus procurandi et extrahendi bullas graciarum*, gedruckt von H. Kochendörffer, *Bonifatius IX. 1389-1404: Viertes Kapitel: Fortentwicklung der inneren Verhältnisse* (Inaugural-Dissertation Berlin, 1903), pp. 66-68 aus der Handschrift Biblioteca Apostolica Vaticana, Pal. lat. 685, f. 35r; auf f. 35v folgen die *Termini servandi in pallacio causarum apostolico*, auf ff. 37r-39v eine kuriale Prozessordnung (Digitalisat: http://digi.ub.uni-heidelberg.de/diglit/bav_pal_lat_685.de [7.9.2018]).

in Würzburg befand.[20] Aus den Namen der erwähnten Päpste und kurialen Bediensteten schloss er, dass der Text in zwei Phasen im Pontifikat Alexanders VI. (um 1495 und um 1497) zusammengestellt wurde, einige Teile allerdings noch in die Zeit Sixtus' IV. (1471-1484) fallen. Walter von Hofmann, der die Abfassung der ältesten Version in das Jahr 1481 datiert, konnte zwei weitere Überlieferungen namhaft machen, deren Provenienz ebenfalls nach Bayern weist, und hielt eine der beiden Handschriften, Clm 6741, aufgrund ihres Inhalts für das "Handbuch eines ... in Rom befindlichen deutschen Kurialen".[21] Der Codex wurde von Joseph Schlecht als "Studienheft" des Klerikers Leonhard Cantzler aus der Diözese Regensburg identifiziert, der 1506 in Rom an der Pest verstarb; aus dessen Nachlass ging sie in den Besitz des Sigismund Scheufler (†1522) über, der sie wie seine übrigen Bücher der Dombibliothek Freising vermachte.[22]

Ein Blick auf einige Personen, die in der von Schmitz-Kallenberg abgedruckten "Anleitung" auftreten, vermag das Ursprungsmilieu des Texts noch etwas näher einzugrenzen. Bei einer Betrachtung der genannten Diözesen scheint es, als ob eine südostbayerische Ausrichtung (Freising und Passau) von einer fränkischen Orientierung (Bamberg und Würzburg) abgelöst würde, die von einem Kleriker der Eichstätter Diözese getragen wird. Die beiden ersten Abschnitte gelten einer Supplik des Freisinger Klerikers Johannes Mayr und

[20] Münster, Staatsarchiv, Msc. VII,43; vgl. *Practica*, ed. Schmitz-Kallenberg, pp. VII-VIII. Zu der von HALLER, "Die Ausfertigung", gefundenen Version aus dem Jahr 1525/1526 sei angemerkt, dass der Verfasser (Schreiber?) korrekt J. Ditteus, nicht Dittens, heißt; vgl. A. MEYER, *Arme Kleriker auf Pfründensuche: Eine Studie über das* in forma pauperum-*Register Gregors XII. von 1407 und über päpstliche Anwartschaften im Spätmittelalter* (Köln *et al.*, 1990), p. 21, n. 56.

[21] VON HOFMANN, *Forschungen*, 2, pp. 136-138 nennt München, Bayerische Staatsbibliothek, Clm 255 (aus dem Besitz des Johann Albrecht Widmanstetter, †1557), und Clm 6741, woraus er die Passagen abdruckt, die von der Fassung Schmitz-Kallenbergs abweichen. Beide Überlieferungen brechen bei *Practica*, ed. SCHMITZ-KALLENBERG, p. 30, l. 1 bzw. 3 ab, doch vermerkt der Schreiber von Clm 255 ausdrücklich, dass er den Rest wegen seiner "*prolixitas*" weglasse. Clm 255 bietet eine Version aus dem Pontifikat Alexanders VI., während Clm 6741 den Text von 1481 auf dem Stand von 1504-1506 aktualisiert.

[22] Vgl. J. SCHLECHT, "Deutsche Berichte aus Rom 1492 und 1504", in: *Kirchengeschichtliche Festgabe Anton de Waal 1912 dargebracht*, ed. F.-X. SEPPELT (Freiburg i. Breisgau, 1913), pp. 251-256, hier p. 256-257; K. SCHOTTENLOHER, "Der Freisinger Domherr und Humanist Dr. Sigismund Scheufler (1475-1522): Ein Beitrag zur Geschichte der Freisinger Dombibliothek", in: *Wissenschaftliche Festgabe zum zwölfhundertjährigen Jubiläum des heiligen Korbinian*, ed. J. SCHLECHT (München, 1924), pp. 376-402; G. GLAUCHE, "Bistum Freising", in: *Mittelalterliche Bibliothekskataloge Deutschlands und der Schweiz* 4.2 (München, 1979), p. 622; *Die Inschriften der Stadt Freising*. Gesammelt und bearbeitet von I. SEUFERT (Wiesbaden, 2010), No. 185†, pp. 202-203.

dem anschließenden Provisionsvorgang. Diese Passagen haben ihren Ursprung in der Zeit Sixtus' IV., und in dessen Pontifikat erscheint Johannes Mayr (Mair), ein Sohn des bekannten Juristen Martin Mair, mit etlichen Pfründengeschäften erstmals in den päpstlichen Registern.[23] Der als Adressat eines Formulars genannte Freisinger Kanoniker *Heinricus N.* ist wohl zu identifizieren mit Heinrich von Schmiechen.[24] Im letzten Teil, der die Erwerbung einer Exspektanz thematisiert, finden sich Dokumente aus dem Jahr 1496 für den Eichstätter Kleriker Erhard Truchseß (von Wetzhausen) und seinen zehnjährigen Neffen Wilhelm von Seckendorff.[25] In diesem Zusammenhang wird auf den Romaufenthalt des Johannes Tolhopf um diese Zeit verwiesen,[26] und es wird ein Rotulus Markgraf Friedrichs V. von Brandenburg angeführt, in dem vier *dilecti* des Fürsten, darunter Erhard Truchseß, genannt sind.[27] Des Weiteren werden zwei Quittungen, die Erhard und sein Bruder Thomas bei verschie-

[23] Vgl. *Repertorium Germanicum* 10 (2018), Nr. 5848. J. Mayr tritt hier meist als Regensburger, gelegentlich auch als Freisinger Kleriker auf; unter seinen Pfründen finden sich zwei Pfarrkirchen, doch die in der "Anleitung" genannte, sonst unbekannte Pfarrkirche *S. Laurencius in Pald* in der Freisinger Diözese scheint nicht auf. Im Jahr 1472 war J. Mayr 18 Jahre alt; wenn die hier vorgeschlagene Identifizierung zutrifft, müsste die Supplik der "Anleitung" aufgrund der Alters- und Datumsangaben in *Practica*, ed. SCHMITZ-KALLENBERG, p. 13 und p. 21, auf den 6. August 1476 zu datieren sein.

[24] *Practica*, ed. SCHMITZ-KALLENBERG, p. 23. Zu Heinrich von Schmiechen (†1483) vgl. I. BAUMGÄRTNER, "Schmiechen (Smiechen, Schmiehn, Schnycher, de Smiehn), Heinrich", in: *Biographisches Lexikon der Ludwig-Maximilians-Universität München*, ed. L. BOEHM *et al.*, 1, *Ingolstadt-Landshut 1472-1826* (Berlin, 1998), p. 378; *Die Inschriften der Stadt Freising*, No. 128, pp. 135-138.

[25] *Practica*, ed. SCHMITZ-KALLENBERG, pp. 42-45. Wilhelm von Seckendorff setzte als Eichstätter Kanoniker seinem Onkel, dem Domdekan Erhard Truchseß (†1519), ein Epitaph (Kreuzgang des Eichstätter Doms), vgl. den Marburger Bildindex, https://www.bildindex.de/document/obj20188443 (7.9.2018).

[26] *Practica*, ed. SCHMITZ-KALLENBERG, p. 48. Zu Johann Tolhopf (†1503) vgl. C. SCHÖNERER, "Tolhopf (Tolophus), Johannes", in: *Biographisches Lexikon*, ed. BOEHM, pp. 438-439; *Die Inschriften der Stadt Regensburg*, 3: W. KNORR und W. MAYER, *Die Inschriften des Regensburger Doms von 1501 bis 1700* (Wiesbaden, 2016), No. 361, pp. 81-82. Zum Hintergrund, dem Ehehandel der Barbara von Brandenburg (†1515), vgl. R. WOLFF, *Politik des Hauses Brandenburg im ausgehenden 15. Jahrhundert (1486-1499) (Kurfürst Johann und die Markgrafen Friedrich und Siegmund)* (München und Leipzig, 1919) passim, bes. pp. 103-105; R. SEYBOTH, *Die Markgraftümer Ansbach und Kulmbach unter der Regierung Markgraf Friedrichs des Älteren (1486-1515)* (München, 1985), pp. 77-85.

[27] An der Spitze steht der Würzburger Kleriker Wilhelm Wolffskeel, den der Markgraf 1496 im Kontext des erwähnten Ehehandels (siehe n. 26) nach Rom schickte. Zu seiner Romgesandtschaft vgl. *Codex diplomaticus Brandenburgensis. Sammlung der Urkunden, Chroniken und sonstigen Quellenschriften für die Geschichte der Mark Brandenburg und ihrer Regenten*, ed. A.F. RIEDEL (Berlin, 1860), 3/2, No. 328, p. 408 und No. 331-332, pp. 410-415.

denen Romaufenthalten ausstellten, als Beispiele gebracht.[28] Schließlich wird noch Georg Schwab, der aus der Diözese Eichstätt stammte und gute Verbindungen nach Franken hatte, unter den Schreibern in der Supplikenregistratur nachgetragen.[29]

Diese Personen und die Besitzer des Clm 6741 haben eine Gemeinsamkeit: nämlich ihre Beziehungen zu der 1472 von Herzog Ludwig dem Reichen gegründeten Universität Ingolstadt, an der sie immatrikuliert waren. In chronologischer Folge finden sich in der Matrikel:[30] 1472 Johannes Mayr, Johannes Tolhopf und Heinrich von Schmiechen, 1474 Georg Schwab, 1484 Thomas und Erhard Truchseß, 1490 Sigismund Scheufler, 1494 Leonhard Cantzler, 1502 Wilhelm von Seckendorff. In den kurialen Archivalien werden zudem weitere Verflechtungen sichtbar. Johannes Mayr betrieb seine Pfründengeschäfte 1480/1481, also zu der Zeit, als der älteste Teil der "Anleitung" formuliert wurde, mit Hilfe des damals in Rom weilenden Freisinger Klerikers Sigismund Grim,[31] der in Leipzig Kirchenrecht studiert hatte. Im Pontifikat Sixtus' IV. ist Grim von Anfang 1472 bis Anfang 1483 an der Kurie nachzuweisen;[32] in diesen Jahren wird er entweder als Prokurator genannt oder erledigt Obligationen und Annatenzahlungen, vorzugsweise für bayerische

[28] *Practica,* ed. SCHMITZ-KALLENBERG, pp. 62-63.

[29] *Ibid.*, p. XIII und p. 51. Georg Schwab (†vor 12. April 1504) war eine zentrale Figur beim Aufbau der römischen Fugger-Filiale, vgl. G.-R. TEWES, "Luthergegner der ersten Stunde: Motive und Verflechtungen", *Quellen und Forschungen aus italienischen Archiven und Bibliotheken* 75 (1995), pp. 256-365, hier pp. 281-306 und p. 316. Außerdem finden sich an deutschen Namen der schon verstorbene *summator* Johannes Horn, vgl. *Repertorium Germanicum* 10 (2018), No. 5606), der berühmt-berüchtigte Zeremonienmeister Johannes Burckard und ein *cursor* Johannes Stumpf, über den sich nichts Näheres in Erfahrung bringen lässt (wohl nicht identisch mit *ibid.*, No. 6732), vgl. *Practica*, ed. SCHMITZ-KALLENBERG, p. XIII und pp. 36-37. Der "*discretus vir Johannes Stunpff domini nostri pape cursor*" fungiert am 12. Mai 1488 als Bevollmächtigter eines Auditors der Rota in einem römischen Notarsinstrument (*Monumenta Boica* 34.2 [1845], No. LXXXV, p. 221).

[30] Vgl. zum Folgenden *Die Matrikel der Ludwig-Maximilians-Universität: Ingolstadt – Landshut – München*, 1, *Ingolstadt*, vol. 1: *1472-1600,* ed. G. von Pölnitz (München, 1937), col. 7, l. 14-15 (Johannes Mair) und l. 24 (Johannes Tolhopf), col. 14, l. 33-34 (Heinrich von Schmiechen), col. 137, l. 17-18 (Thomas Truchsess), col. 138, l. 34 (Erhard Truchsess), col. 204, l. 42 (Sigismund Scheufler), col. 231, l. 5-6 (Leonhard Cantzler), col. 291, l. 26-28 (Wilhelm von Seckendorff). Es sei noch erwähnt, dass sich 1499 ein Johannes Stumpf immatrikulierte (col. 276, l. 38), dessen Identität mit dem *cursor* (n. 29) jedoch wenig wahrscheinlich ist.

[31] Vgl. *Repertorium Germanicum* 10 (2018), No. 5848.

[32] Vgl. *ibid.*, No. 1202, 1304, 1783, 1996, 2625, 3191, 5171, 5407, 6325, 8550, 8923, 9720, 9952, 9976. Im Jahr 1476 ist S. Grim nicht in den kurialen Archivalien belegt. Seine Pfründenvita: *Ibid.*, No. 9342 und 9343.

Kleriker. Zu Beginn seiner Tätigkeit in Rom erhielt er 1472 als *predilectus* Herzog Ludwigs des Reichen eine Exspektanz auf zwei Freisinger Pfründen, im Jahr 1480 wird er als "*in curia residens*" bezeichnet, im Jahr 1481 unter den Räten und Familiaren in einem Rotulus Herzog Albrechts IV. aufgeführt.[33] Für seine Pfarrei Waidhofen an der Ybbs erbat Sigismund Grim 1514 als Koadjutor Sigismund Scheufler, zu dessen Gunsten er am 28. April 1515 resignierte.[34] Mit diesem Tätigkeits- und Vernetzungsprofil wird Sigismund Grim zu einem überaus plausiblen Kandidaten für die Autorschaft des ältesten Kerns der "Anleitung".

Schmitz-Kallenbergs Vermutung, die "Anleitung" sei von einem Oberdeutschen verfasst, lässt sich somit dahingehend präzisieren, dass sie innerhalb eines Netzwerks ehemaliger Ingolstädter Studenten, in deren Kurienbeziehungen ihr Ursprung zu suchen ist, weitergegeben und angereichert wurde. Persönlicher Duktus und didaktischer Impetus des Texts weisen darauf hin, dass möglicherweise mündliche Mitteilungen zugrunde liegen. Auf welche Weise die "Anleitung" entstanden sein könnte, illustriert ein von J. Schlecht publizierter Brief aus dem Jahr 1492 an den Freisinger Domherrn Sigmund Sänf(te)l, der 1474 ebenfalls in Ingolstadt immatrikuliert gewesen war;[35] der unbekannte Briefschreiber teilt aus Rom mit, dass er als Untermieter bei einem Kuriennotar eingezogen sei, um von ihm den *stilus* zu erlernen.[36] Recherchen in der Freisinger und Ingolstädter Überlieferung könnten das Umfeld der "Anleitung" gewiss noch weiter erhellen. Hier sei nur auf eine Handschrift aufmerksam gemacht, die pfründenrechtliches Material der Jahre 1469 bis 1518 mit demselben geographischen Horizont versammelt, darunter Formulare und Erläuterungen zu benefizial- und prozessrechtlichen Sachverhalten.[37]

[33] Vgl. *ibid.*, No. 667, 5413, 9342.

[34] Vgl. A. STARZER, "Regesten zur Geschichte der Pfarreien in Niederösterreich. Gesammelt aus römischen Archiven (II. Teil)", *Blätter des Vereines für Landeskunde von Niederösterreich* N. F. 25 (1891), pp. 124-135, hier p. 134; SCHOTTENLOHER, "Scheufler", p. 377; *Die Inschriften der Stadt Freising*, No. 174†, p. 192.

[35] Zu ihm (†1519) vgl. *Die Inschriften der Stadt Freising*, No. 177†, pp. 194-195.

[36] SCHLECHT, "Deutsche Berichte", pp. 251-256; der Brief befand sich in einer Inkunabel in München, Bayerische Staatsbibliothek (aktuelle Signatur: 4 Inc. c.a. 637k), aus der er inzwischen ausgelöst wurde, vgl. die Beschreibung auf der website der Bibliothek, BSB-Ink C-115.

[37] MS München, Universitätsbibliothek, 2° Cod. ms. 256, vgl. N. Daniel *et al.*, *Die Handschriften der Universitätsbibliothek München*, 3: *Die lateinischen mittelalterlichen Handschriften der Universitätsbibliothek München*, 2. Hälfte: *Die Handschriften aus der Folioreihe* (Wiesbaden, 1979), pp. 17-22. Vgl. des Weiteren SCHLECHT, "Deutsche Berichte", pp. 256-257, n. 2 (München, Bayerische Staatsbibliothek, Clm 6745 aus dem Besitz des Johann Lezelter, † 1506 in Rom, mit Notizen der Jahre 1492-1506) und p. 258, n. 2 und 3; ID., "Eine Nachricht

Der Inhalt der "Anleitung" lässt sich entsprechend der von Schmitz-Kallenberg zugrunde gelegten Handschrift wie folgt gliedern:[38]

1. Die Erwerbung einer päpstlichen Urkunde (Pfründenprovision)
   a) Anleitung zur vorschriftsmäßigen Abfassung einer Supplik
   b) Geschäftsgang von der Einreichung der Supplik bis zur Expedition der Urkunde
2. Taxen und Gebühren an der Kurie
3. Verschiedenes: Quittungsformulare, Listen von Amtsträgern (Kardinäle, Auditoren und Notare der Rota), kuriale Prozessionsordnung,[39] Übersicht zu Kanzleiregeln von Sixtus IV. bis Alexander VI. (1494, mit Nachtrag zu 1495)
4. Die Erwerbung einer Exspektanz

Seit ihrer Entdeckung wird die "Anleitung" gerne benutzt, um den kurialen Geschäftsgang bei der Ausstellung einer Urkunde zu illustrieren.[40] Der Autor[41] stützt sich aber nicht nur auf seine kirchenrechtlichen Kenntnisse, sondern vor allem auch auf seine Erfahrungen mit dem kurialen Prozedere jenseits der geschriebenen Normen. Auf dieser Basis beruhen seine Ratschläge, die auf eine risikoarme und zeitsparende Abwicklung der Prozeduren zielen. Die "Anleitung" wird im Folgenden unter besonderer Betonung dieser "Tipps und Tricks" kurz zusammengefasst.

Der erste Abschnitt nimmt eine Mustersupplik Wendung für Wendung auseinander und erklärt sie dabei inhaltlich in einer sehr einfachen, sozusagen unjuristischen Sprache.[42] Dass es unbedingt nötig sei, korrekte und vollständige Angaben zu machen, wird dem Petenten mit Nachdruck ans Herz gelegt. Ein

über Michelangelo's Kolossalstatue Julius' II.", *Römische Quartalschrift* 17 (1903), pp. 160-168, hier p. 164 (römische Prozessakten, ca. 1480-1517, München, Archiv des Erzbistums München und Freising, Heckenstaller-Sammlung No. 3929/188).

[38] Vgl. *Practica*, ed. SCHMITZ-KALLENBERG, pp. VIII-IX. Schmitz-Kallenberg hat aus inhaltlichen Gründen Abschnitt 4 unmittelbar nach Abschnitt 1 a-b abgedruckt. Die Reihenfolge der Handschrift spiegelt die Entstehungsstadien, denn Abschnitt 1 a-b enthält den ältesten Teil (ursprünglich 1481?), Abschnitt 2 und 3 sind am Beginn des Pontifikats Alexanders VI., Abschnitt 4 nach 1496 anzusetzen.

[39] Vgl. dazu kurz MÄRTL, "Reformdiskurs", p. 422.

[40] Die Einleitung von HALLER, "Die Ausfertigung", pp. 3-18, besteht aus einem Resümee der "Anleitung", die mit Kanzleiordnungen, päpstlichen Konstitutionen u. a. belegt oder kontrastiert wird. Zum kurialen Geschäftsgang vgl. FRENZ, *Kanzlei*, pp. 105-131; ID., *Papsturkunden*, pp. 86-109. Zum Folgenden vgl. bereits kurz MÄRTL, "Reformdiskurs", p. 421.

[41] Der Einfachheit halber ist im Folgenden von einem Autor die Rede, obwohl die "Anleitung" im Laufe der Zeit gewiss von mehreren Verfassern fortgeschrieben wurde.

[42] *Practica*, ed. SCHMITZ-KALLENBERG, pp. 1-15.

sehr wichtiger Punkt ist der Pfründwert; der Petent muss auf jeden Fall vermeiden, in den Geruch einer Täuschungsabsicht zu geraten, und sollte im Zweifelsfall lieber eine Mark Silber zu viel als zu wenig angeben.[43] Offenheit ist auch angeraten, wenn die erstrebte Pfründe nur mit einem Dispens erlangt werden kann. Der Autor zählt alle möglichen *defectus* auf, von denen dispensiert werden muss, wobei er auch hier wieder große Sorgfalt auf die Frage verwendet, wie es der Petent vermeiden kann, in den Verdacht der Erschleichung zu geraten. Manche Teile des Formulars, wie die mit den Nonobstantien verbundenen Klauseln, sind allerdings so kompliziert, dass sie sich einer kurzgefassten Erklärung entziehen.[44]

Im nächsten Abschnitt gibt der Autor detaillierte Handlungsanweisungen, wie bei der Einreichung einer Supplik, sei es in eigener Sache, sei es für Abwesende, vorzugehen ist.[45] Standort, Anzahl, Aufgaben und Hierarchie der kurialen Bediensteten werden beschrieben, und es wird erläutert, an wen sich der Petent am besten zuerst wendet:[46]

> Daher rate ich, dass du den Hauptreferendar aufsuchst und ihm diese Supplik in die Hand gibst, und ohne Zweifel wird er sie dir signieren, es sei denn, du hast einen *specialissimus amicus*, der sie für dich beim Papst oder dem Referendar einreicht und sogleich empfiehlt.

Zudem werden Sätze und Phrasen vorgegeben, mit denen der Petent sein Anliegen mündlich vorzubringen hat. Sollte es z. B. nicht gelingen, die Supplik einem Referendar zu überreichen, so kann der Petent den Datar ansprechen:[47]

> Gehe zu ihm hin und sage zu ihm: "Ehrwürdiger Vater, ich habe mich bemüht, diese Supplik signieren zu lassen, aber es ist mir nicht gelungen, und ich befürchte, dass mir ein anderer zuvorkommt. Eure Väterlichkeit möge daher geruhen, ein Datum daraufzusetzen".

[43] *Ibid.*, pp. 5, 14-15.

[44] *Ibid.*, p. 11: "*Nota, quod de his clausulis sunt multa dicenda, que non capiunt ... practice huiusmodi*".

[45] *Ibid.*, pp. 16-40.

[46] *Ibid.*, p. 17: "*... propterea suadeo, ut principalem referendarium accedas et presentes huiusmodi supplicacionem sibi ad manum et sine dubio signabitur tibi, nisi haberes specialissimum amicum, qui tibi eandem apud papam aut huiusmodi referendarium personaliter presentaret et recommendaret adstatim*".

[47] *Ibid.*, *Practica*, pp. 17-18: "*Accedas illum, dicas sibi: 'Reverende pater, feci diligenciam pro signanda huiusmodi supplicacione, sed non possum obtinere et timeo, quod alius preveniat me. Dignetur paternitas vestra mihi apponere datam'*".

In dieser Weise werden alle nötigen Schritte samt den hierfür üblichen Zeitspannen und auch alle möglichen Varianten dazu genau erläutert. Es obliegt dem Petenten, den Expeditionsprozess voranzubringen. Wenn er seinen Namen im Register *de vacantibus* findet, bedeutet das, dass die Supplik bereits signiert ist und eine Minute konzipiert werden kann, wenn nicht, muss er eine zweite Supplik erstellen, und die Prozedur beginnt von neuem. Die Ausfertigung der Reinschrift durch einen Skriptor muss der Petent persönlich überwachen, denn "weil die Italiener die deutschen Namen nicht gut schreiben können, ist es nötig, dass der Skriptor mit lauter Stimme Silbe für Silbe (alle Namen) beim Schreiben vorsagt".[48]

Wenn der Petent hier nicht aufpasst, trägt er zweifachen Schaden davon, durch den Zeitverlust (die Urkunde muss dann neu geschrieben werden) und durch die Taxe, die noch einmal zu zahlen ist. Wenn die Urkunde durch ein Versehen des Abbreviators oder Skriptors noch einmal geschrieben werden muss, sollte der Petent eigentlich von Rechts wegen nicht zweimal bezahlen müssen, "aber ich rate dir nicht, mit ihnen zu streiten, du würdest nur Zeit dadurch verlieren".[49] Sollte eine Pfründe angestrebt sein, die durch Resignation des vorigen Inhabers freigeworden ist, so wird das Verfahren noch umständlicher, da vorher die Rechtmäßigkeit der Resignation festzustellen ist. Der hierdurch eintretende Zeitverzug kann fatale Folgen haben.[50]

Die "Anleitung" legt des Weiteren großen Wert auf die finanziellen Aspekte; der Autor erklärt die zu zahlenden Taxen und zeigt mögliche Fallstricke auf. So warnt er vor vermeintlichen Abkürzungen:[51]

> manche denken, sie könnten beweisen, dass jemand ein *intrusus* ist, indem sie einfach auf einen anhängigen Prozess (um die Pfründe) in der Kammer hinweisen: aber ich sage dir, du verlierst Geld und Mühe, weil dir die Anhängigkeit des Prozesses gar nichts hilft, du musst das nämlich mit Zeugen beweisen.

[48] *Ibid.*, p. 25: "*Sed diligenter adverte; quia Italici non possunt bene scribere nomina Almanica, ideo necesse est, quod scriptor alta voce de sillabica ad sillabicam scribit nomina iudicum, ecclesie, defuncti et alia nomina, quia de facili errant ...*".

[49] *Ibid.*, p. 31: "*Si autem vicio abbreviatoris facta esset bulla rescribenda, tenetur te de iure relevare indemnem, sic eciam scriptor, sed non consulo, ut contendas cum eis, quia tempus perderes*".

[50] *Ibid.*, p. 30: "*Unum tamen adverte, quod in resignacione semper mora est periculosa*".

[51] *Ibid.*, p. 35: "*Sunt enim aliqui credentes se posse docere intrusionem per litis pendenciam et producunt in camera. Dico tibi: perdes pecuniam et labores, quia in nullo te relevat litis pendencia, sed necessario habes probare per testes*".

Nach dem Expeditionsweg durch die Kanzlei wird die *expeditio per cameram* dargelegt, zu welcher der Autor vor allem dann rät, wenn bei der Supplik Fehler unterlaufen waren – diese würden, wenn sie nicht allzu schwerwiegend seien, bei der Kammerexpedition "geheilt". Die Kammerexpedition stellt er als schneller und simpler dar, eine Ansicht, die von anderen Zeitgenossen geteilt und durch die Vatikanischen Register bestätigt wird.[52]

Am Ende dieses Abschnittes kommt der Autor auf ein schon mehrfach angeklungenes Thema zurück, nämlich Zeit und Geld. Zeitverlust gilt es auf jeden Fall zu vermeiden, auch wenn man vielleicht ein bisschen mehr Geld, und seien es zusätzliche "Trinkgelder" oder auch kleine Bestechungsgelder, ausgeben muss:[53]

> Merke, bei allen Expeditionsvorgängen: wenn du schnell vorankommen willst, so gib dem Schreiber des Supplikenregisters, dem deine Supplik zum Registrieren gegeben wurde, zwei oder drei Bolendini, und dann wird er sie sofort und vielleicht in zwei bis drei Stunden registrieren, ... denn ein Tag Verzögerung kann dich die Pfründe kosten. Daher rate ich dir, dass du nicht sparst und ähnlich beim Abbreviator und beim apostolischen Skriptor handelst, damit deine Sache gleich expediert wird.

Bis hierher wenden sich die Ausführungen der "Anleitung" sowohl an Petenten, die ihre Angelegenheiten persönlich an der Kurie betreiben, als auch an Prokuratoren. Der in der Handschrift am Ende stehende Abschnitt über die Erlangung von Exspektanzen beginnt jedoch gleich mit der Feststellung:[54]

> Weil es viele und unzählige Kautelen und Subtilitäten bei der Expedition von Exspektanzen gibt, ist es nützlich, dass du, ob du dich nun *in partibus* oder an der

[52] *Ibid.*, pp. 36-38; vgl. von Hofmann, *Forschungen*, 2, pp. 155-162; E. Pitz, *Supplikensignatur und Briefexpedition an der römischen Kurie im Pontifikat Papst Calixts III.* (Tübingen, 1972), pp. 184-197; Frenz, *Kanzlei*, p. 48, pp. 132-140; id., *Papsturkunden*, pp. 98-100.

[53] *Practica*, ed. Schmitz-Kallenberg, p. 38: "*Nota, in omnibus expedicionibus supradictis si vis festinare, dona II aut III bolendinos scriptori supplicacionum, cui distributa fuerit supplicacio tua, et statim registrabit eam et forte in duabus vel tribus horis, ... quia una dies poterit tibi aufferre beneficium. Quare consulo, ut non sis parcus et facias similiter apud abbreviatorem et scriptorem apostolicum et statim expedieris*".

[54] *Ibid.*, p. 41: "*Ex quo plures et innumere sunt cautele et subtilitates in graciarum expectativarum expedicione, tibi, si vel in partibus vel apud Urbem sis, expedit, ut sollicitatorem tibi eligas, qui scius sit et expertus in hisque et similibus experienciam habuerit atque practicam noverit optime*".

Kurie aufhältst, einen *sollicitator* wählst, der verständig und in derlei Dingen erfahren ist und die *practica* sehr gut kennt.

Man dürfe um einen derartigen Vorgang auch nicht allzu viel Aufsehens machen, denn zwei Dinge seien wichtig, erstens erhaltene Exspektanzen zu verheimlichen, und zweitens möglichst schnell den Prozess durch die Exekutoren hierüber "fulminieren" zu lassen. Daher ist auch besonders darauf zu achten, dass der *sollicitator* keine eigenen Absichten verfolgt; es sei ja bekannt, wie dünn gesät die Treue unter den Menschen ist.

Auch dieses Thema wird mit ähnlichem Detailreichtum abgehandelt, wobei immer wieder Schnelligkeit eingeschärft wird. Um den Geschäftsträger an der Kurie zu entlasten,[55] schlägt der Verfasser dem Petenten vor, die Supplik im Konzept zu übersenden. Sich selbst präsentiert er als Experten, der auch über weniger bekannte Aspekte des Supplizierens Auskunft geben kann.[56] Am Ende rät er dazu, sich am besten in den Supplikenrotulus eines Fürsten eintragen zu lassen.

Einzelne Schritte des Expeditionswegs, besonders die Expedition für arme Kleriker, werden noch einmal kurz in einem weiteren Abschnitt über Höhe und Zusammensetzung der Taxen skizziert, der auch darauf hinweist, an welchen Stellen etwas mehr als die festgesetzte Taxe bezahlt werden sollte.[57]

In ihrer Perspektive auf den *stilus curiae* ist die "Anleitung" verwandt mit Briefen, die Kuriale, Prokuratoren und Gesandte an Adressaten außerhalb der Kurie richteten, um über den Fortgang von deren Anliegen zu berichten. An bereits publiziertem Material können aus dem Ende des 15. Jahrhunderts zum Vergleich die bei Kurfürst Albrecht Achilles eingelaufenen Schreiben von der Kurie,[58] der Bericht eines Stadtammans von Ulm, der Bericht des Wilhelm Wolffskeel, der Rechenschaftsbericht eines Gießener Rentmeisters, die Briefe

[55] *Ibid.*, p. 44: "*Sed quia tales ut plurimum variis implicantur negociis et faciende supplicacionis laborem abhorrent, ... scriptum pro te supplicacionis mitte exemplar ...*".

[56] *Ibid.*, p. 46: "*Nunc autem tibi apperiam aliqualem supplicacionis obscuriorem materiam*".

[57] *Ibid.*, pp. 51-62, "*supplicaciones pauperum*": p. 60.

[58] Briefe der Gesandten Martin Thumpeck und Hertnidt vom Stein sowie des Kardinals Francesco Gonzaga aus den Jahren 1481-1483 sind gedruckt oder zusammengefasst in "*Politische Correspondenz des Kurfürsten Albrecht Achilles*", ed. F. PRIEBATSCH, 3, *1481-1486* (Stuttgart, 1898); vgl. auch M. THUMSER, *Hertnidt vom Stein (ca. 1427-1491): Bamberger Domdekan und markgräflich-brandenburgischer Rat: Karriere zwischen Kirche und Fürstendienst* (Neustadt an der Aisch, 1989), pp. 110-114 (Romgesandtschaft 1471-1472), pp. 141-150; No. 22-23, pp. 202-204; No. 59-61, pp. 215-217.

des Kardinals Francesco Todeschini Piccolomini an Regensburger Petenten, die beiden von Schmitz-Kallenberg in seinem Anhang abgedruckten Prokuratorenberichte[59] sowie die Dokumente zu den Kurienkontakten Herzog Georgs von Sachsen[60] herangezogen werden; weitere Hinweise auf un- oder nur in Teilen publiziertes Material harren noch der Auswertung.[61] Diese Berichte begleiten entweder das Verfahren in seinem Fortschreiten oder sie ziehen am Ende Bilanz. Häufig wird dabei die Langwierigkeit, Umständlichkeit und Intransparenz der Prozeduren beklagt, und es werden einzelne Stationen fokussiert, bei denen es zu Problemen, wie etwa zusätzlichen Geldforderungen, gekommen war. Die "Anleitung" versucht hingegen die Vorgänge idealtypisch in ihrem Ablauf aufzuzeichnen und vorausschauend Schwierigkeiten zu minimieren. Im Hinblick auf Verhandlungs- und Konfliktführung rät sie zu einer defensiven Strategie: Verhandlungen an der Kurie werden am besten mit Hilfe eines vertrauenswürdigen Prokurators oder eines zuverlässigen kurialen Insiders geführt, und Konflikte mit dem kurialen Personal sollte der Pfründenpetent auf jeden Fall vermeiden, da er immer am kürzeren Hebel sitzen würde.

[59] M. Miller, "Das römische Tagebuch des Ulmer Stadtammans Konrad Locher aus der Zeit des Papstes Innocenz' viii.", *Historisches Jahrbuch* 60 (1940), pp. 270-300; zu Wolffskeel siehe oben n. 27; H. Weigel, "Des Gießener Rentmeisters Balthasar Schrautenbach Rechenschaftsbericht über seine Romreise 1498", *Mitteilungen des oberhessischen Geschichtsvereins*, N. F. 41 (1956), pp. 5-21; C. Märtl, "*pos verstockt weyber*? Der Streit um die Lebensform der Regensburger Damenstifte im ausgehenden 15. Jahrhundert", in: *Regensburg, Bayern und Europa: Festschrift für Kurt Reindel zu seinem 70. Geburtstag*, ed. L. Kolmer und P. Segl (Regensburg, 1995), pp. 365-405, hier No. 2-12, pp. 389-405; *Practica,* ed. Schmitz-Kallenberg, pp. 80-86 (zwei Prokuratorenberichte, 1499).

[60] Vgl. C. Volkmar, "Mittelsmänner zwischen Sachsen und Rom: Die Kurienprokuratoren Herzog Georgs von Sachsen am Vorabend der Reformation", *Quellen und Forschungen aus italienischen Archiven und Bibliotheken* 88 (2008), pp. 244-309; id., *Reform statt Reformation: Die Kirchenpolitik Herzog Georgs von Sachsen: 1488-1525* (Tübingen, 2008), pp. 117-158, mit zahlreichen Hinweisen auf noch unpubliziertes Material.

[61] Hinweise auf Archivalien zu den Kurienkontakten der Hohenzollern (1492-1496) vgl. bei Wolff, *Politik*, p. 53, pp. 63-64, p. 82, pp. 103-105, p. 119; Seyboth, *Markgraftümer*, p. 80, n. 231.